晚清监狱改良缘起

WANQING JIANYU GAILIANG YUANQI

王志亮◎著

中国政法大学出版社

2024·北京

图书在版编目（ＣＩＰ）数据

晚清监狱改良缘起 / 王志亮著. -- 北京 ： 中国政法大学出版社，2024. 7.
ISBN 978-7-5764-1684-8

Ⅰ. D926.7

中国国家版本馆 CIP 数据核字第 2024ZZ8081 号

出 版 者	中国政法大学出版社
地　　址	北京市海淀区西土城路 25 号
邮寄地址	北京 100088 信箱 8034 分箱　邮编 100088
网　　址	http://www.cuplpress.com (网络实名：中国政法大学出版社)
电　　话	010-58908285(总编室) 58908433（编辑部）58908334(邮购部)
承　　印	保定市中画美凯印刷有限公司
开　　本	720mm×960mm　1/16
印　　张	18.75
字　　数	305 千字
版　　次	2024 年 7 月第 1 版
印　　次	2024 年 7 月第 1 次印刷
定　　价	89.00 元

上海政法学院学术著作编审委员会

总 序 // FOREWORD

四秩芳华，似锦繁花。幸蒙改革开放的春风，上海政法学院与时代同进步，与法治同发展。如今，这所佘山北麓的高等政法学府正以稳健铿锵的步伐在新时代新征程上砥砺奋进。建校 40 年来，学校始终坚持"立足政法、服务上海、面向全国、放眼世界"的办学理念，秉承"刻苦求实、开拓创新"的校训精神，走"以需育特、以特促强"的创新发展之路，努力培养德法兼修、全面发展，具有宽厚基础、实践能力、创新思维和全球视野的高素质复合型应用型人才。四十载初心如磐，奋楫笃行，上海政法学院在中国特色社会主义法治建设的征程中书写了浓墨重彩的一笔。

上政之四十载，是蓬勃发展之四十载。全体上政人同心同德，上下协力，实现了办学规模、办学层次和办学水平的飞跃。步入新时代，实现新突破，上政始终以敢于争先的勇气奋力向前，学校不仅是全国为数不多获批教育部、司法部法律硕士（涉外律师）培养项目和法律硕士（国际仲裁）培养项目的高校之一；法学学科亦在"2022 软科中国最好学科排名"中跻身全国前列（前 9%）；监狱学、社区矫正专业更是在"2023 软科中国大学专业排名"中获评 A+，位居全国第一。

上政之四十载，是立德树人之四十载。四十年春风化雨、桃李芬芳。莘莘学子在上政校园勤学苦读，修身博识，尽显青春风采。走出上政校门，他们用出色的表现展示上政形象，和千千万万普通劳动者一起，绘就了社会主义现代化国家建设新征程上的绚丽风景。须臾之间，日积月累，学校的办学成效赢得了上政学子的认同。根据 2023 软科中国大学生满意度调查结果，在本科生关注前 20 的项目上，上政 9 次上榜，位居全国同类高校首位。

上政之四十载，是胸怀家国之四十载。学校始终坚持以服务国家和社会需要为己任，锐意进取，勇担使命。我们不会忘记，2013 年 9 月 13 日，习近平主席在上海合作组织比什凯克峰会上宣布，"中方将在上海政法学院设立中国-上海合作组织国际司法交流合作培训基地，愿意利用这一平台为其他成员国培训司法人才。"十余年间，学校依托中国-上合基地，推动上合组织国家司法、执法和人文交流，为服务国家安全和外交战略、维护地区和平稳定作出上政贡献，为推进国家治理体系和治理能力现代化提供上政智慧。

历经四十载开拓奋进，学校学科门类从单一性向多元化发展，形成了以法学为主干，多学科协调发展之学科体系，学科布局日益完善，学科交叉日趋合理。历史坚定信仰，岁月见证初心。建校四十周年系列丛书的出版，不仅是上政教师展现其学术风采、阐述其学术思想的集体亮相，更是彰显上政四十年发展历程的学术标识。

著名教育家梅贻琦先生曾言，"所谓大学者，有大师之谓也，非谓有大楼之谓也。"在过去的四十年里，一代代上政人勤学不辍、笃行不息，传递教书育人、著书立说的接力棒。讲台上，他们是传道授业解惑的师者；书桌前，他们是理论研究创新的学者。《礼记·大学》曰："古之欲明明德于天下者，先治其国"。本系列丛书充分体现了上政学人想国家之所想的高度责任心与使命感，体现了上政学人把自己植根于国家、把事业做到人民心中、把论文写在祖国大地上的学术品格。激扬文字间，不同的观点和理论如繁星、似皓月，各自独立，又相互辉映，形成了一幅波澜壮阔的学术画卷。

吾辈之源，无悠长之水；校园之草，亦仅绿数十载。然四十载青葱岁月光阴荏苒。其间，上政人品尝过成功的甘甜，也品味过挫折的苦涩。展望未来，如何把握历史机遇，实现新的跨越，将上海政法学院建成具有鲜明政法特色的一流应用型大学，为国家的法治建设和繁荣富强作出新的贡献，是所有上政人努力的目标和方向。

四十年，上政人竖起了一方里程碑。未来的事业，依然任重道远。今天，借建校四十周年之际，将著书立说作为上政一个阶段之学术结晶，是为了激励上政学人在学术追求上续写新的篇章，亦是为了激励全体上政人为学校的发展事业共创新的辉煌。

党委书记　葛卫华教授

校　　长　刘晓红教授

2024 年 1 月 16 日

目 录 //CONTENTS

一. 定题目：晚清监狱改良缘起

本书是在讲授"中国监狱史"这门课程的基础上挖掘史料，日积月累，逐渐成稿的。晚清监狱改良这个事件现象非常独特，很少有人进行研究，可以说是研究的"空白"，是一个研究的新领域，非常需要进行探索性研究。探索性研究离不开描述性研究、解释性研究两种方式，以此研究晚清监狱改良这个现象，必须以客观为基础。

（一）题目选择

1. 选题由来

由于从事监狱学专业学科——中国监狱史课程的讲授，始终没有停止对晚清民初监狱制度问题的探索与思考。中国是世界上著名的文明国度，中华文明内容丰富，源远流长，绵延至今。中国法制文明的历史，至少是从公元前的夏朝开始的，经历了四千多年的持续发展过程，以沿革脉络清晰、内容博大丰富、影响深刻久远、特点鲜明突出，而被公认为世界五大法系之一——中华法系。在中国法制文明的历史框架内，与国家同步发展着法律、审判、监狱等诸多系列制度。正是在晚清倡行新政、修律变法的潮流下，启动了监狱改良。

近代中国与世界之间的关系问题是一个长盛不衰话题。中国是一个历史悠久的国度，与西方国家发生关系经历了漫长的岁月，但是到了清朝实行"闭关锁国"的对外政策，不怎么关注西方国家的发展。欧洲资本主义的发展以及殖民主义扩张，对中国以鸦片战争作为联结方式并通过一系列侵华战争，把中国与世界紧紧勾连在一起。在屈辱、赔款、割地和侵蚀主权的领事裁判权的强权国际关系环境中，中国处于被动地位并苦苦挣扎，到了 20 世纪初晚清政府内外交困"沉沦"到了"谷底"。在失败和屈辱中，晚清的先进分子思考并且开始觉醒起来，开始在中国探索并试图建立新型的现代中国。由于 1840 年以来近代中西方文化的接触与碰撞，伴随历史车轮碾压出 19 世纪中叶到 20 世纪初叶的特有时间痕迹，中国社会性质发生了前所未有的变化，中国开始进入近现代的时期，与此同时也启动了中国监狱现代转型的步伐。就此，以"晚清监狱改良缘起"作为题目。

2. 时段界分

清朝是距离现今最近的一个朝代，承接着过去与现在。通俗地讲，现代是指"现在这个时代，在我国历史分期上，多指五四运动到现在的时期。"[1]从这个角度讲，五四运动以前回溯至 1840 年的时间段，则是中国历史分期的近代。近代是指"过去距离现代较近的时代，在我国历史分期上多指 19 世纪中叶到五四运动之间的时期"。[2]出于各种不同的动机、目的，人们可以按照不同的标准，在时间线条上作出种种不同的时段划分，但是诸多不同的时段划分在客观上丝毫改变不了时间一维性的本质特征。不论人们在时间线条上怎样作出时段分界，相邻时段都是彼此首尾相连的。

中国不是由神权社会进入理性社会的，而是由传统社会进入现代社会的，也是个理性化进程。现代社会的现代性——体现时代文化特征，在于它是合乎理性发展的。就近代、现代的分界而言，人为的划分因素在于所发生的体现时代文化特征的事件。时间本身是一体的，人为界分的近代、现代时段首尾相连，就对应的中国政权形式来看，晚清政权从 1840 年到 1912 年，近代的时段从 1840 年到 1919 年，可见，晚清政权基本对应近代时段。研究晚清监狱改良缘起，必然要从中国的近代入手，一则时段是首尾相连的，二则中国的现代是从近代拉入的，三则中国监狱现代转型肇始具有持续特征。从中

---

〔1〕 中国社会科学院语言研究所词典编辑室编：《现代汉语词典》（修订本），商务印书馆 1996 年版，第 1367 页。

〔2〕 中国社会科学院语言研究所词典编辑室编：《现代汉语词典》（修订本），商务印书馆 1996 年版，第 660 页。

华民族血脉传承的角度上讲，现代监狱制度的源头是晚清监狱改良。从历史传承轨迹上寻求经验，晚清时期中国监狱现代转型具有可资借鉴的研究价值，这是本选题的初衷。

3. 监狱界定

如同人类社会、阶级、国家的产生一样，监狱的产生也经历了一个极其漫长的孕育过程。据史料记载，中国在原始社会末期就有了刑罚和监狱的雏形。监狱的产生经历了缓慢的孕育过程，是社会进步的标志。监狱的出现无疑比大肆屠杀具有无可比拟的进步性、文明性，使人类从野蛮的杀人食人习俗中摆脱出来，在人类的文明大道上大大迈进了一步。

在我国夏、商、周三代，监狱处于发展初期，据史籍记载，"三王始有狱"[1]，三王即指夏禹、商汤、周文王。基于夏、商、西周采用的五刑包括墨——面部刺字、劓——割掉鼻子、刖——砍掉脚、宫——阉割生殖器、大辟——剥夺生命，实际上属于耻辱刑、肉体刑、生命刑，奴隶社会的这种报应五刑制决定奴隶制社会的监狱一般不作为刑罚的执行场所，而只是把监狱作为待讯、待质、待决的场所而发挥临时关押的作用，同时也作为政治斗争的手段，用来关押软禁有潜在危险的政治对手，如"桀召汤而囚之夏台""纣囚西伯于羑里"。

进入封建制时期，封建统治者普遍采取威慑刑。我国历代的封建统治者奉行的基本上都是"以刑去刑，以杀去杀"的刑罚威慑主义，"以猛服民"高压政治的统治需要"重一奸之罪而止境内之邪"的威慑刑。奴隶制五刑"墨、劓、刖、宫、大辟五刑"被"笞、杖、徒、流、死"封建制五刑所取代，并用至清朝。笞刑是用荆条或竹板抽打犯人，杖刑是用棍杖捶打犯人，杖刑比笞刑重，两者都属身体刑，这比残毁人的肢体的肉体刑要轻。徒刑是把犯人分配在某些行业奴役，流刑是把犯人流放到边远地区劳动。

在威慑刑主义指导下，封建狱制不断发展完善。春秋战国时期，监狱沿袭商、周，称为圜土，或狴犴。随着郡县制的建立，从京师到地方、从腹地到边陲，秦朝遍设监狱，秦始皇专任刑罚，使得"赭衣塞路，囹圄成市"[2]。

---

[1] 东汉·应劭：《风俗通》。
[2] 《汉书·刑法志》。

汉朝将监狱改称"狱"，监狱种类繁多、数量庞大，"天下狱两千余所"[1]。到唐朝时狱制已臻于完备、监狱设置更加系统化，宋、辽、金、元各朝的监狱基本上承袭唐制。明朝将狱改称为"监"，清朝监狱基本上承袭明制，并且清朝开始将监与狱相连起来合称"监狱"。从此，监狱成为通用称谓，清朝的监狱仍然没有摆脱作为待讯、待质、待决的场所而发挥临时关押作用的传统狱制窠臼。

本选题是以现代的监狱标准，来研究晚清监狱改良缘起，需要对监狱进行界定。本选题的监狱是指刑罚执行机关，因而就排除了待讯、待质、待决的看守所等只临时关押而非执行刑罚的机关，中国监狱的历史发展及现代转型正是按照这个逻辑运行的，逐渐把待讯、待质、待决的看守所等只临时关押而非执行刑罚的机关剥离出了监狱界定的范围。因此，以现代监狱的界定标准，本选题只阐述分析晚清监狱改良缘起，这吻合作为刑罚执行机关的监狱的现代转型。

（二）选题意义

1. 研究概况

虽然中国曾经遗忘过世界，然而世界却没有遗忘中国。从明朝中叶至清朝末期，中西文明有两次大规模的接触和交流，特别是后一次的接触，引发和加速了中华文明由传统农业文明向近现代工业文明的转型，监狱制度当然也包括其中。16世纪末，在欧洲受基督教新教改革冲击的天主教把中国作为传教场所，一批天主教耶稣会士来到中国。他们除了传播西方基督教宗教文化外，也带来了当时西方的一些哲学、科学知识和器物文明，同时把大量的中华文化信息传递给了欧洲，曾一度引起欧洲的中国热，也曾影响了一批欧洲启蒙时期的思想家和改革家，他们憧憬中华文明，把中国视为人文道德的理想国。欧洲接收到的大量的中华文化信息中，包含了不少中国刑狱方面的信息资料。

第一，国外研究。早在元朝时期，来到中国的意大利人马可·波罗的

---

[1]《汉书·刑法志》。

《马可波罗游记》就把中国介绍给了欧洲。书中描述了元朝初年的政事、战争和大汗朝廷、宫殿、节日、游猎等情况，也零星地记载了元朝的有关刑罚执行见闻。在明朝时期，许多外国人来到中国接触到了中国文化，其中包括刑狱等。1517 年葡萄牙派往明朝的费尔南·佩雷斯使团的随从葡萄牙人瓦斯科·卡尔沃和克里斯托万·维耶拉在合著的《广州葡囚信》（1524 年）中写到了他们在明朝监狱的情况以及亲身经历的刑狱之苦。利玛窦在《中国札记》中，把明朝的法律和古罗马的《十二铜表法》《凯撒法典》进行了简单比较，对明朝的法律作了评价。在明朝许多来到中国的外国人感触最深的"镣、棍、拶、夹棍"这几种刑具和酷刑，阿里·阿克巴尔在《中国纪行》作了较为详细的描述。

1696 年法国巴黎出版了法国传教士李明来到清朝期间写给国内要人的通信汇编《中国近事报道》，详细地描写了清朝的刑罚。1793 年，马戛尔尼使团的随行画家威廉·亚历山大将沿途所见的司法活动中的审讯、用刑，对罪犯施加刑罚中的"枷号示众""贯耳站街""发配""徒刑"等刑罚内容通过油画、水彩画、速描的绘画形式表现出来，不但内容广泛，而且人物形象刻画生动，成为当时西方人观察了解清朝司法活动的直观形象记录。英国画家托马斯·艾林在 19 世纪初期曾生活在清朝，他以绘画的方式把当时有关刑罚情况的瞬间固定下来，创作了多幅刑罚题材的铜版画。

马戛尔尼使团的副使乔治·伦纳德·斯当东在英国剑桥出版了《英使谒见乾隆纪实》，很快在欧洲产生了巨大反响，并被翻译成法文、德文、意大利文，成为 19 世纪初期西方人了解中国的重要资料。斯当东在英国受过系统的法学教育并获得了法学博士学位，这使得他能够以法律学者的角度审视当时西方人所遇到的清朝法律问题，因而相对客观地介绍了清朝的法律。

英国人威廉·米勒于 1801 年在伦敦出版的铜版画册《中国的刑罚》，内容包括审讯、捉拿罪犯、刑讯及笞、杖、徒、流、死等各种刑罚，还有一些独特的酷刑如割脚筋、枷床、站笼等，书中的 22 幅插图刻画精细，人物造型准确生动，刑具与刑罚场面逼真，较为全面地描述了清朝乾隆时期的司法情况和刑罚场面。《中国的刑罚》出版后，很快就被翻译成法文、德文，堪称研究清朝刑罚制度的宝贵资料，在西方有着广泛的影响。1810 年在英国伦敦出版了乔治·托马斯·斯当东（以下称小斯当东）的英译本《大清律例》，此书出版以后很快又被译成法文、西班牙文、德文等多种文字，成为当时西方人了解、研究清朝法律最重要的参考读物。伦敦《评论季刊》的书评称，"这是第一本直接从中文译成英语的著作"。[1]

在当代，20 世纪的 50 年代开始讲授东方法律制度课程的美国汉学教授德克·布迪和法学教授克拉伦斯·莫里斯等，于 1961 年在全美国的法学院率先开设中国法律课程，开拓了以广阔的文化尺度来研究中国法律的新领域，1967 年出版了《中华帝国的法律》。《中华帝国的法律》审视了中国传统法律发展的基本轨迹，评析了清朝发生的 190 个典型案例，从法律角度具体分析了《大清律例》在清朝司法活动中的运用，其中有些内容是西方人士耳闻目睹的行刑场面的情况介绍。西方学者关于中国传统法律的著述较少，对中国近代监狱研究的著述就更少了，可谓是凤毛麟角。荷兰人冯客所著《近代中国的犯罪、惩罚与监狱》在 2002 年出版，这可能是外国人系统研究近代中国监狱的第一本专著。包括刑狱或监狱在内的有关中国传统法律的文献资料浩如烟海，随着我国对外文化学术交流的进一步扩大，必将会有更多的西方人加入到研究中国监狱的行列中，有更多的著述问世。

第二，国内研究。20 世纪中华大地社会变革频繁而深刻，国人开始关注监狱、研究监狱，中国监狱学才得以问世。时至今日，以在世界民族之林中代表中华民族的中华人民共和国的社会主义制度为基准，把 20 世纪中华民族时间隧道作为整体来看，百年来中国监狱学的成长过程，可分为晚清肇始、民国初创、新中国发展三个时期。

在晚清监狱学肇始时期，1906 年起设置监狱学课程，从 1908 年起专门设置监狱班，开设监狱学专科课程，聘请日本监狱学者小河滋次郎主讲监狱学，其著作《监狱学讲义》《狱事谈摘》《狱务揽要》《独逸监狱法》《监狱学》等被译成中文，标志着中国监狱学的诞生。由于中国监狱学诞生以翻译日本监狱学论著为主要标志，实属借鸡下蛋因而根本不可能关注中国监狱现代转型方面的问题。

在民国监狱学初创时期，大量的监狱立法为监狱学体系的构架创造了有利条件，丰富的监狱法规奠定了监狱学研究的资料基础，为监狱学的初创夯实了法规基础。中国监狱学初创时期对监狱法规的释义研究也就成了一大特

---

〔1〕 参见 [法] 阿兰·佩雷菲特：《停滞的帝国——两个世界的撞击》，王国卿等译，生活·读书·新知三联书店 1993 年版，第 428 页。

点，1934 年出版的芮佳瑞所编《监狱法论》在有关监狱法规注释类著述中最为出色。达到一定理论深度、对监狱和监狱法有一定理性认识的，主要是一些监狱学方面的讲义教程和监狱学著述，反映了初创时期中国监狱学的理论研究水平。前者如重庆宪兵学校和中央训练团编印出版的《监狱学教程》等。后者主要有王元增的《监狱学》1924 年北京初版、1927 年北京朝阳大学再版，赵琛的《监狱学》1931 年上海法学编译社初版、1932 年再版、到 1948 年已出多版，孙雄的《监狱学》1936 年 12 月上海商务印书馆出版，以上著述基本上没有明确阐述中国监狱现代转型方面的问题。

在新中国监狱学发展时期，没有关于晚清民初中国监狱现代转型的著述，诸多著述虽然没有明确提出"中国监狱现代转型"的命题，但在相关篇章涉及"中国监狱现代转型"的有关内容，主要是中国监狱史方面的著述，如薛梅卿主编的《中国监狱史》。其中，最有代表性的是王平著《中国监狱改革及其现代化》中国方正出版社 1999 年版，该书以相当的篇幅阐述了晚清、民国时期的监狱改良。百年的历史逐渐离我们远去，百年的经历者、见证人逐渐退出生命旅程，为抢救并记录历史资料，社会各行各业的理论界更加关注这段历史。在理论界更加热衷关注的研究氛围下，王素芬著《明暗之间：近代中国狱制转型研究——理念更新与制度重构》中国方正出版社 2009 年版，肖世杰著《清末监狱改良——思想与体制的重塑》法律出版社 2009 年版，对晚清监狱改良作了专项研究。就目前而言，虽不乏对晚清监狱改良的专项研究，但缺乏把"晚清监狱改良"作为整体进行研究的论著。以上相关著述，都没有从监狱转型的整体上进行系统研究，这也是进行本课题研究的契机。

2. 本选题的研究意义

晚清正值中国社会转型肇始过程中，当一种社会结构被另外一种社会结构所替代时，会产生很多需要调查和研究的问题，其中就包括晚清监狱改良，这关系到中国监狱现代转型的发端问题。中国监狱现代转型肇始所研究的问题在现有的"知识库存"中还无法找到，因此，晚清监狱改良缘起，作为中国监狱现代转型肇始研究，具有开创性研究的特点。"捕捉"本国、本民族在社会转型中出现的新问题，晚清监狱改良缘起的研究具有非常深刻的意义，值得人们关注并深思。

第一，本选题研究具有一定学术意义，有助于树立正确的监狱历史观。历史是无比丰富的知识宝库，善于学史、治史、用史是中华文明的优良传统，重视对历史经验的借鉴和运用，是我们革命、建设和改革事业不断取得胜利的一条重要经验。胡锦涛同志指出，"浩瀚而宝贵的历史知识既是人类总结昨天的记录，又是人类把握今天、创造明天的向导。"[1]正确的历史观，立足于现在，在视野方向上，既是一种"向后看"的眼光，也是一种"向前看"的眼光。无数事实表明，愈是站在历史的高度，愈能获取历史的滋养启迪，愈能把握今天的现实，愈能看清未来的走向。树立正确的监狱历史观，就是要站在监狱历史与现实的交汇点上，从监狱历史中引出对监狱现实的理性分析，从监狱现实中展开对监狱未来的设想。

第二，本选题研究具有一定理论意义，有助于客观地认识我国监狱现代转型的起始进程。中国是世界上著名的文明国度，中华文明内容丰富，源远流长，绵延至今。中国法制文明的历史，至少是从公元前的夏朝开始的，经历了四千多年的持续发展过程，以沿革脉络清晰、内容博大丰富、影响深刻久远、特点鲜明突出，而被公认为世界五大法系之一——中华法系。在中国法制文明的历史框架内，与国家同步发展着传统的法律、审判、监狱等诸多系列制度。

1840年鸦片战争以后，外国侵略，清朝腐败反动，致使封建狱制畸形地向着半殖民地半封建的道路发展，形成了中国半殖民地半封建的监狱体系和特点。这种体系的表现，一方面是外国在中国国内兴建租界地监狱等，另一方面是清朝的监狱受到西方狱制理论与实践的影响开始向现代狱制转变。晚清是中国狱制发展的一个转折时期，揭开了中国现代监狱转型发展的序幕，晚清的监狱行刑思想、监狱立法、监狱建筑和监狱管理制度在中国监狱历史上无疑是开先河之举，具有深远的历史意义。

第三，本选题研究具有一定实践意义，有助于监狱工作以史为鉴、古为今用。在中国的监狱历史上，传统监狱仍属于现代监狱转型肇始期间的监狱，是奴隶主、封建地主、买办官僚、牢头狱霸残害劳动人民的场所。剥削阶级的监狱对犯人以关押、惩罚为目的，以任意压榨劳动折磨为手段，公开刑讯逼供、滥用酷刑，贿赂公行、草菅人命，这是剥削阶级的腐朽本质所决定的，

---

〔1〕《胡锦涛：进一步认识把握社会历史发展规律》，载 https://www.12371.cn/2012/10/26/ARTI1351230423409364.shtml，最后访问日期：2024年8月21日。

也是剥削阶级监狱的反动本质之所在。本选题研究有助于充分认识社会主义监狱与剥削阶级监狱的本质区别，以史为鉴，积极肃清旧监狱的残余影响。

必须承认，监狱的产生是人类社会从愚昧向文明发展的一个标志，尤其是现代监狱为犯罪人提供了服刑悔改的空间场所。晚清监狱改良，意味着中国监狱现代转型的肇始，监狱具体管理制度的发展推广，监狱立法的脱颖而出，从治理犯罪的角度讲，都是为维护社会秩序所作出的努力。这其中不乏人类管理社会的文明结晶，本选题研究晚清监狱改良缘起，这是中国监狱现代转型的开端，充分认识可资借鉴的监狱文明结晶，才能古为今用。

（三）方法内容

1. 研究方法

从研究思路上讲，以中外交往的思路为线索，来展开本课题——晚清监狱改良缘起的研究。从研究层次来看，本课题研究晚清监狱改良属于中观层次研究中的社会组织研究范畴，注重个性解释模式，包括发生学解释、意向性解释、倾向性解释、多因素解释。

第一，人文主义方法论。基于本选题属于社会研究的特质，本选题的研究采取人文主义方法论。研究晚清监狱改良缘起，要考虑到晚清监狱现代转型肇始这个社会现象与自然现象之间的差别，要发挥研究者在研究过程中的主观性。人文主义方法论非常适合对晚清监狱改良缘起的这个复杂现象进行探索性研究，特别是在这些现象不太为人们所知的时候。在研究形式上，人文主义方法论的典型特征是定性研究。本选题基本采取文献研究方式，文献研究方式包括内容分析等，用于探讨晚清监狱改良缘起，不仅不会引起研究对象的任何反应，也是其他方式在时间和空间上无法达到的。

第二，阐释研究范式。本选题采取阐释研究范式，用阐释研究范式来理解、诠释、演绎和解释晚清监狱改良缘起；晚清监狱改良缘起是非重复性的，具有独特性、偶然性，不存在普遍的、必然的历史因果规律。本选题的社会研究，所获得的知识不仅仅是关于普遍规律的认识，更重要的是对晚清监狱改良缘起的特殊性和差异性的认识。因此，阐释性理论解释是以"典型"和"深度描述"的方法说明晚清监狱改良缘起的各种细节和具有独特性的特征，阐释研究范式更注重个性解释。

2. 内容梗概

"晚清监狱改良缘起"共由九部分组成，第一部分"定题目：晚清监狱改良缘起"，第二部分"溯源头：中西方文化早期交流"，第三部分"近接续：中西方文化近代触碰"，第四部分"传教案：前清汤若望身罹刑狱"，第五部分"大背景：中西方文化前清触碰"，第六部分"兵即刑：中西方文化晚清碰撞"，第七部分"租界地：外国在华设建监狱"，第八部分"相接纳：外国刑狱文化的传入"，第九部分"相交流：中外报刊报道刑狱"。本书采用新的理论对晚清监狱改良缘起这个已经成为历史的事件给予新的诠释，或者采用新的方法对晚清监狱改良缘起这个旧问题进行研究。采用的新理论认为，中国的现代法治是外发型法治，以中国现代法治外发型理论为指导，研究晚清监狱改良缘起这个问题，必然会得出在外国现代狱制理论与实践的榜样影响下中国监狱现代转型缘起的结论。

本选题的基本观点和创新之处。本选题的基本观点和创新之处是本选题的难点重点。本选题的基本观点，在内容上表现为三个基本观点，其一为中外关系中国文化强势下形成传统的监狱制度，其二为中外关系中国文化弱势下西方监狱制度注入中国，其三为变法图强的诉求下改革监狱制度以开启监狱现代转型。关于本选题的创新之处，创新的含义在于首创，指的是在选择和确定本选题——晚清监狱改良缘起的过程中，锁定自己的研究方向和具体问题，使得自己的研究——晚清监狱改良缘起能给所在的领域中增加新的知识。

本选题具有开创性。清朝末期正值中国社会转型起始过程中，当一种社会结构被另外一种社会结构所替代时，会产生很多需要调查和研究的问题，其中就包括晚清监狱改良，晚清监狱改良缘起实质上是中国监狱现代转型缘起。晚清监狱改良缘起所蕴含的中国监狱现代转型缘起的问题在现有的"知识库存"中还无法找到，晚清监狱改良缘起具有开创性研究的特点。开创性研究的特点就在于应该"捕捉"本国、本民族在晚清社会转型中出现的监狱改良缘起这个新问题，晚清监狱改良缘起具有非常深刻的意义，值得人们关注并深思。

二. 溯源头：中西方文化早期交流

中华文明是在一个很大的范围内展开的，回旋的余地很大，便于将不同民族的势力和文化加以吸纳与整合，也不致因地区性的自然灾害而全体毁灭，所以能够传承数千年而绵亘不绝。同时，中华文明在发展过程中显示出巨大的凝聚力，不仅没有中断，也没有分裂；只有新的文明因素增加进来，而没有什么文明的因素分离出去成为另一种独立的文明。

（一）秦汉时期的中西方文化交流

中国是世界上幅员辽阔、文明发达最早的国家之一。在世界范围内来看，中华文明的起源虽不能算是最早的，但中华文明是唯一的从未中断过的文明。今天生活在这片土地上的人就是那创造古老文明的先民之后裔，在这片土地上是同一种文明按照自身的逻辑演进、发展，并一直延续下来。自古以来，中国就同周边的国家和民族建立了密切的往来关系，中国文化对这些国家产生了不小的影响。

西汉王朝开辟的丝绸之路可分为两条，一条称为西域丝绸之路，另一条称为西南丝绸之路。西域丝绸之路的线路，始发自西汉的国都长安，向西经河西走廊，再往西则分为两道：一条向西北，出玉门关，经车师前国，沿天山南麓西行，出疏勒，西逾葱岭，过大宛，至康居、奄蔡，此为北道；另一条向西南，出阳关，经鄯善（原名楼兰，今罗布淖尔附近），沿昆仑山北麓西行，过莎车，西逾葱岭，出大月氏，至安息，西通犁靬（罗马共和国）或由大月氏南入身毒，此为南道。西南丝绸之路，是指自今四川经云南通向今缅甸、印度的通道。据 1975 年 8 月广东省广州市越秀区中山四路今文化局院内发掘的一处秦汉时期造船工场遗址、1977 年 4 月在距上述造船工场遗址约 300 米的今北京服装店内发现的一处属于东汉时期的造船工场遗址的情况，并结合文献资料初步考证证明，今广州在当时是一处通向南海的重要港口，完全有可能存在着一条海上丝绸之路。秦汉时期的海上丝绸之路，自番禺（今广东广州）、徐闻（今属广东）、合浦（今属广西）出发，沿今中南半岛东面近海南行，可到半岛南部及马来半岛各国；又西转出马六甲海峡，渡印度洋，可达黄支与印度洋的北岸、西岸各国。

秦汉时期丝绸之路的中西方接触，基本上是少量的民间商业性往来。当时运往中亚、欧洲的商品，有蚕丝、丝织品、铁器、漆器等，铸铁和凿井技术也在这时西传。西方经"丝绸之路"输入中国的商品，有良马、秦驼、香料、葡萄、石榴、苜蓿、胡麻、胡瓜、胡豆、胡桃等。丝绸之路的交往，完全是在和平的氛围中进行的，丝毫没有军事色彩，没有给中外各国人民造成痛苦和灾难。通过丝绸之路的交往，极大地丰富了中国人民及其周边国家和民族的生活，加强了友好往来。

（二）隋唐时期的中西方文化交流

如果说秦汉时期的丝绸之路激发了各国之间互相接触的强烈愿望，那么到了隋唐时期各国之间互相接触的强烈愿望已在很大程度上结出了现实的果实。穿越国家、民族、地域限制的"丝绸之路"的畅通，促进了途经国和民族的商贸繁荣，而其更为深远积极的结果却是文化的互相渗透。从商贸活动到文化交流，是一个升华式的发展，给隋唐带来了多元文化融合为一体的格局，并汇集为开创新时代的动力，最终形成了以隋唐为核心向四周辐射的文化圈，在隋唐时期中外文化交流的深度和广度远远超过秦汉时代。

隋朝建立后，开辟了穿越沙漠、草原和海洋到西方的四条"绢马贸易"通道。第一条通道，越过戈壁沙漠，沿天山北麓西行的草原路；第二条通道，过玉门关沿塔克拉玛干沙漠南边缘点绿洲西进，翻越帕米尔高原；第三条通道，过玉门关沿塔克拉玛干沙漠北边缘点绿洲西进，翻越帕米尔高原；陆上的三条通道，经过中亚的阿姆河、锡尔河流域诸国，最终都到达波斯、东罗马。海洋通道，从南海郡（今广州）出发，到达马来半岛的赤土，致罗刹。

穿越沙漠、草原和海洋到西方的四条通道沟通了中西方的贸易往来，诸番酋长会集洛阴进行交易，"相率而来朝者三十余国"，隋炀帝命整饰店肆，陈设帏帐，布列珍货，大设鱼龙曼筵之乐，会见西方宾客。交易盛会昼夜不歇，灯火辉煌，终月而罢。[1]

唐朝时，不仅使隋朝时的陆上三条通道西移，而且还形成了众多支线。唐太宗时文成公主入藏，打通并缩短了到印度的吐蕃尼婆罗道。唐朝后期东部沿海的扬州城兴起，南海路更加繁荣，"从边州入四夷，通译于鸿胪者，莫不毕纪。其入四夷之路与关成走集最要者七：一曰营州入安东道，二曰登州海行入高丽渤海道，三曰夏州塞外通大同云中道，四曰中受降城入回鹘道，五曰安西入西域道，六曰安南通天竺道，七曰广州通海夷道。"[2]从唐朝到西方的交通路线，成为世界文化交流的通道。

隋唐时期，"伊吾之右，波斯以东，职贡不绝，商旅相继"[3]，丝绸大量输往许多国家，外来物品也纷纷涌入，"绢马贸易"是大宗的交换。这是因为，"马者，兵之用也"，"出师之要，全资马力"[4]，渴望由健壮彪悍的军马组成强大骑兵是中国各朝代需要引进良马的原因，而西域诸国需要得到丝绸，进行交换自然就能"彼此丰足，皆有便宜"[5]。频繁的绢马贸易，既满足了西方贵族的奢侈，也带来了唐朝马政的兴旺，极大地改善了唐朝军队的装备。除此之外，进入唐朝的外来商品还有骆驼、金银、玻璃等。张籍在《凉州词》中描述了丝绸之路的商贸繁荣，"无数驼铃遥过碛，应驮白练到安西"。

海上丝绸之路的畅通在隋唐时期有了更大发展。便利的交通使扬州作为商业性的城市迅速崛起，很快因富庶而成为号称"扬一益二"的天下名城。扬州连接出海口，贯通东西陆路的丝绸之路，以运河为枢纽，沟通了南北往来，并以此为中心辐射四方，成为国际交往的门户，很多外国商人长期居住于扬州。水系交通连接了大陆南北，从长安附近可沿黄河下达开封，又能至钱塘江口的杭州，再从浙江、福建的海岸南下广东。唐朝通过海洋建立了与

---

〔1〕　参见袁行霈等主编：《中华文明史》（第三卷），北京大学出版社 2006 年版，第 59 页。

〔2〕　《新唐书》卷四三《地理志》，中华书局 1975 年版，第 1146 页。

〔3〕　《唐大诏令集》卷一三〇《讨高昌王麴文泰诏》，中华书局 2008 年版，第 702 页。

〔4〕　《资治通鉴》卷二〇二《玄宗仪凤三年》，中华书局 1982 年版，第 6388 页。

〔5〕　《资治通鉴》卷二一二《玄宗开元九年》，中华书局 1982 年版，第 6744 页。

外部世界更广泛的联系，从广州出发到波斯湾、红海等地的航线已经开通，广州港中外商船云集，成为世界循环交通的一环。唐代开始设立专门管理海外贸易的专职官员"市舶使"，岭南市舶使首设于广州，职责是"诸蕃舶至，尽有其税"〔1〕，唐玄宗时"右威卫中郎将周庆立为安南市舶使，与波斯僧广造奇巧，将以进内"〔2〕，表明市舶使与外国人之间有密切的联系。

隋唐对外交往不是单方面行为，波斯、东罗马等也有打通丝绸之路的想法，甚至不惜以武力争夺丝绸买卖的控制权，如公元571年至591年爆发了东罗马与波斯之间长达二十年的"丝绸战争"。唐朝与大食在中亚进行的恒罗斯战役，对西方文明的重大影响之一，便是把造纸术传到了西方。隋唐时代除各种产品输出之外，城市的建制布局也影响到中亚地区。主动接受外来文化是隋唐时代特有的态度，隋唐汇聚南北内外多种文化融合创新，成为当时的世界文化中心。隋唐是中华对外交流的高潮时期，这一时期的对外交流在深度和广度上远远超过了前代。周边各国以中华文明为榜样，向隋唐派遣使者和留学生，积极学习并吸收中华文明成果。中华典章制度、思想文学、生活方式和文化的观念形态深刻渗入日本、朝鲜和越南，最终以中华文明为基础、以汉字为表征形成了"中国文化圈"。在法律方面，唐朝法律在"中华法系"中具有中心地位和意义，以《唐律》为核心的"中华法系"对朝鲜、越南、日本等国产生了重大影响，直至19世纪欧洲文化伴随武力输入。

---

〔1〕《新唐书》卷一七〇《王锷传》，中华书局1975年版，第5169页。
〔2〕《旧唐书》卷八《玄宗纪上》，中华书局1975年版，第174页。

三．近接续：中西方文化近代触碰

在元朝、明朝时期，中西方之间的文化交流继续进行，而且在范围内容上有所深入，有所发展，触碰了当时的刑狱方面，从此开启了西方了解中国近代刑狱文化的窗口。

中华文明在受到周围其他文明威胁时，其总体规模已经十分巨大，在经济、政治、哲学、科技、文学、艺术等许许多多的领域内，已经形成了完整的相互关联的文明整体。对中华文明构成威胁的其他文明虽然可以用武力部分地或全部地占领这块土地，但无论如何最终还是不能不被这规模巨大的文明整体所吸收同化。地域的广大和文明整体规模的巨大，形成了中华文明难以被征服的文化力量品格，成为中华文明延续至今的内在根源。

（一）元朝时期中西方文化的交往

在 13 世纪前期到 15 世纪前期的两百年内，中外关系史翻开了崭新一页。陆路方面，蒙古西征扫平了欧亚大陆上的疆域障碍，打通了中国与欧洲的直接联系。蒙古元朝时期中西陆路交通线达到了空前繁荣，对加强东西方经济联系起了重要作用。在这些道路上活动的商人主要是中亚、西亚的回回商人，他们为蒙古贵族经营珠宝等奢侈品生意，在商业政策方面受到种种优待。另外，也有一些来自钦察汗国乃至欧洲的商人前来中国贸易。在这样的背景下，中国与欧洲进入了直接往来的时代，最早开辟直接往来渠道的是欧洲传教士。

蒙古西征之后，罗马教廷和欧洲各国均受到极大震动，教皇英诺森四世遂派遣教士东赴蒙古，劝说其停止侵犯基督教国家，并了解蒙古的具体情况。

意大利教士普兰诺·加宾尼奉命出使蒙古国，于1246年7月抵达漠北，谒见了刚刚即位的蒙古第三代大汗贵由，呈上了教皇的信件，年底持贵由答复教皇的劝降诏书返回。1253年，法国教士威廉·卢布鲁克奉法兰西王路易九世之命出使蒙古传教，见到了第四代大汗豪哥，同样不得要领而返。这两位教士各自撰写了比较详细的出使报告，记述了蒙古草原地区的政治、经济、风土人情诸方面情况。忽必烈建立元朝以后，仍与欧洲保持着持续的来往。翻开中国与意大利两国人民交往接触的友好关系的历史画卷，杰出的旅行家马可·波罗的名字立刻跃入眼帘。在世界史上，马可·波罗是第一个游历中国及其他亚洲国家而又留下一部重要著作——《马可·波罗游记》的欧洲人，他是中意人民友好的先驱者，为沟通中西文化交流做出了不可磨灭的功绩。

马可·波罗的父亲、威尼斯巨商尼可罗·马可和叔父马飞阿·波罗兄弟两人因经商到达上都，经忽必烈接见后，又奉命充副使，随蒙古使臣西行出使罗马教廷。途中蒙古使臣因病滞留，尼可罗兄弟则持元朝国书到达罗马，完成了使命。随后，他们又被教皇格利高里十世委派再度东行向忽必烈复命。1271年11月，当尼可罗·马可和马飞阿·波罗兄弟第二次前往中国的时候，年仅17岁的马可·波罗便一同前往，踏上了寻求东方世界的神秘旅程。经过3年半时间的风寒露宿、艰辛跋涉，他们终于在1275年5月抵达了元上都。时年21岁的马可·波罗，风华正茂，仪态端方，元世祖忽必烈特别喜欢这个来自西方的英俊青年。当时，元朝正在攻取南宋，戎马倥偬，急需各方面的人才，因而，他们受到了元朝皇帝忽必烈的盛情款待和重用。从1275到1292年的17年间，他们一直在元朝政府供职。聪明的马可·波罗很快学会了蒙古语和汉语，并且熟悉了大汗宫廷中的礼仪和行政机构中的法规。

由于长年生活和工作在中国，马可·波罗积累了广博的学识，还精通中国文化。他除在京城大都应差之外，还经常奉命巡视各省，或出使外国。他的足迹遍及长城内外和大江南北。他每到一地，总要考察当地风俗民情、物产资源等，向大汗报告，任务完成得很出色。有一次，他曾到云南去执行任务，路过了山西、陕西、四川等省，经过了川、藏边区少数民族聚居的地区，并且到过缅甸北部。马可·波罗担任过扬州总督，管理24个县，在任职的3年时间里，刚正不阿，主持公道，受到百姓的崇敬和爱戴。后来，他出使南洋，到过越南、爪哇、苏门答腊等地，还可能到过斯里兰卡和印度。

1292年夏天，马可·波罗和他的父亲、叔父利用护送蒙古公主阔阔真到波斯（伊朗）的机会，踏上了返回故乡的归程。1295 年冬，他们终于回到了阔别 24 年的威尼斯。1298 年，威尼斯遭到热那亚的进攻，马可·波罗出钱装备了一艘战舰，亲自担任舰长，参加对热那亚作战。结果，威尼斯舰队全军覆没，马可·波罗不幸被俘，被关进了监狱。马可·波罗作为一位见闻广博的旅行家，在热那亚黑暗而潮湿的监狱里，把自己在中国以及其他亚洲国家的所见所闻，口述给狱中结识的一位通晓法文的难友——比萨作家鲁思梯谦。这位作家把马可·波罗的叙述记录下来，这便是著名的《马可·波罗游记》，也叫《东方见闻录》。

《马可·波罗游记》是世界文学宝库中一部脍炙人口的名著。从它笔录成书的时候起，就辗转传抄，现存的不同抄本多达 140 种，各种文字的译本亦有 120 种以上，《马可·波罗游记》的重大意义就在于给欧洲的人们介绍了一个新天地。《马可·波罗游记》没用华丽的辞藻进行耸人听闻的叙述，只是用旅行家的口气把所见所闻的大量史实记载下来，描述了马可·波罗东行时沿途一些国家和地区的风土人情，记载了元朝初年的政事、战争和大汗朝廷、宫殿、节日、游猎等情况，讲述了北京、西安、开封、南京、镇江、扬州、苏州、杭州、福州、泉州等各地名城的繁荣，盛赞中国物产丰富、文教昌明，介绍了中国近邻国家日本、缅甸、越南、老挝、泰国、爪哇、苏门答腊和印度等地的情况，讲述了成吉思汗以后蒙古诸汗国之间的战争和俄罗斯的概况。《马可·波罗游记》发表后，立即在欧洲引起轰动，但很多西方人读后怀疑马可·波罗喋喋不休赞誉的东方帝国——中华大帝国是否真如他所描述的那样富饶、昌盛，在马可·波罗临终前有人让他坦白游记中的内容纯属虚构，而马可·波罗则痛苦地表示他有关中国富有程度的叙述还不到中国实际富有程度的一半。

《马可·波罗游记》也零星地记载了元朝有关刑罚执行的见闻。书中第二卷第五章"大汗处死了乃颜"写下了处死乃颜的情形，"大汗处死乃颜的方法，别具一格。他们把乃颜裹在两床毛毡之间，然后猛烈地摇动，直到气绝身亡为止，采用这种特别刑罚的动机，在于不应该让太阳和空气看到皇室的人流血。"[1]对此，原译者注解说："1688 年赛因王被置于一个大铁臼中，用

---

[1] ［意］马可·波罗口述：《马可波罗游记》，鲁思梯谦笔录，陈凯俊等译，福建科学技术出版社 1981 年版，第 86 页。

木槌活活捣死。赛因皇室的犯人，都用这种方法处死。因为，人们相信皇室的血，是神圣高贵的，不能溅落在地下，与泥土相混而受污染。在澳洲某些部落的仪式中，不能把血溅地，在西苏塞克斯和英格兰，有人认为滴过血的地方要让它永远荒废。"[1]

第二卷第十一章"汗八里附近建筑的大都新城，款待使臣的规章和该城夜间的治安设施"中，有一段记载了刑讯逼供、笞刑、杖刑的情形，"夜间，有三、四十人一队的巡逻兵，在街头不断巡逻，随时查看有没有人在宵禁时间——即第三次钟响后——离家外出。被查获者立即逮捕监禁。待天明后，送往专职的城防官吏审理。如果被证实是行为疏忽，便按情节轻重，处以或轻或重的打屁股的刑罚。这种刑罚有时也会致人死命的，人民犯了罪是不愿意流血的，这是一种最常采用的刑法，是博学的星占学家们劝导大汗执行避免流血的怀柔政策。"[2]

第二十二章"人口众多的汗八里城和它的商业"中，附带地简要说明了刑场的位置，"城郊也和城内一样繁华，也有城内那样的华丽的住宅和雄伟的大厦，只差没有大汗的皇宫罢了。尸体一律不许在城内各处掩埋。至于佛教徒，按它的风俗必须将死者火化，也应该将尸体运往郊外的一个乱葬岗上；这里，也是公家的执行死刑的刑场。"[3]

第二十三章"阿合马的压迫和反抗他的阴谋"中，用一段文字简洁地记载了对阿合马及其儿子的处刑，"大汗返回汗八里后，急切追查发生这一事变的原由。因而，获悉了那无耻之徒阿合马和他几个儿子的滔天大罪。阿合马和他儿子中七人除被证实奸污许多妇女之外，还强迫不计其数的妇女做他们的妻妾。大汗立即下令没收阿合马在旧都所积蓄的一切财宝，送入在新都的皇帝财库中去，并发现财宝数量至为巨大。他还令人挖出阿合马的尸体，扔到街头，任群犬撕咬。对于阿合马那几个效法其父、作恶多端的儿子，一律

---

[1] [意] 马可·波罗口述：《马可波罗游记》，鲁思梯谦笔录，陈凯俊等译，福建科学技术出版社1981年版，第85页。

[2] [意] 马可·波罗口述：《马可波罗游记》，鲁思梯谦笔录，陈凯俊等译，福建科学技术出版社1981年版，第97页。

[3] [意] 马可·波罗口述：《马可波罗游记》，鲁思梯谦笔录，陈凯俊等译，福建科学技术出版社1981年版，第111页。

处以活剥皮的刑罚。"〔1〕

第三十四章"鞑靼人的宗教和他们对灵魂的看法以及一些风俗"中，以一段文字记载了对罪犯行刑后的处置，"犯各种罪恶的坏人，被捕入狱，然后判处绞刑。但是，对于那些被囚禁三年——这是皇帝陛下规定的、普通监禁释放的期限——的人，期满释放时，在一边脸颊上烙一个金印，以资识别。"〔2〕

实际上，马可·波罗对中国的了解还是不够深入的，他对中国劳动人民创造的奇迹了解也不全面，在书中竟然没有提到万里长城，也没有讲到印刷术，而对诸多封建迷信、婚丧习俗却津津乐道，一些言词也欠妥当，如所谓"蛮子"省，就是对南宋的蔑称。尽管如此，《马可·波罗游记》一书轰动一时、影响巨大的效应不可忽视，该书在中世纪欧洲人面前展示了一个崭新而神奇的东方世界，影响了以后几个世纪的欧洲航海家、探险家。它是研究我国元代历史和地理的重要史籍，一些欧洲地理学家根据它来绘制早期的《世界地图》。著名旅行家哥伦布也从中受到巨大的鼓舞和启示，他非常钦慕中国的文明之富裕，被激起了冒险东航的决心。1492 年他带着西班牙国王致中国皇帝的书信，要来中国和印度，只是无意中到了美洲罢了。在这个意义上可以说，哥伦布是在马可·波罗的影响下，才开辟了通往美洲的航路，"发现"了新大陆。

这个时期中国的旅行家也出访了欧洲，这在历史上是第一次，可惜汉文史料没有提到这位旅行家的名字和事迹，其有关情况仅见于西文记载。他的名字为列班·扫马，其中 Sauma 为本名，Rabban 为叙利亚语"教师"之意，是尊称。扫马是生活在大都的畏兀儿人，自幼信奉景教，东胜州（今内蒙古托克托）人马忽思（亦为音译，Marcus）从其学。约至元十二年（公元 1275年），二人从大都出发赴耶路撒冷朝圣，但因故只到了报达（今伊拉克巴格达）。后来，马忽思被拥戴为景教新教长，称雅巴·阿罗诃三世，扫马也被任命为教会巡视总监。1287 年，扫马受雅巴·阿罗诃三世及伊利汗阿鲁浑的委派，率使团出使欧洲。他在法国会见了法王菲利普四世和英王爱德华一世，

---

〔1〕［意］马可·波罗口述：《马可波罗游记》，鲁思梯谦笔录，陈凯俊等译，福建科学技术出版社 1981 年版，第 115 页。

〔2〕［意］马可·波罗口述：《马可波罗游记》，鲁思梯谦笔录，陈凯俊等译，福建科学技术出版社 1981 年版，第 129 页。

又到罗马觐见教皇尼古拉斯四世，都受到热情款待。在圆满完成出访任务后，扫马回到报达，辅佐雅巴·阿罗诃三世管理教务，直到去世。列班·扫马访欧加强了西方对元朝的了解，他向教皇表示忽必烈大汗"对罗马教廷，也对拉丁民族和百姓怀有热爱之情"，并代表伊利汗阿鲁浑请求教皇派教士前往蒙古宫廷。[1]因而，教廷决定更加积极地开展对东方的传教工作。

早在蒙古建国以前，基督教的分支景教（聂思脱里派）即在大漠南北广泛传播，景教在一定程度上流行于从大蒙古国到元朝的上层统治集团中，如拖雷之妻、蒙哥和忽必烈的生母克烈·唆鲁禾帖尼就是虔诚的景教徒。但在罗马教廷看来，景教属于基督教之异端，因此计划加强正宗教派天主教在东方的传播。1289 年，天主教教士、意大利人孟特·戈维诺受教皇尼古拉斯四世委派，涉海来华。他于 1294 年到达大都，向元成宗呈递了教皇的书信，被允许进行传教工作。根据现存孟特·戈维诺写给本国教友的信件，他曾长期居于大都，翻译《新约》和祷告诗，并兴建教堂两所，收养幼童 150 人，为大约 6000 人进行了洗礼。其间多次受到景教徒的攻击和诬陷，曾被关押、审讯，但最终得以昭雪。原来信仰景教的元朝骑马、高唐王阔里吉思（汪古人）也跟从他改奉天主教。元人将当时的基督教徒和教士，包括景教、天主教在内，统称为"也里可温"，在中央设崇福司进行管理。

1307 年，教皇克利门特五世获悉孟特·戈维诺的传教业绩，正式任命他为大都大主教，并遣教士安德鲁等七人到元朝相助。安德鲁一行先从陆路至印度，又经海路到达大都，沿途风餐露宿、历经艰辛，颠沛流离，共用了七年多时间，最后到达者仅存三人。元人朱德润曾经记载他们来华的情况，"四年至乞失密（按指今克什米尔），又四年至中州，过七度海方抵京师焉。"[2]1312 年，教廷又派出佛罗伦萨人彼得等来华。在新来教士的协助下，孟特·戈维诺更加积极地发展传教事业，在当时元朝最重要的国际贸易港口福建泉州设立了分教区。约在 1328 年，孟特·戈维诺病卒。教皇闻讯后，又向中国派出第二任大主教尼古拉，从行教士 20 名。但尼古拉等人只到达了察合台汗国，随后下落不明。在这段时间，意大利教士鄂多立克来中国进行私人旅行

---

〔1〕 参见〔英〕阿·克·穆尔：《一五五〇年前的中国基督教史》，郝镇华译，中华书局1984年版，第192页。

〔2〕 袁行霈等主编：《中华文明史》（第三卷），北京大学出版社2006年版，第281页。

后，由陆路经西藏、中亚回到欧洲，并著游记传世。

1336 年元顺帝派出一个十六人的使团前往罗马教廷。使团携带的顺帝致教皇的书信，以"长生天气力里、众皇帝之皇帝圣旨"的名义，写给"七海之外、日落之地、法兰克基督教徒之主罗马教皇阁下"，提出"开辟两国经常互派使节之途径，并仰教皇为朕祝福，在祈祷中常念及朕，仰接待朕之侍臣、基督之子孙阿速人"，希望"带回西方良马及珍奇之物"[1]。1338 年，使团抵达教皇伯涅的克十二世的驻地阿维尼翁（在今法国南部），受到热情款待，游历了欧洲很多地方，随后教皇派佛罗伦萨教士马黎诺里等数十人随元朝使团回访。马黎诺里一行经陆路于至正二年（公元 1342 年）到达上都，向顺帝进呈教皇书信，以及骏马一匹作为礼物。马黎诺里等人在大都留居三年，后乘驿至泉州，经海道西返。

（二）明朝时期中西方文化的交往

1. 郑和下西洋

明朝时期，海外交通和贸易在南宋的基础上继续发展，海路方面孕育出了明朝前期举世闻名的大规模远洋航行——郑和下西洋。15 世纪初，明朝政府组织了 7 次空前规模的远洋航行和官营海外贸易，这就是著名的"郑和下西洋"。早在明太祖朱元璋时就奉行对外睦邻友好的方针，并作为"祖制"规定下来，称"四方诸夷皆限山隔海，僻在一隅。得其地不足以供给，得其民不足以使令。若其自不揣量，来挠我边，则彼为不祥。彼既不为中国患，而我兴兵轻伐，亦不祥也。吾恐后世子孙，倚中国富强，贪一时战功，无故兴兵，致伤人命，切记不可。"并把当时所知道的海外国家、地区基本上都列为"不征之国"（《皇明祖训·篇戒章》）。当时，为保护东南沿海不受日本海盗的频繁侵扰，明朝除在沿海修建城戍防备外，又采取经济封锁的手段，禁止百姓私自出海贸易。由于实施"海禁"，明朝与海外诸国的经济往来主要采取朝贡贸易的形式。各国官方使者以朝贡名义向明廷献上"方物"，明廷将对方

---

〔1〕 参见［英］阿·克·穆尔：《一五五〇年前的中国基督教史》，郝镇华译，中华书局 1984 年版，第 283 页。

所需物品作为赏赐颁发，实际上是一种具有政治色彩的交换行为，也允许贡使将所带多余物品与民贸易，但"有贡船即有互市，非入贡即不许其互市。"[1]明成祖朱棣不仅大力发展传统的朝贡贸易，还将这一贸易形式主动推往海外进行，"下西洋"的举措就这样出台了，具体负责这一工作的则是明成祖的亲信宦官郑和。

自永乐三年（公元1405年）起，郑和奉命承担统领船队、远航"西洋"的任务。当时人们将海外诸国以婆罗洲[2]为界分为两部分，以东称东洋，以西称西洋，郑和的航行目标，主要是婆罗洲以西的东南亚、南亚、西亚、东非地区，在当时属于"西洋"范围。《明史》卷三〇四《郑和传》云："成祖疑惠帝亡海外，欲踪迹之，且欲耀兵异域，示中国富强。永乐三年六月，命和及其侪王景弘等通使西洋。将士卒二万七千八百余人，多赍金币，……遍历诸番国，宣天子诏，因给赐其君长，不服则以武慑之。"可见，下西洋的目的，一则是追踪失去皇位后下落不明的建文帝朱允炆，二则是"耀兵异域，示中国富强"，这完全符合明成祖积极开拓的总体对外方针和好大喜功的性格特点。

郑和七次远航，前几次几乎是连续进行的，后几次略有间隔，首航时间是在永乐三年六月至五年（公元1407年）九月，至宣宗宣德六年（公元1431年）郑和奉命第七次下西洋，八年（公元1433年）三月，郑和在归航途中病逝于古里（今印度南部西海岸科泽科德），七月船队回到南京，下西洋活动结束。郑和七次下西洋，都统领着规模巨大的船队，船只上百，多时在200艘以上，满载瓷器、丝绸、铁器等货物；随行人员多达两万七八千人，包括官员、水手、军士、工匠、翻译、医生等各类专业人员。船队所到之处，宣扬明朝国威，邀请各小国前往朝贡，并就地进行交易，用所载货物换取当地特产。但总的来说，远航主要出于政治目的，其贸易并非等价交换，往往入不敷出，所得又多为奢侈品、珍禽异兽等无用之物，而航行成本巨大，颇有劳民伤财之弊。因此，到郑和去世之后，随着明朝对外政策的收敛，"下西洋"已成为历史的绝唱，但客观看，其仍极大地促进了中国与亚非各国朝

---

[1] 参见明·王圻：《续文献通考》卷三十一《市籴考·市舶互市》，现代出版社1986年版，第447—469页。

[2] 今文莱。

贡外交关系的发展。

明朝建立初期是我国历史上航海业迅猛发展的时期，航海罗盘可能从 11 世纪就得到使用。明朝的航海船队远航东印度群岛、马来半岛、锡兰、印度和阿拉伯半岛，载着商品、贡物和珍贵的地理知识返航。明朝强盛时期，海军部署在长江下游地区水域以应对日本海盗的骚扰，它强于同时代欧洲任何国家的海军。但后来，明朝在海洋贸易中的有利地位发生了逆转，这是明代诸帝厉行限制航海活动政策导致的不幸结果。明朝统治者并不认为对外贸易是一件互惠的事情，而是把它视为征收贡赋的一个手段；同时，只准与承认中国为宗主国的国家通商。1371 年，明朝政府禁止中国人出国旅行；15 世纪初，又禁止中国人在沿海水域航行。对于在沿海城市形成与明朝敌对的权力中心的担心，是明朝推行这一目光短浅的政策的部分原因。

更为糟糕的是，就在西方人开始摆脱狭隘的乡土观念时，明朝的"海禁"政策迫使中国与世隔绝了。明代后期的统治者不仅未能继续在公海上保持进取精神，而且也无力保卫本国的沿海地区，逐渐地，明朝的实力明显落后于同时代的西方国家了，而同时期的西方国家正在崛起，国家实力明显提高。在西欧中世纪之后，从 1350 年至 1550 年意大利进入了"文艺复兴时期"，意大利人兴高采烈地创造了一次辉煌的"艺术的复兴"[1]。文艺复兴不只是学术和文化史上的一个时代，而且诞生了一种无与伦比的"文艺复兴精神"，改变了生活的各个方面，既包括思想、艺术，也包括政治、法律、经济和宗教，并且随后在 16 世纪前半期传播到了欧洲其他国家，这样一来文艺复兴就扩大为一场国际运动了。在 16 世纪和 17 世纪初期，西方国家出现了科学史上一些极其重要的成就，并且打破了中世纪那种理论与实践彼此分离的局面，为地理大发现奠定了理论与技术基础。

2. 西方国家的海外扩张

西方国家中世纪时的海外扩张运动一直延续且没有间断，最主要的目的是获得经济利益——寻求亚洲的香料和其他奢侈品。胡椒、肉桂、肉豆蔻、姜和丁香只能在热带气候的东南亚生长，由于具有防腐功能，这些东西在中

---

〔1〕 ［美］菲利浦·李·拉尔夫等：《世界文明史》（上卷），赵丰等译，商务印书馆 2006 年版，第 809 页。

世纪中期和后期都非常珍贵。当时中亚地区动荡不宁，陆路交通极不安全，水路运输比陆路运输的费用低廉，任何由海路到达原产地的人都可能发财。除去经济动因之外，促成海外冒险的还有宗教因素，即基督教希望皈化未受洗礼的异教徒，在东方寻找想象中的"失踪的基督教徒"，以便联合起来对付伊斯兰势力，西方国家中世纪时的海外扩张运动最终导致了地理大发现。

15、16世纪，资本主义在西方国家萌芽并且逐渐发展，产生了早期的资本主义经济。资本主义经济必然追求商品经济的发展，这就意味着需要丰富的原料、廉价的劳动力和广阔的市场。从资本原始积累时期起，西方国家就开始对世界其他地区进行扩张和掠夺，它们之间也为争夺世界霸权地位展开了搏斗。为了追求财富和资源，资本主义原始积累以海外殖民扩张作为重要方式，海外殖民扩张必然要进行远洋探险和开辟新航路。由此，西班牙、葡萄牙和意大利人率先到世界各地冒险。1488年，葡萄牙人迪亚士的船队抵达非洲最南端的好望角，开辟绕道非洲前往东方的路线。15世纪末，意大利人哥伦布的船队在西班牙国王的资助下到达美洲大陆。1520年，葡萄牙人麦哲伦的船队绕过南美洲，经麦哲伦海峡进入太平洋，经由印度、绕过好望角，1522年回到西班牙。随后，西班牙人和葡萄牙人开始在他们到达的地方建立殖民帝国。在欧洲海外扩张和殖民活动中，西班牙和葡萄牙捷足先登，起到了领头羊的作用，是有其原因的。首先，16世纪葡萄牙和西班牙作为欧洲主要的远距离贸易商脱颖而出，把欧洲经济力量的重心由意大利和地中海永久地移到了大西洋。其次，在欧洲各地，进口物品流通数量的增加以及亿万资财的迅速涌入刺激了企业家的雄心，海洋的开通为有胆有识之辈提供了获得新财富的绝妙良机，促发了一种"成功会导致进一步的成功"的意识。

15世纪末期，哥伦布发现了美洲新大陆，并且把西班牙国王的旗帜插在了这块原本属于当地土著人的土地上，从此欧洲就开始了对这块新大陆的掠夺。西班牙远洋探险、开辟新航路和海外殖民扩张的成功震动了整个欧洲，当时作为另外一个海洋大国的葡萄牙紧随西班牙之后，开始对地球进行瓜分。经由罗马教廷的协调，以西班牙人和葡萄牙人划成的界线为标准，把地球分为东西两个部分，沿着这条线向西就是西班牙的势力范围，往东则是葡萄牙的势力范围。葡萄牙占领了印度和南亚的部分地区，而且把这个地区称作"东印度"。许多外国人来到中国接触到了中国文化，其中包括刑狱等。

（1）葡萄牙人的见闻经历

在 16 世纪初，葡萄牙的船队经过马六甲海峡，到达了中国沿海。然而，葡萄牙人并不知道自己在明朝引水员的带领下换乘小船在中国广东沿海登陆的时候，碰到的是具有五千年文明历史的中国，于是西班牙人就按照西方传统做法向这块文明大地鸣放发现者礼炮。当葡萄牙人以鸣放礼炮的方式庆祝他们所谓的"发现"的时候，正值明朝沿着整个海岸线抗击前来骚扰的倭寇，听到炮声的明朝军队立刻派士兵把这些"不速之客"统统抓了起来。葡萄牙人万万没有想到，他们没有遇到像印第安人那样匍匐在地的人们，迎接他们的却是一支装备精良的明朝军队；更没有料到的是，他们首先遭遇的是明朝的刑罚和监狱。1517 年，葡萄牙使臣以带有探险式的海洋贸易方式接触中国，希望建立通商关系，却被明朝官员当作"红衣长毛"的贡使关押在市舶司，而且明朝官员还把他们押解进京。葡萄牙使团中的随从瓦斯科·卡尔沃和克里斯托万·维耶拉，在明朝监狱里给葡萄牙人的信中写道：

我们一到广州，便带我们去见布政使。（布政使）他下令送我们去位于一食品仓库内的牢狱。托梅·皮莱资拒绝进去。狱吏将我们带至几所大房子中，我们在那里被监禁了 33 天。然后，将托梅·皮莱资及其他 6 人送往布政使的监狱，这个监狱名叫里盘阁。我与其他 4 人则被分囚于都司牢房，在那里我们度过了 10 个月的铁窗生活。所有礼品在托梅·皮莱资手中。通常不给我们上手镣脚铐，但对我们严加监视，与其他囚犯隔离。突然 Amelcace（汉名待考）下令提取托梅·皮莱资及其随行人员，同时召来了马来人。[1]

1517 年，葡萄牙使臣乘坐"葡萄牙国王"号海船取道爪哇前往中国，这是中西方以国家形式正式交往的开端。从此，海洋不再是隔离中国与西方国家的自然屏障，而成为连接中国与西方国家的桥梁，西方国家的法律与中国的法律开始了接触与碰撞。葡萄牙使团到达明朝广州时按照西方惯例鸣炮致礼，触犯了明朝的礼仪。明朝官员要求葡萄牙使臣马上谢罪，按照对待其他国家朝贡使节的惯例把葡萄牙使臣关押进了市舶司，接着按照明朝法律把他们解送进京。葡萄牙人瓦斯科·卡尔沃和克里斯托万·维耶拉合著的《广州

---

〔1〕 金国年编译：《西方澳门史料选萃（15—16 世纪）》，广东人民出版社 2005 年版。

葡囚信》中收录了他们在中国写的信件，信中写道他们目前在明朝的监狱里，是 1517 年葡萄牙派往明朝的菲尔南·佩雷斯使团的随从。信中写道：

8 月 14 日，布政使给托梅·皮莱资带上了手铐，他的随从除了手铐外，还被带上了脚镣、脖链，没收了我们的全部货物，又给我们套上了脖链，在城中招摇过市，押往按察使衙门。在那里为我们换上了更重的枷锁，送入这个监狱。安东尼奥·德·阿尔梅达一入监便在沉重的枷锁下丧了命。我们的胳膊肿大，腿上因链子过紧淌血不止。已决定在两天后对我们执行死刑，天黑前，又给托梅·皮莱资加了重枷并将其赤足、光头，在年轻人的叫骂声中带往广州府大狱去看没收我们的货物。这些货物必须登记造册。那些做单的官员登写 10 份，侵吞 300 份，是十足的强盗。按察使及布政使对一名叫巡按御史的官员说，鉴于葡萄牙人擅入该岛及我们来此为窥探中华大地，作为强盗，我们须立即伏诛。巡按御史回答说，你们想处置这些人，但无论使团真假与否，我命令你们为他们除掉枷锁，我将奏明国王定夺。第二天，便为我们除了枷锁。

葡萄牙人在不期而遇的大明王朝，不仅没有找到他们梦寐以求的金银财宝，反而连他们自身的性命都难以保障。但是，葡萄牙人还是有所收获的，他们把自己在明朝的发现，尤其是对明朝刑罚的所见所闻，第一次系统地介绍给了欧洲。这两位葡萄牙人出版的《广州葡囚信》记录下了当时明朝行刑的场面：

1522 年圣尼古劳日（S Niclao）为他们插上了刑牌，以强盗罪处死并悬树暴尸。判决书说他们是大强盗派来窥探中华大地的小强盗，故在树上吊死。据官员们讲，将此判决禀请国王核准，1523 年 9 月 23 日国王降旨行刑。这 23 人被卸尸，头、腿、胳膊分家，肚肠从口中流出，从肚子处将尸体一刀两断，然后弃尸广州街头。还有些人被拉到城外的村庄主要街道上游街示众，然后处决，让广州城内外的人看看葡萄牙人没有什么了不起，叫人民不要再提起葡萄牙人。于是他们占领了那两条大船，趁两个船长还在酣睡之际，将全体人员捕获，就地正法。将首级割下，五脏六腑取出，让葡萄牙人背着去见广州官员。一路上，敲锣打鼓，招摇过市，然后弃之垃圾。从此不再允许葡萄牙人及任何外国人来此。[1]

葡萄牙人通过对明朝的接触和交流，有机会对明朝的有关情况进行了一定程度的观察和了解，并反馈回欧洲。这样就使得葡萄牙人了解的明朝的相关情况信息在欧洲传播开来，其中，最引人注目的是对明朝刑罚的介绍，当时的西方人对此感到非常惊讶。"中国的死刑，最残酷者莫过凌迟。其次是断头，第三是斩首。第四是闷死。那些罪不至死刑者，永远流徙充军，子子孙孙如此。例如，将广东人发配至十分遥远的他省充军，永不得返乡。这是中国军人的情况。那些由此上升为官员士绅的人，我上面说的那些人有万名，有的终身流放，有的仅若干年。将流放犯送到各省为官员做家务，扫地、担水、劈柴及诸如此类的劳动，在国王的工程中服役，还可将他们派其他用场。"刑罚有："在两脚之间置放一楦子，然后在两侧各绑一个，用绳子紧勒足踝，然后锤打楦子，不是断踝，就是折胫，一两天内定死无疑。类似的刑罚还有用木块夹手指和足趾。此刑疼痛难挨，但无生命危险。还有鞭足、鞭臀、鞭腓及跖等刑，并敲踝。无数人死于鞭杖之下。大大小小，无人不挨刑罚。律例森严，百姓无不怨声载道，但无人胆敢写信控告为非作歹的官员。鞭子以一劈开的粗竹竿制成，有一指厚、一掌宽。在水里浸泡后打得更厉害。"这是目前所知西方人士了解中国刑罚的最早纪录。[2]

最终，葡萄牙人获准在广州指定的地点经商，这个地点后来成为中西方交流史上具有重要意义的广州十三行。葡萄牙人还租借、经营了澳门，并且行使自治权，自治权成为后来列强对中国的一种殖民侵略形式。随着葡萄牙人开始在广州指定的地点经商、租借经营澳门，在明朝期间来到广州、澳门的葡萄牙人日益增多，在与当地中国人的经济交往和生活交往中难免会发生法律纠纷。当时，在澳门曾经发生了一起葡萄牙水手在船上误伤一名明朝儿童的伤害案件，后因抢救不及时该儿童死亡。如何审理这个案件导致了中葡法律的冲突，如果根据葡萄牙当时的法律审理，这名水手将被处以"罚金"；但如果根据当时明朝的法律，再加上明朝官方对"红衣长毛"的歧视，这名水手将要领教堂审的杀威棒被处以死刑。最终，这名水手还是按照明朝法律被处死了。

---

〔1〕 金国年编译：《西方澳门史料选萃（15—16世纪）》，广东人民出版社2005年版，第87页。

〔2〕 参见田涛、李祝环：《接触与碰撞：16世纪以来西方人眼中的中国法律》，北京大学出版社2007年版，第23页。

16 世纪的葡萄牙人最早向西方国家简单介绍了中国的刑罚，尽管对刑罚的描述支离破碎，不系统、不全面、不完整且缺乏真实，但也划定了中西方法律交流的时间表，尤其是刑狱交流的时间上限，这期间不仅西方人对中国刑狱有了耳闻目睹，更重要的是西方人亲身体验了明朝中国的刑狱。接触到明朝中国的现实后，西方世界不得不调整策略，基于葡萄牙占据中国澳门的现实，欧洲宗教改革把宗教势力向东方传播的权利作了分割，把对中国传播天主教的权利分给了葡萄牙。

（2）意大利传教士利玛窦等人的见闻

明朝中期以后，葡萄牙教会安排欧洲传教士以澳门为跳板，陆续进入中国。这些人没有军事动机和意图，作为宗教的和平使者，把所谓的"福音"和西方文明带到了中国，其中影响重大的有意大利传教士利玛窦。利玛窦把明朝的法律和古罗马的《十二铜表法》《凯撒法典》进行了简单比较，对明朝的法律作了肯定评价。他在《中国札记》[1]中写道："在中国，没有像我们的《十二铜表法》和《凯撒法典》那类可以永远治理国家的古代法典。凡是成功地取得王位的人，不管他的家世如何，都按他自己的思想方法制定新的法律。继位的人必须执行他作为王朝创业人所颁布的法律，这些法律不得无故加以修改。"利玛窦所说的明朝创业人颁布的法律是指明朝洪武三十年（公元 1397 年）颁布的《大明律》，利玛窦还向西方介绍了明朝当时中央主持法律工作的部门是"刑部"——"第六个部门是司法部，叫做刑部，主管侦查和承办刑事案件。全国的警察都在它的管辖之下。"利玛窦还在一定程度上调查了明朝的刑罚，尤其对刑罚中的笞刑、杖刑作了较为详尽的描述，称为"打板子的方法"。这种以打屁股的方式作为惩罚和治理的手段，一度成为西方人对中国刑罚主要方式的模式化认识结论。利玛窦记录的这种打屁股的行刑，比明朝官方所作的任何记录和描述更为准确和形象：

这个国家的刑法（罚）似乎并不太严厉，但被大臣们非法处死的似乎和合法处决的人数是同样的多。所以发生这种情况是由于这个国家有一项固定而古老的习惯，允许大臣不经过法律手续和审判，就可以随意鞭打任何人。

---

〔1〕 参见 [意] 利玛窦、[比] 金尼阁：《利玛窦中国札记》，何高济等译，商务印书馆 2017 年版，第 81 页。

这种刑罚是当众执行的。受刑的人脸朝下趴在地上，用一根大约厚一英寸、宽四英寸、长一码中间劈开来的竖韧的竹板打裸着的大腿和屁股。行刑人双手抡起板子猛打。通常是责打十板，最多以三十板为限，但是一般第一板下去就皮开肉绽，再打下去就血肉横飞，结果常常是把犯人打死。有时候，被告给大臣一笔巨款，就可以违反法律和正义而买得活命。大臣们作威作福到这种地步，以致简直没有一个人可以说自己的财产是安全的，人人都整天提心吊胆，唯恐受到诬告而被剥夺他所有的一切。正如这里的人民十分迷信，所以他们也不大关心什么真理，行事总是十分谨慎，难得信任任何人。出于同样的恐惧，近世的皇上也废除了公开露面的习惯。即使在以前，皇上离开皇宫禁地之前，不采取成千种防范措施，他们也不敢外出。在这种场合，整个朝廷都处于军事戒备之下，沿皇帝要经过的道路以及与之相通的路上，都密布着便衣警卫。不仅人们看不见他，而且人们也无从知道在行列里很多轿子中他到底乘的是哪一座。人们会以为他是在敌国中旅行，而不是在他自己的子民万众之中出巡。[1]

16世纪以后，随着航海事业的发展，通过海上贸易的方式，西方世界开始频繁接触当时的中国。一艘艘前往中国的商船，怀着发财的目的，带着宗教狂热，也带着西方的思想、文化，以及刚刚在西方兴起的物理学、化学、生物学、天文学、地理学等科学知识，欧洲的商人、传教士、旅行家等来到了中国，促进了东西方的文化交流。来到中国的欧洲人向西方介绍明朝的政治、军事、经济等各方面的情况，其中也有不少文字涉及当时的法律，尤其是刑狱。对刑狱的介绍不尽详细、系统、完整，表明当时西方人对明朝刑狱的了解刚刚开始，处于萌芽状态。

在明朝许多来到中国的外国人感触最深的是"镣、棍、拶、夹棍"这几种刑具和酷刑[2]，阿里·阿克巴尔在《中国纪行》作了较为详细地描述，"中国犯人在监狱中带着镣铐和链子，固定在铁桩上，头发也被拴在铁钉上。即使这样还不让他们自在，他们的脚被板夹住，背上和胸上缠着100码长的

---

〔1〕 参见［意］利玛窦、［比］金尼阁：《利玛窦中国札记》，何高济等译，商务印书馆2017年版，第124-125页。

〔2〕 参见伊永文：《到古代中国去旅行：古代中国风情图记》，中华书局2005年版，第250-251页。

链子和刑具，恐怕要压断了肋骨。带着镣铐和链子的犯人，被强力推进高度只有一臂长，三角形的又小又窄的笼子里时，为了关上笼子把他的头压低到和四肢挤在一起，好像没有骨头的一堆肉塞在笼子里，打开笼子后，这个人带着链子和镣铐被拉上来时，使我们吓掉了魂。"[1] 克路士在《中国志》也作了描述，"犯人把指头放在棍里，然后使劲拉绳子使骨头嘎扎作响"，"足刑很厉害和痛苦，刑具是两块方木条，约四拃长，一边用一根绞链连接，他们拿绳系在另一侧，足踝夹在中间。他们用槌子打木条头。"[2] 拉达在《记大明的中国事情》中记载了杖刑的过程，"官员一声吹喝，五六名刽子手就扑向可怜的犯人，马上把他按到地上，扒掉他的裤子。就这样他面朝下爬着，一名刽子手紧紧按住他的脚，另一个按头，再一个高举上述的竹板或棍子，使劲打他大腿后的肉，直打到叫住手为止。他们每打五下，便转过身子好打另一边。这时候，另一名刽子手跪着大声报打的次数，那简直太野蛮，挨过六十下的人难逃一死。"[3]

这三位外国人看到的只不过是明代最普通的刑罚，但已使他们真切感到这种刑罚的残酷了！一般来讲，这些酷刑主要是对下层官吏和平民施行的，特别是对那些"犯上作乱"者。这三位外国人看到并记载描述的是利用"镣""棍""拶""夹棍"刑具施加的刑罚，这些只不过是明代最普通的刑罚。"镣"是用铁制成的刑具，又称"银铛"，长五六尺，盘左脚上，因右脚受刑不方便。"棍"是用杨、榆木制成，长五尺，曲如匕，执手处，大似人小指，着肉处径可八九分。每次使用棍，用绳束其腰，二人踏绳的两端，使受刑人不得转侧。又用绳系两脚，一人负之背，使不得伸缩。"拶"是用杨木制成，长尺余，径四五分。每次使用拶，两人扶受刑者起跪，以索力束木的两端，随即用棍左右敲，使受刑者更加痛苦。"夹棍"是用杨木制成的，长三尺余，去地五寸多，贯以铁条，每根中各绑拶三副。凡夹人，则直竖其棍，一人扶之，安足其上，急束绳索，仍用棍一具，支足之左，使受刑者不能移动。又用一根长六七尺、围四寸以上的大杠，从右边猛力敲足胫，使足流血洒地。这几种刑具，是中国古代刑罚中最基本的，看来简单，但用起来极苦，如明

---

〔1〕 ［波斯］阿里·阿克巴尔：《中国纪行》，张志善等译，华文出版社 2016 年版，第 62 页。

〔2〕 ［英］C. R. 博克舍编注：《十六世纪中国南部行纪》，何高济译，中华书局 1990 年版，第 166 页。

〔3〕 参见伊永文：《到古代中国去旅行：古代中国风情图记》，中华书局 2005 年版，第 242 页。

人所说："惟棍则痛人心脾，每一下著骨，使神魂飞越矣！"[1]燕客《天人合征纪实》叙杨涟、魏大中等"六君子"在狱中受"棍刑"，毒打 30 棍，股肉就已经腐烂了，只得用帛急忙缠上。尤其是"受全刑"，即械、镣、棍、锣、夹棍等刑具同时上，被《明史·刑法志》称为："五毒备具，呼暴声沸然，血肉溃烂，宛转求死不得。"[2]

（3）西班牙人的见闻经历

欧洲国家普遍想了解中国的国情，以制定自己的对华策略。1574 年 9 月 14 日，西班牙国王费利佩二世在马德里皇宫接见了西班牙人胡安·冈萨雷斯·德·门多萨等人，下令正式组织使团前往中国。1581 年，门多萨等人带着费利佩二世致中国皇帝的御函和赠礼出发了。虽然最终没有到达中国，1582 年门多萨从墨西哥返回西班牙以后，费利佩二世和当时西印度院主席梅内塞斯都鼓励他写一部有关中国国情的著作。1583 年，门多萨出使罗马教廷，在觐见教皇格列高利十三世时，讲述了奉命出使中国的前后经历，教皇也督促他尽快写出一部中国史。因此，门多萨利用收集到的有关中国的诸多资料，在 1585 年写成了《中华大帝国史》，并在罗马出版首版。《中华大帝国史》一问世，立刻在欧洲引起轰动，仅在 10 多年间就先后被译成拉丁文、意大利文、英文、法文、德文、葡萄牙文以及荷兰文等多种文字，共发行 46 版。无疑，《中华大帝国史》是一部记载 16 世纪有关中国自然环境、历史、文化、风俗、礼仪、宗教信仰以及政治、经济等情况最全面、最详尽的百科全书，其中不乏刑狱方面的记载。

书中第一部第三卷第十章"再述皇帝的大臣，他们判案和治理国家的办法"记载了案件的审理，"欠了账而又不想还账的人，一旦被确认，就要用家产抵债。如无家产，就要入狱。狱中给他规定还债期限，如到期仍不还，或通过其他途径取悦债主，就要受到轻微鞭笞并给他第二次还债期限。如仍不还，就要遭到稍重的鞭笞，再规定第三次还债期限。如此以往，一直到他被打死。所以欠债人总会想法还债，或请亲戚帮助，甚至宁愿做债主的奴隶也不愿坐牢，忍受那不堪忍受的鞭刑。"[3]在明朝，案件没有民刑之分，鞭笞是

---

〔1〕 参见《诏狱惨言》。
〔2〕 参见高潮、马建石主编：《中国历代刑法志注译》，吉林人民出版社 1994 年版，第 985 页。
〔3〕 ［西班牙］门多萨撰：《中华大帝国史》，何高济译，中华书局 2013 年版，第 65 页。

对违规当事人普遍适用的强制方法，坐牢则比鞭笞更为严重。

"如用温和的手段或用计谋都不能得到犯人的口供时，法官只得对他动刑，动刑需十分谨慎、小心。刑具有两种，一种是脚刑，一种是手刑。两种刑罚都十分残酷，以至很少有人能够忍受下来而拒不交代。法官必须有证据，哪怕一半的证据才得动刑。手刑刑具是用两指宽、一拃长的数个圆木棍做成，能滚动，上面有孔，一边固定，一边用绳子连接。把手指放在木棍之间，慢慢收紧绳子直到关节碎裂，此时犯人疼痛难忍，大声哀号，委实叫人同情。如此刑仍不见效，法官又有证据或迹象说明该犯确实有罪，就对他施以比手刑更为严酷的脚刑，刑具是 4 拃长、1 拃宽的方形多孔木板。使铰链连接，用绳穿孔，把犯人的脚踝放入板中，慢慢敲打，以收紧上面的木板，敲打一次比一次重，直至踝骨碎裂，此时犯人比施手刑还痛苦万分。执行这两种刑罚时，上级法官要在场，而且这些刑罚也很少使用，因为犯人见了这些刑具就会马上招供。他们宁愿少受些罪迅速死去也不愿忍受这种酷刑。在狱里，狱吏对待犯人也很严酷、残忍，……"[1]门多萨用西方国家职责专业化分工的视角，称谓明朝的办案人员，不符合当时明朝的实际情况，但是客观地记述了明朝的刑讯拷问制度。

第十二章"他们的监狱和对犯人行刑的方法"记载了监狱的内部情况和行刑场景，"与法官和地方执法人员在执刑时非常严酷一样，监狱的狱吏对犯人也同样冷酷无情。正因如此，那个帝国才保持着安宁和公正。由于那里人口众多，所以监狱又多又大。每个省的省会都有 13 个监狱，每个监狱部由高墙相围，占地面积很大，内有除一般监狱都有的为狱吏和狱卒以及值班士兵准备的住房外，还有水池、空地和庭院，白天轻犯可以在那里放风。狱里还有饭馆，做出的饭菜卖给囚犯。此外，还有出售各种东西的商店，里面的东西都是囚犯为了维持生计自己亲手制作的。如不这样做，他们仅有的一些钱就不足以维持其生活。因为，法官判刑极慢，加上城市过大，事物庞杂，执行判决也需时日，因此即使罪行轻微，他们也要在狱中被关很长时间。有时，死刑犯在狱中时间过长，临刑前就已经因老、病而死。还有的在执行判决前不堪忍受狱中的严酷生活而自杀。

上述的 13 个监狱里，经常有 4 个是关押死刑犯的。按常规，每个监狱都

---

〔1〕［西班牙］门多萨撰：《中华大帝国史》，何高济译，中华书局 2013 年版，第 65—66 页。

有 100 个士兵和一个队长分班日夜看守。每个罪犯从颈到膝挂着一块半拃宽的铅白色罪牌，上面写着从地方法官判决书上抄下的死刑判词。每个狱吏都有很多判决书的抄本，以备法官和巡抚需要时马上呈递。所有犯人都戴着手铐、脚镣，被关在朝向庭院的牢房里，狱卒们把罪犯的头按在专用的地板上。犯人们挤在一起，被串在铁环里的锁链铐牢，丝毫动弹不得。罪犯的上面有一个个木板棚，使每一个人只有身体大小的一块地盘，不准逾越，一眼便知这些都是死刑犯。牢房使人窒息，有些犯人因不堪忍受而自绝。

白天把囚犯拉出来，去掉手铐，令其干活儿，自食其力。不能维持自己生活而又无人相助者，皇帝会赐他一份口粮，仅维持其生命。只有在巡抚或都察院和御史的驻地法官到来时才能对死刑犯行刑。他们是专门微服私访的。他们来到监狱进行查访，要求查看罪犯的名单和判刑的原因，即便最后的判决已被皇帝和内阁确认，他们仍要在判刑的法官的陪同下重新审核，法官不在时由其代理者陪同。此后，在所有罪犯中挑选 50 个罪大恶极的歹徒，令典狱长备好一切所需的材料，准备将他拉走行刑。做好这一切，再查阅他们的罪行，看看能否有解救他们的可能，如果有尚可饶恕者，立即将他们分开。接着下令鸣炮三响，这意味着将行刑的罪犯拉走的时刻已到。这过程中他们仍在协商是否能再解救某个人。如无，再下令鸣炮三响，差人将罪犯押往刑场。在他们即将行刑前，还要再次匆匆查看一下拉走的死刑犯的罪刑，看看是否有办法再解救一二。如有，或有可解救的迹象，就令人把该犯从刑场拉回到狱里。但很多被解救者很不情愿，他宁愿速死而不愿再回狱中备受折磨。从各级官员开始查看案情，到作出决定的这段时间里，罪犯们坐在地上，吃给他们准备的刑餐。所有工作完成后，根据法律再不能找到任何为其开脱的办法，就再鸣炮三响，按判决书行刑。死刑有三种方法：绞刑、杖刑和火刑。火刑只施于背叛皇帝的人。执行火刑最后一声鸣炮完毕，钟声大响，此时全城骚动。火刑现已经很少执行了。

行刑这天，店铺关门，人们停止劳作直到太阳落山，天黑前是埋葬死刑犯尸体的时候，埋葬时有很多人到场。行刑的第二天，各级官员再次来到监狱进行第二次巡查，这次查看的是人见人憎的窃贼的名单。已构成犯罪的，在其头颈上挂上已述罪牌，上面书写着他们的罪行，拉到大街，当街严厉杖击以示羞辱，如是者连续三四天。杖击用的是宽四指、厚一指的木棒，在水中浸泡后击其腓骨，使窃贼更加疼痛难忍。杖击时，使窃贼背朝天，反剪双手，两人一起施刑，一人击一条腿。杖击仅 6 下，窃贼便无法站立；50 下就会使人毙命。大多数窃贼就是这样被活活打死的。经常一次杖刑 200 人，每年在省会和大城市因当街杖刑和在狱中杖刑而毙命的窃贼多达 6000 人。

行刑时法官在场，他们个个无动于衷，面无表情。有的甚至在施刑时忙于吃喝作乐或做其他诸如此类的事情。

通奸者一般处以死刑，对同情这一不忠行为的人——他们一般都是卑鄙小人或下层贱民——施以专为他们发明的儆戒性的惩罚。"[1]门多萨较为详细地记述了监狱关押人犯的情况，尤为详细地说明了死刑的执行过程、杖刑的执行过程。

书中第二部第三卷第十五章"续谈神父们第二次进入中华帝国的所见所闻和他们所受的苦难"概述了从西班牙到中国的所见所闻，其中就有方济各修会的托钵修士在 1584 年旅途中所经历的奇遇，"翌日清晨，管理偶像的祭司打开店门，叫教士们入内。教士们看到祭司正和他的副手举行迷信仪式，点燃蜡烛，向偶像泼洒香水，接着像往常常做的那样开始占卜，以便知道他们应该如何对待这些教士。教士并不懂他们的做法，但马上有人叫他们离开庙宇。士兵将他们交给一位官员，他是该省的海军大将军，其驻地位于 6 里格远的一个叫做 Quixue 的城市。通往该城的道路是石子路，宽阔、平坦。路两边种满庄稼，开满鲜花。上帝保佑，我们的人将来到大将军的面前，沿途历尽艰辛，因为 8 天来他们吃尽了苦头，力量消耗殆尽。

到达该城后，他们仍被士兵监视着，直到第二天被带到大将军的面前。将军府邸宽敞、豪华，有两进院。第一道院面临大街，另一道院是后院。两道院中间的连接部分则由栏杆封闭，里面长满各种树木。树丛中生活着很多鹿和其他多种家畜，如绵羊等。后院前面有一甬道，那里有很多武装的士兵以守卫大将军，此人端坐在敞亮而雅致的大厅内的象牙宝座上。

教士们在进入后，院前大鼓（这里的鼓比西班牙的鼓还大 3 倍）、号角、喇叭和其他乐器齐鸣，枪炮轰隆直上云霄。随后，后院大门打开，宝座和端坐具上的大将军出现在眼前。他的前面有一书桌，上面摆着我们说过的、这个国家常用的笔墨纸张。卫兵们穿着统一丝制号衣，步调一致，毫不喧哗，这引起我们的人的惊异。前面的士兵手执火枪，后面的手执长矛，中间的则

---

〔1〕 ［西班牙］门多萨撰：《中华大帝国史》，何高济译，中华书局 2013 年版，第 68-70 页。

手执短剑和圆盾。甬道里的士兵足有 400 人。他们的后头是拿着杖刑刑具的刑吏，再后面是书记员和检察官，这些人离大将军的宝座有 30 步左右。大将军周围是些像骑士模样的人，还有数十名光头侍从，全部身着典雅的金丝绸衣。我们的人则被士兵看押着，身上带着一般死刑犯的标志。在离大将军还很远的地方，士兵们便强迫我们的人下跪。此时，一些中国囚犯被提到堂前，他们因其罪行已被判刑，现在当着我们的人的面，刑吏要对其执行判决：扒光他们的衣服，死死用绳子捆住他们的双手和双脚，痛得他们大嚷大叫，呼声震天撼地。犯人就这样被捆绑着送到官员面前候令。听了囚犯的罪行，官员如果认为他们应当受到杖刑，就在他前面的桌子上拍一下，刑吏立即用粗棍击其腿肚 5 次，我们过去对此已有所描述。杖刑如此残酷，很少有人在被打 50 次后还能生还。上面说到，官员用手在桌子上拍了一下，检察官使高叫一声，刑吏立即挥棍，在囚犯的腿上连击 5 次，如罪过深重，官员会再在桌上拍手一次，囚犯再挨 5 次杖刑，这样一直到官员满意为止。对这些可怜虫，官员们无动于衷，好像棍子打在石头上一样。

大将军见到了我们的人，便下令叫他们到前面去，他要看看他们穿的服装，甚至还要看他们的祈祷书和其他书籍。随后，有人向他禀报是怎样将我们的人俘获的以及他们到达中国的目的。随后他又下令将我们的人关进牢房，好生看管。我们的人吃尽了苦头，忍受饥渴和酷暑，以致大部分人都因发烧、腹泻而病倒。

关押期间，我们的人又见了一次大将军，并多次被搜查，每次我们的人都认为必死无疑，再也回不来了。他们都因即将死去而感到快乐，因为这样就能得到解脱，不必每天都为死亡提心吊胆。最后一次提审，大将军下令从水路将他们押解到该省巡抚所在的广州城，请巡抚对我们西班牙人进行审判，然后按外国人非法入境的罪行给予处罚。但他们从牢房被押解到海上时，都认为这次一定会把他们扔进海里淹死，于是他们又作了忏悔，把自己交给了上帝并以过去所得的赞扬而相互鼓励。他们刚到达登船的码头时，海上狂风大作，风暴来得如此凶猛、突然，简直是个奇迹，船上的士兵和船员都说他们从来没见过类似的风暴。这次风暴持续了 10 天，我们的人不能登船，此时大将军改变了主意，要把他们押解到潮州府。"[1]

---

〔1〕 ［西班牙］门多萨撰：《中华大帝国史》，何高济译，中华书局 2013 年版，第 272–274 页。

"到达广州后，他们被关押在 Tequisi 官邸，他们很详细地观察了那里的情况。在那里他们又被关押了很多天。不久，他们中大部分人又和死囚犯一起被递解到法庭。这段时间，广州省的巡抚、督堂正在广州，因为那时是行刑期间，处理犯人以便缓解人满为患的牢房的压力——有的犯人在押达 10 年之久尚未出狱。有一次，当着我们的人的面，他们一次判处了 2000 人。根据他们的规定和严酷的法律，有的被处死，有的被判处廷杖，还有人充军或处以其他处罚。执行死刑的那天，要举行特殊的仪式，如鸣炮数响或关闭城门以禁止行人出入，在做完很多手续后，行刑得以完毕，……"〔1〕在门多萨的笔下，不仅有这些方济各修会托钵修士的所见——执行杖刑，而且更有他们所遭受的囚犯一样的待遇，这符合明朝实施海禁政策对待"洋人"的实际情况，他写道："如处囚犯以死刑，这是很机密的事情，如有人知晓了，他们必须离开这个国家，因为这里人尽量努力不使其他国家的人知晓他们的统治情况和生活方式。"

门多萨的《中华大帝国史》不仅把 16 世纪的中国向西方做了最客观、最全面的介绍，为当时的欧洲人打开了了解和认识中国的窗口，还体现了 16 世纪欧洲人的中国观。直到此时，人们才终于相信《马可·波罗游记》并非编造的神话。门多萨在致读者的"前言"中明确表示，他写这部著作的目的，也是让人们不再怀疑马可·波罗对元朝中国所做的描述。《中华大帝国史》事实上提出了一个十分严肃的问题，即东方人和西方人应当如何审视和对待对方的文化。门多萨基本上把 16 世纪的中国较为客观、真实地介绍给欧洲，当时的欧洲确实也以此为参照制定他们的对华政策，即只能把中国作为贸易伙伴而不能作为侵略对象。这源于"门多萨所得出的中华大帝国处于和欧洲国家平行和平等发展阶段，甚至在物质财富生产的某些方面仍优于欧洲的结论"〔2〕，这个结论实际起到了遏制西方殖民者入侵中国企图的作用。由于明朝的强盛，当时的西方国家人士闭口不谈明朝刑罚严酷而主张领事裁判权。

---

〔1〕 [西班牙] 门多萨撰：《中华大帝国史》，何高济译，中华书局 2013 年版，第 275-276 页。
〔2〕 [西班牙] 门多萨撰：《中华大帝国史》，何高济译，中华书局 2013 年版，第 6 页。

四 . 传教案：前清汤若望身罹刑狱

从十七世纪以来，西方的传教士、商人、外交家、画家和探险家便逐渐开始进入中国。来到中国的这些西方人现场目击并记述了在中国发生的一些重大历史事件，他们尤为注重考察中国地理、地质、动植物资源、建筑、考古等各个方面的情况，探索中国的风土人情、生活习惯、社会各方面的情况。随着中西方文化交流的深入发展，不少西方人来到了清朝早期统治下的中国，当然肯定有些西方人由于种种原因而亲身遭受了当时的刑狱，而在清初倡行西法蒙受冤狱的汤若望最具有代表性。

（一）汤若望来华传教

任何人翻看日历都会看到，我国在年月日的排列上除了有世界通用的"公历"外，同时还有我国的"农历"或称"夏历""阴历"的排列，"农历"是我国的传统历法，源远流长。而现在我国沿用的农历实际上是 300 多年前清朝定鼎北京后所颁行的《时宪历》，这是一部应用西方天文学理论和计算体系并保留我国旧历法结构的中西合璧的历法，它的修订颁行直接与德国来华传教士汤若望相关联。汤若望在明末清初来到中国，因为帮助中国朝廷修历有功，备受恩宠，当上了清朝皇帝御座前的"通宣教师"，也因此招来横祸，差点被凌迟处死。汤若望究竟是何许人，为何会蒙受冤狱呢。

1. "沐浴宗教教育，前往中国传教"

约翰·亚当·沙尔·冯·贝尔（Johann Adam Schall von Bell），1592 年 5

月 1 日生于德国莱茵河畔科隆城一个信奉天主教的贵族之家，接受宗教教育，立志到华传教。汤若望这个名字是他后来到达中国后出于入境随俗的缘故另起的汉名。亚当·沙尔在科隆城的三王冕中学读书，1608 年 5 月毕业，由于他成绩出众，被保送到罗马的日耳曼学院。设于意大利罗马城的日耳曼学院，当时是欧洲一个有名气的学府，其教育目标在于培养既忠于教会、学业上又出类拔萃的贵族子弟，期望他们日后成长为各教会组织、各修道院的中坚。因此选收学员十分严格，需几个神甫共同推荐，然后由教区的主要负责人签字保送，并寄去被荐人的成绩、考卷及内容庞杂的申请表格，经过审查批准，才能入学。对年龄的要求同样十分严格，因为学院旨在招收各方面比较成熟的学员，经 7 年全面培养训练，毕业后即可以祝圣，故规定入学年龄必须是年满 20 岁，而亚当·沙尔刚刚 17 岁，足见他不仅学业优异而且意志坚强。

经过日耳曼学院的培养，毕业时他已成为一个学业优秀、体魄健壮而又朝气勃勃的青年，他在信仰上日益坚定，精神境界也日趋成熟。1611 年 10 月 21 日，他正式加入耶稣会，这是亚当·沙尔生活旅程中一个重要的里程碑。此后，他开始了见习修士的生活。在这期间，他经受了许多磨炼，同其他修士一道，到社会上募集零钱，积少成多，拿去赈济穷苦人，到医院去为病人作护理，到监狱中为犯人作神事、帮他们忏悔罪过和树立改过自新的决心。他还曾和几个年轻修士结伴去朝圣旅行，他们身无分文，完全以"化缘"方式四方游历，这使他们的忍耐性、刻苦性受到实实在在的磨炼。结束日耳曼学院的学业之后，亚当·沙尔又进入了罗马学院。这两所大学都是耶稣会创立人圣伊格纳提乌斯·罗耀拉所建，旨在为教会培养对外传教的神职人员。正因为汤若望接受这种学府的教育，身为耶稣会成员，所以必须终生信守其矢志，这也是他到达中国后一系列表现的根本原因。

在 1616 年新年伊始，汤若望把前往中国传教的申请正式递交给耶稣会总会长。这一愿望的萌发与他在罗马这几年的生活密不可分。当时的罗马，除了掌握东方传教的各种信息之外，也自然成为东方文化信息的荟萃之处，这使年轻的学子们获悉了欧洲以外世界的魅力。而且，利玛窦在中国传教所取得的成绩，也在这里很快得到广泛的传颂。这一切使罗马的年轻神职人员心驰神往，愿去继承利玛窦的事业，矢志到新开拓的传教领域，去奉献天主赋予他们的生命与才智。这也是汤若望写出申请的初衷，他的愿望得到了刚从中国返回欧洲的金尼阁神甫的鼓励和支持。1616 年底，他高兴地获得了准许。

惊涛骇浪考验、千辛万难抵澳，"中国之行"已列入他的生活日程，他已整装待命了。1618 年 4 月 16 日，亲友们纷纷前来送别，为耶稣会士们举行的告辞仪式则更加庄重：送客的人为远行者行吻足礼，表示对他们由衷的尊敬和崇拜。这时，启锚的炮声响了，22 名神甫一起登上了"善心耶稣"号远航船。这艘船上连同驾驶人员及水手共有 630 人之多，金尼阁神甫带领汤若望等年轻会士们，一同启程了。就这样汤若望与数以百计的乘客从里斯本大港码头乘船出发了，踏上了离开欧洲去往中国的路途。

在船上金尼阁神甫每周会给教友们上一堂汉语启蒙课，汤若望曾写过的"家信"有两封尚保存至今，在其中一封信中，他回忆起在罗马书院的生活，他请求转告对院长和努斯鲍姆神甫的问候。航船行驶的路途是漫长的，从里斯本向西南方向，沿着西非海岸缓缓行进，与对面的巴西大陆遥遥相望。它经过加那利群岛，接着就航抵有名的佛得角。从这里又沿着几内亚海岸继续前进。之后越过赤道，绕到好望角。它顺着非洲拐弯，从科摩罗群岛与马达加斯加岛之间穿行而过，一直向着印度半岛行进。这海船离欧洲越远，分量也越减轻：船上的食物、用品、燃料一天天消耗掉了，连人的总重量都在减少——不断有人在船上死亡，不管同伴是否情愿，都只能将他们的身躯投葬鱼腹了。在驶近非洲几内亚海岸时，船上人的生命受到可怕的瘟疫袭击，这瘟疫相互传染，很快就蔓延开来。大约一半人都卧于病床上，发着高烧，与死亡搏斗着。这种病就是恶劣的非洲疟疾。它夺去了四十多人的生命。金尼阁、汤若望等人，尽管自己也先后受到病魔的威胁，但还是挣扎着起来救护其他病友。死去的人中有 5 人是传教士，同会的兄弟们对此深感遗憾，因为他们的同志还没有去实践其东方传教的宏愿，就在远征途中"出师未捷身先死"了。

远航船的行进是艰难的，有时受到无情海风的阻逆，有时险些被巨大的海浪吞没，这种全船覆没的危险几次出现，人们几乎天天在祈求神灵的保佑……然而，困难毕竟一一被克服，印度大陆已出现在地平线上。1618 年 10 月 4 日，经过了五个半月的苦难历程，航船抵达印度的果阿。在果阿的几个月调整生活很快就过去之后，1619 年 5 月，赴中国的教士们重新启程了，汤若望搭乘另一条船，先后向中国南海方向驶去，两个月后他们分别在澳门登陆。就这样，汤若望的欧亚之行终于结束了，就此告别了欧洲故土，一生再未返回。

2. "为明廷修历法、造火炮"

"教案"阻碍传教、潜心学习汉语，1619 年 7 月 15 日，汤若望和教友们终于结束了东方之旅，抵达了澳门，被安置在圣·保罗学院里。前来迎接他们的教士是被明朝政府驱逐到澳门的王丰肃、鲁德昭和熊三拔，传教会虽然为他们举行了热烈的欢迎仪式，但也驱散不了他们心中的忧愁，早在他们到达印度果阿的时候就听到了明朝这两年排斥基督教的坏消息，由于他们通往内地的路被封堵了，他们不知道要在澳门待多久。传教士的传教发生了什么呢？原来公元 1616 年（明万历四十四年）明朝发生了"南京教案"，这是中国历史上第一次运用政治权力反对天主教的运动。

当时任礼部侍郎署南京礼部尚书的沈㴶（？—1624 年），以维护中国正统文化、排斥异端为理由，勾结宦官魏忠贤，在 1616 年 5 月、8 月及 12 月向神宗皇帝上了三道《参远夷疏》，指控耶稣会士散处中国各地形迹可疑、图谋不轨。传教士以"大西"对抗"大明"，以"天主"凌驾"天子"，有以夷变夏的图谋。其最大罪状是，以"邪说"引人入教，劝人但奉天主，不可祭祀祖宗，"是教人不孝也"，任凭下去势必导致天下无父子、无君臣，违反中国最根本的伦理大宗。最不能容忍的是让传教士参与修改历法，用"荒妄不经"的西方天算破坏我国尚书尧典以来的传统历法，有违大明律例，"暗伤王化"。最可怕的是他们的宗教活动奇特，好像有什么咒术似的，使信教人不约而至，男女聚于一堂：不但伤风败俗，还有聚众谋反之嫌。南京的王丰肃居然敢在大明皇帝的陵寝前盖起无梁殿和花园，简直是犯上作乱，如此等等。要求皇帝"申严律令，以正人心，以维风俗"。[1]

沈㴶的发难立即得到各地反教会势力的响应，大江南北连声，朝野上下串通，掀起了反教会浪潮，要求将基督教以"邪教"处之，将以庞迪我为首的所有在华西士驱逐出境，取缔基督教组织。万历皇帝终于改变了对天主教的态度，1617 年 2 月 14 日传出谕旨"照沈㴶所请办"，将误导民众、参与谋反的王丰肃、鲁德昭"督令西归"，将庞迪我、熊三拔"亦还归本国"[2]。

---

〔1〕 苏双碧：《太平天国史综论》，广西人民出版社 1993 年版，第 17 页。

〔2〕 贾洛川、王志亮主编：《监狱学论坛》（第六期），中国法制出版社 2011 年版，第 215-231 页。

各地奉旨行事，王丰肃和鲁德昭被带上刑具、押送到澳门，王丰肃还挨了一顿痛打以至于一个月都站立不起来。庞迪我与熊三拔也被赶出了钦天监，随行去澳门。不久庞迪我病故，终年 47 岁，教堂被充了公，20 多个教民也被处以刑罚。其他没有被点名的教士，也先后被逐出境。就这样，利玛窦一手开拓的中华传教事业几乎断送殆尽。

在教案初期，庞迪我神父写了一篇 6000 字题为《具揭》的文章，极其诚恳地解释天主教教义和中国儒家学说的一致性，争取中国各方面对传教士在华活动的同情和谅解，并借此对反教势力起些抑制作用，相信中国皇帝和有识之士们会弄清事实真相，会改变不信任的态度。当然，对于"教案"明朝大臣中也有持不同意见者，徐光启、杨廷筠、李之藻等人为传教士进行辩解，徐光启向皇帝上了《辩学章疏》，为耶稣会在华的所作所为进行有力的辩护，从而为以后与汤若望等传教士的接触埋下了伏笔。汤若望坚信，只要明朝还要修改历法，就一定会再请传教士回去的，这是上帝的旨意；《格雷高利历》先进，差不多都在欧洲各国通行了。汤若望等传教士利用滞留澳门的时间，学习中文，以会讲、会写、会读中国书为目标，做一个像利玛窦那样的中国通，由王丰肃教授中国言语文字。滞留在澳门的三年时间里，传教士们边学习中文，边关注明朝的风云变化，等待时机进入内地。

汤若望抵达中国之时正值明王朝逐渐走向衰落之际，从 1619 年起徐光启就打算直接购募西洋大炮、聘请炮师佐助练兵以扭转战局，所派门生张涛、孙学诗于 1620 年到澳门。二人在澳门见到了金尼阁和汤若望等传教士，他们真没有想到能相遇在明朝急需西洋大炮的特殊时刻，这真是上帝安排给传教士进入内地的机会。1622 年，按照徐光启的建议，金尼阁、汤若望以洋炮手的顾问和向导的身份前往内地。汤若望换上了明朝人的服装，把他的德文姓名"亚当"改为发音相近的"汤"，"约翰"改为"若望"，正式取名汤若望，字道未，与传教组的伙伴们一起乘船北上，1623 年 1 月 25 日到了北京，住在城西南宣武门附近的天主教堂，这是利玛窦生前所营造的，教案中被一位有地位的官员买下才免遭厄运得以保存下来。

汤若望到北京后，仿效当年的利玛窦，将他从欧洲带来的数理天算书籍列好目录，呈送朝廷。又将带来的科学仪器在住所内一一陈列，请中国官员们前来参观。不久，吏部尚书张问达就成了他来中国后的第一位朋友，汤若望以他的数理天文学知识得到朝廷官员的赏识。他到北京不久，就成功地预测了当年即 1623 年 10 月 8 日的月食和次年 1624 年 9 月的月食，这成为他送给朝廷的见面礼。汤若望的智慧、高雅气质和天算才华，深得徐光启的器重。鉴于传教会给汤若望的主要任务是研究中国语言文字和儒家学说、附带任务是传授树立天文学和传教，汤若望的中文还欠缺，徐光启就主动当了他的中文教习，给他指定阅读书目、定期检查作业、派人教练书法，就这样他在北京教了四年。

1627 年他被教会派到西安接替金尼阁的传教工作，他准确预测了 1628 年的日食，1629 年他刊印了用中文写的介绍伽利略望远镜的书《远镜说》，第一个把欧洲最新发明介绍到中国，在以后的立法改革中起到了重大作用。他首先把该书送给徐光启，徐光启看到此书后非常高兴，决定吸收他参加修改明朝大统历的工作。因而，在西安传教三年后，他被吏部调回北京参加历局的修历工作，从此汤若望传播西学的重要作用日益凸现。

明朝的历法危机。在中国古代，制定和颁行历法是皇权的象征，列为朝廷要政。祖制规定，改朝换代一定要"易服色；改正朔"以区别前朝，表示"天运已新"，合法地位得到上天确认，"正朔"代表权力，历法颁行的范围就代表权力所及的范围。由于中国自古受"天人合一"有机自然观的支配，相信天与人之间有密切的不可分割的联系，甚至有某种神秘色彩的交感关系。天子受命于天，同上天沟通是天子的神圣特权，而能预测各种天象的历书在一定意义上就被视为沟通天意的工具和桥梁。因此历法在中国的功能除了为农业生产和社会生活授时服务外，更要为王朝沟通天意，趋吉避凶。因此自古以来，天文历算总是被少数专家所掌握，而披上神秘的外衣。日、月食和各种异常天象的出现，常被看作是上天出示的警告。所谓"天垂象，示吉凶，圣人则之。"特别是日食的出现，常使君臣上下恐惧万状。天子要"素服、避位、下罪己诏"，要带领臣属举行"救护"仪式和祈禳活动。对日月食预报不准，常要引起政治上的轩然大波，因此对日月食和行星运动的推算研究，特别被列为重点。

天文历法作为"秘学"一向被官方垄断，在明朝的法律里明确规定不准私习天文，因为统治者唯恐民众掌握了测窥天意的本领后对统治者不利。历代政府机构中设有专门司天的天文机构，称为太史局、司天监、司天局、钦天监等，配备了一定数量的具有专门知识的学者进行天文研究和历书编纂。尽管中国历史上曾经出现过许多动乱，但天文历算始终延续不断，一脉相承。

明朝所用历法《大统历》实际上是元朝《授时历》的沿用。因为明朝从来没有对它进行过修改，渐渐出现与天象不合的问题，在明代的 200 多年中出现过多次日食、月食推算上的误差。

英宗正统六年（公元 1441 年）正月初一，按历法推步这天应有日食，当朝廷和老百姓们都做好"救护"准备时，晴朗的天空却什么动静也没有。当食不食，本来是天文官预报不灵，却被解释为是上天对皇帝的眷顾，是皇帝的德行感动了上天，不以日食向皇帝示警了，大臣百官还要向皇帝上表祝贺。在景泰元年（公元 1450 年）正月辛卯发生了月食，因为把有食报了无食以致没有举行"救护"仪式，天文官被差点下狱治罪。嘉靖十九年（公元 1540 年）三月初一，钦天监预报有日食，却没有发生。这完全是预报错误，可嘉靖以为是前皇帝遇到过的"当食不食"，大喜上天的眷顾，美滋滋地接受百官朝贺，还给推步错误的钦天监奖赏。

1629 年 6 月 21 日（崇祯二年五月初一）发生日食，礼部侍郎徐光启率领钦天监官员依照西法推步准确无误，而大统历、回回历的预测又与实际天象不符。龙颜大怒的新皇帝崇祯认为大统历推算不准是他执政的不祥之兆，在徐光启建议修历的几道奏疏进言下，便欣然应允以西法改历，令他从速筹办。明朝的历法危机，是中西天文学接触的焦点，也是汤若望在中国传播西学、建功立业的切入点。历法属于观测天文学，是天文学中最古老的部分，它的测算和推步要尽量与实际天象符合。然而人的智慧和人的认识总是有限的，而各种天象都有其客观上的复杂性，其变化永无止境，如果不符或不准确就要修改。

为明廷修历法，1630 年 6 月 26 日，徐光启上疏皇帝"汤若望——堪以效用"。三天后，崇祯皇帝批示"历法方在修改，汤若望等即可访用，着地方官资给前来"。1630 年深秋，汤若望在地方官和传教组的盛情送别下，奉旨回京，乘坐官轿，沿途迎送。1631 年 2 月，汤若望到了北京，加入了徐光启的修历团队。他负责恒星与交食部分和制造仪器；此外，还负责培养人才，给历局的具体工作人员上课讲授历法知识，指导他们测算数据、使用仪器、绘制天文表格等。汤若望恪尽职守，翻译西书，制造仪器，指导历局官吏昼测日、夜测星，遇有交食则会同礼部和监管赴观象台观测。

1634 年 12 月 14 日，共计 46 种 137 卷、内容分"五目"和"六次"的《崇祯历书》纂修完毕。《崇祯历书》的编纂完成，标志着中国天文学从此纳入世界天文学发展的共同轨道，在中国历法发展史上是一次划时代的进步。这部历书从 1629 年 9 月正式开局修撰，至 1634 年 12 月完成，历时 5 年多。由于传统势力的阻挠，一直到崇祯十六年（公元 1643 年）三月乙丑朔发生日食，用西法测验，密合无差，实践证实中国传统天文学的方法失败。崇祯皇帝才下决心"诏西法果密，即改为'大统历法'，通行天下。"但是，明朝末日已经将至，颁行历法的诏令无法实行了。

《崇祯历书》是历局中许多中外知历人共同的心血结晶。汤若望虽是以后备力量半道参加修历的外籍成员，但是数他在历局工作时间最长，最后只剩下汤若望一位传教士孤身支撑，始终没有离开过历局。可以说，由徐光启开始的《崇祯历书》，最后是在汤若望手中完成的，在介绍西学、沟通中西天文学上，汤若望做出了重大贡献。正像李天经在上疏中所称"译书撰表，殚其夙学，制仪缮器撼以心法。融通度分时刻于数万里外，讲解躔交食于四五载中，可谓劳苦功高矣！"[1]崇祯皇帝对汤若望等人的治历工作十分赞赏，1638 年底曾亲赐御匾一方上面亲书"钦保天学"由礼部官员骑御马、著红袍在仪仗队的鼓乐声中送至耶稣会所，礼部亦赐"功堪羲和"匾额送到澳门悬于耶稣会教堂内。

《崇祯历书》总数在一百三十七卷，汤若望在这项工程浩大的著作所起的作用，史亦早有评述："西人汤若望，与徐光启共译新法者也，以四十二事证西人之密，中术之疏，畴人子弟翕然信之……"[2]根据徐光启先后五次向朝廷进呈的历书，在这部历书中汤若望亲自撰写、翻译的篇目共八种：《交食历指》四卷、《交食历表》二卷、《交食历指》三卷、《交食诸表用法》二卷、《交食蒙求》一卷、《古今交食考》一卷、《恒星出没表》二卷、《交食表》四卷。以上罗列的汤若望著作，多属译著，这同样是中西士们配合默契、靠共同智慧完成的。

除上述书籍之外，经汤若望造译编著的有关书籍还有二十六种：《测天约说》二卷、《测日略》二卷、《学历小辨》一卷、《浑天仪说》五卷、《日躔历指》一卷、《日躔表》二卷、《黄赤正球》一卷、《月离历指》四卷、《月离表》四卷、《五纬历指》九卷、《五纬表说》一卷、《五纬表》十卷、《恒星历

---

〔1〕（明）徐光启：《新法算书》，卷四，第 11a 页。
〔2〕《清史稿》志 7，历 1。

指》三卷、《恒星表》二卷、《恒星经纬图说》一卷、《交食》九卷、《八线表》二卷、《新法历引》一卷、《历法西传》二卷、《新法表异》二卷、《西洋测日历》一卷、《新历晓惑》一卷、《赤道南北两动星图》、《恒星屏障》、《民历铺注解惑》一卷、《民历铺注》一卷等书与图。

在社会科学、宗教方面，汤若望的著述只有《主制群徵》、《主教缘起》、《真福训诠》和《崇一堂日记随笔》（合作）等几种。相比较而言，汤若望在历算天文方面著述汗牛充栋，而在宗教方面却凤毛麟角。就是在他有限的神学著作中，也常常谈及自然科学方面的东西，传播了一些当时对中国人说来很新鲜的知识。例如，《主制群徵》是一本从哲学角度论证天主确实存在的教理书，既阐述了宗教理论，又阐述了自然界的许多重要现象与原理。

除了著书立说之外，从崇祯年间起，汤若望开始向朝廷进呈他与同事在中国制造的或从欧洲带来的仪器。据历史记载，1634 年（崇祯七年）2 月 2 日，"汤若望和罗雅谷向中国朝廷进呈由欧洲带来之望远镜一架，以黄绸封裹，连带镀金镜架与铜制之附件。这一年 8 月，教士们贡呈了特别精制的天体仪、半面球形图及水平日晷"。汤若望、罗雅谷二人还"为中国朝廷制造了许多其他仪器，譬如象牙制小日晷、望远镜、圆规、小号天体仪、星高机等物。汤若望也曾画了两张地球二半圆形图。"[1]

化妆入狱作圣事、为明廷造火炮。汤若望在历局修历的那几年，正是明朝处于兵荒马乱、烽烟四起的年代。对付后金的强悍进攻，明朝把希望寄托在西洋大炮上。崇祯即位后，对西洋大炮与各类新式武器的防守作用非常重视，采纳了徐光启重申训练兵士、制造火器的建议。徐光启奔忙于修历、造炮之间，呕心沥血，冬不炉，夏不扇，无片刻暇。徐光启将不能进入北京的葡兵炮手和巨炮转赴登州，使登州成为全国装备最精良的军事前沿。因山东等历来是明朝钳制后金的重要海防前哨，徐光启推荐孙元化出任山东登莱巡抚，辖制旅顺东江等地，推荐王征、张焘先后往登莱任职。万万没有料到，崇祯四年（公元 1631 年）八月发生了一起军队叛变事件。当时因后金军队进攻关外大凌河，孙元化派孔有德率军增援。这支军队半途哗变、反戈倒击，一路打回登州，孙元化、王征、张焘都被扣作人质，城中西洋大炮等火器皆

---

〔1〕［德］魏特：《汤若望传》（第一册），杨丙辰译，知识产权出版社 2015 年版，第 154-155 页。

落入叛军手中，12 名葡兵战死。叛军要求孙元化叛变朝廷、宣布独立，但孙元化坚辞不允。虽然他做了大量抚平叛乱的工作，却得不到朝廷的宽容。崇祯五年（公元 1632 年）七月，他被革职，和张焘、王征一起被召回北京下了诏狱，王征处以充军流放，孙元华、张焘二人处以死刑。徐光启多方营救皆告失败。

当时汤若望正在历局参加修历，知道这件事后深为三位基督徒的不幸遭遇抱不平。他和孙元化在嘉定认识，孙元化向他请教过造炮技术，孙元化是徐光启最得意的门生，倡导西学、尤为热衷，曾著有《几何算法》《泰西算要》等书，又熟谙西方火器，就任登州巡抚期间，还致函向他请教过瞄准器的制作方法。汤若望认识王征，在他被派往西安传教之前王征到京师应试，听说金尼阁带来了许多欧洲的奇书，大为兴奋。王征从小就富好奇心，喜欢读奇文，交奇人，研究奇器，很快就和来京的传教士汤若望等人交上了朋友。天启六年（公元 1626 年），他协助金尼阁完成了《西儒耳目资》，这是一部研究用罗马字为汉字注音的书，后来竟成了中国音韵学史上划时代的巨著。天启七年（公元 1627 年），他跟随邓玉函学习西方的物理学。由邓玉函口授，他译绘而撰成《远西奇器图说》，将西方机械力学中的静力学引入了中国。崇祯四年（公元 1631 年）二月他受徐光启推荐和教友孙元化的邀请，出任山东按察司金事，本想干一番轰轰烈烈的保家卫国的事业，却没想到当了拼命为之效忠的皇帝的阶下囚。还有那位热情洋溢的张焘，他不顾艰难险阻，聪明机智地绕过教禁的暗礁，到澳门购募大炮，汤若望在澳门公学认识他后，就被他那种爱国热情深深打动，如今他和孙元化两人竟要被斩首处死。他不敢相信中国皇帝对这些难得的人才、国家的忠良为何这么不爱惜，这样狠心无情，他们的罪过就那么不可饶恕吗？

在后金节节南下的形势逼迫下，崇祯皇帝为了维持统治残局，在危急中想用西洋大炮守城。一天，皇帝派兵部尚书来到耶稣会士的住所，请汤若望等人帮助视察北京城墙的防御工程并提改进建议。此时历书编纂已经结束，汤若望随来人登城，发现城墙上的工事都是四方形的，便指出其缺陷。汤若望说："如果我是敌军，我从这里三天之内便可把全城夺取过来。"他说应该改用三角形的堡垒，为此还拟了一个计划并且制作了一个木模进呈皇帝。这位兵部尚书乘机提出请汤若望造西式大炮以挽救明朝的局势。汤若望一听此言，便想起了徐光启壮志成灰、孙元化含冤而死，心中颇为不快。他感到明朝的统治者们根本没有振兴国力、加强军备的长远打算，只是临渴掘井，局势紧张时用几门大炮应急，一旦局势稍缓便弃之不理、甚至不择手段摧残人才。于是，便推说制造杀人武器与教规相违背，制造兵器也不是他的职业，他只有一点书本上的知识，造炮的经验一点也没有。

而兵部尚书说："你为朝廷制造了那么多的天文仪器，也一定会造炮的。何况我们早就听说，你在澳门时就经历过葡萄牙人反击荷兰人进攻的炮战，你对这种大炮是很熟悉的，就请不要再推辞了。如果你实在不答应，我们只好去向荷兰人买大炮了。"汤若望心里一怔，荷兰人是信奉新教的，而且早想从葡萄牙手里夺去传教权。那么为了天主教的利益，是否应该答应下来呢？尚书见他有些被说动了，便又进一步说："现在中国天天有人死于战火，为了拯救千千万万生灵免受涂炭，上帝一定会允许你为我国造炮的吧。"汤若望说，此事关系重大，须要找传教团的负责人商量。兵部尚书严肃地从袖内掏出一份皇帝的谕旨说："我是奉命来转达谕旨的，你不答应也得答应！"教会负责人权衡了利弊，劝汤若望答应下来。他们认为中国是一个有高度文化的国家，造炮是一种军事防御行为，是保护文化的必要措施，也是为了拯救生灵，与福音不矛盾。其实是怕得罪了朝廷，影响基督教在中国的生存和发展，也真的怕荷兰人插进来，与明朝做起军火生意，夺了传教权。

为何汤若望被崇祯帝委任造炮呢？众所周知，火药是中国的四大发明之一，它的发明与应用是中国对世界的重大贡献。此后中国也继而成为制造火器较早的国家。李约瑟先生说："中国在9世纪就发明了人类历史上最早的化学炸药，火药用于战争可以追溯到公元919年，当时中国首次使用火药作为喷火器的引信。公元1000年，中国制成了炸弹和炮弹，不过那时的炮弹不是通过大炮发射，而是由石弩或弩炮弹出，速度徐缓。此后，火箭、火器等等相继在中国诞生。""我们认为火炮也是中国人的发明。火炮是一个惊人的发明。"[1]南宋军事家陈规发明的火器被视为是最早的火炮。到了元代，又有进一步的发展，制成了"铜火铳"。以后，随着蒙古人的西征，这些火器才逐步传入欧洲，大炮发挥了相当的威力，同时也获得了改造与发展。令人遗憾的是，在其故乡，它的发明地，火器的发展反而缓慢了、落后了。到了明代，

---

〔1〕［澳大利亚］约翰·默逊编著：《中国的文化和科学》，庄锡昌、冒景珮译，浙江人民出版社1988年版，第41页。

人们才又重新开始认识火器的重要性，并在欧洲人的帮助下重新制造火炮。明熹宗在位时，徐光启曾上疏："力请多铸西洋大炮，以资城守。"[1]后来，熹宗命陆若汉带了二十多个西人铸大炮，称为"红衣"或"佛郎机"。汤若望造炮，也正是在这一背景下进行的。据明朝实录记载，崇祯十五年（公元1642年）"御史杨若榆举西洋人汤若望演习火器。……"[2]在汤若望直接主持下，总共造出了20门40磅重的大炮、500门小炮，成绩显而易见，但在造炮过程中误解、嫉妒、恶语中伤也始终伴随着汤若望。汤若望不仅直接主持实际造炮工作而且进行理论著述，在崇祯十六年（公元1643年）完成了《火攻挈要》，又称《则克录》，意指攻必克，极言火炮的威力。然而，这些火炮也没能挽救明朝的覆灭。

（二）汤若望蒙冤入狱

1. "在清初御座前通玄教师、历法案蒙受冤屈"

1644年，一个多月中汤若望目击了惊心动魄的三个朝代更迭。清军入城下令迁出内城的汉人，汤若望上疏摄政王多尔衮请求保护天文仪器及已刻的《崇祯历书》书版，获得批准。1644年9月2日出现日食，给汤若望提供了展现西洋历法的机会，结果西洋历法分秒纤毫不爽，大统历、回回历均预测不准。于是，清廷决定采用汤若望依新法编制的新历，由摄政王多尔衮定名《时宪历》，并在册面上印上"依西洋新法"五个字，颁行天下。一部在明朝20年未及行之的新法，大清朝以数日间行之，使汤若望决心不遗余力地为清朝效命终身。

1644年10月30日（顺治元年十月初一），年仅六岁的顺治帝福临，在汤若望为之选择的"吉日"，举行定鼎登基大典，在南郊祭告天地后，即皇位于大内武英殿。12月23日皇帝下旨，任命汤若望为钦天监监正。钦天监的负责人有"王者之师"的重要身份，能朝夕接近皇帝，参与重大决策过程。任命一个外夷担任如此要职，这在中国历史上还从来没有过。别说那些守旧派惊

---

〔1〕《明史》卷251"徐光启传修"。

〔2〕《明实录附录：崇祯实录》第十五卷第19页。

诧得大气出不来，就是汤若望本人也始料未及。他八次上书皇帝，要求不要对他加官进爵。不管他怎么申明理由，皇帝就是不答应。汤若望很感激清廷对他的礼遇和器重，1645年下了很大功夫整理修改《崇祯历书》，删繁去芜、增补内容。将原来的137卷压缩成70卷，另增补30卷，合成30种100卷，取名《西洋新法历书》，呈送朝廷刊刻印行，作为每年推算时宪历书的根据，直到今天也是我国编制农历的基础。1646年清廷加授他太常寺少卿衔，官阶为正四品中国传教。

汤若望在制定历法上的成绩，使清朝政府对天算怀有极崇高的敬意，因此也把这一科学的代表学者汤若望视为一位优越杰出的人物。因为他能这样熟知天空现象，所以他也必定能知尘世上一切事体，所以王公大臣都愿与他交往，许多问题都来找他咨询，这使汤若望颇为难。他利用中国人的这个心理，从事以天主教义规劝、告诫和谏正活动，达到扩大天主教影响的作用，这样竟使得汤若望在清初的政治生活中充当了一个举足轻重的角色。通过钦天监监正这个特殊的官职，汤若望广泛结交宫内外宗室权贵，而且利用中国封建统治者对大自然规律的敬畏心理，把自然界的变异与统治吉凶联系在一起，用"上天示警"的预兆，进谏统治者不要采取激化矛盾的措施。例如，指出英亲王阿济格的军队在山西抢民女的劫掠不合天意，劝阻多尔衮为自己建立豪华王府"有违天意"。

当时除汤若望外无人敢对恃功自傲、骄奢淫逸的多尔衮说一个不字。汤若望敏锐观察到多尔衮有觊觎帝位的野心，他十分警惕地超然于宫廷斗争之外，同情顺治帝和孝庄皇太后，曾提醒过幼小的皇帝多尔衮擅权专政。多尔衮病逝后，英亲王阿济格欲步多尔衮后尘，以摄政王名义掌握政权。值此危急时刻，汤若望不失时机地为顺治帝选择了亲政日期，顺治帝宣布亲政有效地遏制了争夺帝位者的企图，巩固了清初的政权，因此他得到顺治帝和皇太后的好感和信任。

1651年5月的一天，教堂里来了三位满族贵妇，声称某亲王之郡主生病，特来向神父求医问药。汤若望听来者陈诉病情后，知道患者的病不过是一般的感冒，无须医药，便将一块圣牌交付来者，嘱她将此物挂在患者胸前，即可除病消灾，事后果然应验。原来这三位妇女是孝庄太后遣来的，患者不是别人而是顺治帝的未婚皇后博尔济吉特氏。为此，皇太后对汤若望很感激，认他为"义父"，随后顺治帝也尊他为"玛法"（满语，尊敬的老爷爷）。

在顺治帝的眼里，汤若望是一个十分受尊敬的老人。汤若望学识渊博，上知天文，下晓地理，精通历算，身怀绝技。所制定的历法，顺天应时，是大清朝顺天而治的象征。他又会制造各种天文仪器，还能铸造大炮，设计要塞图样，构造起重机械，并且精通多国语言，熟悉中国文化。显然，在中国，汤若望是当时西方科学技术和文化宗教的代表。在他身上既体现了多才多艺的科学力量，又贯穿了神秘色彩的宗教精神，对于求知欲旺盛的少年皇帝来说，无疑有极大的吸引力。汤若望在生活上安贫守贞，也令顺治帝十分崇敬，也十分费解，他多次派人对汤若望的私生活进行侦察。证实汤若望每天晚上都是在祷告、看书和写作，过着"毫无可非难的贞洁生涯"时，对汤若望的高尚品德深信无疑，因而不仅把他当做上宾，更把他当做师长看待。

为了表示对汤若望的好感，1651年9月，一天之内加封汤若望通议大夫、太仆寺卿、太常寺卿三个头衔，使他从原来的正四品晋升为三品。同时，又加封他的父亲、祖父为通奉大夫，母亲、祖母为二品夫人，还将诰命封书邮寄到汤若望的家乡。此后，顺治帝惯以"玛法"称呼汤若望，这个称谓包含着晚辈对长辈、子弟对老师的双重感情。顺治帝经常请"玛法"到宫中叙谈，无须太监们的传唤，也免除觐见时的叩跪之礼。有时在就寝时，还让"玛法"坐在自己床前，回答他对这个世界的种种问题。顺治帝还打破尊卑上下的惯例，或轻车简从，或大摆仪仗，到汤若望所居住的馆舍去看望。仅1656年到1657年两年间，皇帝亲临汤若望住所叙谈求教，就有24次之多。1653年4月，顺治帝赐给他"通玄教师"的称号，并发布圣旨大加赞赏。同年，汤若望又被授为通政使司通政史。次年正月初一，被晋封为光禄大夫，列正一品，为朝廷的极品官员。至此，汤若望在中国的荣誉和地位，已经登峰造极。他以一个"西夷人"的身份，竟能迭受恩赏，恩及三代，实为中国王朝历史上所罕见，即在外国也不多闻。然而，汤若望再也没有想到，极峰的下面乃是万丈深渊，辉煌的成功竟是衰败的开始。一场严重的灾难在等待着他。

1661年（顺治十八年）正月初七夜，还处于青春年龄的顺治皇帝晏驾了，临终前听取了汤若望提出选择一位庶出还不到七岁但已出过天花的皇子玄烨为皇位继承人的建议。这是汤若望没有想到的，他更没有想到在中国的隆遇竟随着顺治的去世在辅政大臣手里演变成一场灾难。四位辅臣对洋人都不感兴趣，他们都信奉萨满教，故对日益流行起来的基督教很反感；特别是鳌拜，很担心基督教和汉人中的反清势力串通起来，对清政权不利，所以有仇教心理。而对顺治帝信任重用的汤若望，由于他的学问高深莫测，他们则将他看成是既会施用魔法又善蛊惑人心的妖人，他们甚至怀疑他有炼金术，总之是不能信任的。在这种形势下，发生了一场震惊朝野、影响中外的历法大案，即杨光先控告西方传教士汤若望案。杨光先（1595 年—1669 年），江南徽州府歙县人，原是明朝新安正的荫袭副千户，生性"禀不中和，气质粗暴"，嗜好与人斗争，专以攻讦为业，常以构陷罪名、发人阴私之类的手段向人进行敲诈，据说被他诬告致死的有成百人。

杨光先不能容忍汤若望的隆宠，堂堂中国为什么专显天主教？为什么把洋人举得这么高？他开始注意搜集材料，1659 年（顺治十五年）见到了汤若望进呈给清廷的 64 幅耶稣画像，其中有三幅是耶稣蒙难像。他认为原来天主耶稣是彼国一个大罪犯，因谋反而正法，被钉死在十字架上，并非安分守己的良民；耶稣教也必是邪教无疑，邪教昌行中国，必遗祸无穷。再看《时宪历》，封面上竟端端正正印着"依西洋新法"五个字。他愈加确信，汤若望居心叵测，竟用这个方法明白告诉天下人，大清已经奉了西洋正朔，何其阴险也！于是，他盘算弹劾汤若望。他精心策划，找到被革了职的钦天监秋官正吴明煊作搭档。原来从清廷颁行汤若望依西法制定的《时宪历》后，便不准原来的天文科和回回科再奏报天象，并且令钦天监的成员都学习西洋新法，由汤若望进行考试，择优录用。由此钦天监的许多守旧官员受到冷遇或砸了饭碗，他们把这笔账记到了汤若望的头上，对汤若望获宠满怀忌恨。1657 年（顺治十四年）吴明煊就弹劾过汤若望几处测算错误，皇帝派大臣登观象台测验后，证明吴所告不实，结果他以诬告罪下狱，差点掉了脑袋，后被宽赦，从此对汤若望更加怀恨。他出狱之后就和杨光先联起手来。杨光先将吴明煊与汤若望争论过的问题，先后写出一批文章，开始对汤若望进行攻讦。

1659 年（顺治十六年五月），他在西洋新法中挑了 10 个错误，写《摘谬十论》指控汤若望西法之谬，后来又写《选择仪》指控汤若望选择和硕荣亲王葬期用洪范五行之谬，亲赴礼部呈告。呈文被退以后，他继而又写了《辟邪论》上中下三章，批驳天主教之谬。内容大意说，中国自古以来认为天乃阴阳二气结撰而成并非天主所造，耶稣是彼国聚众谋反之罪魁，因事露而被正法，钉死在十字架上，十字架以中国的刑具考证，实为凌迟处死的刑器木驴子，这样的重犯绝非造天的圣人；耶稣既是罪犯，其教必为彼国所禁，以所禁之教而推行到中国，是推行耶稣所犯的谋反之罪。同年，又作《中星说》

指责汤若望私自更改中国二十八宿的恒星轨道。后又作《正国体呈》控告汤若望在《时宪历》封面题写"依西洋新法"五字是"借大清历法以张西洋而使天下万国晓然知大清奉西洋正朔"等。当时顺治尚在位，杨光先的多次投诉均被驳回，只将《时宪历》上"依西洋新法"五字改为"礼部准奏"，证明依西法制定历书是朝廷认可的，就了结了此事。1661 年 1 月 3 日，他再次投疏，仍未见效。这是因为顺治去世后，鳌拜集团忙着自己内部的权力调整和政策调整，对汤若望暂时还能以礼相待。

此时，汤若望已到古稀之年，麻烦事也接踵而至。杨光先的攻击，他没有太当回事，可是传教士内部的聚讼攻讦，却使他感到伤心。汤若望自就任钦天监监正以来，身不由己地要参加各种应酬，整日与皇帝和王公大臣们打交道，难以顾及教务工作。由于官阶不断升高，他的馆舍变得不像教堂而更像官邸，一天到晚人来客往，络绎不绝，而且随时都有皇帝派人来召他入宫。从而打乱了教堂内的宗教日程和修道生活的规律，引起了传教士们的非难和怀疑。加上，他的仆人潘尽孝（也是基督徒）狐假虎威，给汤若望招来不少麻烦。潘尽孝有个很懂规矩的小孩，早为顺治帝所注意，多次劝汤若望将他收为"义孙"，晚年好有个倚靠，汤若望不能拂了皇帝的一番美意，便收了这个"义孙"，改名汤士宏。结果又引起了传教士们的非议，认为不婚不官是耶稣会士的誓约，汤若望竟然贪慕红尘，需要后代了，收"义孙"有损教士形象和教会名誉。如此推想汤若望的私德可能也有问题，于是意大利籍传教士利类思和葡萄牙籍传教士安文思两人首先向汤若望发难，竟联合在京教士多人，从 1649 年起便不断向中国教区和总会控告汤若望。汤若望不得不起而抗辩，经过反复辩难，多方调查，证明汤若望在私德方面无可指责。

但比私德更严重的指控内容是汤若望担任钦天监监正与所编历书，监正之职与基督教信仰不能相合，历书与向皇帝所上的呈报含有许多迷信与占卜言词。汤若望有被弹劾于宗教裁判所的危险，如果他不辞职则教会必将他革除于教会大门。事态闹得很严重，几乎在华的各修会传教士都参加了争论，汤若望自然也要为自己辩护，他写了一大篇《辩驳书》专呈耶稣会总会长，官司一直打到罗马教廷。为此，教廷组织了"审查中国历书委员会"，经过逐条分析，反复核实，最后裁决为中国历书上确有迷信成分，但属于中国人长期以来的习俗和经验推断，汤若望不能负全部责任。至于向皇帝所做的呈报，是奉皇帝特别准许，对大自然变故的意义作出自己的解释。目的只在借此向皇帝谏正与警告，而且天主用异常天象向人类示警是圣经所允许的，因此汤若望仍可以担任钦天监监正之职。耶稣会士的誓约对他不适用，因为他担任监正职，能给教会带来好处，不担任此职会使教会受到损失。罗马教廷的这份裁决，于1659年才由教务视察员带到中国宣布，并通令各传教士遵从这个判决，不许再多事纷争，同时还代表耶稣会总会对汤若望在中国从事的历法改革予以感谢和褒扬。

就在此时，杨光先抛出《辟邪论》《正国体呈》，要求将基督教定为邪教予以取缔。利类思、安文思这才如梦初醒，他们共同的威胁原来是来自杨光先。针对《辟邪论》攻击天主教，两个人写出一本关于天主和人类，天主教由来和历史的小册子，由李祖白负责修改润笔，并以李祖白的名义发表，请大学士许之渐作序、潘之孝和许保禄负责印刷发行，于1664年（康熙三年）春这本取名《天学传概》出版了。没想到，《天学传概》给杨光先提供了反对汤若望和横扫天主教的有力把柄。《天学传概》说，天主上帝，开辟乾坤，生出人男女各一，初人子孙聚居如德亚国（即犹太国），其后生齿日繁，散走四方；在中国为伏羲氏，乃中国有人之始，实为如德亚之苗裔。这本书把中国人的祖先伏羲氏和所有的中国人都说成藩后，议论纷纭，引起了轩然大波。杨光先指斥《天学传概》是一本妖书，批评许之渐不应为该书立言作序，扩大此书影响，使中国人真相信自己就是天主教的苗裔，敦促许之渐揭发幕后指使他写序的人，要从许之渐的嘴里直接获取汤若望的罪证。但是许之渐不承认妖书之说，也拒不举揭。

当年七月他再赴礼部，具投《请诛邪教状》，控告汤若望、李祖白、许之渐、利类思、安文思、潘尽孝、许保禄、南怀仁八人，要求以"谋反""妖书"两条将汤若望等人"依律正法"。随这份状子同时呈上的物证有《天学传概》一书，《天主图说》三本，《与许之渐书》稿一本，顺治十八年（公元1661年）汉字黄历一本，还有教徒们常用的物品十字架、绣袋、宗教小册子、教徒身份证等，杨光先认为这些都是谋反联络的暗号和标记。礼部当天就上报给辅政大臣，辅政大臣很快就断定这是一件国家最重大的要案，以谕旨形式宣布受理状诉，令吏部、礼部会同审理，吸引了京师各个阶层的关注。

1665年9月26日（康熙三年八月初六）审判开庭，坐在审判席上的是吏、礼二部官员和几十名大臣。被传讯的被告有汤若望、南怀仁、利类思、安文思四名传教士，还有李祖白、潘尽孝、许之渐、许保禄四名与《天学传概》有关的中国人；他们分成两组，立于大厅当中。每人身后有一名监夫看管。点到谁的名字，谁就从列队中走出来，跪在审判官前，汤若望被点的次数最多。此时，他已患中风，肢体偏瘫，起跪不便，不得不由两个仆人扶着。礼部有一官员心生不忍，令人送来一张小桌子，一块地毯，让他坐着回答。第一轮会审，根据杨光先所告，汤若望有"大逆谋反、宣传邪教、制造暑误历书"三大罪，每罪要过十二堂。由主审官宣读状子要点，录取被告口供，每一个要点都先写在纸上，递给被告，令其朗读，自行答辩，由陪审员记录在纸上，呈递给会审官员。汤若望因口舌结塞，讲话不清，委托南怀仁代自己答辩，他们二人彼此以拉丁文或德文交换意见。初审进行了12天，虎头蛇尾结束后，便交给礼部续办。礼部根据被告的三大罪状，逐一详细审问，各被告每天都要到庭候审。又经过12天的审问，还是不能确定教士们犯了什么罪。于是，会审团决定休庭三周。这期间，清廷派人到广东就澳门是否屯聚三万兵马进行了调查，结果纯属子虚乌有。这期间，杨光先又在用金钱进行幕后交易，散发白银有40万两。社会上各种仇教的派别团体、人士都向他捐献财物，单回教徒赠的宝珠就有18颗。这期间，汤若望等人被询问后，仍可回到原来的住处。

11月12日，重新开庭，气氛大变。礼部依据"圣上谕旨"，逮捕汤若望等八人；南怀仁、利类思、安文思、许保禄四人皆被戴上刑具，成为囚徒；汤若望、李祖白、许之渐、潘尽孝分别监禁于礼部监牢，每人都有五个狱卒看管。此次审讯进行了六个星期之久，集中审讯汤若望选择荣亲王的殡葬日期和地点，不用正五行而用洪范五行。宣布革除汤若望一切职务头衔，移交刑部议处，案子移到刑部后，汤若望与"同案犯"八名被告都戴上了九条锁链的刑枷刑具被送入刑部大狱。这里关押的多是死囚重犯，各种刑具、各种刑罚骇人听闻，被折磨至死的人不计其数，狱卒"吃"犯人的事情司空见惯。只要犯人家中或亲朋好友有力出资，那么犯人就可以少受许多罪。汤若望初入监狱时，还身为一品大官、有俸禄，他尽可以把钱拿出来让家中仆人做好饭菜送入监狱中，还可以给狱卒们分食；这之外，再给他们些小恩小惠，加上教友们常送些实用东西，狱卒们被堵住了嘴，手下也就自然留情多了。可后来，汤若望的官职被革除，一无所有，作为大案要犯从礼部监狱押入刑部大牢，他的囹圄生活急转直下，每况愈下，九链加身，只待行刑。汤若望在这里也吃尽了苦头，狱中哪里还有人对他加以怜悯。他食不果腹，夜不能寐，瘫痪的肢体难以支撑自己。

2. 汤若望吉人天相获释

1665 年 1 月 15 日，刑部宣判，汤若望处绞刑。南怀仁、利类思、安文思、李祖白各杖一百、驱逐出朝廷，许保禄杖一百后戍边，许之渐削职、黜为平民，但该判决须经三法司复审。就在开始复审的那天，1665 年 1 月 16 日（康熙三年十二月初一），按历法推算有日食。辅政大臣事前已谕令钦天监各科做出推算，至期齐赴观象台进行测验。时宪科由南怀仁代表，他是在牢房里进行推算的。日食初亏应在初一下午三点二十六分，这是一次特殊情况下的历法竞赛，无论对汤若望还是对杨光先都至关重要，因为事实胜于雄辩。这天日方过午，观象台热闹非凡，几乎所有的朝廷官员，都聚集到这里，一睹胜负。汤若望被人抬到观象台上，南怀仁紧握着他的手，喃喃对他说："沙尔，这是上帝对我们的营救。"汤若望槁黄的脸上露出了一丝笑容。而此刻杨光先的心里则是十五个吊桶打水七上八下，他埋怨老天爷干嘛在这个时候出来凑热闹，便贸然确定了一个与南怀仁略有差别的时间，企图浑水摸鱼。这样，回回历的推算较南怀仁早半小时，大统历较之早一刻钟。当日食时刻渐渐临近时，记时仪器晷刻漏壶前的报时官呼报"大统历时刻到！"天空未见痕迹。一刻钟过去，又报"回回历推算时刻到！"依然不见动静。当报到"西洋历法时刻到"时，瞬间太阳便开始昏暗，天空立时呈现出一片夜色，还有闪烁的星星，四面八方响起了锣鼓声，鞭炮声和叫嚷声"天狗吃太阳啦！"当人们惊叹这次日全食的奇景时，又不能不佩服西洋历法的精确。

这个事实给以鳌拜为首的辅政大臣们出了些难题，既然西洋历法如此精确，为什么制定这个历法的人要被判处死刑？基督教是先皇顺治帝屡次褒扬过的，怎么能把它视为危害国家的邪教？汤若望担任钦天监监正系秉承皇帝旨意，教会中的一切重要事情他确曾一一奏明朝廷，获皇上允准的，怎么又判他犯了大逆谋反之罪呢？他们这样对待一个对国家有功，受先皇恩宠的人，将来康熙皇帝亲政后会不会找他们算账。要知道这位幼主是汤若望一言所定的，从小受着祖母孝庄太皇太后的呵护和影响，而太皇太后又曾以汤若望为"义父"的。他们越想越觉得这个案子办得有点荒唐。但是，办到这个程度，能退回去吗？那不等于在全国百姓面前丢了面子？以后还怎么发号施令？何况，把洋人赶出朝廷，不准基督教流行中国是他们的既定方针。鳌拜心一横，就是错也错到底，斩草除根，不留后患。因此，案子得重新开始，因为还有杨光先控告的第三项罪名，即传播舛谬虚妄的天文学这个罪状尚未深究。

1665 年 2 月，这场官司又从头开始了。这次是由威严隆重的御前大会审查西洋天算问题，参加会审的有 20 名满汉王公，14 名满汉大学士，12 名满汉尚书，8 位八旗都统，以及各内大臣和其他官员，总数不下 200 人，声势浩大，满汉会萃，举世瞩目。汤若望和南怀仁二人带着锁链，被带至太和殿大殿中，跪于会审团前，杨光先跪于大殿的左面。苏克萨哈宣布会审开始后，礼部尚书走下坐位跪于大殿正中，宣读礼部审讯的记录，宣读完后进行发问辩答。在争辩中，南怀仁总是鼓足精神，借助随身带来的简单仪器，像讲课似地给在座的王公贵族、文武大臣们讲解欧洲天算的基本道理；汤若望因为中风，讲话费力，多次疲惫得卧地不起。大多数听众则感到莫明其妙，茫然不知其所云。会审团的成员们没有几个懂科学懂天算的，听不懂，也没法判断是非曲直。首席审判官不多时便离座而去，跟着也有几个代表开了小差，许多人虽端坐在那里，也只当闭目养神，昏昏然几乎进入梦乡。会审进行到此，鳌拜和苏克萨哈认为，必须结束冗长繁杂、谁也听不懂的天算辩论。

第 10 次御前大审气氛肃杀。汤若望、南怀仁等被告皆身系锁链，手铐脚镣，推跪在殿中，审判官们一个个铁青着脸、龇牙怒目。但是，审判所依据的不是事实和法律，而是强权和顽固派的偏见。既查不出传教士武力谋反的确凿证据，更谈不上在理论上驳倒西方的天文历算。然而，杨光先的控告投合了鳌拜等议政王的心理，因而审讯的结果在审讯前就已经预定好了。终审的结果是，西洋新法有错，"天佑皇上，历祚无疆，而汤若望只进二百年历，俱大不合；其选择荣亲王葬期。汤若望等不用正五行，反用洪范五行，山向年月，俱犯忌杀，事犯重大。"[1]判决汤若望及钦天监官员杜如预、杨宏量、李祖白、宋可成、宋发、朱光显、刘有泰等，皆凌迟处死；上述官员之子及汤若望之义子潘尽孝，俱立斩；利类思、安文思、南怀仁及各省传教士，皆廷杖拘禁或流充。废除西洋新法，复用大统历，宣布禁止天主教。宣判后，南怀仁失声痛哭，高呼"冤枉!"他认为这样的审判太不公平了。瘫痪在地、极度虚弱的汤若望却显得十分平静，用微弱的声音断断续续对南怀仁说："我

---

〔1〕《清实录康熙朝实录》。

今能在刀刃下殉教，步我主后尘，我感到无上的荣幸。"历时七个月的历法大案就这样结束了，但会审做出的判决还有待皇帝和太皇太后的定夺。

就在判决做出后的第二天，即 1665 年 4 月 16 日（康熙四年三月初二）上午十一时，京师发生了大地震。当时四辅臣正在慈宁宫向孝庄太皇太后呈递汤若望一案的判决书，忽然一阵地动摇撼起宫殿，由地里发出一阵雷鸣般的隆隆声，陡然刮起强劲大风，沙尘飞扬，遮天蔽日，刹那间，整个皇宫、整个北京都陷入黑暗之中。宫灯摇晃，门窗巨响，噼里啪啦的杯盏器物落地声，直吓得四辅臣面无人色，皇帝、太后、宫女、太监及所有在皇宫的人皆纷纷逃至屋外。京城房屋倒塌无数，古老的城墙也有上百处倒塌，多处地面皆裂成隙口，百姓哭喊着，慌乱外逃。京城处在一片混乱和恐怖之中。可怕的大地震，仿佛是上天在为这场冤案鸣不平。人们都在议论，此案判决前一天，就有彗星出现在天空；刚判决完，就来了大地震，这是上天用灾变示警了。四辅臣心里不由感到惶悚，预定的宣判取消了。孝庄太皇太后批评鳌拜等人做事不留余地，这样对待先皇的老臣，连上天也震怒了，令他们再做议论。三月初五，因星变地震，皇帝下大赦诏，"冀答天心，爰布宽仁之典"。第二天，利类思、安文思和南怀仁以及许保禄，皆被免罪释放出狱。

关于汤若望及其若干人等应得何罪，下旨御前会议再加详核，分别确议具奏。三月初九，御前第 11 次大会审。南怀仁以自由人身份，跟随汤若望，继续做他的代言人，为他辩护。这次会审为汤若望的罪名做了一个解释，宣称他对皇子殡葬时刻地点之事件并未与闻，情有可原，免死罪。但辅政大臣却迟迟不批复。此时地震虽然停止，三月十五日，皇宫又闹起火灾，焚毁房屋 40 余间。这次太皇太后不得不起来干预汤若望的案子了，她严厉指责辅臣们违反先帝旨意，迫害先皇优礼的大臣，致使上天震怒降灾，要求完全赦免汤若望。四月初三（5 月 17 日），第 12 次议政王臣大会审讯拟决。本日得旨，因汤若望致力多年，又复衰老；杜如预、杨宏量但念看定永陵、福陵、昭陵、孝陵风水，曾经效力，故皆免罪释放。伊等既免，其汤若望义子潘尽孝及杜如预，杨宏量之关联族人也俱免。唯李祖白、宋可成、宋发、朱光显、刘有泰等即斩首；其子孙免死，杖责流徙。

1665 年 5 月 18 日，汤若望终于无罪释放了，但他担任的钦天监职务被免除了，由杨光先取而代之。而散居在全国各地的耶稣会传教士，从此不准传教，都被遣送澳门居住。出狱后的汤若望，已是一个 74 岁的、病情日趋严重的老人。1666 年 8 月 15 日，这位在中国抛洒心血 45 载的传教士，在他的寓所里溘然长逝了，送殡者 500 人以上，灵柩葬于利玛窦墓旁，那一天恰好是基督教的圣母升天节。

最后，几经周折，在南怀仁等传教士的不断申冤下，康熙皇帝命六部九卿重议汤若望一案，终于在 1669 年平反昭雪了汤若望冤案。汤若望冤案直接导致了清王朝建立后使用了 20 年的新法《时宪历》被弃而不用，复用《大统历》《回回历》旧历。这起案件名义上是新旧历法之争，但实质上折射出了中西方文化交流中的暗流涌动，攻讦汤若望的杨光先曾言"宁可使中夏无好历法，不可使中夏有西洋人"，值得当今的人们深思。

五．大背景：中西方文化前清触碰

满清入关，建立清朝，中西方文化交流继续进行，中西方文化触碰落在清朝统治下的中华大地上，在规模、层次、频率方面前所未有，相应的中西方刑狱文化触碰更加深入，专注于清朝的严酷刑狱，为以后西方国家攫取领事裁判权埋下伏笔。

（一）西方人接触清朝前期刑狱

1. 西方人描绘的清朝前期刑狱

西方人撰写的有关中国的书籍，内容涉及中国的历史、文化、教育、政治、法律、宗教、民俗，以及各个社会阶层的方方面面。其中，这些资料包含了清朝前期的刑狱，有的是用英文写的，有的是用拉丁文写的，有的是用法文写的，几乎散布世界各地。例如，日本东京一家书店有 1662 年基歇尔所著《中国图说》等，[1]美国加利福尼亚州洛杉矶一家私人图书馆"亨廷顿图书馆"收藏着大量 16 世纪至 18 世纪关于早期传教士在中国的发现以及他们的通信，加利福尼亚大学洛杉矶分校的"罗道夫图书馆"收藏了一批早期西方人描述中国法律的资料，其中一批资料用铜版画、灯草画、油画等艺术方

---

〔1〕 1662 年基歇尔所著《中国图说》已被著名法律文献学家、拍卖法专家田涛教授在日本讲学期间发现购买。

法描绘了中国古代的行刑场面。[1]法国国家图书馆收藏着法文版《中国的刑罚》，这部资料包括 22 幅铜版画，系统地介绍了清朝乾隆时期的刑罚[2]。这些资料集中反映了西方人对中国历史和文化，尤其是从人文地理的独特视角。当然，西方人上述的所作所为有其深层的动机目的所在，但其行为所发挥的作用不仅仅是要刺探中国的机密，以及调查中国的市场和人文地理，也是为了试图沟通东西方之间的文化差异。

1655 年，荷兰东印度公司派特使前往北京谒见清朝皇帝，试图叩开大清帝国的贸易大门。在中国境内长达二年多的旅途中，特使团的管家约翰·纽霍夫不仅详细记录了所经各地的见闻，并且还画了大量速写。虽然没有完成这次外交使命，但是纽霍夫于 1665 年在荷兰阿姆斯特丹出版了一本附有一百多幅插图的游记《从荷兰东印度公司派往鞑靼国谒见中国皇帝的外交使团》。这是继《马可·波罗游记》之后，又一部真实可信且在西方广为流传的中国写真纪实目击报道。从书中的插图可以看出，中国是一个神奇的国度：那儿的茶叶树枝叶繁茂，参天耸立，那儿的鱼也长上了翅膀，结对飞行。中国的顺治皇帝在骁勇武将的簇拥下正襟危坐，神情肃穆，左手抚摸着耶稣会传教士赠送的硕大地球仪，俨然是一幅世界主人非我莫属的架势。"他以写意的笔法描绘了北京的鸟瞰图与城墙内部的景色、北面城墙外小山一般的帝陵，以及紫禁城的午门，等等。"[3]

（1）法国人描述刑罚

1696 年法国巴黎出版了法国传教士李明来到清朝期间写给国内要人的通信汇编《中国近事报道》，李明在他的通信中系统地描写了当时西方人对清朝政治和法律的见闻。李明在给红衣主教德斯泰的信件中详细地描写了清朝的刑罚：

---

〔1〕 "亨廷顿图书馆"收藏的大量 16 世纪至 18 世纪关于早期传教士在中国的发现以及他们的通信，加利福尼亚大学洛杉矶分校的"罗道夫图书馆"收藏的一批早期西方人描述中国法律的资料，1994 年被著名法律文献学家、拍卖法专家田涛教授在美国讲学期间发现。

〔2〕 法国国家图书馆收藏着法文版《中国的刑罚》，被著名法律文献学家、拍卖法专家田涛教授在法国讲学期间发现。

〔3〕 沈弘编著：《晚清映像——西方人眼中的近代中国》，中国社会科学出版社 2005 年版，第 100-101 页。

如果说中国人喜欢扬善的话，他们对那些细小过失的惩罚也未尝没有道理：各种罪行都有相应的惩处办法。最普通不过的是杖刑，挨的杖数不到四五十时，便称之为父罚；不管是臣子还是庶民都免不了要挨打，这甚至不是一件丢脸的事。执刑之后，罪犯还得跪在法官面前，只要身体还行，就必须长跪施礼，老老实实地感谢法官对自己的教诲。

这一刑罚也很残酷，身体羸弱的人挨上一板子就会昏死过去，为此而死去的也屡见不鲜。当然，在刑部行刑的时候，也有办法使自己的苦痛得到减免。最容易的就是给打手们行贿，一般都会有好几位打手一块儿执杖，每3杖就得换人，目的是打得更重更沉。他们一旦被买通了，下手时就得顾着点儿。他们深谙量力而行之术，就是当着监刑官的面，打下去照样很轻，几乎没有感觉。

另外，衙门里还有一些人等着雇用，他们与差役串通一气。只要行刑令一下，他们就巧妙地取代罪犯的位置替他受刑，而罪犯却溜到人群中去了。这种用金钱移花接木的事情比比皆是，且还是一种职业，中国有不少的人都是靠替人受刑而讨生活。[1]

李明还专门对杨光先教案中杨光先受刑的情况进行了介绍："因搞宗教迫害而闻名遐迩的杨光先也玩弄了同样的伎俩，最终躲过了法律的制裁。他暗中向一名无赖许诺了一笔可观的钱，让其进衙门冒名顶替自己。他赌咒发誓说顶多不过是受杖刑而已，假使被投进了大狱，一定得设法保他出来。这位可怜虫乔装打扮一番后进了衙门，当衙役大声传唤杨光先的名字时，他居然理直气壮地高声应答：'我就是。'接下来法官宣判他为死刑，差役们早就被收买了，这时候也毫不犹豫地拘捕了这个替罪羊，按照习惯堵住了他的嘴巴，定完刑罪犯也就无权讲话了。后来，这个冤大头被押上了刑场，活生生地受了刑。"[2]

十八世纪法国的著名政治哲学家、启蒙思想家、法学家、社会学家查理·路易·孟德斯鸠（1689年—1755年），在《论法的精神》一书中零星提到了

---

〔1〕〔法〕李明：《中国近事报道（1687—1692）》，郭强等译，大象出版社2004年版，第241-242页。

〔2〕〔法〕李明：《中国近事报道（1687—1692）》，郭强等译，大象出版社2004年版，第242页。

清朝前期的刑罚。根据传教士们谈到的大清帝国即"疆域辽阔的中华帝国"，孟德斯鸠认为大清帝国政体原则将恐惧、荣誉、德行杂糅在一起，"但我却不明白，在一个只有靠棍棒才能驱使人民干活的国家，怎么会有荣誉可谈呢？"[1] 此外，帕莱宁神父在关于诉讼的书信谈到，几个成为信徒的王爷冒犯了皇帝，于是受到了刑罚，使我们看到暴政在那儿不断被施行，以及作为规则对人性实行的冷酷无情的伤害。需要指出的是，孟德斯鸠对清朝的介绍也有不客观实际之处，例如，他说中国人口多，"最残酷的暴政也无法阻挡人口繁衍的进程"[2]，这完全不符合当时康乾盛世的实际情况。

（2）美国人描述刑狱

美国人亨特（William C. Hunter），于1825年到达广州，当时只是一个十几岁的少年，被派赴马六甲英华书院学习中文，次年返回广州。1829年亨特加入美商旗昌洋行，1837年成为该行的合伙人，描述了耳闻目睹发生在广州等地的刑狱，将之记录为"斩首与凌迟"[3]，主要有三件。有一天，亨特到浩官在河南的家里拜访，浩官将附近一位富有的朋友的住宅指给他看，告诉他有一次一个贼进了那座住宅，拿了很多东西，临到要走的时候，把一件重物掉在地上，弄出声响，惊动了家里人，仆人将出路把守住了。那个贼眼见脱不了身，就走进上房，用一根腰带悬梁自尽，吊死了！

还有一件事，死了两个人，更加特别。事情发生在医师街，那是广州的邦德街（Bond Street：伦敦街名，此指繁华的街道。）一个中国汉子跟一个对面而来的行人重重地碰了一下，这人用手肘狠狠地撞了一下对方的胁部，竟把该人当场撞死，于是引起一场大乱。附近正好有巡役，一条锁链锁住他的脖子，带到城里去。第二天早晨，他就被押到刑场斩首。

几年之后，亨特和几个朋友一起亲眼看过54名"叛匪"被砍头。那次行刑是在通常的地点，一条窄窄的巷子里，巷子的一头被墙堵死。囚犯们都被装在笼子里从城里运出来，双手捆在身后，各人头发上插着一条狭长的木片，

---

〔1〕 杜亚尔德神父说，棍棒在统治中国，《中华帝国志》第二卷，第134页。

〔2〕 ［法］孟德斯鸠：《论法的精神》（一），许家星译，中国社会科学出版社2007年版，第289页。

〔3〕 参见［美］亨特：《广州番鬼录：旧中国杂记》，冯树铁、沈正邦译，广东人民出版社2009年版，第373-374页。

上面写着他的姓名、籍贯、年龄以及被处死的罪名。他们被从笼子里拉出来，分成四个一行，相距三至四英尺，背对着为官员们准备的座位，每次行刑都有官员到场。窄巷尽头那面墙前有块厚木板，板上放着几把又厚又重的大刀和一些短刀；这些刀都是经过检验的。刽子手们就站在这些刀的近旁。

不久，锣声宣告官员们的到来，他们是骑马来的。其中一个在面向刑场的小桌旁就座，另一个就递给他一份写着那些被处决犯人罪行详情的案卷。当他在看案卷的时候（这只花一小会儿时间），刽子手们便手握大刀，每人站到排成一行的四个囚犯的排头（同时另外的人拿着短刀站在他们身后近处），他们的左手停在背靠着他们的犯人头上。当他们把大刀高高举起来时，却紧张地看着那位官员。案卷读完了，他把一小块重重的方木头朝桌上一拍，喊一声："杀！"大刀就像闪电一样落到最前边的那个囚犯头上，然后是他旁边的那三个，然后紧接着杀下面几行。短刀只在两三处地方用来将第一刀没砍下的头割下来。一切都在一两分钟内完事。

官员们带着随从走了，刽子手也跟着他们一起进城去了。这时，依照惯例，亲友们就带着棺木来到刑场，认走一些尸体；其余的则被运到城东的公共墓地埋葬。行刑的犯人被带到刑场上时都穿着蓝色棉布做的新衣服，这也便成了葬衣。有一两个首级会被投进刑场旁边的一个用铁条做的大笼子里，留在那里作为对做坏事的人的一种警告。

常常会发现有替死者，为了很少的一笔钱甘愿代受极刑，这是一个众所周知而又值得注意的事实。人们自己到监狱去，自荐替死。促使他们这样做的动机，可能是因为有极端贫困的年迈双亲；自己受刑后，父母可以得到对方答应给的一笔钱。这样做被认为是孝顺的表现，百行孝为先。既然法律的要求能得到满足——一命偿一命，当局也都认可这种安排；只有反叛朝廷的案件是例外，那是要处以更可怕的刑罚的，叫做"凌迟"，即割成碎片。这种刑罚也用于弑父者或弑母者，并且不得替代。就刑罚执行而言，相比之下，亨特对斩首的描述非常详实，而对凌迟的描述十分简单，几句话而已。

2. 英国使团描述刑狱

接触必然导致碰撞，中西方之间的法律冲突，标志着不同法律文化之间开始走向融合的序幕拉开了。从此，在世界法律的发达史上，展开了一幅丰富的历史画面。不但有历史学家的误解与曲笔，传教士的热情与偏见，而且有冒险家和商人的梦想与贪婪。随着时间的推移，英国成为新的海上霸权国家。工业革命有力地推动了英国纺织业、机械制造业、造船业等行业的迅速发展，为追求更大的商业利润，英国在世界各地展开新的殖民扩张，在寻找海外市场的过程中，亚洲市场吸引了英国人的到来。而此时执掌中国统治大权的清朝皇帝旗帜鲜明地持不欢迎态度，乾隆有诗云："间年外域有人来，宁可求全关不开，人事天时诚极盛，盈虚默念惧增哉。"[1]显然，乾隆皇帝意识到，清朝目前国力强盛，但担心以后国力有盈虚时对外贸易交往必然会带来风险，给国内统治增加不安定因素，所以基于排拒外来势力的考虑，必须闭关锁国，然而这仅是一厢情愿而已。

（1）马戛尔尼使团描述刑狱

1755 年 6 月，英国东印度公司派人乘船直驶宁波，为首的英国人汉语名字叫洪任辉，他能说汉语，人称"中国通"。英国人的这个举动引起清政府的警觉，闽浙总督杨应琚奏称，浙江洋面的天险和防务均不如广东，江南财富重地，不能听任洋船自由出入，对外通商应限于广州一口。乾隆帝也认为："浙民习俗易嚣，洋商错处，必致滋事，若不立法堵绝，恐将来到浙者众，宁波又成一洋船市集之所，内地海疆，关系紧要。"[2]遂于公元 1757 年（乾隆二十二年）宣布对欧美国家的贸易只准在广州进行，史称"一口通商"禁令。清政府的举措，使一心想拓展中国市场的英国人大为扫兴，也很不甘心。1759 年，洪任辉受命乘船北上天津，要求清政府允许在宁波通商，并控告粤海关贪污勒索等弊端。英船竟然未经许可，径直驶抵距北京不远的天津海口，这令清政府感到震惊。清政府为平息事态，一面派人押解洪任辉从陆路返回广州，以洪任辉违例别通海关罪遣送澳门圈禁三年、期满驱逐回国；一面着手调查洪任辉的控告，查证粤海关监督李永标贪污属实，给以革职处分。针对英国人增开通商口岸的要求，清政府坚持广州"一口通商"的禁令，并加强了对广州外国商人的管束。1759 年，即洪任辉北上天津事发当年，两广总督李侍尧颁布《防范外夷规条》，规定禁止外国商人在广州过冬；外国商人在广州必须住在政府指定的行商的商馆中，由行商负责管束稽查；中国人不得

---

〔1〕《上元灯词》，《乾隆御制诗》（5 集），卷 28，丁未二。
〔2〕《清高宗圣训》卷 281，第 5 页。

向外国商人借款或受雇于外商；中国人不得代外商打听商业行情；外国商船停泊处，派兵弹压稽查。事态的演变，与英国人的期望大相径庭，失望之余，他们决意寻找机会，再作努力。1787 年英国政府曾派遣喀塞卡特出使中国，但他在途中病死，没能到达中国。

为了应对海上贸易，从康熙二十五年（公元 1686 年）开始到道光二十二年（公元 1842 年）鸦片战争结束，清朝政府指定广州"一口通商"，并开设公行专门从事国际贸易，前后共有十三个公行。清朝政府在广州专门设立"粤海关"，对在广州进行商业贸易的外国人进行管理和收税。清朝政府把来华经商的西方人限制在指定地方居住，限制他们只能与清朝官方指定的商人进行交易。这些西方商人不得擅自离开指定的居住区，不能同商人以外的中国人任意交往，交易完成后必须迅速离境，否则将受到清朝法律的惩处。期间，伴随西方商人涌入中国内地，西方政治、经济、文化和法律开始向中国传播；西方人在广州居留期间，对当地的司法情况进行了现场观察，并作了大量的直观描绘。

英国画家托马斯·艾林在 19 世纪初期曾生活在清朝，他以绘画的方式把当时有关刑罚情况的瞬间固定下来，创作了多幅刑罚题材的铜版画。他的作品"戴枷示众"，画面中一个男人正戴枷示众；旁边的官员一手拿皮鞭，一手执枷锁，正在对犯人执行刑罚；右边女人想必是犯人的家室，正在给自己受罚的亲人喂饭；犯人右边的孩子用稚嫩的双肩奋力托起木枷，以减轻父亲的负担。这是清朝执行"枷号"刑罚的情况。他绘制的"鞭笞罪人"铜版画中，远处的牌楼和守卫的士兵清晰可见，在牌楼外正在执行一场杖刑，监督行刑的官员发号施令，一个衙役手执木仗，屈膝用力向犯人身上打去，而犯人正如砧板上的肉一样，任人杖责却毫无办法；右边是犯人的亲人，跪地向官员老爷们苦苦哀求，其中一人还被衙役推搡；画中的人有的低头哀叹，有的掩面而泣，远处伫立着南方特有的椰树。这是广州城司法状况的定格。

居住在广州的英国商人不断地将他们在清朝的所见所闻反馈回西方，还对清朝的监狱情况进行了观察和了解，英国人柯克描述了广州监狱的黑暗状况，这是现今发现的西方人对中国监狱的最早描述。"中国的一所监狱是一些没有外墙的小院落。院里四周是一些我们拦野兽用的小室。门窗不是钢筋的，而是用双层的粗竹木密密地排起，以至于里面漆黑一片，看不见任何东西。

普通囚犯白天可以在院子里活动。他们双脚戴着沉重的脚镣，用很短的铁链连起来，手上同样也戴着手铐。小室低矮，极易攀爬，囚犯们在院子里放风时，狱吏们只有借助于这些东西，以防他们逃跑。这些地方恶臭冲天，像动物园里圈动物的牢笼。

我们正在考察第二座监狱的其中一个院子。每每事必躬亲的额尔金勋爵也莅临现场。由于是白天，小室应该空着，有人说听到其中一个小室有很低的呻吟声，就走近门前去听。他像被火烧着一样地跳回来。再也没有如此令人毛骨悚然的景象了。我们命令狱吏打开门，遭到拒绝——中国人开始总是这样——于是我们便让士兵强行开门。士兵们的手刚触到狱吏的身体，便听到里面的呻吟声变为哭泣，继而汇成一片低声呻吟。双层门一打开，我们两三个人便冲进屋内。屋内的恶臭几乎让人无法忍受，而那情状则无法让人再看第二眼。那位不知道发生了什么新鲜事的典狱长，被勒令将这些可怜的生灵拖出来。那惨状令人终生难忘。他们是骷髅，而不是人。"[1]

1793年，马戛尔尼伯爵率领的一个庞大的英国特使团浩浩荡荡地进入了北京城，他肩负着要求中国与英国缔结通商条约的重要使命。然而，令他万万没有想到的是，围绕大清传统的三拜九叩觐见礼仪，中英双方发生了严重的分歧和争执。乾隆皇帝虽然最后勉强顺从英国的习俗，在热河的避暑山庄接见了马戛尔尼特使团，但这肯定使他感到不爽，于是他心里已经拿定主意要对固执的英国人报以颜色。他不仅断然拒绝了特使的通商要求，而且在接见之后马上就要英国人返回英国。英国特使团中有一个名叫威廉·亚历山大的随行画家以传神的画笔记录下了中国的民俗、服饰、大运河和建筑。威廉·亚历山大在北京的大量速写中，不仅有北海、圆明园等著名的皇家园林的宏大景观，而且还包括有和珅淑春园（今北京大学未名湖）的石舫这样一些罕见的场景和细节。"威严而壮观的北京城墙和城门自然也是他着力描绘和刻画的对象之一。他所绘制的北京西直门威武雄壮，在其后很长一个时期内都成了西方人心目中华夏风采的化身。"[2]

威廉·亚历山大还将沿途所见的各种官府、衙门的设置，司法活动中的

---

〔1〕［英］约·罗伯茨编注：《十九世纪西方人眼中的中国》，蒋重跃、刘林海译，中华书局2006年版，第28-29页。

〔2〕 沈弘编著：《晚清映像——西方人眼中的近代中国》，中国社会科学出版社2005年版，第102页。

审讯、用刑，对罪犯施加刑罚中的"枷号示众""贯耳站街""发配""徒刑"等刑罚内容通过油画、水彩画、速描的绘画形式表现出来，不但内容广泛，而且人物形象刻画生动，成为当时西方人观察了解清朝司法活动的直观形象记录。威廉·亚历山大描绘了他们经历的一次审判，将这幅画取名为"官员审讯妇女"，画面以起伏的群山为背景，依稀可见远处的一座佛塔，这是清朝江南特有的原野风光，"一名地方官在审理一位犯了奸情案件的妇女。这个妇女被带到一个比较偏僻的地方，管吏命令这位妇女承认她所犯下的罪恶，同时如果这位妇女能够交出足够的钱，那么就可以不再追究她的罪"。画面中官员就是当时的审判者，其身旁边还站着个师爷弯着腰在作记录，女子的后边一个衙役模样的人，手持一根长长的竹杖，正在押着受审的女犯。跪在地上的女人衣衫褴褛，是个命运悲惨的穷苦人。根据马戛尔尼的记录，当时的官员在审讯妇女时，要到偏僻的地方进行单独审问，是保障女性的隐私、还是另有所图不得而知。

在"戴木枷的刑罚"水彩画中，一个罪犯正坐在"特制的椅子上被枷号示众"。这把"椅子"是一个特制的枷，犯人的头被固定在枷上面，他的头后有一个红色的木牌，上面写着他的罪行和应得的处罚。大概亚历山大不会中文，他只是模仿中国的方块字在牌子上横竖划了些黑色线条，红木牌上究竟写着什么字，结果不仅英国人看不懂，中国人也看不懂。

在"因犯上而受得刑罚"水彩画中，罪犯赤膊，两手被反绑在一根木桩上，左耳被一支箭钉在木桩上，使得整个头部动弹不得，面容由于极度疼痛而扭曲；一位官员与一位差役站在一米开外，官员手持一面木牌，木牌上有文字标示，据说是对罪犯所犯罪行的公示。同样，画面上的模仿文字谁也看不懂。贯耳刑，是之前将受刑者的耳朵射穿后钉在木桩上，由于疼痛，被行刑者只能站在木桩前，直至达到一定时间将箭拔出，被行刑者才能稍得缓解。亚历山大在此画的题记中解释说："中国的刑罚中有用各种锐器来刺穿犯人的耳朵的。有一个人因对马戛尔尼勋爵使团中的一位随员傲慢无礼，而被判鞭笞，此外还要用一根铁丝穿过耳朵，钉在柱子上。中间那个人是衙门的低级官吏，他举着一块彩绘的牌子是为了向旁观者展示受刑者的罪行；另一个人是位正在斥责犯人的清朝官员。"

在"流刑"水彩画中，戴木枷的罪犯，一只手被锁在枷中，另一只手扶在腰间，借以支撑沉重的木枷，赤着双脚，被押解差役一手持鞭另一只手拿着一条铁链牵着他向远方走去。逐渐远离一座被城墙环绕着的城市，高大厚实的城墙后面就有这个罪犯的家，而这个罪犯不得不在差役的押解下背对着他的家园渐行渐远。

马戛尔尼率使团回国以后，他的副使斯当东在英国伦敦出版了《英使谒见乾隆纪实》。斯当东用纪实的笔法完整地描写了马戛尔尼率领的访华使团的清朝之行，内容包括最初的组团、挑选成员、选购礼物、海上航行、天津大沽口登陆、进入北京、等待觐见、礼仪之争、乾隆帝召见、使团离京、取道广州、返回英国一路上的经历及所见所闻。该书很快在欧洲产生了巨大反响，迅速被翻译成法文、德文、意大利文，成为 19 世纪初期西方人了解中国的重要资料。更值得提到的是，斯当东在英国受过系统的法学教育并获得了法学博士学位，这使得他能够以法律学者的角度审视当时西方人所遇到的清朝法律问题，因而相对客观地介绍了清朝的刑狱。马戛尔尼使团返程途中，经过运河航行后休息时发生的一件事情被斯当东记载下来了。

"有一次一位中国官员率领一些兵士用一种非常粗暴的方式强迫这两位团员立刻回船。他们竟用一种威吓的口吻说，假如这两个人不遵从，他们将用武力强迫。乔大人和王大人听到这个消息之后，立刻把这些兵士叫去，准备打他们每人几十板子。打板子在中国是对小过失的一种常用的惩罚。两位受到威吓的使节团员在乔大人和王大人面前代为求情，免去了这顿责罚。乔大人在总督面前告了率领兵士那位官员一状。这个人认为对没有保障的外国人可以任意滥用权力。总督立时撤掉他的职务，并施以体罚。这位官员是地方官，在他管制之下的老百姓是不会好受的。

被打一顿竹板子，在欧洲人看来是一件非常耻辱的事。但在当时的中国，对任何人只要不是官吏，简略地审问一下以后就可以随意责打一顿。总督不但有权撤换下级官员，而且对之施行除了杀头之外的任何处分。当时中国老百姓的地位已经低到无可再低，即便被打一顿板子，他们也并不感到什么耻辱。当时中国政府采取体罚制度的目的在维持社会安宁，而因此就完全不顾及个人的人身安全保障。死刑必须经过法庭的审判才能决定。但当时中国没有陪审制度来核对事实。法官判案不注重口头提出的证据，除非这些证据配合一定的事实和文件证明。处理轻微案件时，犯罪人按照宗教仪式举行一个宣誓，可以释放。为了逼问口供和同谋党羽，法庭上经常施刑拷打。执行这种办法是极其失策的。任何无罪的人都保不定因有嫌疑或被控告而受酷刑，因此很难保不遭受比死亡还坏的不幸；其目的是要成立罪名，不惜以比剥夺生命稍为和缓一点的刑罪为代价。一般地说，判处死刑必须皇帝批准，但在紧迫情形下，如叛乱和暴动等，总督可以先斩后奏。判处死刑的罪犯一般都要解到北京去执行。在北京有一个专门审理死刑案件的法庭。皇帝在批准死刑之前总要征询一下大臣的意见，看看在不危害国家的前提下，这个案件能否予以减刑。这种做法是用来表明皇帝以仁慈为怀重视人命。

所有死刑罪犯都在同一时间执行，每次最多不超过二百人。在人口这样多的国家里，这个数目是非常小的。比较多的处分是罚款、坐牢、鞭挞和充军。危害国家、冒犯皇帝、或乱伦的罪行不得减免处分。误杀和谋杀的案件没有多大区别。窃盗和抢劫，除杀伤物主而外，都不判死刑。从以上量刑上看，中国处刑并不算重，说明犯罪行的人不多。但在饥荒季节，许多人铤而走险，虽有严刑峻法也无济于事。"[1]

当时使团的一名成员上岸散步时，被一名清朝士兵推倒，还受到侮辱。陪同使团通行的清朝官吏乔大人、王大人把这件事汇报给了总督大人，总督大人随即命令差役用笞刑惩罚这名士兵。用刑时，由于马戛尔尼亲自出面求情，免去了后面几十下笞打。这件事情让英国使臣们学到了欧洲普遍议论的中国"家长制原理"，觉得清朝刑罚的轻重是由"父母官"说了算而没有严格的法律。而"欧洲的刑罚由法官、陪审团和律师共同审定，根据某某法律第几条第几款，应判决如何如何，而不得如何如何。与英国法律相比，清朝的法律不但很随意，还很原始"。在西方人眼中"鞭笞"刑罚，如同父母训斥做错事的孩子一样，一般打最不容易受伤的臀部。"这是把家庭中的家长权力，直接搬到了国家政治生活上来了。"[2]

"在死刑中，绞死的处分比杀头轻。中国人认为身首异处是一件特别可耻的事。有一种刑罚称为'枷'，是对轻微罪行的处分。方法是把一块大木头当中挖一个洞套在犯人颈部，另挖两个小洞套住犯人两只手。它是一种固定的适于步行的枷，犯人可以被枷几个星期或几个月。假如力能支持，犯人带着枷仍然可以走动。但他们经常倚在一面墙或一个树上，这样可以减轻一些身

---

〔1〕 ［英］斯当东：《英使谒见乾隆纪实》，叶笃义译，上海书店出版社 2005 年版，第 460-461页。

〔2〕 ［英］托马斯·阿罗姆绘图、李天纲编著：《大清帝国城市印象——19 世纪英国铜版画》，上海古籍出版社、上海科学技术文献出版社 2002 年版，第 146 页。

上负担。看管犯人的假如认为他们这样休息时间过长了，就用鞭子打他们身上，叫他们站起来。

据说犯人可以花钱雇人代替受刑。虽然在以理性和公平为原则的法律不能允许代替受刑，但执行法律的人有时可以这样通融。儿子出于孝心，有时可以请求代替父亲受刑。这种事情除了中国而外，其他地方很少有。

中国监狱的管理和秩序据说非常之好。拖欠款项的人也要坐牢，但这种人同普通罪犯分开。把犯罪行的人同疏忽或者遭不幸的人关在一起被认为不相宜和不道德。男女犯人也不同监。拖欠款项的人坐牢只是暂时性的，假如变卖了所有家产仍然不够偿还债务，法官可以判他当众带一面枷以示屈辱。这样做的目的是使犯人家属或亲属看着不忍，拿出钱来替他还债。假如这笔债务是由于赌博和其他不正当行为拖欠的，法官可以对这种犯人施用体刑，或者驱逐到鞑靼区充军。"[1]

西方人认为，比起古罗马用棍棒打犯人脚目的在于防止犯人逃跑的"鞭笞"，清朝打犯人屁股的笞刑更加仁慈。但是，如果遇到任性的"父母官"，轻罪重罚，"杖至二十下以上，很少有人会不痛到不晕过去的。另外，刑吏下手轻重也极有关系，挑选一根硬杖，咬牙切齿地杖击，打不了几下就可以让犯人一命呜呼。每当在县城、府城鞭笞犯人的时候，都有一场好戏看。看犯人如何挺得住，看刑吏是否真下手，看父母官是否临时改判减刑，看犯人亲属朋友是否闹得有声有色有效。"清朝的笞、杖、徒、流、死五刑中，笞刑从笞十到五十分为五等，用小竹杖行刑；杖刑从杖六十至杖一百分为五等，用大竹杖行刑。康熙帝以"明刑弼教""修德安民"作为用刑的指导思想，对笞刑、杖刑进行了改革。首先，将笞刑、杖刑的行刑刑具改为一具，均用竹板来行刑。其次，行刑的次数采用"打四折，以五板为等差，除零数"的计算方法，减少打板数。处以笞刑、杖刑的大多数是社会危害性较小的犯罪行为，因此把笞、杖刑由重改轻不会放纵罪犯、危及封建专制统治，有利于推行"明德安民"的政策，还可反映统治者尚德慎刑的开明。对清朝的"笞刑"，较之其他西方人士，法学博士斯当东有更为深入的了解和评价，通过简单比较中西方的"打板子"刑罚，指出清朝的"打板子"刑罚具有很强的随

〔1〕［英］斯当东：《英使谒见乾隆纪实》，叶笃义译，上海书店出版社 2005 年版，第 461-462 页。

意性。斯当东还特别注意到清朝的死刑，他所指出的在中国死刑都要到北京去执行，并且由一个专门的法庭予以审理，是符合清朝对死刑的司法实践的。斯当东对死刑的描述较多，除了死刑之外，斯当东还提到清朝的监狱管理，但是显然他没有对当时的清朝监狱进行实地考察，因此他所描述的监狱管理只能用"据说非常之好"，但这不能代表西方人对当时清朝监狱的了解，事实上清朝时期的监狱制度非常残酷黑暗。

"在中国的诉讼中，财产纠纷不占很大比重。由于中国人对打官司的顾虑，他们法庭上没有繁琐的手续和诉讼程序。有时一个官司能打经年累月也没有判决，在此期间双方当事人均无心处理其他事务。一经结束，无论胜诉或败诉，当事人很快把这件事忘掉，忙于其他问题的考虑。中国的产权，无论动产或不动产，均非常简单，不易引起纠纷。他们没有限定嗣续人的问题，也没有清算的问题。在其他国家，家庭中的权益是以个人为本位的，因此彼此纠纷很大。但中国人同外国人很少交易，他们有自己一贯的原理、风俗和意见，尤其是他们的家庭本位和社会制度等等都不易引起财产纠纷。法官的大堂上处理人事关系上的纠纷多，审判诉讼案件少。在中国，没有律师这门行业，但有才能和有文化的人可以充当未成年的或无知识的人的辩护人。为了保证公正判断，本省人不准作本省法官。这种限制虽然可以帮助审判官吏不受人事关系的影响，但不能保证他们不收受当事人的贿赂。在中国，以及其他东方国家，下级向上级、当事人向法官送礼的风气是很盛行的。原告和被告两方都向法官送礼。假如两造同样富有，向法官送的礼物同样重，法官在这种情况下仍然可能，如同英国法庭一样，作出公正判决。在中国打官司是一件很费钱的事，这对为富不仁的人可能成为压制人的工具。不过更坏的是，中国的这种送礼并不是明文规定的，所送礼物的轻重按人的富有程度为比例，越富的人送的礼物越要重。假如送礼被认为是打官司的必要条件，其中并不影响法官的最后判决，那么对富人多要钱，可能会制止富人找穷人的麻烦，同穷人打官司。不过，据说在中国的法庭中最后决定裁判的仍然是钱，富人胜诉的机会当然多得多。中国官吏的薪金不高，使他们容易接受礼物引诱。"[1] 由于受到法学知识的熏陶，斯当东客观叙述了清朝对诉讼的处理，并分析了具体情况的利弊得失，使西方人较为客观地了解了当时清朝对诉讼案

---

[1] [英] 斯当东：《英使谒见乾隆纪实》，叶笃义译，上海书店出版社 2005 年版，第 463 页。

件的处理及其问题所在，不能否认这与以后西方国家跟清政府要求领事裁判权有关系。

（2）阿美士德使团描述刑狱

马戛尔尼使团在中国一无所获，于1794年回到英国。但是英国政府并不甘心无果而终，继马戛尔尼访华之后不久，1816年英国政府又派出阿美士德勋爵作为全权特使，率领多达600人组成的使团前往清朝。基于上次的教训，英国方面打算提出尽可能少的要求，主要是希望清政府能为广州的贸易提供一些方便条件。阿美士德勋爵的访华使团不仅没有取得成功，而且影响也小于马戛尔尼使团。参加马戛尔尼访华使团并担任副使的斯当东之子，斯当东，为与其父相区别世人常称他为小斯当东，是英属东印度公司驻华商务代表。当年小斯当东作为英国使团的侍童，跟随他的父亲一起觐见清朝乾隆皇帝，并且接受了乾隆皇帝的很多赏赐。在往返途中，小斯当东跟清朝广东籍厨师学会了中文，并对中国文化产生了浓厚兴趣。回到英国以后，小斯当东继续研究中国的政治和经济，成为当时英国朝野上下公认的最年轻的"中国通"。以后，小斯当东出任英属东印度公司驻广州的专员，从1798年至1816年一直住在广州。

1816年英国以阿美士德为团长的访华使团来到清朝统治下的中国，由于阿美士德拒绝向嘉庆皇帝行叩头礼而没有完成使命，在华期间访华使团医官阿裨尔对于旅途亲身经历见闻作了旅行纪实。"根据只到过中国港口的旅行者们的叙述，可以得出这样的结论：在这个国家，就像在斯巴达一样，偷盗是被允许的，如果你偷盗成功的话。如果在称分量上作假，索取百倍价格，以次货充好货，都构成一种盗窃的话，那么这种盗窃就不只限于沿海地区，整个中华帝国到处都有这种盗窃发生，而且不仅被纵容，还受到赞许，尤其是当外国人成为受骗者时更是这样。在通州，经常会以最公然无忌的方式欺骗我们，毫无疑问在中国其他地方也会发生。中国人用于称重的一种秤，使他们很容易行骗而不被怀疑，这就使我们有很多机会目睹他们的骗局。这种秤用一根木质或象牙的长秤杆制成，秤杆的一面刻有刻度，另外有一个可以移动的秤砣。秤杆用一根穿过它的绳子提着以保持平衡。中国人可以用两根彼此有一段间距的提绳任意改变秤杆的长度，相应地增加或减少重量。他们只要一有机会就利用这种秤欺骗我们，从没有失手过。然而，我必须说，即使他们自己没有打算作假，在我们游玩时陪着我们的士兵也会迫使他们那样做。这些贪婪的家伙在我们四处闲逛时始终跟着我们，一走进店铺，他们就要商家向我们索要高价，交易完成后，他们就会得到全部额外赚的钱。没有什么比中国人看到我们走近一些摆卖兵器的货摊时所表现出的提防态度，更能说明他们对使团采取的可鄙又卑怯的策略了。他们竭力反对我们购买这个地方的任何兵器，一名随员买了一把剑，当他公开带着它走进特使驻地时，被中国人没收了。"〔1〕

"当我外出时，来自附近的茅屋或村庄里的孩子们像往常一样围到我的跟前，他们对我的恐惧大都消失了，而他们帮助我搜集标本的热情却没有减弱。那些年长者，尤其是农民，他们纯朴的举止和对陌生人的礼貌，与通州店员狡诈的伎俩以及圆明园大臣们的粗暴无礼的纠缠，形成了令人愉悦的对照。当他们陪着我走在河岸边，已经离我的船很远时，看到我忍受不了疲劳和炎热，总是急切地要帮我减轻劳苦。有人赶紧到附近的房子里取来一把凳子，另外一个人则端水给我喝，第三个人则将一把伞举到我的头上为我遮阳光，而他们的同伴则在离我稍远的地方围成一个圆圈。在这些人们的眼里，我们是来自另一个世界的居民。我们的容貌、服装以及习惯，与他们的全然不同，这就使他们猜想，我们国家的一切自然特征，肯定都和他们的不同。"〔2〕

"一名监督我们船队的官员被指派来陪伴我们，以防止商人的欺骗；可是，他使我们完全有理由怀疑，他或者是希望从与我们交易所获的利益中抽成，或者想通过暗示商家为他们的商品索要过高的价格，完全阻止我们购买。"〔3〕

"如果要送东西给普通百姓，必须要瞅准伴随我们的清兵不在场监视的机会。这些清兵，每当看到我们送给乡民东西时，就会用打手势或其他方式，告诉乡民那是属于他们的；而一旦他们妖魔一样的表情产生了效果，那些受害者就不敢企图独占礼品。关于这种影响，我遇到了几次显而易见的证明。为了从河的一岸渡到另一岸，我经常雇用恰好遇到的穷苦的船夫，可是我不

---

〔1〕 ［英］克拉克·阿裨尔：《中国旅行记（1816-1817年）——阿美士德使团医官笔下的清代中国》，刘海岩译，上海古籍出版社2012年版，第108-109页。

〔2〕 ［英］克拉克·阿裨尔：《中国旅行记（1816-1817年）——阿美士德使团医官笔下的清代中国》，刘海岩译，上海古籍出版社2012年版，第123-124页。

〔3〕 ［英］克拉克·阿裨尔：《中国旅行记（1816-1817年）——阿美士德使团医官笔下的清代中国》，刘海岩译，上海古籍出版社2012年版，第124页。

记得有哪一次这些船夫能够从贪婪的卫兵手里得到他应得的微薄报酬。有一次，我要与我一起渡河的清兵在我之前先上岸，然后把渡河费用交给可怜的船夫，示意他把船从岸边撑开。我想他会这样做，然后就走开了，让清兵走在我前面；可是，没有走多远，我的注意力有几分被一些植物吸引住了，没有注意到那名清兵，当我再找他时，看到他正在抢夺那个可怜的船夫，而那个船夫一直不敢离开我上岸的地方。我真想把那个清兵打发到河底去。但是，在这种时候，用任何极端的方式表达愤怒心情，都只会给那个通过自己的努力得到报酬的可怜的家伙招致十倍的报复。从容忍清兵勒索的顺从态度，以及他们在干这些勾当时公然无忌的样子，都无疑表明，这些可耻的行为是他们家长制的政府多默认的。"〔1〕

"在离开中国之前，我非常乐意谈谈中国人民的天赋特性在我的心中留下了怎样的印象，但是我发现在这一方面我很难得出任何结论，甚至都无法得出令我自己满意的看法。人们在一个国家旅行，却被这个国家的政府当做提防的对象来对待，被这个国家的人民看做在各方面都比他们低一等，在这种情况下他们肯定会与这种偏见不断地抗争，结果就很有可能使他们试图对这个国家的居民做出正确估价的种种努力无法取得成功。我们与受过更高或更多教育的社会阶层——在中国他们基本上都是同样一类人——所进行的交往，几乎全都是正式的或礼节性的；而即便是在这些正式的或礼节性的交往场合，你也会发现，他们被包裹在一身盔甲里，根本不可能接触到他们的天赋本性，也不能指望他们很容易就将事情真相的信息提供给你。我有机会与一位有社会地位的人进行过一次交谈，我在其他地方已经提到过这次谈话，但是我在这里要指出的是他总是喜欢弄虚作假。他似乎只是一味讨好当时与他谈话的人，很少考虑应当诚实。我们之间交谈最多的是与贸易团体有关的事——我以前所讲的很少涉及这一点，确切说，在他们与使团的交往中，当他们的利益使他们不必诚实的时候，他们一般情况下都表现出诡计多端。然而，我只能公平地讲，按照中国人一般的惯例和宽容度，欺诈行为是很正当的，更被认为是职业取得成功的必备条件，而不只是一种违背道德的品质。通过一些实例我发现，贪婪与心甘情愿地付出形成奇怪的对照。在店铺里与我讨价还

---

〔1〕 参见［英］克拉克·阿神尔：《中国旅行记（1816-1817 年）——阿美士德使团医官笔下的清代中国》，刘海岩译，上海古籍出版社 2012 年版，第 133-134 页。

价时锱铢必较、异常固执地要我马上付钱的商家，又会把他们种在院子里的非常名贵的植物大方地送给我。在白河岸边，我向一个通常都是卖些小东西的游商小贩买了点东西以后，停下来看了看一件像是银制的链子，上面悬挂着他的小工具，他马上把链子解下来，请我买下，而我的拒绝接受显然让他感到大失颜面。

关于中等阶层，他们是否与商人阶层有所区别，我们没有机会做出判断，除了他们可能是在城镇附近围观我们的人群中的一部分，在这些围观的人群中，一种急切的好奇心使所有人的特征都变得无法区分了。

在最下层的中国人中，一贫如洗似乎使人区别于低等动物的诸多特征不复存在，只有民族傲慢这一点除外，因为即使是这些人们，也以自己为'天朝大国'的一员而得意。

我们也许只能在农民身上，找到某些接近于可被称为中国人基本特征的品性。就我在这方面的经历而言，完全可以说明他们是纯朴和友好的。在我不幸患病之前，我常常能够远离我的朋友和通常总是跟在身边的清军士兵，来到他们中间，始终感受到他们的和善、宽容和富于同情心。

人们都指责所有的中国人不人道，这种指责的根据是普遍认为国人溺婴成性，以及认为中国人在同胞遇到危险时拒绝伸手援助，冷漠无情。关于这些指责的正确与否，从我得到的信息，绝大多数是予以否定的。"[1]

阿裨尔作为随团医官，以观察者和研究者的视角，记录了使团与清政府官员打交道的过程中的见闻，记录了所见到的清政府官员、清军官兵、围观百姓的穿着打扮、言谈举止、礼仪习惯等。尤其记录了农民的淳朴和礼貌，商人们的热情与欺诈，清廷大臣亲贵们的颟顸和无礼，下层官员的谦卑与无奈，而没有附和以往对中国的道听途说传闻。

此外，在返回英国途中，阿裨尔记载了在菲律宾的见闻和在圣赫勒拉岛见到被囚禁的拿破仑的情形。其中，又有对华人的印象和行刑场面的描述。"所有这些人，尤其是混血儿和华人，都是当地的小商小贩。他们做事情都不很诚实，而华人施展欺诈骗术尤为突出。华人从事各种犯罪勾当，政府对他们非常怀疑，十分提防，当地的吕宋人就像爪哇人一样对华人极为仇恨。他

---

〔1〕［英］克拉克·阿裨尔：《中国旅行记（1816–1817 年）——阿美士德使团医官笔下的清代中国》，刘海岩译，上海古籍出版社 2012 年版，第 218–220 页。

们至少应同样受到惩罚。在我们访问马尼拉期间，两个吕宋人和华人，以及一个土著人，因杀人犯罪，被用一种奇特又可怕的方法勒死。刑具是按照一个普通身高的男人坐着的时候脖子的高度做的许多铁项圈，并被放置在城外最公开的广场上，刑具的前面放着许多高低不等的凳子，就像这个国家的琴凳，可以将犯人抬起或压下。当那个倒霉的家伙被押着站到必要的高度后，将总是非常小的项圈套到他的脖子上，然后将后面的一个螺杆猛然用力拧紧。行刑通常在早晨太阳升起后不久举行，但尸体要直到太阳落山后才能移开。"[1]

关于会见拿破仑，除了阿美士德勋爵和埃利斯先生获准单独会见外，使团成员与他见面的时间没有超过一刻钟。在现有情况允许的前提下，他们受到了尽可能庄严的接待。自从拿破仑被囚禁在岛上以后，便由装备有 14 门炮的炮兵中队在岛上设防，他们驻守在一片凸出的岩石上；使团在岛上访问期间，一艘从事秘密监视的单桅帆船长时间停泊在海岛的下风处。阿裨尔记载道，"拿破仑个人全然没有我要寻找的百病缠身的样子。恰恰相反，我甚至想不出有哪一个人的外形显得比他更有力量甚至更有活力。考虑到他的身高大约 5 英尺 7 英寸，他的体型真的十分硕大，而体型的硕大并不显得笨拙。他的四肢比例匀称，人们常常会注意到，他的四肢仍然完好无损。他的大腿虽然很强健，但也极为对称。他的全身的确长得非常紧凑，结实可以说是他的身体最显著的特征。他的站姿的一个显著特点就是像一尊雕像固定在那里，看上去简直与他那优雅的悠闲步伐毫不相关。在我看来，他的面部表情的最显著特征就是变化无常。拿破仑有一个习惯，就是当他要与人讲话时，总要真诚地盯着那个人看几秒钟；而在这个时候，他的面部表情完全静止了。他的五官处在这种状态时，尤其是侧面看时，其特征可以使人想起固定的图案。但是，一旦他开始谈话，他的面貌就能突然而轻松地表达出某种力量或者某种感情。特别是他的眼睛，似乎不仅眼神变了，甚至连颜色也发生了变化。我确信，如果不是我恰好注意到他的眼睛在面部肌肉尤其是前额肌肉活动时变色的话，我本来会称之为真正的黑眼睛；反之，当他的面部肌肉静止不动时，我注意到他眼睛的颜色变浅，并奇特地发出明亮的光泽。的确，最能证明他眼睛颜色多变这一特征的，就是我们之间对他眼睛的颜色也产生了不同

---

[1] ［英］克拉克·阿裨尔：《中国旅行记（1816-1817 年）——阿美士德使团医官笔下的清代中国》，刘海岩译，上海古籍出版社 2012 年版，第 226 页。

的看法，尽管使团的每个人必然都集中注意看着拿破仑的面部表情，可是对他眼睛颜色的看法却不一致。"[1]因而，阿裨尔得出了这样的结论，"从拿破仑的外表，决不会使我们认为，他的健康完全因被囚禁而受到了伤害。恰好相反，他的体格饱满的状态，看来是积极吸收营养的结果。他的身体状况良好，运动灵活，表明他的体魄健壮，也因此使他精神十足。的确，我们无论对这些囚犯的境遇产生怎样的同情，也不会因他们身体遭受苦难而增加一分怜悯之心，因为他们的境况非常好。"[2]

1800 年 19 岁的小斯当东开始接触清朝法律，当时中西之间贸易争端频发、法律冲突不断发生。由于对清朝法律缺少了解，因此西方人认为清朝官员审理案件时存在过分的任意性。小斯当东接触到清朝的《大清律例》以后，认为这部成文法典非常重要，有必要将它介绍给西方人，以便当时的西方人能够从根本上对清朝法律进行系统的了解。小斯当东用了八年时间，把这部《大清律例》翻译成英文，于 1810 年在伦敦出版。此书出版以后很快又被译成法文、西班牙文、德文等多种文字，成为当时西方人了解、研究清朝法律最重要的参考读物。伦敦《评论季刊》的书评称，翻译出版《大清律例》是一件具有历史意义的大事，"这是第一本直接从中文译成英语的著作"。[3]从时间先后上看，在小斯当东之前，德国人亚力克司·里纳德夫曾把清朝的一些刑罚内容介绍给西方，并于 1781 年在柏林出版了德文版《中国法律》，书中有选择地翻译的清朝法律的一些片段也以刑法内容为主。因此，西方学者普遍认为，小斯当东翻译的《大清律例》是西方人最早、最完整的中国成文法典译著。[4]

小斯当东翻译的《大清律例》是清朝乾隆五年（公元 1740 年）的《大清律例》。乾隆五年（公元 1740 年）的《大清律例》是在清朝顺治、康熙、雍正皇帝执政期间的《大清律集解》的基础上加以修订完成的，采用律、例

---

〔1〕［英］克拉克·阿裨尔：《中国旅行记（1816-1817 年）——阿美士德使团医官笔下的清代中国》，刘海岩译，上海古籍出版社 2012 年版，第 316-317 页。

〔2〕［英］克拉克·阿裨尔：《中国旅行记（1816-1817 年）——阿美士德使团医官笔下的清代中国》，刘海岩译，上海古籍出版社 2012 年版，第 317 页。

〔3〕参见［法］阿兰·佩雷菲特：《停滞的帝国——两个世界的撞击》，王国卿等译，生活·读书·新知三联书店 1993 年版，第 428 页。

〔4〕参见田涛、李祝环：《接触与碰撞：16 世纪以来西方人眼中的中国法律》，北京大学出版社 2007 年版，第 93 页。

合编的体例：律文436条，分别为名例律、吏律、户律、礼律、兵律、刑律、工律7篇；例文1049条，分别附于7篇律文之后。这部《大清律例》是乾隆朝以后清朝的基本法，也是清朝最为系统、最有代表性的成文法典，也是中国历史上最后一部以刑为主、诸法合体的封建法典。具体来讲，小斯当东翻译《大清律例》使用的是清朝嘉庆初的刻本文本，所收律文与乾隆五年（公元1740年）《大清律例》文本完全相同，只是增补了许多新条例，小斯当东的翻译以其中的律文为主，省略了部分"例文"和按刑罚分编的"总类"部分，保留了总类中的"比引律条"部分。小斯当东的英译本《大清律例》于1810年在英国伦敦出版后，在欧洲引起了强烈反响，很快由法国人费力格斯译成法文在巴黎出版，用于拿破仑修订《法国民法典》作参考。小斯当东在西方人眼里也成为中西方交流中的一位具有极大影响的人物，遣使会教士什内在1810年给他写信讲："您经验丰富、又经过无数的斗争，所以肯定了解中国官员的种种权术；您对他们来说是一个可怕的对手。"可见，小斯当东是中西方法律文化交流中非常有影响的一位人物。

在18世纪末、19世纪初期，西方已经对清朝的成文法和司法制度有了较为系统、较为全面的了解，在此基础上把清朝的法律与西方的法律进行了比较，对清朝成文法和立法思想作出了积极的肯定评价。而当时的清朝仍沉迷于"泱泱大国"的自我良好感觉中不能自拔，当西方国家已经开始系统、全面了解清朝社会及其法律制度之时，清朝政府却在乾隆二十四年（公元1759年）实施了《防范外夷条规》，在嘉庆十四年（公元1809年）又实施了《民夷交易章程》，没有对西方做出积极的了解与应对。由于西方人了解清朝法律怀有强烈的目的，因而能够保持主动态度，小斯当东对《大清律例》从技术上给予了肯定评价。他认为："我们承认，与我们的法典相比，这部法典的条文最伟大之处是其高度的条理性、清晰性和逻辑一贯性——行文简洁，像商业用语，各种条款直截了当，语言通俗易懂而有分寸。大多数其他亚洲国家法典的冗长——迷信的谵语，前后不一，大量荒谬的推论，喋喋不休地玄词迷句绝不存在于中国法典——甚至没有其他东方专制国家的阿谀奉承、夸大其词、堆砌华丽的辞藻和令人生恶的自吹自擂。——有的只是一系列平直、简明而又概念明确的法律条文，颇为实用，又不乏欧洲优秀法律的味道，即便不是总能合乎我们在这个国家利益扩展的要求。整个来讲，也比大多数其他国家的法律更能令我们满意。从《阿维斯陀注释》[1]或《往世书》[2]的怒狂到中国法典的理性化和商业化，我们似乎是在从黑暗走向光明。……尽管这些法律冗长烦琐之处颇多，我们还没看到过任何一部欧洲法典的内容那么丰富，逻辑性那么强，那么简洁明快，不死守教条，没有想当然的推论。在政治自由和个人独立性方面，确实非常的糟糕；但对于压制混乱，对芸芸众生轻徭薄赋，我们认为，总的来讲，还是相当宽大相当有效的。中国的社会发展水平似乎很低，也很糟糕；但我们不知道要维持和平与安全是否还有比这更好的明智的措施。"[3]

3. 英国人米勒系统介绍前清刑罚

在 19 世纪初期，介绍和研究清朝法律文化的著述作品逐渐增多。尤其是《中国的刑罚》的出版，使西方人对清朝的刑罚有了更加深入的了解。英国人威廉·米勒于 1801 年在伦敦出版的《中国的刑罚》又被称为"关于中国司法的二十二幅铜版画"，内容包括审讯、捉拿罪犯、刑讯及笞、杖、徒、流、死等各种刑罚，还有一些独特的酷刑如割脚筋、枷床、站笼等，书中的 22 幅插图刻画精细，人物造型准确生动，刑具与刑罚场面逼真，较为全面地描述了清朝乾隆时期的司法情况和刑罚场面。《中国的刑罚》出版后，很快就被翻译成法文、德文，堪称研究清朝刑罚制度的宝贵资料，在西方有着广泛的影响。

作者在《中国的刑罚》的前言中，非常直接地谈到了他对清朝刑罚的评价，"没有任何事项比处置抢劫者，更能清楚地反映出中国立法机构的智慧了。如果犯法者没有使用或携带攻击性的武器去抢夺别人的财物，那么他们就不会因为抢了一些老百姓的财物而被判处死刑。这种明智的法令降低了抢劫案件的发生率，使得一些敢于违反法律的亡命之徒也不敢轻易随身带着武器，这样做或许能够保住他们的性命。即使在受害人敢于反抗的情况下，也能

---

[1] 《阿维斯陀注释》（Zend-Avesta），波斯文，意为"智识""经典""谕令"，古代伊朗的宗教经典。最早用东波斯语的古阿维斯陀文写成，主要记述琐罗亚斯德的生平和教义。

[2] 《往世书》（Puranas），梵文，亦称《古事记》，古代印度神话传说的汇集，印度教主要经典之一。

[3] 参见田涛、李祝环：《接触与碰撞：16 世纪以来西方人眼中的中国法律》，北京大学出版社 2007 年版，第 96—97 页。

够将犯罪的情节限制在小偷小摸的范围以内、而不致危及受害人的性命。"〔1〕而且，当时的西方人对中国的法律和司法情况已经有了较多认识，他们可以通过在司法中的具体措施对中国的法律加以分析，甚至指出了在司法中的错误与混乱，导致法律在实施过程所产生的诸多的不确定性。"与中国公布的刑法典中的这种公正、宽容和智慧相比，在实际操作中，我们却能够看到另外一些令人感到不舒服的法令。首先根据中国的法律规定，仅仅是因为穿戴了特殊的服饰（如私自穿戴官服、越制使用黄色服饰）就能够构成严重犯罪，同时在司法实施中还存有使用刑讯逼供甚至屈打成招的习惯，这与刑法典形成了令人不愉快的对比。通过严酷的刑罚获得的口供，向法官提供了错误的信息，最终使得表面的从轻处罚成为死刑的点缀。"〔2〕这些二百多年以前西方人描绘的清朝执行刑罚的作品，凝固了"乾隆盛世"的刑罚场面，使人想象着历史上令人扼腕的场景。在《中国的刑罚》一书中，威廉·米勒作了如下的评价："这些刑罚不仅带给我们新奇和信息，这些新奇和信息还具有一些基本精神，他们产生于安全感的需要，阻止性恶者危害他们的同胞，防止犯法者继续作恶。于是中国人以主宰世界的抱负创造了这些基本精神，在中国制定法律的人看来，人们被保护免于漫长痛苦的折磨；一个人是否清白不由他忍受痛苦的意志和体力来评判；专制、狂热或独裁不能随心所欲地实施其残暴；死刑仅作为社会秩序的必要一环而设置和存在。而在英国，上述这些追求已经取得回应，富有同情心的人们能够接受以最短暂最少血腥的方式处决犯人，这种对于遭受折磨的痛苦所给予的关注，更进一步反映出人类的坚强。"〔3〕

《中国的刑罚》中，"挎指的刑罚"描绘了身着长衫的妇女接受挎指刑的可怜场面，三位差役正在围着一位年轻妇女施加挎指刑，受刑的妇女忍受着疼痛，微微抬起头来，脸庞上流露着痛苦与绝望。米勒对挎指刑罚作了特别说明，这种刑罚的刑具是将几根小木棍用绳子连在一起，然后把受刑人的手

---

〔1〕 田涛、李祝环：《接触与碰撞：16世纪以来西方人眼中的中国法律》，北京大学出版社2007年版，第114页。

〔2〕 田涛、李祝环：《接触与碰撞：16世纪以来西方人眼中的中国法律》，北京大学出版社2007年版，第114页。

〔3〕 田涛、李祝环：《接触与碰撞：16世纪以来西方人眼中的中国法律》，北京大学出版社2007年版，第116页。

指分别放在木棍之间，当拉紧绳子的时候，木棍就会往一块挤压，从而压迫手指，这种刑罚通常施用于不守贞节的妇女。

"拉扯身体的拷问"，在中国这种刑罚用来迫使犯法者招供。按照下面描述的方式折磨被刑讯者的脚踝：刑具是一大块厚重的木板，在板子的一头设有固定犯人双手的装置，另一头有两个木头钳子。木头钳子是由三根结实的柱子组成的，其中的两个被做成可以活动的装置，一端可以移动，另一端固定在板子上。在拷问的时候将被刑讯者的脚踝放在这种装置里，再用一根粗绳子绕在柱子上，然后由两差役用力拉紧。一个主要的行刑官不断地把木楔插入缝隙之中，用来改变木楔的角度。当木制的钳子的上半部分被不断楔入的木楔卡紧以后，钳子的下半部分也就同时向里挤压，于是受刑者的脚踝将会承受很大的苦痛。如果受刑者坚持认为自己无罪，能够忍耐不断加入的木楔，那么他脚踝部分的骨头将全部变为碎渣。

"割脚筋"是为防止犯人逃跑而设置的一种极为残酷的刑罚。在割脚筋的时候，行刑的人用刀将犯人两只脚后面的韧带割断，差役的手里还端着个器皿，器皿里面盛放着一种叫做"春兰"的灰浆，用来给犯人的伤口止血。

"用石灰烧灼眼睛"描述这种刑罚是将少量的生石灰放进小棉布袋内，然后紧压在受刑人的眼睛上。两个衙役将犯人按倒在地，其中一个人用一只手拉扯犯人的辫子，另一只手用力向下拉扯犯人的下颌，这样在外力的作用下，犯人无法闭上双眼。另一个衙役两只手用包着生石灰的棉布袋，击打犯人的双眼。在他们的身边还放着一只水桶，桶里盛着水，当生石灰遇到水以后，便会迅速水解，释放出大量的热，于是犯人的眼睛就被灼伤，严重的将永远失明。

"掌嘴"在清朝是一种常见的肉刑，俗称"打嘴巴子"。米勒将其称为"对船夫的惩罚"，据他的文字解释，这种惩罚方式是专门针对船夫的，当船夫做了一些不应当做的事情，他们很可能被判为有罪并受到处罚。处罚的方式是逼迫他跪在地上，然后由一名差役将他紧紧按住以防止他向后退缩，同时另一名差役抓住他的头发，并用一根由厚厚的皮革制成的双层鞭子（掌嘴），按一定的数目抽打他的双颊。这种用厚皮革制成的工具又叫做"皮掌"，用皮掌击打人的面颊，可以让受刑者倍感痛苦的同时发出巨大的声响，还可以避免差役的手因打人而疼痛。让受刑者痛苦自然不必说，发出巨大的声响，可以惩戒他人；保护差役的手，则是为了让他可以打更多的人。

"木管刑"，是对受刑人施加的具有侮辱性的肉体刑。木管刑的刑具是一根直径较粗的竹竿，竹竿的长度要与犯人的身高大致相当。这根竹竿的竹节完全凿通，从中间穿过一根长铁链，铁链的一头铆固在一根钉在地面的柱子上，另一头套住犯人的脖子。再用一把锁将竹筒和犯人锁起来，为防止犯人走动，还要把犯人的双腿上了脚镣。这种刑罚的主要用途是给受刑人造成痛苦的同时使之受到侮辱，主要施用在清朝时期的南方。受刑人上穿短衣，下着裤子，赤着双脚站在那里，一看就是当时下层社会的"小民"。他的脖子被铁链锁住，整个身体被一根坚硬的竹子支撑在那里，他用双手努力地握住那根竹子，以防止沉重的竹子和竹子中间的铁链压垮他的身体，双脚戴着沉重的铁镣。坚挺的竹子和沉重的铁链形成了一种硬中带软的独特刑罚，而小民则在这样的痛苦之中忍受着肉体折磨和人格侮辱。

"拴在铁柱上的犯人"，犯人的颈部被一块非常宽的铁板所围绕，铁板安放在犯人肩膀上，犯人的双脚锁着脚镣，铁板和脚镣的一端分别带有一条铁链，链子与一根比犯人头顶高过半码的铁柱相连，链子很短，只能在铁柱上上下滑动以调整犯人的活动范围，脚镣与铁柱相连的地方放有一片小木板，能让犯人坐一坐，在铁柱顶端竖着一块小木牌，上面刻着犯人的名字和罪行。犯人上着长褂，下着长裤，脚上穿鞋，穿戴整齐，很显然没有受到太多的肉体折磨。犯人直直地站在铁柱旁边，双手无力地交错在一起，眼睛呆呆地看向一方，一脸的茫然与无助。这是一种典型的耻辱刑，往往是对那些犯罪情节轻微罪犯的一种"从轻发落"，通过将他们的罪行公之于众，让公众的舆论和自己的羞耻心使他们认识到自己行为的不当，从而迫使他改过自新。

"锁在大木柱上的人"，这种刑罚属于耻辱刑。一只铁环穿过一个低矮的方形木桩的一角，一根铁链从这个铁环中绕出并套住犯人的脖子，铁链由一个铁锁锁在犯人的胸前，铁链的长度恰好可以调整犯人的活动，使犯人可以适当站起坐下。画中犯人上身穿着长衫下身穿着长裤，脚上穿着鞋子，安静地坐在木桩上，但犯人眼光迷离，双眉紧缩，一副十分痛苦的样子。

"悬吊惩罚"描述了刑讯逼供的情况。刑讯逼供的场面是由两根木柱固定起来的一个横杆，类似于现在的单杠，一条绳子穿过横杆的正中间，被处罚人的肩膀和脚踝被这条绳子的两头分别缚住，然后把绳子的一端固定在一根木桩上，将犯人吊起，悬在空中。固定好以后，两个差役用一根竹竿横搭在犯人的胸下，帮助他支撑一下，以稍微减轻一点痛苦。犯人双臂弯曲，双手撑开，眼睛睁得很大，嘴巴张开，一种感到非常痛苦的姿势。犯人下方的地上放着纸笔和墨汁，准备记下他所说的供词。这种惩罚主要适用于被查明有诈骗、占人便宜和其他不正当的商业诈骗的商人，显然这是一种刑讯逼供行为，刑罚的作用并不在于对犯罪者的处罚，而是对受刑者进行逼供。

"对犯人执行杖刑"描述的是用特制的竹杖打击犯人的屁股或者大腿的刑罚。将犯人脸朝下按在地上，然后其中一个用膝盖顶住犯人的后背，扒下他的裤子，同时另外一个人用木板打击犯人的臀部。用来打人的板子是一根厚厚的竹板，下面的一头大约有 4 英寸宽，上面一头较小而且很平滑，以便于行刑者用手握住。在中国有权力的官员们，身边都有一队这样的拿着板子的差役跟随着，无论是外出巡视，或者是去公众场所，跟随在官员身边的人都随时做好准备，只要长官一下命令，这些人就会按照上面描述的方法，去行使他们打人的职责。当处罚完毕之后，被打的人通常还要回身向地方官员道谢，以感激地方官员对他的训诫。

《中国的刑罚》《大清律例》等被介绍到西方以后，西方人对清朝法律制度有了更加深入的认识，其中不乏较为积极的肯定。但同时，西方人中也对清朝司法官吏执行法律的任意性、贪污腐败，以及地方官吏不懂法律、利用师爷幕僚参与司法程序的混乱现象提出了批评，尤其是对审讯、行刑方式肯定留下了深刻印象。从另一个角度来看，不难理解为何西方人无论如何要取得领事裁判权，西方人所了解的清朝法律制度、审讯方式、行刑方式，甚至包括"笞、杖、徒、流、死"的各种场面等可能起了伏笔作用。

在 18 世纪中叶和后期，随着第一手关于中国国情的报告面世，西方人对于中国的美好印象在逐渐消失。例如，英国作家丹尼尔·笛福，通过小说中的人物罗宾森·克鲁索，反映出了极度蔑视中国的态度。在 1719 年出版的小说中写道，罗宾森·克鲁索来到中国南部海岸，发现中国人"及其衣料、生活方式、政府、宗教、财富和所谓的荣耀"居然如此差，根本不值得描述。[1]这表明从 18 世纪羡慕中国逐渐转变为随后 19 世纪蔑视中国的态度。

那么，为什么西方人对清朝中国的态度由羡慕转为蔑视，但是，西方对清朝的贸易却在增加？西方人需要中国的产品，尤其是茶叶。为把外国人来华的危险性减至最低，清朝政府只允许开放广州一个港口，把外商限制在广

---

〔1〕 参见［英］何伯英：《旧日影像：西方早期摄影与明信片上的中国》，张关林译，东方出版中心 2008 年版，第 20 页。

州口岸，不准他们带领妻子，不准他们进入广州城，这是清朝"闭关锁国"政策的内容之一。有一张在旧金山拍的照片，时间为在淘金热不久，照片中一间房子里两个手拿烟枪的中国人，标题为：充斥唐人街每个弄堂的"抽鸦片"癖使许多美国人也深受其害，这种状况在伦敦和其他港口是看不见的。标题作者写道，尽管美国也有"邪恶和犯罪者"沉湎毒品，现在劳动一族把鸦片问题看成是怨恨中国人的主要原因之一。由此，美国在1882年通过了《排斥华人法令》，禁止中国劳工进入美国。"为了证明立法有理，华人被妖魔化，被说成是古怪而不可理解的种族，最差的说法是华人都是野蛮、残暴和邪恶的。"[1]美国人认为华人邪恶可怕的看法，与英国人对华人的看法连接，成为英语世界大多数人观念上的偏见，这样的看法通过书籍、文章和绘画不断复制散布。抽鸦片是因素之二，但是中国人抽鸦片的根源性罪魁祸首是英国人，英国商人把种植在印度的鸦片走私进清朝统治下的中国销售。清朝刑狱残酷是因素之三。

4. 来华居住西人述说清朝刑狱

由于广州一口通商，来到清朝广州的西人，不仅有商人，还有传教士，这些人较长时间生活在清朝，他们认为司法实践比法律条文更能体现清朝法律的本质。英国传教士马礼逊和米怜主编《印中搜闻：1817—1822》，以第1号发表《中国罪犯的处决》一文。这篇短文，开篇简短地报道说："本月2日，有24名男犯在本城（广州）西门外的刑场被斩首处决。6日，又有18名犯人遭到同样的死刑惩处。"作者阿米库斯（Amicus）强调，广东一年处决1000名死刑犯，每月处决100以上。文章还用大写的"24"和"18"这两个数字提醒读者注意，在清朝的一个城市有如此众多的犯人被斩首[2]。作者对清朝司法制度进行了一番谴责性评述，并感叹说，"在任何自由的基督教国家里，由在中国受到刺激的人叙述这样可怖的场景，将会引起多么不同的情感！异教主义无论如何精致，在本质上都无法适应并珍爱人类心灵的高贵

---

〔1〕参见［英］何伯英：《旧日影像：西方早期摄影与明信片上的中国》，张关林译，东方出版中心2008年版，第29页。

〔2〕参见［英］马礼逊、［英］米怜主编：《印中搜闻：1817—1822》，国家图书馆出版社2009年版，第16-17页。Amicus, "Execution of Criminals in China", *The Indo-Chinese Gleaner*, Vol. 1, No. 1., pp. 18-19.

情感"[1]。很容易就可以从作者对清朝死刑执行的这种介绍，看出作者对清朝司法制度的否定性评价。在他们看来，如此血淋淋的、野蛮和愚昧的场景，是"异教"文明的产物，与西方的文明标准相距遥远。对清朝司法制度的这种介绍，也与在华西人的实际政治利益相关。在《印中搜闻：1817—1822》发行的这个时期，西方人开始产生在中国寻求治外法权的观点，而支撑这种观点的就是对清朝法律和司法制度的否定和抨击。无疑，《印中搜闻：1817—1822》充当了此后对清朝司法制度大肆挞伐的西人媒体的先驱。

马礼逊非常关注清朝法律实践，尤其关注清律关于杀人行为的规定和司法过程。为什么呢？这与当时的特定历史背景有关联。在 1830 年代初期，来华西方人士，尤其是英国人，不遗余力地制造在华治外法权的舆论，他们反反复复渲染清朝律法"野蛮"而且不合理的论调，使之成为"文明的西方"所无法接受清朝律法的理由。就此，马礼逊专门发表《中国的谋杀问题》，为自己的主张进行论证，认为中西文明"友好交往"的障碍有两个，一个是两种文明之间在"教育准则"和律例条文方面不同，这需要双方进行"友好的思考和调适"，另一个是"相互的傲慢和偏见"，特别是后者直接导致清政府处理西方人在华犯下杀人案将当事人处死的做法不被西方人所欣愿认同接受的结果，他特别强调在"文明的西方"凶杀罪经常可以得到宽容，而且他认为大多数杀人案件的西方当事人在清朝领土犯下的都是此类罪行。他告诉读者，清律规定有"六杀"即谋杀、故杀、殴杀、戏杀、误杀、过失杀，只有过失杀人才不会被判处死刑。接着，他指出清朝判决处理杀人案并非能做到人人平等，因为当事人尊卑长幼的社会地位影响着判决结果。最后，针对清朝政府坚持对外国人实行"以命偿命"的处罚原则，马礼逊再次表示担忧，"认为这将始终是中西关系中的一个'困难'。"[2]他在写作这篇文章时，可能没有想到，不到 10 年的时间这个困难就被英国发动的鸦片战争打得灰飞烟灭了，但却是英国人梦寐以求的。

英格利斯在 1833-1834 年发表连载多次的《现代中国札记》，其中有 3 篇

---

〔1〕 ［英］马礼逊、［英］米怜主编：《印中搜闻：1817—1822》，国家图书馆出版社 2009 年版，第 16-17 页。Amicus, "Execution of Criminals in China", *The Indo-Chinese Gleaner*, Vol. 1, No. 1., p. 19.

〔2〕 吴义雄：《在华英文报刊与近代早期的中西关系》，社会科学文献出版社 2012 年版，第 376 页。Robert Inglin, "Notice of Modern China: Courts of Justices, & c", *The Chinese Repository*, Vol. 4, p. 341.

文章是关于清朝衙门司法问题的，旨在揭露清朝衙门司法实践过程中的残忍、荒谬等符合"半野蛮文明"定义的内容特质。从英格利斯的主业来看，他是主要从事鸦片贸易的颠地行的合伙人，其实并不擅长写作。从这几篇文章的写作来看，没有什么写作技法可言，通篇内容是他收集的相关材料的堆砌，并且所选取的素材具有明显的倾向性，描述了广州地区典型的堂审断案的官员、书办、原告、被告等一般情况。他用以描述清朝衙门司法制度的关键词，绝对包括"残忍""刑讯""愚昧"等等负面性词汇。他指出民事和刑事法律的混乱情形可以作为清朝文明境况的标志，审讯之前对犯人的监禁和拷打与判决之后的惩罚并无不同，而这只是为了获取口供。实事求是地讲，他的这个认识是符合清朝处理案件的实际情况的。他广泛收集《邸钞》和《广州纪事报》等中、英文报刊披露的诸多案例，据他个人统计，在 1830 年满清全国待决死囚人数多达 10 500 名，其中仅广州就有 180 人，此外还有 100 多名囚犯死在狱中。他使用很大篇幅专门描述清朝广东地方衙门监狱的可怕情形，展现清朝广东地方衙门监狱人满为患、阴暗、恐怖的面貌。他利用很大篇幅介绍清朝衙门司法过程中的种种酷刑，并征引了大量原始文献加以证明，这种残酷的司法制度，甚至连有些清朝官员也认为容许。

英格利斯在翻译 1817 年 8 月 9 日《邸钞》所载的一份河南道监察御使关于刑讯问题的奏折后说，"这位御使所抱怨的邪恶现象既不限于某一年，也不限于帝国的某一部分地区"。[1]他随后列举的案例包括四川、广东、安徽、云南、甘肃、蒙古等全国所有地区。他对清朝的流放、充军制度进行了一番较为详细的描绘，尤其对死刑执行过程似乎更具有强烈的兴趣，除大段摘录一些来源不同的文献外，还将自己收集到的资料详细展示，以显示或渲染这类恐怖事件引人注目的效果。例如，他在文章中记载了这样一件事：1828 年一位 19 岁的年轻女子，因毒杀其婆母，而在广州被切成碎片——凌迟处死；其丈夫被迫在处死的现场作见证，见此惨景不由落泪，结果因此被判枷号一月、鞭笞 50 下，因为他对其母亲表现出的情感比对妻子表现出的要少。[2]英格利斯的意图极其明显，仅此一例，便足以令西方读者相信，清朝——这个东方

---

〔1〕 Robert Inglis, "Notice of Modern China: Various Means and Modes of Punishment", *The Chinese Repository*, Vol. 4, p. 363.

〔2〕 Robert Inglis, "Notice of Modern China: Various Means and Modes of Punishment", *The Chinese Repository*, Vol. 4, p. 384.

国度的法律及其司法制度是如何残忍。

所有这些言论，最后都归结为对中西关系的未来前景的具体筹划。在这方面，英国人和美国人都不约而同地提出，用对华商约来打破对他们来说束缚重重的清朝广州体制，虽然名为商约，但却有对华治外法权或者领事裁判权的内容。美国商人在 1839 年 5 月 20 日上书国会，要求美国政府为他们在清朝统治下的中国取得的六项权益中，第六项就是以后的领事裁判权的核心内容之一，即"在外国人得以知悉并认可中国法律之前，关于外国人对中国人或其他外国人犯下的罪过的惩罚，不应比美国或英国法律对同样罪行规定的惩罚更重；在任何人的罪行被公正而清晰地证明之前，中国当局也不得实施任何惩罚。"[1]1840 年 6 月，英国对清朝的军事侵略正式展开后不久，《广州周报》的一篇文章号召读者讨论对华商约的问题，并摘抄了英国东印度与中国协会和美国来华商人分别建议的条约内容。东印度与中国协会是一个与对华贸易和来华英商关系极为密切的一个团体，所建议的八项条约内容中，有两项事关治外法权或领事裁判权的内容，"3. 来华英国臣民不被当做劣等人对待，允许他们自由地拥有货栈，与他们的家人同住，并保护他们免受中国法律的侮辱；""6. 在有人违犯中国法律的情况下，每个英国人为自己的行为负责，无辜者不为有罪者负连带责任；"[2]这两份由商人群体制定的条约草案，基本上反映了当时来华西人对于未来中西关系演变的基本要求，当然也与鸦片战争后一系列中西条约的基本精神和主要内容相符，就是逻辑必然了。

（二）英国人图谋在华治外法权

1. 清朝对在华西人的司法管辖

清朝开放广州一口通商，在清朝政府与外国的长期交往中，在华外国人

---

[1] 吴义雄：《在华英文报刊与近代早期的中西关系》，社会科学文献出版社 2012 年版，第 69 页。Commercial Treaty with China, Supplement to the Canton Press, June 27th, 1840. 另参考 ［美］泰勒·丹涅特《美国人在东亚》，姚曾廙译，商务印书馆 1959 年版，第 86-87 页。

[2] 吴义雄：《在华英文报刊与近代早期的中西关系》，社会科学文献出版社 2012 年版，第 68 页。

与中国人之间，外国人相互之间，都不可避免地会出现种种矛盾纠纷。诚如《广州周报》所言，"广州贸易使大批外国人，尤其是水手，聚集于此地，他们与本地人难免发生争端，结果就会出现凶杀事件"。清政府对于外国人并无立法歧视、司法歧视，并将此作为一项原则，一再加以强调。

1743 年（乾隆八年），两广总督策楞奏准，"嗣后民番有谋、故、斗、殴等案，若夷人罪应斩绞者，该县于相验时讯明确切，通报督抚，详加复核。如案情允当，即批饬地方官，同该夷目将该犯依法办理。其情有可原、罪不至死者，发回该国自行惩办"。[1]所谓"依法办理"，即指按清朝律例进行判决。1784 年 11 月 24 日，发生"休斯夫人"号案件。来自印度的英国散商船"休斯夫人"号，在黄埔下碇时鸣放礼炮，却命中一艘清朝驳船，致使 3 人受伤，其中 2 人相继因伤重身亡。事发后，英国大班及该船船长等极力斡旋，或藉词拖延，或公开抗命，但在广东政府严厉追索和停止贸易的强硬措施下，他们最终就范，在次年 1 月将肇事炮手交出，该炮手后被执行绞刑。[2]

1808 年，清廷上谕中说，除命案之外，"所有其他案例，依律属情节较轻，故不必抵命者，罪犯应遭送回国，由其国治罪"。[3]1821 年道光帝在一份关于英国战船"土巴资"号官兵杀死中国村民的上谕中重申，"该夷兵在内地犯事，应遵内地法律办理"。[4]以上表明，清政府一般不处理在华西人的民事纠纷和普通刑事案件，但坚持司法管辖处理导致死亡的命案，直至鸦片战争后中英签署《五口通商章程》为止。正是清政府的这种司法管辖，招致西方人长期持续的抨击。

曾发生过一起英人伤害华人致死的案件，该案件发生时，英国东印度公司在华代理商，以在印度和日本他们已采取完全类似政策为标准，抵制清朝

---

〔1〕《粤海关监督常谕外洋行商人等》，嘉庆十三年二月初七日（1808 年 3 月 8 日），F. O. 233/189, No. 121。

〔2〕 参见吴义雄：《在华英文报刊与近代早期的中西关系》，社会科学文献出版社 2012 年版，第 91 页。事件经过见 Peter Auber, China, An Outline of the Government, Laws, and Policy, pp. 183-187. ［美］马士：《东印度公司对华贸易编年史（1635—1834 年）》（第一、二卷），区宗华译，中山大学出版社 1991 年版，第 421-426 页。

〔3〕 吴义雄：《在华英文报刊与近代早期的中西关系》，社会科学文献出版社 2012 年版，第 89 页。见 George Thomas Staunton, Miscellaneous Notices Relating to China, Jobn Murray, 1822. p. 132.

〔4〕 中国第一历史档案馆编：《鸦片战争档案史料》第 1 册，天津古籍出版社 1992 年版，第 31、39 页。

司法管辖权，认为这样做理所当然。这种政策的理论依据，即英国臣民无论在远东何处均受英国保护的观点，此观点得到英国人普遍接受。不论英国人在亚洲其他地区实现这种治外法权的具体背景如何，他们将治外法权当做在清朝中国可以自动获取的权益，就不可避免地与清政府所坚持实施的司法管辖权发生冲突。

2. 在华西人抨击清朝司法管辖

在英国散商的势力日益膨胀的形势下，他们抨击清朝司法制度，并且千方百计地寻求在华治外法权，这便成为在华西人及其媒体舆论的一个重点。英国人指出，清政府的司法制度是不可接受的，在华英国人一再声称遭受到在清朝司法方面的诸多"冤屈"。他们认为，清朝司法原则及其实施方法存在的问题，主要有三点。

其一，他们认为清朝官方在处理中西之间的人命案时过于强调"以命抵命"原则，要求命案必须有人抵命，不加区分谋杀与误杀的区别，即注重后果而不注重动机。1784 年的"休斯夫人"号案件，该炮手后被执行绞刑。东印度公司广州管理委员会在报告中说炮手肇事"纯属意外事故，此人虽然无罪，但他们仍然将他处死……从这个事实，可以证明这个政府统治我们和对待他们的臣民一样是用极权和专制的……为了使这种法律绝对化，不承认有所谓误杀，只有一命偿一命"。[1]为应对这种长期存在的状况，特选委员会在 1810 年给董事部的一份报告中列举了几种误杀、自卫杀人或证据不足的情况，要求后者指示，在中方索求凶犯时如何应付。

1830 年底，英国散商和东印度公司特选委员会联合起来，与广东政府对抗。47 名在广州的散商向英国议会上书申诉，陈述在清朝政府涉外司法所遭受的"冤屈"。首先提到的是，"无情的、不分青红皂白的清朝法律"，在涉及西人与华人之间的命案时，"对误杀和谋杀不加区分"。[2]1834 年底，《广州纪事报》上刊登的一篇文章再次指出，"谋杀和误杀是有着精确区别的，但

〔1〕 吴义雄：《在华英文报刊与近代早期的中西关系》，社会科学文献出版社 2012 年版，第 91 页。[美] 马士：《东印度公司对华贸易编年史（1635—1834 年）》（第一、二卷），区宗华译，中山大学出版社 1991 年版，第 427 页。

〔2〕 吴义雄：《在华英文报刊与近代早期的中西关系》，社会科学文献出版社 2012 年版，第 91 页。"Petition to Parliament", The Canton Register, January17th , 1831.

中国人似乎将其混为一谈"。〔1〕但曾翻译《大清律例》的斯当东对清朝法律有较深的了解，是当时英国人公认的清朝法律与政治的权威，他的观点与此相反。他认为清朝法律规定并非一味不分青红皂白而要求"以命偿命"，1807年清朝政府处理"海王星"号案件就是明证，经过英国大班的据理力争，清朝政府最后认可误杀并释放嫌犯。"事实上，中国法律与我国法律一样，承认凶杀罪的不同程度"。〔2〕

有些英国人将"以命偿命"的判决模式归咎于广东地方政府，但长期在广州传教生活的著名传教士汉学家马礼逊则持不同意见，认为这是清政府对外执法的精神，清朝政府的司法原则是"贯彻复仇精神，而非依法治罪"〔3〕，并举1749年（乾隆十三年）发生在澳门的一桩华夷命案为例说明。这年年底，两名外国士兵在澳门打死两名中国人，后该二人以癫狂被免除死刑，施以杖刑后放逐，根据欧人法律，将其流放到印度的达曼，两广总督将这个处罚结果报告乾隆。乾隆认为判罚不当，因未坚持"以命偿命"原则；而且，总督只引用"清朝法律，而判杖、流之刑，不足警惩凶夷"。皇帝宣称，在夷人将华民致死案中，地方政府不应拘执于中国律例，"则应一命一抵"。"皇帝对总督的判决颇感愤怒，责令如若罪犯尚未放走，应改判死刑。若已放走，则应发布告示正告夷人，嗣后将更易处置方法，使其凛遵。"〔4〕由此，马礼逊认为，"外国人不受中国法律保护。对他们来说，所有（凶杀）案件只有一条律例——以命抵命"。《广州周报》在1838年初连载题为《中英关系》的长文里总结英国人在对华贸易中所受的11点"冤情"，其中第4点是指"一旦中国

〔1〕 吴义雄：《在华英文报刊与近代早期的中西关系》，社会科学文献出版社2012年版，第91页。"Spirit of the Chinese Law", The Canton Register, December 23, 1834.

〔2〕 吴义雄：《在华英文报刊与近代早期的中西关系》，社会科学文献出版社2012年版，第92页。George Thomas Staunton, Miscellaneous Notices Relating to China and Our Commercial Intercourse with That Country, pp. 410-412.

〔3〕 吴义雄：《在华英文报刊与近代早期的中西关系》，社会科学文献出版社2012年版，第92页。Robert Morrison, "Remarks on Homicide in China", in James Matheson, The Present Position and Prospect of the British Trade with China, Smith, Elder and Co., 1836, p. 117.

〔4〕 吴义雄：《在华英文报刊与近代早期的中西关系》，社会科学文献出版社2012年版，第92页。Robert Morrison, "Remarks on Homicide in China", in James Matheson, The Present Position and Prospect of the British Trade with China, Smith, Elder & Co., 1836, pp. 118-119. 关于乾隆帝坚持对外人实行"以命抵命"原则的说法，其他西方作者也有类似论述。参见 G. J. Gordon, Address to the People of the Great Britain, Smith, Elder & Co., 1836, pp. 35-36.

人中有人为外国人所杀，即要求以命抵命，不管（嫌犯）的过失多么小；但他们自己的法律却承认罪错的不同程度，而处以死刑、笞刑或少量罚金。"〔1〕由此可见，清朝府针对在华夷命案经常性处理方式——要求以命抵命，似乎就是对外国人的一种司法歧视，这种观点难以站得住脚。

其二，英人媒体着力渲染清朝司法的残忍性、腐败性和缺乏公正性。广州的英文报刊都登载大量文章，大量报道刑讯逼供等清朝司法制度的阴暗面。《广州纪事报》刚创刊即在第 2 号登载专题文章，作者以众多实例说明"残忍"的清朝司法中"极为可怖的刑讯的精致性"，认为即使清朝刑讯逼供合法，"但官员们往往超越规定，有时甚至使受刑者死亡"。〔2〕还有文章指责，清朝政府不公开进行审理涉及外人的案件，就将"交出去的人迅速处决"。〔3〕这些报纸还经常刊登斩首、凌迟等消息，以证明清朝司法的野蛮。清朝普遍存在的司法腐败现象也成为英人大加抨击的对象。

其三，英人对中方追索凶犯手段的连带责任制度无法忍受。针对命案，广东政府往往要求东印度公司特选委员会承担协助调查，乃至交出凶犯的责任。如后者拒绝合作，则通常采取停止贸易的做法。由于针对发生的华夷命案，清朝官方难以获取确凿证据，而可以作证的中国百姓，面对群集在外国水手中的西人凶犯，通常既辨认不出，也不知其姓名，所以只能要求外国领事或大班交凶。而外国人在发生凶案后总是对这种要求加以抗拒，剩下的唯一办法就是停止贸易，使他们为抗拒付出沉重代价；如果他们不能承受该代价，就只有屈服交凶。1830 年底英商致英国议会的申诉书指责说，每当命案发生，外国"头领"便被要求交出凶手，由于凶手交出后就会被处绞刑，故"头领"实际上是被要求"选择并交出一个牺牲者以被绞死"；一旦拒绝，"该国的贸易就会被全然停止"。〔4〕亲历特兰诺瓦事件的美国船长科芬（Captain Coffin）曾在英国国会作证说，"当一个欧洲公司在华开业，或是（某国在广

〔1〕 吴义雄：《在华英文报刊与近代早期的中西关系》，社会科学文献出版社 2012 年版，第 92 页。"British and Chinese Relations II", The Canton Press, February 3rd, 1838.

〔2〕 吴义雄：《在华英文报刊与近代早期的中西关系》，社会科学文献出版社 2012 年版，第 95 页。"Punishments", The Canton Register, November 15th, 1827.

〔3〕 吴义雄：《在华英文报刊与近代早期的中西关系》，社会科学文献出版社 2012 年版，第 95 页。"British and Chinese Relations M", The Canton Press, February 3rd, 1838.

〔4〕 吴义雄：《在华英文报刊与近代早期的中西关系》，社会科学文献出版社 2012 年版，第 96 页。"Petition to Parliament", The Canton Register, January 17th, 1831.

州）有领事，则中国政府事无巨细，均要求公司首领或领事充当他们各自民族的首领"。例如，在特兰诺瓦事件期间，美国领事威尔考克斯就成为中国政府认定的行文与交涉的对象。就英国人而言，他认为尽管东印度公司的在华人员并不能代表英国，但"在所有与英国有关的事务中，他们都会被中国政府当做英国代表……如果有港脚船员杀死了中国人，英国（公司）首领就会被认定为责任人。事实上，他们不仅被当做英国臣民的首领，而且被认为可以统领皇家海军官员，尽管他们自己声明无此权力"。[1]

广东地方政府的对外司法实践实行这种连带责任制。1784 年"休斯夫人"号案件中，英人最后被迫交出肇事炮手，很重要的一个因素就是否则停止贸易。针对 1799 年英船"天佑"号水手射伤华民案，两广总督吉庆等曾说，"查夷人来粤贸易，未谙中华法度，原藉该公司大班以资约束。即该国兵船到粤，亦为护送公司货船而来，故平时禀请、批照、采买粮食，均该大班出名具禀……若非因该大班在天朝贸易多年，则该国兵船岂容其逗留"。[2] 1821 年，美国人特兰诺瓦因掷物击伤民妇（伤者后死亡），在广东当局停止贸易的威胁下，由美国领事等交出，被广东当局逮捕并处死。可见，连带责任对商船确实有效。对兵船呢？1821 年英国兵船"土巴资"号士兵殴毙两名中国村民，被启动的这项措施因特选委员会的坚决抗拒而最终作罢，但该委员会同样经历了停止贸易的"困苦"。特选委员会报告说，"在我们与中国政府的交涉中，我们经常渴望将国王陛下的事情（即英国战船）与我们公司人员的事情分开来，前者并未归我们管辖，我们当然不可能对他们的行为负任何责任。"[3] 而广东地方政府认为"该国兵船系为保护货船之用，即是因买卖事务而来，该大班何得将买卖、兵船分为两事。况历来夷人与民人交涉之事，俱系谕饬洋商传谕该大班办理，该大班既在粤承管该国事务，该国兵船伤毙民人，岂能藉词推诿？"[4] 在"土巴资"号离开后数月，道光帝"仍坚持（商馆）头领应负其责，在重开贸易的同时，命他告其国王查案，并将两

〔1〕 吴义雄：《在华英文报刊与近代早期的中西关系》，社会科学文献出版社 2012 年版，第 96 页。"Minutes of Evidence", The Canton Register, October 16th, 1830.

〔2〕《两广总督吉庆等谕外洋行商人潘致祥等》，嘉庆五年二月初八日（1800 年 3 月 3 日），F. O. 233/189, No. 34.

〔3〕［美］马士：《东印度公司对华贸易编年史（1635—1834 年）》（第三卷），区宗华译，中山大学出版社 1991 年版，第 31 页。

〔4〕 中国第一历史档案馆编：《鸦片战争档案史料》第 1 册，天津古籍出版社 1992 年版，第 35 页。

名凶手送回中国"，但也最终无果。

3. 在华西人呼吁在华治外法权

表面上看，可以说，早在鸦片战争之前，在华西人团体经其媒体和其他渠道的讨论，战后条约的雏形已经大致形成。这两个条约草案，与后来的《南京条约》相比，所缺的只是割地、赔款的内容。但是，从根源上讲，治外法权或领事裁判权是英国政府的主张，早在1787年，英国酝酿派遣使团来清朝缔结商约时，被初步选定作为使者的卡思卡特中校就提出，他自己的使命内容之一便是要求取得"警察管理权及用我们的司法权管理本国臣民"的权利。[1] 1793年马戛尔尼使团来清朝访问时，他得到的训令也包括上述内容，1816年阿美士德使团来清朝访问的使命也同样如此，这两个使团都未能实现使命。

到1830年代英国政府确立对清朝的"自由贸易"政策之际，由在华西人将治外法权进一步发展成更为具体的主张，并在其报刊上不断讨论。1830年底广州英商向英国议会上书，控诉在广州所遭遇的"冤情"，要求英国政府出面干预。到1834年底，他们在给英国国王的上书中，提出要用战争的方式解决对华关系问题，以实现所提主张，可见来华西人及其媒体想要在清朝实行治外法权的愿望有多么强烈。那么，他们要求治外法权的意图是什么呢？他们可以由此逃避清朝律法的管辖，一旦出现与这种目的相左的情况，他们便不能接受。1830年代后期，来华英人及其国内支持者对英国政府关于建立在华法庭问题的态度就说明了，他们所需要的并不是"好"的法律与司法制度，而是逃脱任何法律约束的无法无天的环境。[2]1831年《广州纪事报》的一篇文章主张，将英国在3年之前通过的一项关于英国人在海外犯罪的法律延伸到在大清帝国英人有关犯罪案件的处理上，其实就等于明确提出将英国法律管辖范围延伸到清朝的设想，以后进一步提出将英国的海事法规管辖范围延伸到清朝并运用英国武力迫使清朝接受这项法律。[3]这正是在华

---

〔1〕 参见吴义雄：《在华英文报刊与近代早期的中西关系》，社会科学文献出版社2012年版，第60页。

〔2〕 参见吴义雄：《在华英文报刊与近代早期的中西关系》，社会科学文献出版社2012年版，第106页。

〔3〕 参见吴义雄：《在华英文报刊与近代早期的中西关系》，社会科学文献出版社2012年版，第106页。The Canton Register, March 17th, 1835.

西人长期抨击清朝律法及其司法制度的真正目的，他们将广东地方政府描述为"残忍"、"野蛮"和"不义"的化身，就是为攫取清朝对外国人的司法管辖权。

英国人不仅公开提出治外法权的要求，而且将其改变清朝法律的主张解释为根据国际法应得的权利。在 1820 年代末和 1830 年代初，东印度公司广州特选委员会和英国散商一道，要求清朝广东政府更改管理外国人的规章，包括要求改善司法方面的上述问题，但经常得到的答复是：如果不愿接受清朝的规矩，可以不来贸易；如果坚持抗拒，将取消他们的贸易权利。这就引出了一个问题，如果清朝政府真的停止一切对外交往，那么如何证明他们没有这种权利？原东印度公司董事部秘书奥贝尔在 1834 年出版的著作中写道，尽管在很多英国人看来，清朝政府的对外政策是错误的，其法律是野蛮的，"但我们不应忘记，每个国家都有权照他们认为合适的方式统治。没有一个国家有权干涉一个和自己一样独立的国家，或自命为其君主行为的评判者，或强制她改变其某些行为，因为其行为不符合那些自愿到她的领土去的人的观点。一个国家只须在其认为适当的条件下允准另一国与她贸易；而且如果没有签订条约，没有什么东西可以阻止她收回、限制或是更改其许诺"。[1]此观点遭到当时最大的鸦片贩子之一马地臣的反对，马地臣在 1836 年出版的《英国对华贸易的现状与未来》小册子中用较大篇幅予以反驳。

同时针对清朝政府，同是英国人，同样依据国家法，但观点确是矛盾的。奥贝尔所言是当时欧洲国际法的常识，马地臣反驳他的依据也是国际法。马地臣认为，国际法禁止清朝拥有奥贝尔所说的那些权利，根据国际法的原则，清朝有义务与西方进行商业和其他交往，而无权对外关闭门户。客观上讲，他们引以为豪的国际法是一把无柄剑，握剑伤别人同时也会伤自己，他们要求的对华治外法权，在国际法上是一种理论与规范障碍。对于那些为违反中国法律、寻求治外法权辩护的人来说，他们要求的不是国际法意义上平等的关系，而是要让清朝服从他们理想中的法律，或者说他们的意志。这样，否定国际法可以适用于清朝，就成为他们在理论上必须解决的问题。他们只得解释说，国际法是文明国家之间的协议和条约，清朝不能享有国际法规定的

---

〔1〕 吴义雄：《在华英文报刊与近代早期的中西关系》，社会科学文献出版社 2012 年版，第 100 页。Peter Auber, China, An Outline of the Government, Laws, and Policy, pp. 38-39.

主权，因为清朝并非文明国家。如《中国信使报》的编者威廉·伍德就认为，中国限制甚至拒绝对外交往，但文明国家之间的国际法"将相互之间的理性交往看做普通的权利"。故"适用于文明国家的规则不能应用于中国，因为中国人还够不上这一级别"。在他看来，中国乃"几乎文明"的国家，还"比不上土耳其或其他一两个国家"。[1]更有不少作者将清朝纳入"半野蛮"国家的行列，而将英国与（清朝）中国的冲突看做"文明世界"与一个"半野蛮"国家的冲突。

4. 英国尝试对华治外法权

大造舆论之后，英国政府正式启动以确立在华治外法权为目的的立法活动，在 1833 年 8 月 28 日，英国政府公布《中国与印度贸易法令》。该法令第 6 条规定，英王有权向几位驻华商务监督或是其中的一位，发出指令或进行授权，赋予其管束在中国任何地方进行贸易的英国臣民的权力，设立一个刑事与海事法庭，以审判由英国人在中国的口岸、港口和距离海岸一百海里以内的公海犯下的罪行，并由中华商务监督掌管该法庭。该法令还包括一些具体的相关规定。1833 年 12 月 9 日，英国政府以英王名义发布了 3 道训令，其中第 2 道是关于设立在华法庭的训令。该训令明确规定"在广州或在广州港附近的任何英国船上设立一个具有刑事和海事管辖权的法庭"，由首席商务监督负责管理。以上基本原则规定，还需要英国政府具体指示首席商务监督，才能具体付诸实施。1834 年商务监督律劳卑来华后，由于他与广州当局发生一系列的冲突，导致建立中英正式官方关系的计划无法实现，而且，他之后的几任驻华商务监督也难以实施英国政府的原定政策，所以设立在华法庭的规定没有落实。

那么，对于设立在华法庭规定，广州英商持什么态度呢？广州英商反对建立在华法庭的法令，主要是因为他们无法接受其关于民事管辖权的规定。如果建立具有民事管辖权的法庭，将使他们以伶仃洋和珠江口其他水域为基地的鸦片走私贸易受到约束、限制乃至更严重的影响，这是他们不希望看到的局面。不仅不接受清朝法律，而且反对设立在华法庭，那么他们究竟需要

---

〔1〕 吴义雄：《在华英文报刊与近代早期的中西关系》，社会科学文献出版社 2012 年版，第 102 页。"War with China", The Chinese Courier and Canton Gazette, September 8th, 1831.

什么样的法律保护？1836 年，英国商人戈登拟出 12 条"远征军或使团之目标"，其中第 4 条是关于在华治外法权的设想："在英中两国政府拟定并同意特定的条款之前，英国人对另一英国人，或对中国人犯下的罪错，所受惩罚不得比英国法律对类似罪行所规定的惩罚更为严厉。"他对这一条又细化为 11 点说明，包括：涉及英国人的案件送交法庭审理，英国使节或是他为此指派的任何人应参与庭审的全过程，以获得聆听每项证词的机会；应该有通事为他翻译以便记录，或雇用中国人为他记录以之为证据；犯人有权获知审讯情况，他想说的话有权获得中文表达；刑讯与英国法律冲突，任何涉及英人之案均不得使用；英国犯人有权就证词发表意见，解释他的行为，并要求传召他认为合适的证人，他的答辩可采取书面形式；当（中国）法官认为须向上级官员请示涉及英人之案的审理意见时，应将其报告之副本送交英国使节，以便他能就此发表他认为必要的意见；地方官员向北京刑部或皇帝报告时亦应如此办理；在英国人不必承担法律义务之地点，不得因其行为将惩罚加诸其所雇用的中国人，或是与他们合法从事活动的其他人；当英人死亡且该处无其法定代表时，中国政府应请英国使节或他所指定的人士托管其财产；不得要求英国人遵照任何与其声明信奉的宗教不一致的仪式或习俗，以及与其国之习惯不符之事物；当不对中国人造成任何损害时，英国人有不受干扰地保持其宗教和民间习俗之自由。[1]戈登主张在外交代表权利的框架内确立在清朝的治外法权，这与英国政府建立在华法庭的政策大相径庭。但是，无论如何，各方面的不同建议，对于鸦片战争后"城下之盟"性质的不平等条约关于领事裁判权的确立，发挥了积极有益的参考作用。

---

〔1〕 G. J. Gordon, Address to the People of Great Britain, Explanation of Our Commercial Relations with the Empire China, Smith, Elder & Co, 1836, pp. 113-115. 《广州纪事报》登载了这 12 条计划的摘要，见"Objects of the Expedition on Mission", The Canton Register, May 21, 1839.

六．兵即刑：中西方文化晚清碰撞

1840 年中英爆发鸦片战争，标志着中西方文化冲突达到最激烈的碰撞程度，此后发生的一系列战争，除去直接的军事杀戮之外，不仅涌现出本不应出现的刑狱虐杀行为，而且导致不平等条约的签订。

（一）近代中外战争之刑狱

1. 第一次鸦片战争前后期间中西方文化碰撞中的刑狱

从 18 世纪中期开始到 19 世纪 40 年代，基本完成工业革命的英国成了世界上头号工业大国和海上强国。随着经济迅速发展出现了生产"过剩"的危机，1825 年英国爆发世界资本主义发展史上的第一次经济危机。因此，英国迫切需要开辟新的市场和增加更多的投资机会，而当时清朝统治下的中国是英国长期瞩目的一个地区。可是，由于受清朝政府闭关政策和传统经济体制的影响，在英国对清朝的正常贸易中，英国方面长期处于不利的地位。英国商人曾试图通过两国政府谈判的方式来解决这个问题，但由于清朝政府坚持闭关政策，英国两个使团都无功而返。渴望打开中国市场的英国资产阶级不得不采取其他手段，这就是鸦片贸易和战争。

鸦片贸易给清朝带来了白银大量外流的灾难，造成了清政府财政困难和社会不安的严重后果。早从 1729 年起，清朝政府就一再下令禁烟，态度坚决，办法相当严厉。但是，由于清朝官僚日益腐败，鸦片贩子用贿赂的手段收买海关及其他各级官员，以至偷运进口的鸦片与日俱增，销售范围不断扩大，清朝社会吸食鸦片的人相当多，形成了一个不小的鸦片市场。1837 年，道光皇帝连发上谕，命各地查堵烟船，缉办鸦片私贩，在全国展开禁烟运动，甚至将吸食鸦片的庄亲王等官员或革去王爵或降职。当时担任湖广总督的林则徐在辖区内厉行禁烟和戒烟，卓有成效，受到道光帝的嘉奖。1838 年 9 月，他奏呈皇帝强调鸦片之危害，"若犹泄泄视之，是使数十年后，中原几无可以御敌之兵，且无可以充饷之银"。[1] 林则徐的警示令道光皇帝担忧。1838 年 12 月 31 日，道光皇帝任命林则徐为钦差大臣，节制广东水师，前往广东查禁鸦片。1840 年 1 月 5 日，随着禁烟与反禁烟的矛盾逐步发展，林则徐尊令在广州正式封港，终断中英贸易。这个做法激化了中英矛盾，给英国殖民者入侵清朝统治下的中国提供了借口。鸦片战争爆发的主要原因是中英两国在贸易问题上存在着严重矛盾。为解决这个问题，英国殖民主义者千方百计要打开中国门户，先是走私鸦片，后不惜使用武力。而为对付外来威胁，清朝政府强化闭关政策，以致在禁烟过程中断绝正常往来，激化了矛盾，使鸦片成为战争的导火索。中国不仅陷入连绵不断的战争之中，而且沦为半殖民地半封建的国家。导致这种情况的宏观原因是资本主义世界的兴起，而中国没有赶上这股潮流，逐渐落后于世界的发展进程。近代之前，受西方殖民者东进的冲击，传统的中外关系体制已经面临挑战，作为中国统治者的清政府不得不被动应对。

1839 年至 1842 年以及 1856 年到 1860 年的两次战争统称为鸦片战争，这是英国以及后来的法国与清帝国之间的战争。对于中国来说，这两次冲突的后果是极其深远的，影响了中国的历史进程。

尽管第一次鸦片战争是在 1839 年开始的，但是引发这场冲突的"第一发子弹"却是在几乎半个世纪之前打响的，起因是英国驻华公使拒绝向乾隆皇帝下跪（中国官方语言称之为"磕头"）。中国是个大市场，每个与它做生意的国家都必须遵守这个习惯。为了这点，即便给成千上万的黄种人提供毁灭性的毒品也在所不惜。一位历史学家曾写道，鸦片是被放在驼背上带到了中国，而它最终折断了这个民族的脊梁。为了管理在中国境内做生意的英国商人，清朝政府制定了一个管理外国商人的原则，即一个地区商人必须组成协会或者商会，由一位领导负责，这个领导要对朝廷官方负责，监督所有协会成员的活动。1831 年 1 月，英国政府在议案中提议在中国建立一个"英国

---

〔1〕《钱票无甚关碍宜重禁吃烟以杜弊源片》。

权力机构"〔1〕，由三位贸易监督组成，一位总监领导两位副手。贸易总监将主持"刑事与海事法庭，裁判不列颠臣民在指定海域或中国海岸几百英里之内的海域发生的违法行为"，这就是英国在华治外法权的发端：在中国皇帝的领土之内对英国臣民行使司法裁判。

外国进口商不仅仅是英国，包括美国和法国都把这条禁令当成耳旁风，对以前禁止毒品的告示视而不见。1837 年，邓总督摧毁了在广东境内参与鸦片贸易的中国船只，而且，也是打击本国而非外国商人，他在全国范围内逮捕中国鸦片商人、分销商，甚至是吸食鸦片的人。为了警告外国人，他处死了一家大型鸦片烟馆的老板何老金。他们还计划处死另一名中国鸦片贩子，但地点选在广州的外国商馆的外面。中国人就在美国商馆的窗外搭起一个巨大的木头架子，要在这里执行绞刑。邓总督挑衅性地选择这个地址，是为了现身说法："为了让他们反思，应该阻止道德败坏的外国人继续犯罪，因为这些外国人虽来自蛮荒之地，却还都有人性。"〔2〕美国顾问，因此大为恼火，摘下了国旗，但是除此以外便再无计可施了。罪犯脖子上锁着铁链，行刑即将开始。这时候，行刑者给犯人递上鸦片，以便减轻痛苦，这样做并不具有讽刺意味。在鸦片的烟雾中，犯人主动举起手，绑在架子上。就在行刑前一刻，英印船只"奥威尔号"上 80 名水手推倒了行刑架子，用搭建行刑架子的木板抽打围观的中国民众。中国政府官员都逃走了，但是犯人也被带走了。此时，6000 名中国人已经聚集到商馆外面，开始用石头砸美国大楼。水手们朝这些人扔碎瓶子，玻璃碎片刺伤了中国人的脚。

在行商领袖伍浩官的请求下，两广总督阻止了暴动，因为这样对贸易非常不利。中国军人用鞭子驱散了人群，那名鸦片贩子在远离外国人居住区的地方被处死。一年后，一条英国船停靠在广州，外国商人和船员破坏了另一场行刑。鉴于外国人干涉中国的行刑事件，清朝皇帝增派了一名钦差大臣，任命这位意志坚强且与鸦片贸易从未有染的外交官来禁止鸦片交易。

1839 年 3 月 18 日林则徐下令缴没鸦片并声明，如果这些外国鸦片商人不

---

〔1〕 ［美］特拉维斯·黑尼斯三世、弗兰克·萨奈罗：《鸦片战争：一个帝国的沉迷和另一个帝国的堕落》，周辉荣译，生活·读书·新知三联书店 2005 年版，第 27 页。埃尔特著《香港历史》（E. J. Eitel, The History of Hong Kong）。

〔2〕 ［美］特拉维斯·黑尼斯三世、弗兰克·萨奈罗：《鸦片战争：一个帝国的沉迷和另一个帝国的堕落》，周辉荣译，生活·读书·新知三联书店 2005 年版，第 36 页。

能交出鸦片，就要处死一些行商，他传唤了一位领头的外国商人到他的衙门中接受审讯。1839 年 4 月 4 日，林则徐进一步采取措施，命令所有进入广州的商人必须签署一份新的保证书，承诺不输入鸦片，如果在他们的货物中发现鸦片，全体船员都"必须在朝廷手中被处死"[1]。林则徐对那些参与鸦片贸易的商人设置了死刑，并且更加严厉地打击鸦片贸易的另一方——鸦片购买者，他将会像对待夷人一样，严厉地对待自己的国民，甚至更甚。林则徐在一份告示中，让吸鸦片的人限期戒烟："在这个过程还没有结束的时候，你是活着的受害者，期限一到，你将是死去的受害者。"林则徐宣布，对那些没有戒掉烟瘾的人毫不姑息、将被施以绞刑。[2]

此时的香港还不是一座城市，散布着一些不为人知的渔村，还有一些海盗使用的小海湾。仲夏来临的时候正好是台风季节，装满鸦片的澳门船只向东北航行 40 英里转移到香港的港口，这里有更好的保护。在 6 月末的时候，中国的士兵乘着一艘中国战船，逮捕了英国船"卡那蒂克号"上的买办。愤怒的"卡那蒂克号"水手要求放回买办，但是他们的船长却不希望用武力火上浇油。水手们怒火中烧，伺机报复，他们的憎恶变成行动只是一个时间问题。

1839 年 7 月 12 日，查顿—马地臣公司所有的"卡那蒂克号"和"曼加罗尔号"上的 30 名水手，加上其他美国和英国船上的水手，在香港北部九龙半岛的尖沙嘴上岸。水手们手里拿着一种烈性的烧酒，想要把自己灌得烂醉。这些人在船上待了那么长的时间，现在要出来放松放松，很快变成了好战的狂徒。他们毁坏了一座庙宇，并对当地人大打出手，其中一个叫做林维喜的人被水手殴打，一天之后死去。义律听到这个消息后勃然大怒，原本他希望大家耐心等待，保持低调，等待部队从印度赶来增援。而现在这帮醉鬼、杀人犯，把整个外国人居住区都推到了危险之中，完全得不到本国的保护。这位敬业的总监急忙赶到尖沙嘴，到处贿赂或者发放赔偿：受害者家属给 1500 英镑；提供杀人物证的给 200 英镑；其余村民给 100 英镑；政府官员给 400 英镑。对于渔民来说，这笔钱数额非常巨大，但是要想用钱来掩盖谋杀或屠杀

---

〔1〕[美]特拉维斯·黑尼斯三世、弗兰克·萨奈罗：《鸦片战争：一个帝国的沉迷和另一个帝国的堕落》，周辉荣译，生活·读书·新知三联书店 2005 年版，第 64 页。

〔2〕[美]特拉维斯·黑尼斯三世、弗兰克·萨奈罗：《鸦片战争：一个帝国的沉迷和另一个帝国的堕落》，周辉荣译，生活·读书·新知三联书店 2005 年版，第 117 页。

行为纯属徒劳。

对清正廉洁的林则徐来说，进行这种贿赂完全没用。当他知道水手们的罪恶行为之后，要求把犯人交到中国人手里"正法"。英国人从"胡格斯夫人号"水手特拉诺瓦的遭遇推断，中国对胡作非为的外国人进行了残酷的处置。英国人由此担心会遭到绞刑，因为中国的法律是摩西式的，讲究"以牙还牙"。林则徐也发动了一场宣传战，澳门贴满了告示，说如果中国人杀死了外国人，林则徐将立刻拿他法办。这种说法无懈可击，但是弦外之音非常明确：杀害林维喜的凶手也将受到同样的惩罚。唯一的问题是没人知道是谁杀死了林维喜，也不知道混乱当中的哪一下是致命伤。英国人指责美国水手，认为他们喝得更醉。在澳门的告示中，林则徐引用了中国的法律："杀人偿命。"根据英国国会贸易监督条例，义律组成审讯团，指控 5 名英国水手犯有制造混乱、打架斗殴的罪行，但没有指控他们谋杀或屠杀。更糟糕的是，义律拒绝将几名受审的犯人移交给林则徐。这样，林则徐认为，这些傲慢的英国人居然无视中国主权，单方面建立一个"治外法权"的机构。

1839 年 8 月 12 日，在没有任何军队维持治安的情况下，义律在租来的一条船"威廉要塞号"上，对 6 名最有嫌疑的水手进行了审判。义律还派人邀请林则徐派政府官员观察审判，这与其说是大方，不如说是粗鲁。林则徐拒绝参加。3 天之后，林则徐下令禁止向所有罪该万死的英国人出售食品和水。对于外国人来说，这无疑又是一次商馆被围、船只禁运事件的重演。"威廉要塞号"上的审判让局势一发不可收拾，一个由商人（包括马地臣在内）组成的陪审团拒绝裁定"曼加罗尔号"上的水手托马斯·梯德尔杀人，仅 2 名水手被判制造混乱，罚款 25 英镑，并在英国接受 6 个月监禁。（他们一回国就获释，因为人们认为义律仓促拼凑的法庭没有审判权——这显然无视国会所明确规定的义律掌管"司法法庭，有刑法和海事法庭审判权，对英国臣民在上述领土或在离中国海岸 100 英里之内的公海上犯的所有罪行有权进行处置"这一事实。对此中国人虽然出于不同的考虑，或许也会同意。）1839 年 8 月 17 日，林则徐命令义律交出杀人犯，但并没有指明罪犯是谁。就算义律打算交出，他也明白只要交出一个英国公民，就会导致国内的一场轩然大波。最后，一名来自查顿—马地臣公司的水手溺水，中国主动提出让这名溺水身亡的水手充当尖沙嘴村民谋杀犯。至此，因谋杀造成的愤怒而导致的相互敌对完全消除。

中国海战的消息传到英国的时候，英国政府拒绝承认这是因为鸦片贸易导致的摩擦。1839 年 5 月 2 日，调控委员会（即后来的"印度秘书处"）委员约翰·特罗特，不承认鸦片会带来悲惨的结果。"在（印度）巴纳里斯代理处的 9 年里，我从来没有听说过当地人因为吸食鸦片而损害健康，甚至工厂工人也不会，他们每天 12 小时待在充满鸦片的空气里，毫无节制地吸食鸦片"。[1]加尔各答商会也对巨大的商业损失表示了极大关心，但是它们的关心仅限于以人道主义的谣言为幌子，在它们给伦敦发回的报告中说：国外商人即将面临"抢劫和屠杀"，这歪曲了林则徐广州禁烟的措施，他们虽然遭到围困，但没有遭到抢劫和屠杀。

法国天主教遣使会传教士让·加布里埃尔·普列伯勒神父，进入湖北省境内向中国人传播基督教，为此触犯了中国法律。经他本人传教而信教的一名教徒背叛了他，导致他在 1839 年 9 月被逮捕。经过一年的严刑拷打和审讯，这位虔诚的牧师于 1840 年 9 月 11 日被公开处死。

此时，中国其他地方的外国人也开始被害，但是其手段不像对待那位法国神父那样残暴。舟山的英国征服者成了瓮中之鳖，开始不断地因饥饿死去。村民拒绝向他们出售食物，并且把各自的牲口藏了起来，以免遭征服者抢劫。绝望之中，一些士兵开始抢夺中国渔民每天的收获。占领者的饮用水也是一个噩梦，难以下咽，同时还引发疾病，因为水源在舟山的稻田里并且已经被种地的人污染了。入侵者越来越深入内地拼命地寻找粮食，有两名搜寻者掉队后被一群暴民包围。其中，一名被人用石头砸死，另一名则被带到了宁波的监狱接受审讯，然后被关进木笼游街，头上、脚上、脖子上都带上锁链，笼子太小，他的膝盖都挨到了下巴。六天游街之后，这名犯人仍被关在笼子里，送进监狱，在那里他看见还有许多和他处境一样悲惨的人。

被俘最多的就是 281 吨位的双桅船"凯特号"，这是一艘由商船改成的战船。1840 年 9 月 15 日，这艘船在一处沙滩搁浅，被困在船上的船长和他的妻子安娜及 26 名船员都被中国人俘获。中国人立刻给他们系上铁链，这些可怜的人排成一列，冒着大雨被送到宁波的监狱。沿路的村民都嘲笑他们，一人还抢走了安娜手指上的结婚戒指。运送时，这些犯人都被关在木笼子

---

〔1〕 ［美］特拉维斯·黑尼斯三世、弗兰克·萨奈罗：《鸦片战争：一个帝国的沉迷和另一个帝国的堕落》，周辉荣译，生活·读书·新知三联书店 2005 年版，第 80 页。

里，后来诺布尔夫人在《中国丛报》一篇文章中描述了他们去往监狱的惊恐之旅："我的笼子只有不到一码高，四分之三码长，半码多宽。门开在顶上。我们就是被关在这种笼子里被抬走的，脖子上都锁着链子，系在塞子盖上。他们用一条长长的竹子从笼子中间穿过，一人执一端，我们就是这样从一个城市颠簸到另一个城市。我们忍受着暴徒的侮辱，他们发出的吼叫让人恶心。"[1]

村民们从笼子的木条中间伸进手来，扯俘虏们的头发，朝他们吐唾沫；两名还手的水兵被暴徒围住，从笼子里拖了出来，被毒打致死。宁波监狱在舟山以东30英里的地方。他们被关进牢房后仍然被锁在笼子里。在囚禁期间，3人因为痢疾死去。笼子中的排泄物没人清理，发出难闻的臭气。狱卒们表现出明显的种族歧视。欧洲俘虏被允许在走出笼子的时候除去身上的链子，但是印度士兵在获得短暂释放的时候还得戴着镣铐。一名英国囚犯推测，可能是因为印度士兵习惯直接用手吃米饭，这触怒了中国人，由此遭到最严厉的惩罚。[2]

当知道俘虏遭受虐待，尤其是其中还有一名妇女之后，义律非常震惊。这位监督乘坐"亚特兰大号"前往宁波，交涉释放俘虏的事情。他被告知所有的囚犯可以立即释放，但英国人必须交出舟山。尽管要义律放弃这个战略要地几乎没有任何可能，但是他并没有当即断然拒绝这个建议。中国人相信双方都有诚意，希望舟山能够交还，因此他们开始更加人道地对待囚犯。囚犯们被从监狱和笼子中放了出来，住进一座庙里。他们的口粮也增加，穿上了暖和的衣服，允许发信到舟山——以便得到食物和更多衣物。安娜·诺布尔和几名官员受到审讯，被问到关于部队行动的问题以及"凯特号"上鸦片和枪支的位置，一位审讯官询问怀有身孕的诺布尔是否参与了鸦片贸易。不知为什么，抓获她的人认定她就是维多利亚女王的姐妹，给她安排了一名仆人，卧室家具也和她高贵的出身相配。中国人对于等级制度的重视即使在监狱中都能体现出来。

---

〔1〕［美］特拉维斯·黑尼斯三世、弗兰克·萨奈罗：《鸦片战争：一个帝国的沉迷和另一个帝国的堕落》，周辉荣译，生活·读书·新知三联书店2005年版，第126页。

〔2〕［美］特拉维斯·黑尼斯三世、弗兰克·萨奈罗：《鸦片战争：一个帝国的沉迷和另一个帝国的堕落》，周辉荣译，生活·读书·新知三联书店2005年版，第126页。

船长彼得·安斯特鲁瑟也加入了囚犯的行列，他是印度军队的军官，1840 年 9 月 16 日被中国农民抓住，正好是"凯特号"事故的第二天，那时他正巡视舟山。他的手脚都被绑在一枝长长的竹竿上，也被屈辱地运到了宁波，和"凯特号"船员关在一起。安斯特鲁瑟的幽默和勇气，以及他的肖像画天才，让中国官员非常着迷。这些中国高级官员都追着让"宫廷画家"画像，作为报酬，画一张给他一打猪肉饼。罗马字母看来也让中国人非常着迷，他们请求犯人们写一些字给他们。大多数英国人在监狱里都过得不错，但是几名水兵因在舟山险恶的稻田中感染了痢疾而死在宁波的监狱里。

虽然他们身处的环境好转了，但是中国人的威胁手段却使他们的心理状况日益恶化。有时英国人被告知两天后要被全部处死，而且是让他们在漫长的折磨中慢慢死去，可期限到了，却没有处决他们。安斯特鲁瑟的狱卒告诉他，要把他的心肝切下来，用来祭奠死在英国枪口下的中国士兵。安斯特鲁瑟的勇气再次让中国人印象深刻，他根本没有把这些威胁当回事，或许因为他知道拿人作祭品并不是中国祭祀的方式。另一方面，宁波所在省份的浙江总督以残暴著称，他的各种各样的威胁都会付诸实施，对此英国人从来不敢不信。

在华英国人知道同胞遭到囚禁之后，非常愤怒，请求从海上进攻宁波，解救同胞。他们下令截获所遇到的任何中国战船。英国人和其他在华外国人对这种随心所欲对待俘虏的态度感到非常愤怒。1840 年 10 月，义律在镇海会见了琦善，镇海就在囚禁英国人的城东北 10 英里。义律要求立即释放囚犯，否则他就要终止在舟山开始的和平谈判。官员们对义律十分敬畏，但是什么也没有答应。义律注意到一个有趣的情况，他之前从来没有见过：中国官员随身带着骑兵，且骑兵的武器只有弓箭。在第二次会议上，琦善为囚禁行为辩护说，安斯特鲁瑟绘制了侦查地图，并指出其他俘虏都打伤了中国人。（这种殴斗确实发生过，犯人希望获得食物和水。）琦善和义律会面的时候达成了一个妥协，但是这些条款并不能让英国人永远满足。侵略者同意停止抓捕中国船只和封锁海港；囚犯还要待在原地，但是他们的生活条件将会改善。作为一种诚心的标志，1840 年 12 月 10 日，琦善拜访了身在监狱的文森特·斯坦顿，他发现斯坦顿沉浸在《圣经》中。琦善被这位神学学生的虔诚所打动，就释放了他，并邀请他到自己的官邸做客，在回到义律身边之前小住几日，但是其他囚犯的命运仍悬而未决。[1]

1841 年 10 月 13 日，一支七艘战船的英国小型舰队运送士兵到达镇海西南 10 英里的宁波。宁波没有进行丝毫反抗，城门大开迎接侵略者。一支皇家爱尔兰军乐队，一边进城，一边演奏"圣帕特里克日的清晨"。侵略者进城后，发现了关押英国同胞的监狱和笼子，盛怒之下，他们烧毁了监狱，但是留下一只笼子，当作可怕的纪念，并送往印度公开展出，作为野蛮的中国人的证明。

1841 年 2 月 1 日，义律单方面宣布香港是英国领土，当地居民是女王的臣民。一个星期之后，澳门 8 位新教传教士来到香港。英国司法也建立起来，这些严酷的法规更适合船队，而不是市民，其中包含鞭刑。一位香港居民说道，"没有一名中国人能够经受住六鞭子，都无一例外的晕死过去。"[2]

在英国人的大肆屠戮中，最大的败家就是琦善。他被召回北京。在任几年后，他颜面扫地，不仅被召回，而且锒铛入狱。1841 年 3 月 12 日，他从广州出发，一路进京。他的全部财产——425 000 公顷土地，135 000 盎司黄金，1000 万现金，都归缴他曾经如此效忠的皇上。唯一让这位资深官员感到安慰的是——尽管这种安慰让人起疑：皇上判决的死刑减刑为艰苦的劳役，将在中国荒寒的北部中俄边界附近的一个军营中执行。

或许因为蔑视，英国人卷入了一系列行动，激怒了广州市周边农村的农民。英国军队一次搜寻行动演变成了抢劫；还有一次，挖掘了一座墓穴，并盗走其中财物和尸首。显然，这些行动是非正义的，它们都是一个糟糕的策略，因为侵略者的意图在于安抚这些人，而不是激怒他们。在尊敬祖先的中国人看来这简直是大逆不道，即便是当地的英文报纸《中国丛报》也认为英国人的暴行"是一种难以启齿的耻辱。"[3]抢劫和掘墓使当地乡民的愤怒到达了极点，5 月 29 日的一次事件把他们的怒火彻底点燃了。在广州西北几英里的三元里村，英军袭击了一家民宅，并且奸污了家中的妇女，激起了"三

---

〔1〕［美］特拉维斯·黑尼斯三世、弗兰克·萨奈罗：《鸦片战争：一个帝国的沉迷和另一个帝国的堕落》，周辉荣译，生活·读书·新知三联书店 2005 年版，第 128 页。

〔2〕［美］特拉维斯·黑尼斯三世、弗兰克·萨奈罗：《鸦片战争：一个帝国的沉迷和另一个帝国的堕落》，周辉荣译，生活·读书·新知三联书店 2005 年版，第 138 页。

〔3〕［美］特拉维斯·黑尼斯三世、弗兰克·萨奈罗：《鸦片战争：一个帝国的沉迷和另一个帝国的堕落》，周辉荣译，生活·读书·新知三联书店 2005 年版，第 145 页。

元里人民抗英"。[1]

运送英国士兵和印度士兵以及后勤人员的英国军舰"内布达号"在台湾附近搁浅，英军士兵乘坐救生艇逃命，置印度士兵于不顾。印度士兵在这艘难以动弹的船上整整待了五天，饥渴难耐，只好乘坐水筏上岸，被中国军队抓获，并被脱掉衣服，锁上铁链，关进拥挤不堪的牢房里。1841 年 3 月，另一艘搁浅台湾的"安号"（运送鸦片）船只上的 14 名幸存者，也加入了"内布达号"被囚禁的船员之中。据一位历史学家描述，狱卒的残忍，丝毫不亚于他们对囚犯船上的鸦片的狂热。杰克·比钦写道："岛上所有掌握裁判权的人中不仅狱卒和普通士兵，从士大夫到军事将领显然都是瘾君子，他们反复无常，玩忽职守，有时还非常残忍。"[2]

英国侵略军占领定海后，印度士兵组成的分遣队在山上的寺庙旁竖起四门大炮，从这里可以俯瞰定海。他们从这个制高点炮轰手无寸铁、四处逃散的居民。英国士兵在渔村发现了当地一种叫做"烧酒"的酒坛，这种酒是由大米酿造的，还有大蒜和大茴香籽。士兵们喝酒的时候，将很多酒洒到街道上。不久这些人就喝得烂醉，开始寻衅滋事，抢劫村里的财物。《印度公报》报道："难以想象还有比这更加彻底的抢劫。他们只是在没有东西可抢或者破坏的时候才停下来。"抢劫之后，这些入侵者非常规矩，只是印度士兵进行了几次强奸。"我没有发现有人被残酷地杀害，只发生了一两次强奸——据说是印度兵干的。"[3]

英国侵略军占领广州后，广州市居民接受了耻辱的休战协定及其各项条款，但是周边农村的农民对此却万分惊诧与愤慨，认为那太丢人。这些农民也是乡勇，清朝政府不时利用他们镇压各地的起义。但对英国人来说，这些人构不成任何威胁，他们甚至感到这是一个不合时宜的玩笑，因为这些乡勇的武器只有短棒、锄头，还有几支火绳步枪。

英国侵略军占领宁波后，由于在公开的战斗中失败，中国人开始进行一

---

〔1〕 ［美］特拉维斯·黑尼斯三世、弗兰克·萨奈罗：《鸦片战争：一个帝国的沉迷和另一个帝国的堕落》，周辉荣译，生活·读书·新知三联书店 2005 年版，第 145 页。

〔2〕 ［美］特拉维斯·黑尼斯三世、弗兰克·萨奈罗：《鸦片战争：一个帝国的沉迷和另一个帝国的堕落》，周辉荣译，生活·读书·新知三联书店 2005 年版，第 154 页。

〔3〕 ［美］特拉维斯·黑尼斯三世、弗兰克·萨奈罗：《鸦片战争：一个帝国的沉迷和另一个帝国的堕落》，周辉荣译，生活·读书·新知三联书店 2005 年版，第 105 页。

场消耗战。双方都开始变得更加残忍。英军的食物被下了毒；一名士兵被绑架，被分尸后装在袋子中，接着有更多的人遭到绑架。英军进行报复，烧毁了装有尸体袋子附近的村庄。中国囚犯一列列地被绑在一起，镇海许多居民逃亡，而留下来的居民继续对英军进行恐怖的秘密袭击。河上游的慈溪村被占领。英军为了报复中国的袭击者，把满腔怒火发泄到俘虏身上，拿他们做射击和刺刀训练的靶子。

1842 年 5 月 8 日，英国侵略军进攻舟山西北 75 英里的乍浦镇，被英军俘虏的清朝士兵再一次遭到羞辱。英军把他们的辫梢系在一起，8 个或者 10 个一组，让他们游街示众，有一些俘虏被当做靶子刺死了。

2. 第二次鸦片战争期间中西方文化碰撞中的刑狱

1856 年 2 月，法国神甫马赖正在广西一个叫做西林的偏远的村庄传教，而这个地方不幸正好也是太平天国的故乡和圣殿。神甫被捕并且被关在村里广场上的笼子里，与普列伯勒神甫一样，马赖因为把传教开展到落后地区而触犯了中国法律。虽然看起来，传教士和那些中国人有着共同的信仰，但马赖和其他天主教徒对于这种变了样的极端清教教义非常震惊，因此转而帮助北京的满族统治者。最糟糕的是，法国神甫很可能被控搜集地理情报。1856 年 2 月 29 日，受人尊敬的牧师被斩首，身上还穿着典型的中国服装。中国的刽子手肢解了尸体，挖出内脏，当时一家歇斯底里的法国报纸还说他们事后把神甫的心脏煮着吃了。历史学家一致认为中国人杀害了神甫，但是令人恐怖的吃心脏一事则纯粹是虚妄的传闻。法国神甫马赖被杀事件成为第二次鸦片战争的导火索之一。

"亚罗号"船事件是第二次鸦片战争的又一导火索。1856 年 10 月 8 日，"亚罗号"装载着大米从澳门运往香港，在广州靠岸。这是一艘 127 吨的西式中国三桅帆船，是由英国船壳与中国帆船的帆组合而成并在香港注册为英国船。其实，这艘船属一位中国商人所有，船上有 14 名中国船员。名义上的船长是 21 岁的贝尔法斯特人托马斯·肯尼迪，有他在船上，加上香港的注册身份，使得真正的中国船主可以获得《南京条约》赋予英国船只的特权。事件发生时，肯尼迪并不在自己的船上，而是与"舟山号"船长查尔斯·埃尔一起在约翰·里奇船长的船上。早上 8 点，两人吃早饭时，看见清朝的两艘大战船驶入广州港，向"亚罗号"靠近，甲板上站着几位官员和 60 名水手。官员登上"亚罗号"，下令逮捕船员——全部是中国人，将他们捆绑，然后扔进其中一艘中国船的船舱中。里奇、肯尼迪、埃尔跳上一条舢板，向那艘中国帆船划去。虽然后来附近一艘葡萄牙船的船长发誓说他没有看到船上的英国旗帜，但肯尼迪却坚称他看见一名中国水手拽下了英国国旗。肯尼迪用结结巴巴的汉语抗议逮捕行动，但得到的回应却是水手的辱骂。肯尼迪缓和了口气，请求留两名船员在船上照应。官员答应了他的请求，把剩下的 12 名船员带走了。

表面上看，中国扣留"亚罗号"船几乎不太可能，因为船上只装了大米，而不是鸦片。但"亚罗号"的过去不清不楚，这艘船本是中国人制造的货船，被海盗捕获，后又落入两广总督叶名琛手中，之后他又将其拍卖给了一位受雇于英国公司的买办。这位买办利用这种雇佣关系，把船注册为英国船，从而获得了英国船才能享有的所有特权。虽然主人和注册改变了，但新东家却没有解雇船员，其中包括三名海盗。这就是清朝官员逮捕全部船员、只留下两名船员照应的借口。后来，又查明船的注册已经过期，因此不管英国人如何狡辩，从客观上讲，它已经不是英国船了。

肯尼迪把这次逮捕事件报告给英国商务监督巴夏礼。巴夏礼能讲流利的汉语，14 年来一直在《南京条约》开放的四个港口担任官员，"亚罗号"事件并没有让巴夏礼畏惧。好斗的巴夏礼立即朝战船走去，一边喊"中国人简直是侮辱、侵犯国家权利。"巴夏礼指的是 1843 年签订的《虎门附约》，条约中要求中国人在逮捕英国注册船只上的中国公民时，必须得到英国监督的允许。巴夏礼要求把 12 名船员立即移交给他管辖的英国公使馆。清朝统率解释说，其中一名水手的父亲是恶名远扬的海盗，而其他人也需要证明他们的父亲是否清白——因此，他们必须被关押。巴夏礼坚持自己的要求，一名官员打了他一个耳光。

巴夏礼羞愤地回到英国公使馆，给叶名琛写了一封信。叶名琛是两广总督，也负责外交事务，广州是广东首府。巴夏礼在信中说："我急切地向阁下陈述这一事件，相信您能够做出英明决断，答应用公开赎罪的方式来补偿公开的侮辱。因此，我请求阁下，所有从'亚罗号'带走的船员必须当着我的面，由船长送回。如果他们犯有任何罪行，可以被移交到英国公使馆，与由您指定的相关的官员共同处理此事。我自当准备好对此事进行调查。"〔1〕或许巴夏礼在对叶名琛抱怨的时候，也反复思考过，不打算点燃已经一触即发的局面，于是他接下来把自己的抱怨落在那位打了他一耳光的官员身上。

　　巴夏礼还向其更有同情心的上司、香港总督包令汇报水手被捕的情况，说他们是在飘着英国国旗（或许没有）的船上被捕的，应该和英国公民一样享有同样的权利和保护。包令对于"亚罗号"事件带来的机会十分满意，他在给巴夏礼的密信中说："我们何不利用这个机会拿下这座城市？如果这样，我可以带上全体舰队参加。"〔2〕这支停靠在香港码头的舰队包括 16 艘人力战船和 3 艘蒸汽船。包令所谓"拿下这座城市"，是说英国将最终获得允许离开商馆，在全广州开设商铺和住宅，就如英文《南京条约》所规定的那样。条约的中文版则规定，外国人的活动范围限于商馆，因为有人说广州人排外，如果与外国人住在一起，可能会杀了他们；孤立外国"客人"是为了保护他们，并非限制他们的行动。

　　两天后，叶名琛给巴夏礼回信。他答应可以释放 9 名船员，但坚持不释放其余 3 名，因为他们是海盗，其中一名曾在 9 月时对一艘中国船发动袭击。至于"亚罗号"的所有权，叶名琛声明，船员已经发誓，这是中国人制造并拥有的船，绝对不是英国船。为了表示诚意，叶名琛把给巴夏礼的回信及 9 名船员一起送回。巴夏礼拒绝接受，因为他更在意的是外交立场，而不是 9 名人质的困境。他再次给在香港的包令写信，提议英国采取报复行动，控制那艘拦截"亚罗号"的中国帆船。

　　10 月 14 日，英国人听从了巴夏礼的建议。英国战船"克拉曼德尔号"上的水兵登上一艘中国船，不用武力就把船拖到黄埔。这次英国情报有误，原来这是一艘私人船只，并非政府所有。叶名琛没有理睬这次旨在挑衅的事件。与此同时，包令抓住机会调查"亚罗号"的注册情况——巴夏礼并没有劳神进行调查，发现这艘注册为英国船的期限在 9 月 27 日已到期。客观上讲，中国逮捕船员并没有侵犯英国主权。尽管有此发现，包令还是决意激起叶名琛的反抗，随后让巴夏礼再次给叶名琛写信。这封写于 10 月 21 日的信

---

　　〔1〕 ［美］特拉维斯·黑尼斯三世、弗兰克·萨奈罗：《鸦片战争：一个帝国的沉迷和另一个帝国的堕落》，周辉荣译，生活·读书·新知三联书店 2005 年版，第 198 页。

　　〔2〕 ［美］特拉维斯·黑尼斯三世、弗兰克·萨奈罗：《鸦片战争：一个帝国的沉迷和另一个帝国的堕落》，周辉荣译，生活·读书·新知三联书店 2005 年版，第 199 页。

是一份最后通牒：叶名琛必须在 24 小时内释放全部"亚罗号"12 名船员，并且公开道歉，允诺尊重在华所有英国船只，包括貌似、但实际上并非英国船的船只。如果叶名琛不同意，"女王陛下的海军官兵将诉诸武力，强制执行"。[1]

叶名琛看来缺乏勇气——对英国的恐吓记忆犹新，但他还是要面子。他把全部船员放回，但拒绝道歉，并且只愿意与外国中间人协商类似"亚罗号"海盗的罪犯问题。叶名琛在 10 月 22 日，即英国威胁报复的最后期限给巴夏礼回信说："此后，如果外国船只窝藏罪犯，你这位所谓的领事应当发告示通报，以便与中国官方协同处理此类事件。"[2]为避免日后发生此类事件，叶名琛做了一个让步，他说："此后，中国官员绝不无故扣压、拘禁外国船只和船员，但中国自行打造的船只，外国人不得为其注册……"叶名琛模棱两可的态度正是巴夏礼和包令所需要的开战理由。

侵略者进攻的目标从表面上看非常唬人：广州的屏障是一堵高 25 英尺、宽 20 英尺、长 6 英里的城墙，主力守军都是满族士兵，他们肯定会因为忠于满族和满族皇帝而殊死抵抗。广州的守城军队是侵略者的五倍，以三万人抵御不足 6000 人的英国水兵、印度兵和法国水兵。但是欧洲的优势远胜于中国在人数上的优势，他们船上的大炮射程远、火力足，比守军的枪炮先进。

1857 年 12 月 27 日，进攻广州的战斗打响，傍晚一支侦察部队在离城墙一英里的地方上岸。第二天清晨，英法战舰开始向城内和炮楼开火，轰炸持续了不止一日，中间还有燃烧弹。在此期间，中国只回击了两发炮弹！同样，英军无一人身亡；而清朝军队在 24 小时内损失估计就高达两百人。燃烧弹起了很大作用，广州陷入一片火海。500 名英法士兵借着炮火的掩护登陆，缓缓穿过稻田和罪犯坟场。中国士兵躲在坟场的墓碑后面，向敌人挥动红色、黄色旗帜——在中国这种颜色表示蔑视，朝英国步兵射箭，拿起 18 世纪十分笨重的火绳枪，要两人才能开枪，开一枪，他们自己就得被撞在地上。见此情景，欧洲士兵不禁大笑。在此次闹剧般的军事交战中，伏尔泰笔下的历史又悲剧般地再现了。欧洲的侵略给中国带来了悲剧性的后果，但是鸦片战争一

---

〔1〕［美］特拉维斯·黑尼斯三世、弗兰克·萨奈罗：《鸦片战争：一个帝国的沉迷和另一个帝国的堕落》，周辉荣译，生活·读书·新知三联书店 2005 年版，第 200 页。

〔2〕［美］特拉维斯·黑尼斯三世、弗兰克·萨奈罗：《鸦片战争：一个帝国的沉迷和另一个帝国的堕落》，周辉荣译，生活·读书·新知三联书店 2005 年版，第 200 页。

战接一战，欧洲军队却毫发无伤，不免显得有些滑稽——无疑，清朝阵亡将士并不觉得滑稽。"与往常一样，双方死伤人数悬殊。法军只损失 3 人，伤 30 人。英军则有 100 人伤亡。中国伤亡人数多达 450 人左右。"〔1〕

1858 年 1 月 5 日，8000 名英法联军步入广州城门，未遇丝毫抵抗。英国商务监督巴夏礼率领 100 名皇家海军冲进叶名琛府邸，府里只有一位酷似总督的人——叶名琛的一名手下打算冒充主人，保全叶名琛，这种预防的确聪明。巴夏礼没有上当，他的一名手下发现叶名琛正想翻过后墙逃跑，立刻抓住了他。一名水兵拽住叶名琛的辫子，拖着这位威风扫地的总督，将他塞进四面钉土木条的轿子里。当这座移动的监狱驶往具有象征性名字的"刚毅号"的时候，欧洲军队里的客家族太平天国士兵——也是叶名琛迫害的对象——一路侮辱这位颜面尽失的总督，并且在脖子上做出杀头的动作，他们知道叶名琛将得到与自己手足同样的命运。

1858 年 1 月 28 日，两艘法国战舰"密特里号"和"福茨号"炸平了叶名琛的府邸。叶名琛被囚禁在"刚毅号"上，家园被毁，但对他的惩罚还没有结束。额尔金几次试图把叶名琛从流动的监狱里放出来，但都没有成功。1858 年 2 月 20 日，他把叶名琛流放到加尔各答，他为此提出的理由是"叶的存在将扰乱公众的心绪，使得此地和平和信心的恢复更加困难。"〔2〕《伦敦时报》的记者文格洛夫·库克与这名囚犯一同乘坐"刚毅号"前往印度，在他给英国发回的耸人听闻的报道中，除了提到叶名琛杀死了 10 万拜上帝教徒外，还提到他的个人卫生习惯很差：指甲十分肮脏，不洗澡，不刷牙，用袖子而不是手绢擦鼻涕。"广州屠夫"确确实实沦为维多利亚英国人眼中的一个肮脏的老头，因为在英国，不洁比渎神更加令人不能容忍。不过，一名英国圣公会主教送给叶名琛一本《圣经》，叶名琛拒绝了这个礼物，解释说自己已经读过了。

叶名琛在加尔各答的囚室与另一名英国囚徒——印度暴君奥德国王的囚室相邻。叶名琛过去十分野蛮，尽管如此（或者正因为如此），他却成为加尔各答英国贵族的焦点。他在那里与其说被当成是杀人无数的凶犯，不如说是

〔1〕 ［美］特拉维斯·黑尼斯三世、弗兰克·萨奈罗：《鸦片战争：一个帝国的沉迷和另一个帝国的堕落》，周辉荣译，生活·读书·新知三联书店 2005 年版，第 229 页。

〔2〕 ［美］特拉维斯·黑尼斯三世、弗兰克·萨奈罗：《鸦片战争：一个帝国的沉迷和另一个帝国的堕落》，周辉荣译，生活·读书·新知三联书店 2005 年版，第 232 页。

一位年老的浪子。加尔各答的中将邀请他参加一次盛会，被叶名琛轻蔑地拒绝了，因为他十分厌恶欧洲人跳舞时亲密相拥的动作。在维多利亚时期的中国和印度，华尔兹还是礼仪禁忌。1859 年，叶名琛离世，当地的中国人拒绝把他安葬在自己的公墓里。

1858 年 5 月 20 日上午 10 点，英法侵略军突袭天津大沽炮台。在涨潮的时候，天津大沽炮台被潮水包围，白河成为天然的护城河，这也很好地象征了中世纪中国的防御。白河河口不到 200 码宽，河口两岸共有 137 门古老的炮台守卫，但法国和英国战船还是冲破这个瓶颈，挤了进去。就在外国炮船准备进攻的时候，清朝守卫军队还在费尽心机，用沙袋围住泥墙上的炮台和胸墙。他们的这种策略就像他们古老的枪炮一样没用。清朝守军做了错误的推测，认为吃水很深的外国炮船不敢在涨潮的时候进入以免搁浅，故而调整固定的炮台使之对准涨潮时外国船只的位置。但是英法侵略军的兵船只在落潮的时候开进，并没有触礁，因此，清朝守军炮台没有对准，炮弹从英法船只的上空飞过，什么也没打中。英法侵略军的另一个障碍也是一个原始的防御体系，是一个由竹子做的 7 英寸厚的围栏，事实证明这与清朝的枪炮一样无效。英国侵略军"克罗曼德尔号"战舰猛烈撞毁了围栏，围栏的碎片在水面四散漂去，其余的船队从这个缺口迅速通过，不断有炮火从桅杆上空滑过，落入河水中。法国侵略军的"密特里号"和"福茨号"炮船以及英国的"鸿鹅号"炮船击中了左岸大沽炮台上的两座大炮，英国"宁罗得号"和法国"阿瓦兰奇号"及"德拉贡号"炮船炸毁了右岸的三座大炮。

清军简陋的抬枪每发射一次子弹都能把开枪的人震倒。侵略者总觉得这样非常好玩，一点也没意识到这种漫无目标的子弹其实也相当危险，英军士兵要瞄准这种抬枪并不像瞄准土制的炮台那样容易，但是抬枪也杀死了 5 名英国士兵和 6 名法国士兵。清朝军队士兵看到自己手中的武器完全没有作用，十分泄气，惊慌失措，在英法侵略军分遣队还没有登上河岸的时候，就已全都弃墙而逃。士兵逃跑之后，清军指挥官放出 50 艘装满稻草的火船向敌军驶去，但是这次进攻也和抬枪一样失败了。火船在河的拐弯处撞上了岸，丝毫没有伤害到敌军舰队。最后这招也失败之后，大沽炮台的指挥官在海神庙自杀，用刀割破颈部的动静脉。大沽交火之后，额尔金伯爵在日记中表达了他对溃退清军的藐视："24 名勇敢的士兵，带上手枪和足够的炸药包，就能踏遍个中国。"〔1〕这位伯爵此时的傲慢和先前的求和态度形成了鲜明对比，很像西班牙征服者，他们也曾经征服过力量悬殊的技术落后的国家。

1859 年 2 月，广州市周围的乡勇在广州郊区伏击英国水兵，杀死 700 名敌人。为了报复，英国侵略军冯·斯特劳本兹将军率领广州 3000 人军队杀进广州以南乡勇的营地，大肆杀戮，将其夷为平地。乡勇营地所遭受的毁灭，预示了日后英国人在京城更加严重的破坏。1860 年 7 月 26 日，英法联军共350 艘船只沿北部海岸北上，在北塘附近距大沽炮台以北 8 英里的直隶海湾靠岸。英法联军到达北塘城门口的时候，才知道清朝驻军逃跑了，留下了一座毫无防备的城市。侵略者被当成解放者，受到两万城民的热烈欢迎，城民们还带客人们去看逃走的僧格林沁亲王部队埋地雷的地方，就在他府邸外面的院子里。然而，城民的欢迎和帮助得到的回报却是联军的奸污掠夺。北塘妇女为了免于受辱，吞食鸦片，或者上吊、投水自尽，其他的北塘城民则都躲在城外的臭沼泽地里。

当英法两国按上年签订的条约入京换约时，清朝咸丰皇帝派怡亲王载垣到大沽令僧格林沁（此时郭氏在他营中）于洋人进口时"悄悄击之，只说是乡勇，不是官兵"。咸丰皇帝又在京中传旨"将夷首或领事之首级枭其一二，以寒贼胆"，这当然不可能不使事情被动。在大沽冲突之后的谈判中，咸丰又"荒谬地以为英法派到通州的谈判代表巴夏礼是他们的'谋主'把他扣留下来就是一个大胜利"，终至战局扩大，"一败而至通州，再败而遂远出古北口；二万余之兵，数百万之怕，一败无余"〔2〕。

1860 年 9 月，英法联军以护送公使赴京师换约为名，先后攻克大沽要塞和天津，向北京进逼。咸丰皇帝急遣大臣载垣与英、法两国公使的代表在通州谈判议和。9 月中旬，谈判破裂，清军将领僧格林沁乘机劫持参与谈判的英国代表巴夏礼等 39 名英、法外交官和军人，押往北京。1860 年 9 月的第二个星期，大约 20 名法国和英国士兵在中国边境进行侦察，遭到中方逮捕。僧格林沁驻扎在张家湾 3 英里宽的骑兵部队变成了一道有效的屏障，阻挡了英法联军对京城的进攻。英法侵略军用来对付僧格林沁 2 万大军的，只有 1000 名

---

〔1〕 ［美］特拉维斯·黑尼斯三世、弗兰克·萨奈罗：《鸦片战争：一个帝国的沉迷和另一个帝国的堕落》，周辉荣译，生活·读书·新知三联书店 2005 年版，第 237 页。

〔2〕 郭嵩焘：《伦敦与巴黎日记》，岳麓书社 1984 年版，第 16 页。

法军和 2500 名英军，与往常一样，双方数量的悬殊容易让人产生错觉。联军有先进的大炮和枪支，僧格林沁的骑兵是步兵和马夫，可是这仍然是不同世纪间的较量，清军主要依靠骑兵射箭，他们只能用少量古旧的火绳枪来对抗英国现代的恩菲尔德式步枪。这场大战的结果是，僧格林沁损失了 1500 人，联军 35 人伤亡，清朝军队的损失显得比其数字来得更加惨重，也更富戏剧色彩。随后，张家湾、八里桥等通向北京的要隘先后沦陷，财物遭到抢劫，生灵遭到涂炭。对此，英法侵略军有自己的强盗逻辑，军队洗劫城镇乡村是应有的赔偿，而不是报复或偷窃，而"赔偿"也是军队的一大动力，是对胜利的奖赏。额尔金在回忆录中赞许地写道："没有采取任何措施阻止抢劫，因为这座城市在战争中被打败，所以这是合法的战利品。"[1]抢劫者肆意地破坏，对那些可以拿走的东西，他们也表现出艺术鉴赏家的一面。

张家湾的妇女害怕被强暴，尽管这些欧洲人的一贯表现表明，他们中的绝大多数人对战利品比对人体更感兴趣。士兵们在一家挤满了妇女的鸦片烟馆里撞见了惊人一幕。这些妇女从牙牙学语的孩子到垂暮的妇人，多数都吞食了大量鸦片自尽身亡。但是一些长期吸食鸦片的人有更强的抵抗力，这使她们的死亡也拖得更长。欧洲人发现她们的时候，她们还活着，"其中一些还算清醒的人，捶胸顿足，大骂鸦片作用太慢，哭喊着'让我死吧，我不想活了。'"[2]英军雇佣的一帮苦力在抢劫商店的时候，有两人被商人杀死，其余的人被逮捕，并缴送给英国人。这些抢劫犯被毒打了一顿——对于这种在战争中非常普遍的罪行，这种惩罚实在少见。在允许士兵洗劫张家湾之后，贺布·格兰特将军突然良心发现，把 3 名强奸犯——又是苦力——用九尾鞭各打了 100 鞭子，然后吊死了其中一人。苦力犯下如此恶行，可以解释为是因为这些人都是从香港的犯罪分子中招募来的，而有纪律约束的锡克教徒，其行为更加恶劣，专门劫掠。[3]

英法互相指责对方士兵抢劫，事实上双方都一样犯下了罪行，尽管英国人更倾向于破坏，而法国人则喜欢把新抢来的财产保护起来——一个是毁坏，一个是玩赏。额尔金伯爵之所以反对抢劫是出于一个现实的考虑，因为这会

---

〔1〕 郭嵩焘：《伦敦与巴黎日记》，岳麓书社 1984 年版，第 298 页。
〔2〕 郭嵩焘：《伦敦与巴黎日记》，岳麓书社 1984 年版，第 298 页。
〔3〕 郭嵩焘：《伦敦与巴黎日记》，岳麓书社 1984 年版，第 300 页。

令当地人产生敌意，更难控制。他在日记中这样指责法国："法国人强取豪夺，已经激起这些和平民众的反抗。他们（法国人）在全副武装的敌人、甚至是中国人面前，倒是很谨慎；但是在手无寸铁的村民和食不果腹的妇女面前，则有着不容置疑的勇气。"一名法国人在北塘抢劫之后说道："至于英国人，他们是我们的榜样（就抢劫而言）。他们经过之后，你甚至连一片指甲也找不到。"咸丰皇帝逃往热河，而守卫圆明园的清军也纷纷溃散。10月6日，这个皇家夏宫落入英法联军手中。

1860年9月18日，英法联军的谈判使臣巴夏礼、额尔金的私人秘书亨利·洛奇、外交官哈利·S·帕克斯等人被僧格林沁亲王扣押起来。巴夏礼一头金发，蓝眼睛，是个不折不扣的中产阶级，此时在长着痤疮、又矮又胖的僧格林沁所代表的皇权面前，英勇无畏。在这个戏剧性的关头，纠缠了百年的磕头问题被再次提出来。尽管没有丝毫讨价还价的余地，巴夏礼仍然拒绝磕头。由于他激烈的反抗，他的脑袋被人按着，在大理石地面上磕了几次。这样，巴夏礼成为最后一个向中国人磕头的欧洲人，尽管是不情愿的。在巴夏礼的脑袋被清军士兵按在地上的同时，他不得不听着僧格林沁发表的偏执的长篇大论，这位亲王把他那无奈的怒火统统发泄在这个无力反抗的公使身上："你们赢了两次，而我们只赢了一次。你们两次进犯（大沽）炮台，你们怎么如此贪得无厌？我知道你的名字，是你们煽动手下胡作非为。现在到了教外国人学会尊重的时候了。"[1]无畏的巴夏礼想办法抬起了头，看着俘虏他的人，反驳说他是打着休战的白旗，并且在"朝廷官员明确承诺"安全通行的情况下才来会见僧格林沁的，而现在他们却如此粗暴地否认了这一切。僧格林沁大笑，并且朝一名随从点点头，那名随从随即把巴夏礼的头又重新按在地上。显然，僧格林沁相信硬的比软的管用。他大喊着说："写信回国，让他们停止进攻。"不管僧格林沁怎样威吓，还是被通县附近那支小小的联军弄得手足无措。巴夏礼没有给折磨他的人以任何安慰，也没有表示出任何悔意，他说："我没有任何办法控制军事行动。我绝不会欺骗亲王阁下。"突然，联军的炮火打进了宫中，打断了僧格林沁的咆哮，他匆匆朝大门跑去。巴夏礼、洛奇和锡克教徒都被装进一辆没有弹簧的行李车，它看起来一定像是一辆雅

---

〔1〕［美］特拉维斯·黑尼斯三世、弗兰克·萨奈罗：《鸦片战争：一个帝国的沉迷和另一个帝国的堕落》，周辉荣译，生活·读书·新知三联书店2005年版，第294页。

各宾双轮车，因为它的目的地是刑部，即行刑的地方。俘虏的手脚都用皮带捆绑着。他们遭受了极大痛苦，无法躲闪地在大车里面撞来撞去。[1]

哈利·S·帕克斯把他自己在北京被监禁的经历写成文章，做了详细描述："沉重的监狱大门被打开，我被带了进去，大门在我身后又轰隆隆地关上。这时，我发现自己是在一群大约七八十个外表粗野的囚犯之中，像在中国的监狱里通常所能见到的那样，这些囚犯因为疾病和不卫生的环境，多数都极富有攻击性。他们自然都带了焦虑的神情瞪视着我这个新来者……

狱卒们把我放在一块囚犯睡觉用的垫起来的铺板上，并用另外一根粗大的铁链把我牢牢拴在头顶的梁柱上。这根铁链既长又重，先从脖颈绕一圈，并固定在双脚上；双手被两条交叉的铁链和手铐紧紧捆住，双脚也是一样……

这里所关押的囚犯中，绝大部分都是犯有重罪的社会下层人物，包括杀人犯和夜间窃盗犯。监狱内的生活条件极端恶劣，犯人们面容憔悴，体弱多病，经常有被囚身亡者。但是，如果犯人能够送点钱银或物品给狱卒，则有可能得到稍有改善的生活条件。

在监狱里我听说，在监狱所需的费用里面，政府只提供两项开支，即狱卒的工酬和每天给各位囚犯的两碗小米粥。其他开支，包括监狱用水、照明用的灯油、柴薪、茶叶、食盐、蔬菜，以及供狱卒们改善伙食的费用等，都由某些囚犯自愿提供。这些囚犯自愿承担这笔开支以赎免他们监禁期的一部分。

刑部官员指示监狱首领，给我提供一些我能吃的食物。据说刑部官员还确定了我的伙食标准为每天1先令，所需费用由看管我的狱卒支付。我估计由于我的伙食标准较高而要多花狱卒的钱银，可能招致他对我的粗暴行为。但是相反，他是最先对我表示善意和体恤的一个人。每天我能吃到两顿米饭或面条，同时配有少量的肉或蔬菜。另外，还有一些糕饼、农家面包及少量的茶和烟。

从挂在墙上的名册中，我发现他们把我定为'叛乱者'。当局命令给七十三名叛乱者戴上最重的脚镣刑具，但我却属于这七十三名之外的五人之一。"[2]

就哈利·S·帕克斯个人来说，这一段监狱生活的记述不会使西方人感到

---

〔1〕［美］特拉维斯·黑尼斯三世、弗兰克·萨奈罗：《鸦片战争：一个帝国的沉迷和另一个帝国的堕落》，周辉荣译，生活·读书·新知三联书店2005年版，第295页。

〔2〕［美］D·布迪、C·莫里斯：《中华帝国的法律》，朱勇译，江苏人民出版社1995年版，第99-100页。

震惊。帕克斯虽然被关在监狱里，但是却享受着优厚的待遇，没有亲身体验到其他中国犯人那样的遭遇。最起码，他所看到的中国犯人的待遇没有降临在他的身上。帕克斯所述囚犯们被迫支付部分生活费用，这一点具有重要意义，与其他西方人所了解的清朝政府体制的特点相符合。清朝政府体制的一个主要缺陷在于它没有对于其官员以及所属吏役付给足够的薪水。因此，勒索是不可避免的，尤其是在监狱里。

被僧格林沁的骑兵在通县外面捕获的其他英国人、法国人和锡克教徒的遭遇甚至更糟，远不止巴夏礼所受的心理恐惧和磕头碰脑。囚犯的双手被皮带捆绑着，皮带因被浸湿而缩短，勒进犯人的手腕中。一些俘虏被送到圆明园，由皇帝进行秘密审讯，公开羞辱。僧格林沁希望皇帝能够通过这几个无能为力的犯人来增加勇气，除去中国人心中因联军轻而易举的胜利而形成的战无不胜的光环。囚犯们被迫跪在园子中，双手仍然被捆，而且整整三天水米未进。他们的双手肿胀、腐烂。疾病、脱水导致多人死亡，额尔金的宣传员，不幸的《泰晤士报》通讯员鲍尔比在 4 天之后死去，这使他自己也成为他前去报道的事件的一部分（鲍尔比是在通县购物时被捕的。和巴夏礼一样，他还以为休战的白旗可以保护自己，他的乐观导致了悲剧）。僧格林沁不仅野蛮，而且无视恶毒媒体的能量。消息传回伦敦后，英国媒体恨不能吃掉僧格林沁和大清皇帝。[1]

洛奇和巴夏礼被关在刑部单独的牢房。洛奇试图探知他的同胞的方位，于是唱起了"上帝拯救女王"的歌曲。洛奇后来撰写了一本书，其内容即是关于他被囚禁一周的经历，其中展示了他惊人的忍耐精神，他写道，食物糟糕但还不致饿死。他唯一担心的就是被捆在身上的绳子感染，还有他牢房里食槽边大量孳生的蛆。随着囚禁的日子一天天过去，巴夏礼的噩梦越来越糟。沉重的镣铐让他无法行动，他和其他 70 名普通中国犯人关在一起，满身污秽，几乎饿死。看来洛奇是唯一一个觉得食物够吃的人。[2]

囚犯镣铐的轻重意味着他们罪名的轻重。巴夏礼的罪名是"谋反"，所以镣铐最重，而与他同囚一室的小偷和杀人犯的镣铐要轻一些，因为他们的罪

---

〔1〕［美］D·布迪、C·莫里斯：《中华帝国的法律》，朱勇译，江苏人民出版社1995年版，第295页。

〔2〕［美］D·布迪、C·莫里斯：《中华帝国的法律》，朱勇译，江苏人民出版社1995年版，294-295页。

行比巴夏礼的罪行要轻。虽然境遇很糟，巴夏礼却很意外地受到这些普通犯人好心的对待和尊重。"他们没有效仿官员那样用滥刑和嘲讽对待我，他们对我极少有轻视态度，用头衔称呼我，而且只要他们能够做到，他们就尽量避免使我陷于麻烦。"[1]他在给额尔金的报告中写道。

巴夏礼忍受了一系列的审讯。第一次在半夜，审讯过程中夹杂着相对较轻的体罚，尽管审判官还威胁说要用重刑。有一次，他们宣布要砍他的头。他跪在刑讯者面前，仍然戴着镣铐。只要他的答复没有令施刑者满意，他们就抓住他的头发和耳朵在房间里拖来拖去。1860年9月22日，巴夏礼被从牢里带出来，离开了一同关押的友善的重犯，单独关在另一间牢房里。在下一次审讯中，提审他的官员并没有下令让他下跪。巴夏礼怀疑一些官员因害怕联军因为他们虐待欧洲囚犯而进行报复，因此停止了对俘虏的酷刑。官员不久就说明了改善巴夏礼待遇的原因。他们让巴夏礼给额尔金写信，寻求优惠条件。巴夏礼抓住这个微小的机会，同意写信，但要求必须把他和洛奇从牢里放出去。[2]

1860年10月5日和6日，联军从天津运来了能够轰开北京坚固城墙的重型大炮。此时，皇帝已经逃到热河，留下恭亲王负责筑壕作战。5日，钦差大臣恒祺通知俘虏巴夏礼和洛奇，留守官员决定拒绝联军的要求，在第二日清晨他们将被处死。逮捕巴夏礼的人把先前拿走的巴夏礼妻子的雕像还给他，并且给他们纸和笔写遗言。但此时，两名俘虏已经成为重要的政治抵押品，不可能被轻易地浪费在报复性的处决上，因为他们的存在有助于捕获他们的人在即将到来的联军的胜利后活下去。1860年10月7日清晨，两名囚犯听到炮声，还以为攻城已经开始，他们就要赴死。但是他们错了。英国人朝空中发炮，只是为了让法军知道他们的位置，就这样两名囚犯侥幸活了下来。[3]

1860年10月6日，英法一致同意从两个方向包围北京，在圆明园外面的城墙边会合。当天下午两支军队分开，法军先到达圆明园，得知两个星期之

---

〔1〕［美］特拉维斯·黑尼斯三世、弗兰克·萨奈罗：《鸦片战争：一个帝国的沉迷和另一个帝国的堕落》，周辉荣译，生活·读书·新知三联书店2005年版，第294页。

〔2〕［美］特拉维斯·黑尼斯三世、弗兰克·萨奈罗：《鸦片战争：一个帝国的沉迷和另一个帝国的堕落》，周辉荣译，生活·读书·新知三联书店2005年版，第296页。

〔3〕［美］特拉维斯·黑尼斯三世、弗兰克·萨奈罗：《鸦片战争：一个帝国的沉迷和另一个帝国的堕落》，周辉荣译，生活·读书·新知三联书店2005年版，第304页。

前皇帝已经逃往热河，随身带去了 13 名嫔妃，她们只是后宫的一小部分。法军原本预料皇帝的卫队会冒死保卫圆明园，但他们惊讶地发现卫队也逃跑了。不过，侵略者遭到了皇帝 500 名手无寸铁的太监的既可悲又可笑的"进攻"，他们是皇帝最后的保卫者。这些太监用尖细的假嗓子高叫着"不要亵渎圣物！不要踏进圣殿！"追逐着法军，不过法国人没有被这些两手空空的可怜人打动，他们开枪打死了大约 20 人。其余的人都逃跑了，他们高声叫骂着，诅咒法军将遭天谴。此时，圆明园的珍宝就完全摆在了最先看到的法国侵略军眼前，法国侵略军首先抢劫了圆明园的珍宝，随后赶到的英国侵略军也像恶狼扑食一样扑向了圆明园的珍宝。

1860 年 10 月 8 日，恭亲王下令立即释放囚犯，这让恒祺感到放心了，因为此前他通过自己安插在流亡热河的朝廷里的探报得知，皇帝下令处死两名囚犯，以报复他们掠夺圆明园的恶行。恭亲王下令的时候，皇帝的命令还在路上。此后，被关押的囚犯陆续获得释放，共有 19 名囚犯。其他 10 名囚犯在水米不沾、被迫在圆明园下跪、双手用浸水的绳子和皮带捆绑所引起撕心的痛楚和幻觉后死去。幸存者获释几天后，更令人震惊的一幕出现在英法营地：装殓被害者尸体的棺木送来了，里面就有因为在中国人控制范围内购物而遭到不测的《泰晤士报》记者托马斯·鲍尔比。获释的锡克教徒描述了他们遭受的酷刑。他们曾经接连几天被绳子和铁链捆绑着，被带到野外。被害者的下场都非常让人痛心，因为发炎和长蛆，皮带从四肢滑落到身体其他的部位。濒死的人都羡慕伯拉巴赞上校和杜鲁神甫的死法——他们两人在八里桥被斩首。1860 年 10 月 17 日，被害的锡克教徒和英国人都葬在了俄罗斯公墓，没有举行仪式。第二天，法国人为本国死亡的士兵举行了一个隆重的葬礼弥撒。

1860 年 10 月 18 日，英法联军放火焚烧了圆明园。英国的全权代表、英军统帅额尔金伯爵火烧皇帝的宫殿，是为了报复中国关押、羞辱、折磨甚至残杀 20 多名英国和印度俘虏，其中包括几名不列颠使节，他们在休战的旗帜下未得到保护，被关在圆明园中。整整 3 天，这些欧洲人被迫跪在圆明园宫殿外面的院子里，肚子里没有一滴水米。蘸湿的皮绳捆住他们的手脚，深嵌到皮肉里面。他们的伤口发炎了，因为被控住，他们无力赶走开始啃噬伤口的蛆虫。39 名欧洲囚犯中，有 20 名都在囚禁的第一个月内死去了，其中包括《泰晤士报》驻中国通讯员托马斯·鲍尔比，他是在中国境内购物的时候被捕的，他的死激起了英国国内新闻界的滔天怒火。其实，英法联军以圆明园关押折磨欧洲囚犯为由放火焚烧圆明园，仅仅是为了掩盖其侵略掠夺中国人民财富的借口，而清朝政府也实实在在给英法联军提供了这样的借口。

不分地方场所胡乱关押似乎是当时的习惯做法，1921年竟然发生了把侵入中国的白俄残部关押在莫高窟的荒唐事件[1]，结果对莫高窟文物造成了严重毁损。俄国十月革命胜利后，一批沙皇时代的旧军人不甘心失败，与苏维埃新政权展开了殊死较量。在红军的强力征剿下，白军节节败退，最后在国内无立足之地，只好越境进入中国。其中，较有战斗力的一股悍匪是由白俄将军阿连阔夫统率的4000多人的队伍，这股白军装备精良，很多人参加过第一次世界大战，富有战斗经验，他们进入中国，啸聚新疆，横行无忌，根本不把中国政府放在眼中。中国政府几经交涉，苏俄政府颁发特赦令，允许白军官兵缴械投降、回国谋生。阿连阔夫手下3500多人相继回国，但他本人带领500多死硬分子拒绝回国，继续以新疆为基地袭扰苏俄。当时的新疆都督杨增新认识到这股白军对地方的危害，派人与阿连阔夫交涉，以提供给养为诱饵，让其所率白军全部移师距迪化700里的古城子（今奇台）。然后，秘密调兵，进占距古城子70里的战略要地孚远（今吉木萨尔）。1921年1月6日，白俄陆军总司令谢米诺夫从蒙古给阿连阔夫发来一封电报，命令阿连阔夫率部前往蒙古库伦（今乌兰巴托）集结待命。阿连阔夫请求协助运输，正中杨增新下怀，他慨然允诺派大量马车送白军经内地甘肃转道前往蒙古。1921年6月11日，新疆方面派出的118名骑兵押送阿连阔夫近部500名抵达敦煌。但是，为免除对敦煌治安的威胁，当地政府竟作出了一个十分愚蠢的决定，将所有白军全部安置在距县城50里的莫高窟中。就这样，莫高窟成了白军残部的收容所。这些白军官兵在莫高窟驻扎下来，一住就是5个月，莫高窟遭到了灭顶之灾，惨遭践踏和破坏。离乡背井、连年征战的白军心理极度扭曲，他们将洞窟和门窗、匾对尽行拆卸，刀砍斧劈，当成烧火的木柴，毫不顾惜地在洞窟内架锅、生火、做饭。莫高窟内的很多壁画被烟熏火燎得面目全非，无法辨认。更令人愤怒的是，这些白军潦倒绝望、几近疯狂的心情全发泄到壁画与塑像上，对大量泥塑断手凿目，挖心掏腹，对壁画则胡乱涂抹，乱刻

---

[1] 参见陆安：《莫高窟曾做白俄残部收容所》，载《档案春秋》2010年第2期。

乱描，在莫高窟的绝世珍宝上留下了难以抹去的耻辱印痕。1921 年 11 月，甘肃省长公署决定，自筹资金，将盘踞在敦煌莫高窟的白俄分批遣送出境；截至 1922 年 3 月，最后一批白军离开了敦煌。白军头目阿连阔夫被送至兰州阿干镇羊寨村居住，但他贼心不死，暗中联络旧部，随时准备卷土重来。老对手杨增新又有了新办法，他派专车迎接阿连阔夫前往迪化"叙旧"。到了迪化，就将阿连阔夫送往县衙门软禁起来，每天给阿连阔夫的茶里掺些大烟。两三个月工夫，阿连阔夫就离不开大烟了，精神和身体也彻底垮掉。1927 年，阿连阔夫被引渡回苏联，苏联军事法庭判处其死刑，执行枪决。

在 1859 年 9 月 12 日，《伦敦时报》就发表了强硬观点：既然中国人没有签署《天津条约》，"做出这种毫无信用、野蛮无礼、背信弃义之事，那么英国和法国，或者必要时抛开法国，（必须）教训一下这群背信弃义之人，让他们知道，从此以后，在他们的土地上，欧洲虽不能成为爱的代名词，却是恐惧的代名词。" 1859 年 9 月 14 日，《每日电讯》的社论同样充满血腥，扬言"我们的战士被杀，大仇未报，万不能犹豫不决。"[1]英法联军攻占清朝圆明园后，额尔金谋划了一个不流血的报复，"以期通过一个具有象征性的具体的行动恢复英国的荣誉。在伯爵温和的良心判断中，这是一个预防性的措施，也是为了警告中国人不要再伤害不久就要驻扎京城的欧洲部队，包括额尔金的弟弟、新任驻华大使。"[2]

在额尔金思索预防性的报复措施的时候，法国驻华大臣葛罗对金钱上的赔偿比无利可图的报复更感兴趣。他让额尔金同意让中国增加 50 万两白银的赔偿——30 万给英国，20 万给法国。俄罗斯全权大臣伊格那提耶夫赞成公开的、象征性的羞辱，建议把死去的囚犯曾经受难的地方——刑部，像捣毁巴士底狱那样地摧毁，并且在那里建起一座纪念碑，在纪念碑的基座上，一个用青铜和文本以中文、英文、法文、蒙古文和满文来记录的中国的失败将会宣示一个国家失去的尊严，而无需摧毁价值连城的古董和标志性建筑。

除了英国驻华军队司令贺布·格兰特之外，额尔金伯爵没有征求任何人的意见，就决定采取一个最具有象征性的行动，让中国人丢脸但不丢命，那

---

〔1〕［美］特拉维斯·黑尼斯三世、弗兰克·萨奈罗：《鸦片战争：一个帝国的沉迷和另一个帝国的堕落》，周辉荣译，生活·读书·新知三联书店 2005 年版，第 265 页。

〔2〕［美］特拉维斯·黑尼斯三世、弗兰克·萨奈罗：《鸦片战争：一个帝国的沉迷和另一个帝国的堕落》，周辉荣译，生活·读书·新知三联书店 2005 年版，第 317 页。

就是放火烧圆明园——那座囚犯们曾经被关押的宫殿。葛罗男爵在日记中提到，此时的额尔金已经变得不可思议的易怒，这是抑郁症的一个典型症状。在额尔金沮丧到要大肆破坏的时候，葛罗表现得更像一位鉴赏家和文物保护主义者，他更感兴趣的是挽救圆明园。这不是为了保护历史，而是为了留下一个展开更大规模掠夺的机会。对于额尔金隔代遗传的冲动，他表示了极度震惊。葛罗认为这个计划"是对毁灭这一乐趣本身的毁灭"。在给孟斗班的信中，葛罗把法国的容忍与英国的野蛮做了一番比较："要知道，在欧洲人和中国人眼中，我们将扮演一个慷慨的牧师的角色。"葛罗的诚意是虚假的，他建议联军不要烧掉郊区的圆明园，而应该烧毁城里的皇宫，这是一个更大的历史、文化损失。[1]

额尔金伯爵的秘书亨利·洛奇后来因其在狱中遭受的痛苦和折磨而成为德莱拉奇家族的第一位洛奇男爵，在其畅销的回忆录中曾对监狱的情况做过让人心颤的描述。他描述过一名一同被捕的狱友安德森，在手腕脚踝套上皮绳的时候默不作声，一动不动，但是在他精神错乱之后，请求狱友咬掉绳子。但当这些人试图这样做的时候，狱卒殴打他们，把他们从安德森的身边踢走。9 天之后，这位上尉在狱中死去。

一名锡克骑兵布格尔·辛格在战后的证词中所讲述的更加耸人听闻。他证实，安德森的双手肿了三倍，由于腐烂而变得乌黑。辛格还说《泰晤士报》的鲍尔比"死于手腕中的蛆虫"——中国人让这位通讯记者的尸体在拥挤的牢房中搁置了 3 天，直到腐烂，然后用一个木架子抬走，扔到城墙外面，被野狗野猪吃掉。

一位法国犯人在蛆虫进入他的耳朵、鼻子、嘴里之后，成了疯子。一名锡克人的双手在紧缩的皮绳捆缚一下破裂。4 天后，他死去的时候，双手已经全部被蛆虫吃掉了。辛格说，一只蛆一天便可以繁殖到 1000 只。在一名印度穆斯林死去之前，狱卒逼迫他吃猪肉。在最后狱卒提供饭菜的时候，安德森曾劝信仰印度教的囚犯吃牛肉。

由于英法联军宣称 1860 年 9 月 18 日被清军违背国际法而拘捕的 39 名英、法战俘中已经有 20 名被折磨致死，而且这些战俘的集散地是在圆明园，因此

---

〔1〕〔美〕特拉维斯·黑尼斯三世、弗兰克·萨奈罗：《鸦片战争：一个帝国的沉迷和另一个帝国的堕落》，周辉荣译，生活·读书·新知三联书店 2005 年版，第 318 页。

联军决定要洗劫和焚烧咸丰皇帝的夏宫，以此作为报复。英军司令克灵顿爵士以抚恤已死战俘的家属，以及补偿生还战俘所受的折磨为借口而向清政府强行索取 30 万两白银的战争赔款，法军将领也以同样的理由向清政府索要 20 万两的赔款。10 月 15 日，克灵顿爵士发布通告，敦促清政府为战俘们支付赔款并签订和平条约，否则就要洗劫北京城。10 月 17 日，最后一批战俘尸体被清军送抵英军司令部，英法联军当天就为死亡的战俘举行了隆重的葬礼。10 月 18 日，英法联军实施了火烧圆明园的计划，遮天蔽日的黑色浓烟长久地笼罩在整个北京城的上空。清政府迅即对此做出了反应，于 20 日支付了赔款，并于 24 日由英国公使额尔金伯爵和恭亲王二人共同签署了和约。10 月 24 日清晨，额尔金伯爵在英国皇家骑兵的簇拥护卫下，趾高气扬地进京签署英中和约的情景也被安定门城楼上的沃格曼用画笔记录下来。

英法联军中的一位随军记者即《伦敦新闻画报》的特派战地画家兼记者查尔斯·沃格曼，在向英国发回的系列报道中有三张关于北京安定门的速写及相关文字说明，其中第一张是从城外看安定门及其瓮城的全景。这位英国人显然是被北京古城门的神奇魅力惊愕和震撼了！他在文章中写道：

　　用"门"这个词来描述上面这个结构复杂的建筑显然是远远不够的。当你走近高达四十英尺的厚实城墙（以后你将会发现城楼顶部竟厚达四十五英尺），并穿过护城河（过去可能有水，但现在已经干涸）上的一座石桥时，你就会到达一个堪称"半圆形棱堡"的瓮城前，因为它有一个棱角分明的正方形城楼，里面分为好几层楼，外面的墙上密密麻麻地排列着四排枪眼，每一排都分别有十二个枪眼。再往上就是一个具有宝塔上所特有的那种大屋檐的楼顶，我们对于屋顶上那些像柳枝般排列整齐的琉璃瓦已经十分熟悉。从左边沿着半圆形的外城墙走，你就会来到一个顶部呈圆拱形的城门，这就是安定门外城楼的第一道城门。穿过这道门，来到瓮城内部之后，你就会看到城墙上的另一个圆拱门，正对着前面所提到的外城楼，这就是安定门内城楼的第二道城门。这道门上面的城楼跟刚才描述过的外城楼形状十分相似，但它的作用更多是装饰性的，而非实用性的。因为城楼的墙上没有枪眼，而且在从楼顶离地面约一半高度的地方有一排阳台。我沿着一个年久失修，摇摇欲坠的木制楼梯登上那个阳台之后，首次（也是最后一次）看到了北京的全貌，因为外国人是被严禁进入这最后一道城门的。[1]

在英法联军的队伍中还有一位意大利摄影师费利斯·贝阿托。与马可·波罗一样，贝阿托也是威尼斯人，出生于 19 世纪 20 年代。与沃格曼的速写相比，贝阿托的老照片显然要更加真实和准确得多。可以看到，瓮城的城墙并不完全是正方形的，虽有棱角，但却是呈圆弧形；箭楼与城楼的外形样式也有明显的差别。英军占领安定门城楼之后，贝阿托与沃格曼一样也登上了城楼，但他记录的却是另外一番情景：从城楼向西面瞭望，可以清晰地看到厚实的城墙笔直地向前伸展，近处有五根高大的旗杆，旗杆下有几个零星的帐篷，那是驻扎在城墙上，试图建立临时炮台的英国皇家工兵。城墙中有几个呈正方形向外突出的墩台，远处依稀可见的两个城楼就是德胜门的瓮城。而从城楼向东瞭望，则可以看到城楼上的清军大炮，但此时炮口已经调转了方向，直指北京城内。两门大炮之间，还坐着一位沮丧的清兵。不远处便是雍和宫巍峨建筑群的轮廓。从远处看，城墙顶上确实十分宽阔，颇有点儿像大马路的感觉；只可惜在清政府的腐朽统治下，这么坚固的城墙仍不能抵挡住英法联军的野蛮侵略。

英国国内对额尔金的努力却众说纷纭，但是多数是持支持态度，尤其是英国公众。伯爵的私人秘书劳伦斯·奥利芬特注意到付出与收益的比率，这反映在他 1860 年《额尔金伯爵在中国和日本的使命论释》中，表达了一个好战分子对于战争结果的态度："不列颠军队只损失区区 20 人，就彻底结束了中华帝国的敌视态度……条约已经签订，内容十分宽泛，比起 15 年前经过一场长达两年的血腥、昂贵的战争才取得的那份条约来，这份条约更加彻底地颠覆了帝国的偏见。"英国只有 20 名士兵死伤，战争只是对中国人来说是"血腥的"。《伦敦时报》向来对额尔金伯爵持严厉的批评态度，这次也赞赏他"勇猛、缓毅"。有位记者并不赞赏这普遍的和谐气氛。卡尔·马克思当时是《纽约先驱报》驻欧洲通讯员，他给笔友弗里德里希·恩格斯写了一封信，信中表达了他对资本主义及其欺骗性的一贯质疑："日前的《中英条约》是巴麦尊和彼得堡内阁共同策划的，他们只是让额尔金伯爵在旅行途中捎上而已，

---

[1] 沈弘编著：《晚清映像：西方人眼中的近代中国》，中国社会科学出版社 2005 年版，第104-105 页。

条约从头到尾就是个讽刺。"[1]

由于广州十三行被毁，原先在广州的公行商人逐渐北上到上海继续经营。鸦片战争结束，南京条约签订以后，中国的门户被迫开放，结束了广州"一口通商"的局面，开辟了广州、厦门、福州、宁波、上海五个通商口岸。随着清朝的门户开放，西方人开始逐渐进入中国内地，开阔了认知清朝的视野，因而西方人接触并描写的清朝法律的情况也扩展到了上海、南京、天津、北京等地。法国人老尼克在他的著作《开放的中华：一个番鬼在大清国》中，以生动的语言描述了法国人在上海、南京等地看到的清朝地方政府审理案件的实际情况。老尼克讲，他在中国遇到一个答案，罪犯以军事天才而闻名，因此必须等候"逮捕令"，押解北京，交刑部审问。在中国，"每年秋末，刑部官员与另外八个司的官员聚集一堂，共同审核各省呈送的判决。由此形成最高法庭，成为'九卿'，判决加盖皇帝的'钦此'印章，再不可变更。"他还描述了一个案件的审判，认为这是他亲眼所见的最为简易的审判：

"（府院）唐大人前来审问福建汀州府上杭的僧侣（释郎）。上午8点，放炮之后，听审大厅开门，大人们就座，然后是其他所有要求在场的工作人员。按察使的衙役前去提犯人。犯人被带来，证实有罪，然后再次带走。府院拿出'王命'牌，派遣几个衙役押送犯人到城门外集市广场，就地斩首。很快他们就回来了，交回'王命'牌，禀报犯人处决已经执行。

再没有比这更快捷更简略的审判了，'王命'牌（国王的命令）代表皇帝对死刑的批准，这一发明值得好好研究。每位行政长官都持有这种权力象征，足以宣布判决生效。长官郑重地在犯人面前出示命牌，朝向皇宫方向摆放，犯人必须对这个神圣的象征物顶礼膜拜。就这样，犯人带着祈求的态度，感恩戴德地服从判决，接受了致命的判决。

次一级的惩处则没有这么多的形式。事实上，再没有比这个国家的轻罪法庭更易动手的了。一旦被控有罪，即使是一次小小的违法行为，也不要指望得到任何通常的司法保障。被告被扭送长官面前，没有辩护，不需要陪审团。只需要听几个证人的证词，长官就宣布裁决结果。极少有令人满意的判

---

〔1〕 ［美］特拉维斯·黑尼斯三世、弗兰克·萨奈罗：《鸦片战争：一个帝国的沉迷和另一个帝国的堕落》，周辉荣译，生活·读书·新知三联书店2005年版，第250页。

决。如果没有证人，就严刑拷打。一旦判决，当场执行。法官在案板上将一根象征性的竹棒折成几段，表示用竹棍鞭打犯人的次数。或者将犯人拖进一间恐怖的监牢中，牢房里肮脏不堪，万恶聚集，管理专制恶劣，名曰'地狱'，意思是'地下的牢狱'"。

老尼克还谈到了当时司法审判中刑讯逼供的方法，读到这些名称也会令人感到浑身不自在。他说："为了让审判有所收获，地方官让手指涂灰的酷吏拧捏犯人耳朵，让他长时间跪在链条上。随后，动用的各类刑具称为'美杆''鹦鹉飞''烙铁'，以及二十余种名称各异的刑具。如果没有达到预期目的，严刑逼供致死，有的在昏死醒来之后再次受刑，一日中逼供多次，犯人最终支持不住，写下详细但虚假的供词，或画押，招供之后，他将接受刑部的裁定。""警署（衙门）的下级在长官的纵容之下，不断发明新酷刑。为此，他们滥用酷刑，捕风捉影，夸大其词，大肆抓人，以致无辜者为离开监狱也必须交纳赎金。"老尼克认为，当时的清朝人对审判结果"其实早有定见，对于刑事法庭前的任何可能的庭审结果，人家心知肚明，他们用屠宰场的话来称呼被逮捕的人：砧板上的肉。"[1]

老尼克在清朝生活的时间较长，有机会到更多的地方，有时间结合实践更加全面地了解清朝法律。在这个基础上他对小斯当东翻译的《大清律例》提出了批评，指出了清朝地方司法与朝廷颁布的大清律之间存在的极大差异。这部法典已经被介绍到了西方，但它有许多不尽完美之处，缺乏明确规定，这些缺陷造成定义模糊，使得各地官员司法实践中能够滥用职权作出随意的自主裁定。他说"对不少作家来说，这部法典是个尽显溢美之词的机会。然而，法典存在许多不尽完善的地方。我想说的是，普通条文对大量案情缺乏明确规定，使法官得以自主裁定，先斩后奏。即使没有任何明示条文也可以定罪，还可责杖至少四十，如果情节严重可责杖八十。有了这些定义模糊的条文，各省长官随时可以违背法令，或者肆意夸大，而不禀报皇帝。这时，为了滥用职权，省长伙同副官、法官、税务官等人，官官相护。"[2]显然，老尼克套用西方国家三权分立的国家机关用语，来解释说明尚处于"行政与司

---

〔1〕［法］老尼克：《开放的中华：一个番鬼在大清国》，钱林森、蔡宏宁译，山东画报出版社2004年版，第155页。

〔2〕［法］老尼克：《开放的中华：一个番鬼在大清国》，钱林森、蔡宏宁译，山东画报出版社2004年版，第158页。

法不分、民与刑不分、原告与被告不分、诸法合体"的清朝司法实践，难免出现用词表述与用意表达之间"词不达意"的现象，但是仍旧可以看出对清朝司法实践刑讯逼供的无奈与不满。

1874 年 3 月 14 日，俄国军官皮亚赛特斯基博士前往莫斯科与探险队队长索斯诺夫斯基和摄影师波亚尔斯基会合，一起踏上了深入清朝腹地的漫长探险历程。除了进行科学考察之外，他们还肩负着沙皇的秘密使命——收集大清帝国的情报。皮亚赛特斯基是一位技巧娴熟的画家和文笔细腻的散文家，在长达近两年的中国旅程中他一直坚持写日记和画速写。因此，他的游记《穿越蒙古与中国的旅行》问世后，立即在欧洲引起了轰动，并被翻译成多种欧洲文字。《穿越蒙古与中国的旅行》讲述的内容就是这支探险队对陕南的印象，其中提到了清朝的"枭首"。"从略阳县再往西、俄国人沿着山间的道路离开了陕西，进入了甘肃境内，这一带是土匪出没的地区，在前往秦州的路上，他们经常在路上看到这样的情景：道路上方的大树上挂着一个个木笼，放置在木笼里的则是砍下来的强盗的头颅。"[1]皮亚赛特斯基博士一行到达汉中府时，观赏了汉中府寺庙，并且画下了看到的景象"汉中府寺庙中在地狱里受苦的罪人"。"在中国，处决罪犯的方法一般分为三种：窒息而死、砍头和四马分尸。可是，跟罪人们在地狱里所受的惩罚来说，那就是小巫见大巫了。

3. 八国联军侵华战争期间的暴行

第二次鸦片战争以后，清朝政府的中枢——北京实际上对西方已经打开了门户，来到北京的外国人越来越多，除了西方列强的外交官之外，还有商人、传教士和旅行家。北京的城墙和城门的图片也开始越来越频繁地出现在西方人的游记之中，成为中国门户开放的一个标志。然而，1900 年义和团运动和八国联军侵略使北京的古城墙和城门再一次遭受了前所未有的劫难，有一些城楼在战火中被完全或部分摧毁。除去两军对垒的军事行动之外，八国联军所到之处，对当地人民犯下了滔天罪行。法军的文职人员贝野罗蒂，在北京出席了瓦德西的晚宴，以及法国将军宴请联军将校的盛宴，法国将军的盛宴是在清朝政府的皇宫举行的，应邀出席的不仅有瓦德西和欧洲各国的军

---

〔1〕 沈弘编著：《晚清映像：西方人眼中的近代中国》，中国社会科学出版社 2005 年版，第64页。

官，还有直隶总督兼北洋大臣李鸿章、北京司法大臣、慈禧的特别代表和中国的王子们。贝野罗蒂记录下了法国将军的欢迎词和清朝政府代表的答词，法国将军在喝香槟酒之际，站起身来对清朝太子们说道："诸位的光临，可以证明我们不是为对中国打仗而来，是出于可恶的理由的……"〔1〕。不论是为打仗还是为可恶的理由，联军不仅动机或目的邪恶，把战火烧到晚清政府的京师并劫掠当地人民，更是犯下了滔天罪行。

（1）联军在天津的暴行

1900 年 7 月 14 日早晨，天津城南门失守之后，日本、英国、美国联军从背后打过来，使两面受敌的清朝守军和义和团被迫在同日下午撤出阵地，天津城沦陷。太阳升起的时候，大批联军进入天津城。城中大乱，居民为避难而奔逃呼号，忽听有人说"北门已开，可由北门出去"，人们就都向北门拥去，顷刻间拥挤得水泄不通。联军带领教民登上城中央的一座鼓楼，鼓楼下的四门与各城门遥对，见北门挤得不能出去，就连放排枪，每放一排枪必打死数十人。又连放开花炮，炮弹从人丛中飞出城外，被炸死的人更多。死的人越多，争逃的人也越多；有中弹死的，有失足被踩死的，有因抢路被刀乱砍而死的，有因被砍扑地而被踏死的。前者扑倒，后者继而又扑倒，又践又死，层层堆积，越堆越高。最可怜的要算大家闺秀，身体软弱，步履艰难，或由女仆扶掖，或循墙自步；忽然，扶掖的女仆被枪弹打死，循墙自步的闺秀力疲扑地，同归于尽。有一妇女携带一子逃难，刚刚挤上前行，一枪打来，儿子被击中倒地。那个妇女便嚎哭道："我之所以逃难就是为了这一块肉啊！现在他死了，只好回去。"又有一妇女抱一婴儿，妇女中弹倒地，怀中婴儿还在呱呱啼哭，被逃难的人践踏而死。被枪打死，被炮炸死，被践踏而死，惨极了。从城内鼓楼到北门外水阁，积尸数里，高数尺，联军入城之后，清扫街道三天，也没有清扫干净。〔2〕

联军入城以后，公开准许抢劫一天，其实三天以后仍在继续烧杀掳掠，对天津人民犯下了滔天罪行。据文献记载："河东地方，一望无际，化为平

---

〔1〕 〔法〕罗蒂：《在帝都——八国联军罪行记实》，李金发译，人民日报出版社 1990 年版，第4 页。

〔2〕 参见郑彭年：《京津喋血——义和团运动与八国联军侵华》，中国社会科学出版社 2000 年版，第 182 页。

地；转至新马路一带，亦与河东相同。自马家口至法租界周围里许，从前皆华屋高楼，法租界中店铺尤为林立，今则一无存者。又从法租界至津城，先时均有铺户居民，是日（7月18日）但见碎砖破瓦，狼藉满地。至闸口二里有余，亦求一屋而不可得，满目惨状，言之痛心。从锅店街末、估衣街起，直至针市街口，亦被烧尽。估衣街一条，内中均系富商，各店铺资本殷实，如物华楼、播威洋行、瑞林祥绸缎号，资本约二一百万两。又隆顺、隆聚两绸缎洋布号，津地素推巨擘，资本约五百万两。又恒利金店、鸿兴楼、庆祥元等，均系著名大店，资本不下数百万金，均被焚毁。以锦绣繁华之地，变为瓦砾纵横之场，实在目不忍睹。"

"7月20日，天津城内情形，伤心惨目，殊非笔墨所能尽述。街巷间尸骸横陈，多以千计，更为烈日所晒，致均腐烂不堪。城内尚在焚烧，夜间火光熊熊，照耀旷野，倍觉凄惨。""天津所有官署，除督署、海关道署、津道署、府署、分府署均未甚毁坏，其余各署皆于被焚后拆为平地。""津城失守之日，津地下等洋人，皆牵车往返六七次，前之不名一钱者，今则数十万金。四五十家之当铺，数十百家之公铺，一二十户之盐商，财产衣物一时都尽。其书籍字画之类，除日本人运去少许外，大抵聚而焚之。""每日洋兵串行街巷，携带洋枪，三五成群，向各家索取鸡鸭、西瓜、鸡蛋等物，稍不如意，即开枪轰击。他们搜首饰、洋钱、时辰表等，翻箱倒箧，不胜其扰。""夜深之时，有一运输队属于英军。其中有日本苦力，穿花蓝布衣，拖小车而来，在数分钟内兜售数百尺绸缎，这些都是抢来的。""城门刚一开，联军就出现在城里的各个角落。于是中国人的一点有价值的、便于携带的财物，就换了主人。美、俄、英、日、法军到处奔跑，闯入每一户人家。要是门关着，马上一脚踢开，然后用枪尖逼住屋主，任意拿取他们所喜爱的东西。"联军不仅抢劫私人财物，还把公家钱库洗劫一空。如长芦盐务署，日军先在这里抢走二百多万两银子，继之美军也来抢劫，抢去的银子堆起来可成一座银山。俄国占领造币厂，把贮藏在库里的几百吨银子全部劫走，无怪有个英国人说："今日之天津，如一块肥肉，肉均刮尽，只余干枯之骨矣！"[1]

---

〔1〕 郑彭年：《京津喋血——义和团运动与八国联军侵华》，中国社会科学出版社 2000 年版，第183-184 页。

(2) 联军在通州、京城的暴行

日军进入通州城内所做的第一件事就是抢劫，从仓库抢得谷物 5 万石和装运谷物的船只，以及 13 万两银子。后到的法国、英国、俄国、美国联军眼红至极，只好到老百姓家去抢。关于联军洗劫焚烧通州，文献记载道："城既陷，洋人先纵火焚烧，由鼓楼起，前后左右四条大街，并为灰烬。土匪乘间抢劫，满载而归。安善良民，死伤大半。……洋人四出挨门搜掳财物，淫污妇女，奸虏幼童，稍有抗拒即用刀砍枪击，立时残命。捉拿男子驱使，百般毒打，稍不遂意，亦用枪击。由是知耻之家，莫不倾出，有闭门自焚者，有自刎自缢者，有投河投井者，有男子远逃、妇女尽殉者。城内闸桥之河，死尸填满，阻塞河水不流。凡热闹之街者，皆被焚毁。"全城 10 万人口，"死者六成，逃者三成，其有一成未动者，皆老弱残废之人。"[1]

清朝皇室西逃之际，正是八国联军烧杀、掳掠、奸淫之时，京城遭到空前浩劫。时人写道："京内尸积遍地，腐肉白骨路横；黎民涂炭苦难明，总有天数命定。"联军进入北京城后，日夜包围各坛口，疯狂屠杀义和团，烧毁了庄王府，烧死团民不少，还在大街小巷到处捕杀和平居民。有一队法国步兵，路遇混杂有团民的一群中国人正在匆匆逃命，就用机关枪把他们逼到一死胡同，开机关枪射击，持续约 15 分钟，不留一人，全部打死。看到被杀戮之义和团员"安然就死，无动于怀"的凛然气概莫不震惊，他不得不承认"实则无论欧美、日本各国，皆无此脑力与兵力可以统治此天下生灵四分之一也"，从"此次'拳民运动'中见之，彼等之败，只是由于武装不良之故"，而中国民众"在实际上尚含有无限生气"。[2]

英国人朴笛南姆·威尔，在北京沦陷后第一天，骑马到各处观察。他写道："见美兵一大队，挤在中国侍卫房门之旁边，如蝇之逐物。我不禁起好奇心，下马而入。见一中国老者匍匐于地，观其形状，知为一太监，恐惧已极，且语且做手势，请不要像屋里的人那样加以杀害。我见屋里，死尸堆积，均系今晨所杀。""我们直入小巷弯曲处，尚未探得其敌，马忽受惊而逸，见地上遍卧尸体，极其难看，且其死法有十一二种之不同，令人作呕，其惨状不

---

〔1〕 郑彭年：《京津喋血——义和团运动与八国联军侵华》，中国社会科学出版社 2000 年版，第 199-200 页。

〔2〕 [德] 瓦德西：《瓦德西拳乱笔记》，王光祈译，上海书店出版社 2000 年版，第 2-3 页。

堪入目。我们骑受惊之马，欲驰而过以避目睹其状，但竟不能。下马慌乱急行，忽至军队报复之地。原来他们入宫发财未成，就在这里发泄其怒气。愈走愈见毁坏，地上死尸也愈多愈惨，除此之外，不见一物，但为一荒凉残破之区而已。其后至一地方，尸首堆积如山，马又惊逸狂窜，我们力勒其缰，不能控制，想尽方法，欲令就范而不可得，只有听之任之。"

《庚子记事》记载："洋人入京前三日，东华、西华门均张贴告示，令内城居民三日内迁徙出城。无如居民不尽知，至临期驱逐出门，空身而逃。皇城之内杀戮更惨，逢人即发枪毙之，常有数十人一户者，拉出以连环枪杀之。以致横尸满地，弃物塞途，人皆踏尸而行。"《缘督庐日记抄》记载："西华门内养蜂夹道，城破之日，洋兵杀人无算。绮华馆机匠苏州枪毙十一人，杭粤各有遭劫者，但闻枪炮轰击声，妇稚呼救声。街上尸骸枕藉，洋兵驱华人抬而埋葬。挖土既毕，即将抬尸之人尽行击毙，亦埋坑中。旗人多举火自焚，或合室雉经。大约禁城之内，百家之中，所全不过十室。"

八国联军不仅杀人，还纵火焚烧，不论官衙、民宅、寺庙，以致"火焚数千万户，昼夜烈火腾腾"。8月16日皇城内贴出布告："自今至18日，你们趁早逃走，如逾期不走，即焚而杀之，你们不要说预先没有通知。"百姓大惊，惜命的空手逃走；有的自焚其产而合家自杀；来不及逃的被焚杀枪毙，极其凄惨。从地安门内以西至西安门以北，房屋焚毁无存。从地安门以东至东安门以北，房屋虽未全毁，只剩十分之三。郊区各陵宫殿大部分被烧掉，墓陵坟寝，尽被刨掘。联军不但烧房屋，最可恨的是还将清政府的档案文稿及翰林院内的珍贵图书，集中在长安门内付诸一炬，这些东西的数量和价值是无法估算的，也是无法弥补的。

八国联军攻打北京城，其动力就是想发财，他们知道京城特别是皇宫里有大量金银珍宝。为了满足士兵的抢劫欲，联军当局曾下令允许公开抢劫三天。联军统帅瓦德西于10月22日给德皇的报告中供认不讳："联军占领北京之后，曾特许军队公开抢劫三日（从8月16日至18日）。其后更继以私人抢劫，北京居民所受之物质损失甚大，但其详细数目，亦复不易调查。现在各国互以抢劫之事相推诿，但当时各国无不曾经实行彻底共同抢劫之事实，却始终存在。"实际上，联军抢劫至少持续了八天之久。其后，联军虽然不公开抢劫，但以搜查义和团为名进行各种半公半私的抢劫，即使在各国分区占领以后这种抢劫仍在进行，直到联军撤出北京为止。

关于联军抢劫，仲芳氏在《庚子记事》中说："各国洋兵自七月二十一日（8月15日）扎队后，纷纷扰掠，俱以捕拿义和团、搜查军械名为，三五成群，身挎洋枪，手持利刃，在各街巷挨户踹门而入。卧房密室，无处不至；翻箱倒柜，无处不搜。凡银钱钟表，细软值钱之物，劫掠一空；谓之扰城。稍有拦阻，即被戕害。当洋人进院之时，人皆藏避，惟有任其所为，饱载而去。"[1]八国联军不仅烧杀掳掠，而且对中国妇女犯下了滔天罪行。联军奸污妇女之事到处发生，就连担任联军统帅的德国陆军元帅瓦德西也不得不表示遗憾。他说："至于妇女，每见敌人将近，往往先闭死其子女，随即自裁其生命。此种事实已屡次发生，实在可叹！""倘若我们国内之人，很简单地相信，以为此间将替基督教文化及其习俗作一大宣传，而事实上，无非只能赢得一种巨大失望而已。"[2]法军的文职人员贝野罗蒂，在《北京的末日》中"直率地"描写了他所见到的惨景。联军"如往古的野蛮人一样，贪婪的抢劫""发狂的毁坏""兴奋的杀戮"，在他们狂野的喊声中撒下的是黑暗、静寂、裸体的死尸、惨不忍睹的血淋淋的残肢、头颅、发束、腐肉。[3]把当时的北京之行描写为"死尸铺成的路"毫不诿张。

不仅各国军队进行抢劫，而且公使也有见机抢劫的，还有传教士和教徒乘机抢劫的。在肃王府避难的数千教徒，在美国传教士、同文馆总教习丁韪良带领下，外出抢劫粮食。丁韪良回忆道："在那里（沙滩附近）我们找到了储存着的大量小麦、小米以及其他杂粮。我们用大车装载，搬走了不下200斛粮食。我对店主大声吆喝，告诉他：'只要开出发票，我们就按照他的财产全部价值付钱。'但是我的话的回声，是我所得到的唯一回答。"丁韪良还算诚实地说："对于传教士抢劫行为的控诉多得很啊！我虽然只得到一块毛毯子，但是我愿意分担对传教士的这种责难，而且我自己承认与他们犯了同样的罪过。"关于传教士参加抢劫，1900年12月14日法国《北方醒报》报道："一个回国的士兵说：'我们从北堂开向皇宫，传教士跟着我们。他们怂恿我们

---

〔1〕 中国社会科学院近代史研究所《近代史资料》编译室主编：《近代史资料专利：庚子记事》，知识产权出版社2013年版，第28页。

〔2〕 郑彭年：《京津喋血——义和团运动与八国联军侵华》，中国社会科学出版社2000年版，第238页。

〔3〕 [法]罗蒂：《在帝都——八国联军罪行记实》，李金发译，人民日报出版社1990年版，第2页。

屠杀、抢劫。……我们行劫都是替传教士们干的。我们奉命在城中为所欲为三天，爱杀就杀，爱拿就拿，实际抢了八天。传教士们做我们的向导.'"[1]

（3）联军肆意制造并干预刑狱

八国联军占领北京后，瓦德西打算南侵保定，一则彰显自己作为联军统帅的威风，二则满足迟到德军的掠夺欲，三则向逃亡的清朝皇室施加军事压力为今后的议和索赔创造更有利的条件。该计划得到英法意三国的支持，法国是为了保护在保定、正定一带的法国天主教基地及法国投资的芦汉铁路；意大利则是为了表示对盟友德国的支持，并增加分赃的砝码；而英国则是出于两个目的，一则营救仍在保定、正定一带的英国传教士，二则对今年7月间曾屠杀过传教士的保定进行报复。10月12日，由德法英意四国组成的南侵远征军，分两路同时向保定进犯。而保定的直隶布政司廷雍，按照李鸿章等的训令"以礼接待"先后犯境的两路侵略军。就这样，10月13日从天津出发的南侵大军中的法国先遣队便占据了保定城；10月19日从北京来的另一路南侵大军，在英国人盖斯里率领下开抵保定，发现保定早已被法军占领，便气急败坏地占领了督署，把住藩库，并将库存的16万多两银子抢走。由于保定近邻京师，受祸尤烈，英美教堂相继被毁。联军侵入保定后，大肆搜索。法国教士因沈家本据理争夺回保定府署东侧房产一直怀恨在心，趁此机会向"联军"诬告沈家本附和义和团，控告六七月间义和团奉廷雍命杀戮教士男女廿余人、百般凌虐。

1900年10月23日夜，联军以纵容资助义和团的罪名，将布政使廷雍、城守尉奎恒、参将王占奎、按察使沈家本和候补道谭文焕五人逮捕，沈家本被"联军"关押在保定北街教堂里。11月6日，以盖斯里为首的各国将校，在保定督署对这五人按照清朝的审案方式进行所谓国际审判，以纵容团民杀害传教士的罪名将廷雍、奎恒、王占奎三人判处死刑，判处沈家本革职监禁，把谭文焕解往天津继续受审。宣判后的当天，将廷雍、奎恒、王占奎三人押到当初义和团杀害传教士的南城外凤凰台，"命世袭刽子手张荣，以素日所用之斩刀戮于凤凰台下，又将三首级高悬拍照，留作纪念"，沈家本被押赴行刑陪斩，侵略军还用炮轰毁了各城门楼和城墙东北角的城隍庙、三圣庵等住过

---

[1] 郑彭年：《京津喋血——义和团运动与八国联军侵华》，中国社会科学出版社2000年版，第237-240页。

义和团的地方。后经李鸿章等人交涉，对沈家本的拘留改为监视居住，直到 2 月 14 日才恢复自由，被关押时间长达四个月。

晚清法制改良期间，"沈家本在花甲之年后，仍然能够义无反顾地采纳西方法律，思想较少守旧，与这次死里逃生，不但有着极为深切的联系，甚至还有一定程度的因果关系"〔1〕。侵略军为什么要拘留他？为什么被拘留的其他人都被处死，而他却能死里逃生？明白了这些问题，也就知道沈家本力主采纳西方法律的原因了。

戊戌变法期间，慈禧太后即拟策动政变，1998 年 4 月 27 日，任亲信荣禄为直隶总督、北洋大臣，统辖北洋军队；旋调西北董福祥甘军入卫京师，归荣禄节制。于是，甘军入卫护驾，途经保定北关法国教堂，兵士颇感新鲜并想去看看。由于这些人是当兵的，教堂就不允许。甘军向以无纪律闻世，不让进则偏要进，最后打人毁物，由此发生保定教案：教堂被毁坏，两名教士被殴打并被捆绑至营中。教案发生后，沈家本作为保定知府，全力处理，前后时间 22 天。法国使馆照会总署要求严肃处理，清朝政府多次电令急催保定务须速了，而且亲自从天津派张道莲芬帮同办理。北京天主教大主教樊国梁与清朝官方几经交涉，达成解决方案：在清河道旧署建教堂，被打伤工役的赔款每人五万金。在划界交割迁址时，道署后面有坟庙一块不属道署旧址范围，沈家本据理力争，教士无言以对。法国教堂迁往道署，沈家本到教堂新址，按约定派人护送教士进城，并设席为贺，历 22 天教案全部结束，但他的心情不能平静。教堂搬往道署新址之时，教堂"一草一木皆不动"，交给清朝官方。而营务处搬运旧道署杂物，"活树一株亦锯去。相形之下，可发一叹"。该年九月，董福祥甘军又在芦沟桥与修铁路洋人相斗，起因仅为一条巴儿狗。"洋人有一小巴儿狗，甘军索之不与，以致互殴。"最后甘军占铁路，"女鬼子用枪放伤甘勇二人，甘军群起将车站打毁，枪毙工匠一名，洋人亦受微伤"，导致"洋人全数回津，停工不做"。沈家本认为，"洋人骄横，甘军滋事，皆可恶也"。沈家本的这个评断，是客观、公正的。

1900 年义和团运动期间，省城保定内外义和团成员充斥，扬言某日举事焚毁天主堂，杀大员三人：一为方伯，一为张协戎，一为莲池书院主讲吴挚甫先生。并声称有义和拳万人约期赴都勤王，须进南门径城而过，以耀神威。

─────────────

〔1〕 李贵连：《保定教案与沈家本被拘考》，载《比较法研究》2000 年第 1 期。

保定府知府沈家本建议，令天主教士杜保禄率教民暂避于安肃之安家庄，其城内教堂由官看守，并且拆其洋楼改设巡防营务处，以免义和团焚毁。

联军侵入保定后，逮捕了臬司沈家本并解送天津与受伤教士质讯。查明真相后，联军没有判处沈家本死刑。这有三条理由，其一其子习拳查无实据，其二拆毁教堂意不在仇教而是避义和团烧教堂杀洋人之锋的权宜之计，其三官职卑微、罪轻于廷雍。据英参赞哲美生由保定问案回称，藩司廷雍、城守尉奎恒，参将王占魁庇纵义和团，戕杀教士多人，确有证据，均拟死罪，禀经瓦统帅批饬抵偿。署臬司沈家本留本衙门派兵看守，候发落。德、法、英、意四国出有告示云：廷、奎纵庇义和团，罪尤应杀；其沈臬职小罪轻，拟以革职等语。因为这三条理由，他终于躲过这次劫难，也是被逮官员中唯一逃脱这次劫难的人。这场劫难使沈家本亲身经历了西方国家审理案件的程序，也就是实体法落实的程序，领悟到了法律的落实就在于查证案件事实，用证据说话，从而为他主持修律效仿西方国法律埋下了伏笔。

1900 年（清朝光绪二十六年），英国、法国、德国、美国、意大利、日本、奥地利、俄罗斯八国联军侵占北京期间，清朝刑部监狱被八国联军控制下，用于收押各国占领军送交的中国人犯，其中多为义和团爱国者。在八国联军侵占北京期间，各国占领军在各自占领区内行使管辖权，自行发布法令，随意抓捕中国人，八国联军控制下的刑部监狱可随时提审、酷刑折磨中国人犯。这与所谓的"西洋临阵交锋则恣杀，所捕虏及降者皆收食之，或羁系，或遂纵归，无轻杀者"[1]的认识有天壤之别，还是当时正担任驻华公使的英国外交官阿礼国比较坦率，他说："无论我们怎样设法掩饰，我们在中国的地位乃是以武力，赤裸裸的武力所造成的。任何促进或维持这个地位的明智政策，仍非凭靠某种或明或暗的武力，不能期其发生效果。"[2]对于八国联军入侵晚清京畿，西方人不论是口头掩饰还是口头承认，都掩盖不了他们侵犯晚清主权、干涉刑狱的客观事实。

自 1900 年 11 月 18 日至 1901 年 6 月 28 日的七个多月的时间里，八国联军曾向刑部监狱引渡监禁期为六个月以上的人犯；德国占领军还强迫命令刑部监狱建造 16 间"黑屋"，用于关押所谓的重罪人犯，"黑屋"是用木板制成

---

〔1〕 郭嵩焘：《伦敦与巴黎日记》，岳麓书社 1984 年版，第 421 页。

〔2〕 志刚：《初使泰西记》，岳麓书社 1985 年版，第 238 页。

的高 200 厘米、长 165 厘米、宽 76 厘米的箱子，有气眼而不透光，在"黑屋"里面人犯坐卧无法安舒、白昼如同黑夜。[1]据白曾焜的《庚辛提牢笔记》记载，在《辛丑条约》签订期间，各帝国主义国家对清朝刑部监狱横加干预，纷纷以"盗贼""匪徒"等罪名向清朝刑部南北二座监狱押送义和团爱国志士。由于他们"侵犯"了帝国主义的利益，而被污蔑为"匪徒""盗犯""贼犯"，一律严加戒护，系带项锁、手铐、脚镣，不准擅自出入监房。清朝刑部监狱对这类犯人的监禁管理完全受外国人的操纵和摆布，帝国主义"喧宾之势，如弩激箭"，他们无视中国提牢官员的存在和监狱的规定，时常擅闯刑部监狱滋事。例如，1901 年 4 月 15 日深夜，德国两名军官乘醉酒闯进提牢厅，迫使提牢官打开刑部监狱牢门，将犯人张七提出、责打十板后，扬长而去。法国翻译官魏武达竟然在清朝刑部处决死囚之际，临时执意扣回死囚收禁。美国教士李佳白借口某犯为"著名拳匪"而干涉刑部狱政（换监处置）……。清朝政府每遇这种情事仅是洽谈应对，唯唯诺诺而已，更加助长了外国人横加干涉中国监狱行刑事务的嚣张气焰。

不仅如此，外国侵略者送交清朝刑部监狱的囚犯也多是先严刑具成案，受尽迫害，无法申冤，或是遍体鳞伤，或是气息奄奄。如德国租界送交的"盗米犯"华人刘顺，"被洋兵用枪轰击，右肋穿透流血甚多"，却要求中国"赶为医治"，华人高九儿田"窥德国草料"被抓获后，被德国军人用马鞭打伤两腿，又用洋枪刺伤脑后，再用脚踏小腹的酷刑和虐待，交刑部监狱的当天夜里即"肾囊疼痛""口吐血沫"，不治身死。外国人在华监狱之所以横加迫害虐待中国人，是因为清朝政府软弱无能。晚清政府在以慈禧为首的统治者"量中华之物力，结与国之欢心"的卖国方针下，劳动人民的生命也是他们供奉给洋人主子的牺牲品，无论是租界领地的监狱，还是刑部牢房都是清朝统治阶级和帝国主义迫害广大中国人民的阴惨地狱，这是无可辩驳的事实。

4. 鸦片战争后西方人接触到的清朝刑狱

鸦片战争后，清朝的国门被逐渐打开，终于西方人毫无阻拦地涌进了中国。来到中国的西方人，有的用笔撰写有关中国的书籍，有的用笔画下有关

---

〔1〕 参见北京市地方志编纂委员会：《北京市·政法卷·监狱·劳教志》，北京出版社 2006 年版，第 33 页。

中国的图画，有的用照相机拍下有关中国的影像。1839 年摄影技术发明后，照相机也随同西方人进入中国，相机的拍摄对象是中国事情，不管拍摄者的观点客观与否都是以外国人的角度观看，大多数相片是为外国观众拍摄的。比之于文字，绘制图像、拍摄影像的图文结合，是故事诠释的最有力工具，因为图像与视觉具有形象的直接效果。占有同等空间的文字和图像同时出现在面前，读者的眼睛首先会被图像吸引。也就是说，在文字进入大脑产生意义之前，图像早就摄入眼帘、进入大脑了，而且摄影比绘画更快捷，能拍静态和拍动态的对象，因而影像成为一种人们喜闻乐见的影响最大的文化知识信息传播工具。在 19 世纪后半叶，摄影随同西方人士来到中国，不仅是军事战胜和领土占领，也渗透影响了科学和文化。这些人包括士兵、商人、传教士或科学家，把拍摄的中国影像带回到本国并传播世界各地，因而构成观看中国的特有方式。内容涉及中国的历史、文化、教育、政治、法律、宗教、民俗，以及各个社会阶层的方方面面，其中包含有刑狱方面的影像。

（1）西方人笔下的清朝刑狱

随着传教的合法化，西方传教士在传教过程中，直接接触晚清的基层组织和法律的实践情况。传教士方泰瑞博士绘声绘色地写下了晚清的司法腐败，"只要稍微懂点中国官场常识的人都知道，中国官场中的每个人都有'价格'。打官司的时候，官员们是看诉讼双方贿赂的多少来定案的，不只是官员们的下人们可以被收买，一千个中国的官员里有九百九十九个人愿意帮助出钱多的一方。中国的商界，比如说票号和贸易公司可能还会讲求信誉，遵守合同的约定，中国的官员是没有原则的，他们主要看钱办事。在中国的官场，个人的行贿行为和相互欺瞒的行为是非常普遍的。"[1]在传教士方泰瑞博士眼中，清朝的法律实践是有价格的。

在西方人眼中，清朝的法律不仅有价格，而且判决也有折扣。只要钱花对了地方，司法判决就可以打折扣，这是一个公开的秘密。政府官员也知道自己的判决得不到执行，他有他自己的办法，纪陶然编著《天朝的镜像：西方人眼中的近代中国》收集了这个事例。某位官员判处一个罪犯戴两个月沉重的木枷，只有夜里才能取下不戴。但只要在"最管用的地方"明智地花点

---

〔1〕 纪陶然编著：《天朝的镜像：西方人眼中的近代中国》，江苏人民出版社 2014 年版，第 56 页。

钱，官员的命令就仅仅是这样执行了：只有这位官吏进出衙门的时候，才让这个罪犯戴上木枷装装样子，其余的时间，他都得以解除这个讨厌的负担。官员难道不知道贿赂打败了判决，难道不会突然杀个回马枪，抓到不执行命令的证据吗？不会。官员也是中国人，知道判决一经宣布，就不会有人把它当回事儿。他心里知道这一点，已经把刑期翻倍了。[1]

随着总理各国事务衙门的设立，中外正常交往关系常态化，外国的外交官从官方层面亲身接触到了清朝的司法实践。一位来华的外交官谈到了清朝司法的荒唐可笑，有一名妇人悲痛万分地向县令告状说，某人杀死了她的丈夫。一番审讯后，杀人者对所犯罪行供认不讳，浑身颤抖着等待死刑的判决。这位县令看着跪在他面前痛不欲生的妇人，大起怜悯之心，对杀人者也更加痛恨，一怒之下竟作出了人类法律史上"最有人情味"的判决，他痛斥那个杀人者说："人家好端端一对恩爱夫妻，你为什么把人家拆散了，这简直太可恶了，我罚你和你老婆离婚，娶这个女人为妻，我要让你老婆也尝尝守寡的滋味。"[2]一桩凶残的杀人案居然就这样结案了，在外国来华外交官眼里，这是不可思议的裁决。

来到中国的外国人，不乏专门从事法律工作的人员，他们亲身接触到清朝的司法，面对不可理喻的司法，会有何感受呢？1906年，一位来华的美国律师钱皮·安德鲁，在上海会审公廨旁听审案，他发现晚清的司法简直不可理喻。这是一个骗子巫师的案件，在纽约法律界绝对闻所未闻。被告名叫秦凌冰，冰小姐患有严重的梦呓症，她被兄长关进一间小屋，且不提供膳食。这位好心的兄长请来一位民间巫师，在她身上施展魔法。做过多次道场后，巫师断言冰小姐的体内藏有一只狐狸，并保证他能施法驱除妖魔，进而向那位善良的兄长索要好处。巫师的疗法就是用棍棒猛击患者的头部和身体，当然冰小姐的病因仍未能消除。如此折磨多日，终于在一个深夜，邻居听到了冰小姐的惨叫。众人涌入房中，看见她醒了，但左眼脓肿，脸上伤痕累累，惨不忍睹。匪夷所思的是，这名巫师并未受到起诉，而冰小姐反而受到指控。

---

〔1〕 纪陶然编著：《天朝的镜像：西方人眼中的近代中国》，江苏人民出版社2014年版，第59页。

〔2〕 纪陶然编著：《天朝的镜像：西方人眼中的近代中国》，江苏人民出版社2014年版，第56-57页。

美国传教士和游记作家亨利·马丁·菲尔德长期在东方游历，于 1877 年在纽约出版《从埃及到日本》一书，就写下了清朝大堂上法官对两个被指控涉嫌暴力抢劫的人采取刑讯逼供以迫使他们认罪的情景。"折磨的方式如下：大厅里有两个圆柱。这两个人都跪在地上，两只脚缚在一起，动弹不得。先把他们的背部靠到一根柱子上，用小绳扎紧脚大拇趾和手大拇指，然后用力拉向后面的柱子，绑在上面。这立刻让他们痛苦万分，胸部高高突起，前额上青筋暴跳，真是痛不欲生。在这可怜的人痛苦地扭曲时，我转而看法官面对此种痛苦情状的表情。他端坐桌旁，一点也不为之所动；但他不像一个残酷的家伙，倒像一个很有教养的人，像我们在英国或美国长椅上见到的那种。他似乎觉得这只是小事一桩，没什么值得大惊小怪的，是制伏罪犯所必须采用的手段。他既不威吓，也不嘲弄或侮辱罪犯。但受刑者的喊叫并不能打动他——他悠然地端坐桌旁，摇着扇子，托着烟袋，似乎在说他愿意奉陪到底。"[1]不过，菲尔德也无可奈何地表示，在中国这一残忍行径具有必要性，因为在一个把起誓当作毫无价值的东西的国度里许多人可以花十美分就能找到为自己做伪证的人，只要你有钱，除了用刑别无他法弄清事实真相；过程无疑残酷异常，但它能保证后果。

一位俄国外交官讲述了清朝的"连坐"制度，"一位北京御林军的官员因为杀人，被判罚流放，流放地无人看管，但他却不敢逃走。为什么？因为按中国'一人犯罪，株连九族'的说法，如果他真的跑掉了，那么统治者将迅速逮捕逃犯的亲人，如父母、妻儿，甚至是叔叔、舅舅等其他亲属，不但会把这些人一并投入大牢，而且还会让他们顶替犯人遭受皮肉之苦，直到抓到逃犯或逃犯自首为止。因为有了这种株连九族的法规，所以就能保证被流放的犯人将始终被控制在统治者手中。"[2]纪陶然编著的展现西方人眼中近代中国场景的《天朝的镜像：西方人眼中的近代中国》，收录了西方人眼中的"户灭九族"的酷刑，在中国父亲在被赋予对其子无限权威的同时，他还必须对其儿子的行为负责，"如某人犯法，其父母和祖父母若健在，那么祖孙三代要一并治罪。其理论根据是，他们没有尽到做父母、祖父母的责任。1873 年，在北京发生了一起非常令人震惊的事件，可为上述理论的极好注

[1] 纪陶然编著：《天朝的镜像：西方人眼中的近代中国》，江苏人民出版社 2014 年版，第 58 页。
[2] 纪陶然编著：《天朝的镜像：西方人眼中的近代中国》，江苏人民出版社 2014 年版，第 57 页。

脚。有一名中国人被证实盗掘了一位皇子的坟墓，劫走了棺材里的金银珠宝。没有任何证据证明犯人的其他亲属参与此事。然而最后的处理结果是，犯人整个家族上下五代，包括一名 90 岁的老人和一个不满两个月的婴儿，都被处了死刑。罪犯和他的父母被凌迟处死，其他的男人被砍头，女人则被绞死。"

晚清来华的外国人在著述中经常提到清朝的刑罚，常见的有凌迟、枭首、戴枷等，其中有一种被称为"站笼"的酷刑。"让囚犯站在盛有石灰的木桶里，将其慢慢烧死。具体做法为：在一只高于人体的大木桶内放入一定量的石灰，石灰上面要铺上六至七块砖，囚犯要站在这砖头上，并将头探到仅有一个头大小的圆盖外面，囚犯的四肢当然要被束缚住。犯人脚下的砖头会被撤掉一块，同时，木桶里会倒入一定量的水，接着水就会沸腾起来，并发出呛人的气味。周而复始，使囚犯接近死亡边缘。等到最后一块砖被撤掉时，囚犯的脚烧烂，而石灰水也将没过他的头顶。"[1]

西方人看到了清朝的司法、审理、酷刑，那么监狱会是怎样的呢？纪陶然编著《天朝的镜像：西方人眼中的近代中国》收集了这样一个事例"他们是骷髅"。1857 年 12 月 29 日，额尔金率领英法联军攻占广州，随行的《泰晤士报》记者柯克记录了英法联军攻入一座监狱后所看到的情景。"双层门一打开，我们两三个人便冲进屋内。屋内的恶臭几乎让人无法忍受，而那情状则无法让人再看第二眼。那位不知道发生了什么新鲜事的典狱长，被勒令将这些可怜的生灵拖出来。那惨状令人终生难忘。他们是骷髅，不是人。"[2]面对晚清政府这样的监狱，西方人能有什么想法呢？可想而知。

1860 年来华的英国伦敦会传教士麦高温，先后在上海、厦门传教，在晚清统治下的中国生活了 50 年，以他自己的亲身经历和感受，写下的《多面中国人》描述了中国人方方面面的生活场景，其中描写刑狱的有第十二章五花八门的严刑峻罚、第十三章中国人的"私了"和私刑。[3]他首先提出命题"中国人就像是一个万花筒"，接着肯定"在许多方面，中国人和典型的英国人类似。"最后切入主题"当他们开始对犯罪行为进行立法、执行自己的法律

---

〔1〕 纪陶然编著：《天朝的镜像：西方人眼中的近代中国》，江苏人民出版社 2014 年版，第 60 页。
〔2〕 纪陶然编著：《天朝的镜像：西方人眼中的近代中国》，江苏人民出版社 2014 年版，第 60 页。
〔3〕 ［英］麦高温：《多面中国人》，张程译，黄山书社 2011 年版，第 105-124 页。

的时候，和英国人就不再有相同之处了。他们的温良品质在瞬间消失了，表现得像要把猎物撕成碎片，以此来满足自己残忍的原始欲望的野蛮人一样。"由此，引出对清朝刑狱的描述。

关于笞杖。清朝的刑罚，有一种是打竹棍，是每一次审讯的基本形式，会把罪犯的皮肤撕裂、把血肉扯下来，让受害者在相当长时间内得不到恢复。一部分官员习惯用这种刑罚，没有废除的意思，它取代了严密的讯问、双方律师的辩证和法官精确的分析。人们相信，打棍子能让审讯变得迅速，用简单、快速的方法确保正义的伸张。棍棒之下，一个人即使没有犯罪，也会发挥想象力让自己免受皮肉之苦。在一定程度上，消除了英国法庭中出现的枯燥乏味的审理过程。如果剥夺了清朝官员打棍子的权力，那么案件审讯过程变得轻松的元素就会荡然无存。没有棍棒，人们会看着案件审理过程变成冗长的闹剧，作为旁观者在一旁咧嘴傻笑。

关于枷刑。清朝处罚小偷或者入室抢劫的办法是给他戴上木枷，这是一块三英尺宽、四英尺长的木板，做工粗糙，中间有一个供罪犯脖子活动的洞。木枷可以从中间分开，正好戴在罪犯的脖子上，两部分组合起来后用挂锁锁上，然后再通过一根铁链固定在木板和罪犯的手、脚、脖子上。根据铁链所绑的位置，就能知道他所犯的罪行的严重程度：如果铁链绑在罪犯的脖子上，意味着他是一个危险人物，是入室抢劫的强盗；如果铁链连在脚上，意味着他不是一个可怕的人物，可以接受并不严厉的处罚。虽然木枷看起来是一种非常简单的刑具，但对人的折磨却相当严厉。因为木板很宽，犯人的上臂只能勉强弯过来搭在木板上。他根本摸不到自己的脸，到了吃饭的时候，这一点就很要命了。犯人只能把木枷倾斜起来，才能够让米饭落入嘴里。在炎热的天气下，苍蝇会成群结队地攻击他，有本性邪恶的小苍蝇，也有滚圆滚圆的大苍蝇，都不会放过他。他的脸部对苍蝇的攻击毫无还手之力。如果有只苍蝇落在他的鼻子上，他没有任何办法，除非叫一个好心的旁人把苍蝇轰走。中国的大苍蝇经验丰富，仅仅摇晃几下是不能让它感到害怕的。苍蝇们也知道寻找最容易欺负的人，因此一旦有人能够满足它的愿望，它是不会放过的。

关于示众与监狱。罪犯被判刑后，由地保或者监狱看守负责看管。每天早晨，地保要把罪犯从监狱中提出来，带到离案发现场不远的大街上去示众，以此作为对罪犯的处罚，也为警告那些蠢蠢欲动的潜在犯罪分子，可怜的罪犯要戴着枷锁公开示众一整天。无论是晴天还是下雨，犯人都只能待在限定的小区域里，直到天黑的时候地保来把他带回监狱。夜色并不能减轻他的痛苦，从他踏入监狱大门的那一刻开始，新的痛苦接踵而来。清朝监狱是最悲惨、最肮脏的地方，即便是人类祖先居住的洞穴也不会比清朝监狱的情况更糟糕。监狱的每个牢房最多只有十平方英尺，墙上会有条狭窄的石头缝隙，起到窗子的作用，透进来一点点微弱的光线。因此，即便是烈日而照的时候，牢房也非常阴暗。墙壁满是尘土，脏得可怕，自从建造监狱的泥瓦匠离开后再也没有粉刷过。地面就是泥土，时间长了以后变得坑坑洼洼的，这样的屋子里要挤下十到十二个犯人。牢房里没有任何家具，只有几束干草作为睡觉的被褥。牢房是如此肮脏恐怖，同时犯人们之间还有种种问题。可怜的犯人必须考虑采取什么姿势躺在地上才能保证睡眠时间尽可能长一些。他必须小心对待木枷，如果木枷倾斜的角度不对，睡着睡着就可能翻了，把自己憋死。因此他必须让木枷保持平衡，避免锋利、粗糙的木屑和木板边缘划伤脖子上的皮肤。不过，就算他尽最大的努力，还是会在牢房中做噩梦。当他从噩梦中醒来，又不得不忍受失眠的痛苦。这时候，他会非常渴望早晨的阳光，感谢阳光可以把他从牢房中解救出来。

关于流放。对于那些罪行比较严重的犯人，法律会施以比木枷或徒刑更加严厉的惩罚：流放。清朝创造出了一种新的刑罚方式，而且不需要花费多少钱财。清朝没有固定的囚禁地，也没有修建大型监狱，因为这么做成本太高了。于是，清朝人需要一种有效的惩罚方式，流放就不需要监狱，也不需要雇佣看守——监狱和看守将会是政府的长期负担。有一个流放的案子，京师驻军某部中的一位军官犯有杀人罪，被流放到距离京师一千五百英里远的地方。一个接一个官员会把他押送到流放地去，直到他最终到达流放地的地方官手里，在那里他将度过余生。到达流放地几天之后，他就被释放了，不过必须每月都到官府报到。在限定的区域内，他算是获得了自由，可以去任何想去的地方，并且选择任何一种职业谋生。他并没有受到严格管制，他可以跑到清朝统辖的其他地方去，也可以坐车逃到外国去。但是他不敢这么做，另外出于对亲友的思念他也不能那么做。自从被流放离开亲友后，他时常想念亲朋好友。他的妻子和儿女会在千里之外，同样想念和牵挂着他。他知道如果自己逃跑了，政府很快就会得到消息，并对他的亲友进行惩罚。因为人们普遍认为家庭中的某个成员犯了罪，其他人都要受到牵连，所以处罚逃跑流放犯人的亲友在清朝被认为是合情合理的。

麦高温认识一个罪犯，关系还相当不错。他们两人曾共处一室，教麦高温读《北华捷报》。当时，麦高温认真观察他，觉得他是一个英俊有风度的绅士，性格开朗，脸上总是洋溢着微笑，举止投足之间表明他出身于一个良好的家庭，因为他身上并没有一般中国人身上经常有的坏习惯。相处一段时间后，麦高温甚至没有意识到他是一名罪犯，他也得到了其他人的赞扬。但是几个月后，给他的生命带来悲剧的恶习暴露了出来。他酗酒，每当喝醉的时候会像迸发的野兽一样，变成一个疯子。他摔坏椅子，打碎盘子，凡是接触到的一切无生命的东西都遭到了他的攻击。但是即便是在疯狂状态下，他也不会攻击周围的人，这是他的聪明之处。周围的人惊讶地看着他的疯狂举动，非常不理解。胡闹过去后，他精疲力竭地在自己制造的一片破烂中睡着了。醒来后，他面对这一切，脸上露出莫名其妙的表情，没有任何抱歉和后悔，只是静静地清理造成的破坏，把房屋收拾干净整齐。

清朝的流刑是一套成本低廉、效果显著的制度，只有聪明的人才能想出来。政府不需要为流放罪犯付出多少成本，他们必须自己养活自己。罪犯们在流放地，虽然获得了自由，不需要承受刑罚带来的恐惧，但是他们受到的惩罚还是很重的。中国人家庭观念很重，深爱着家庭。流放意味着背井离乡，这是一般人难以承受的。中国人把自己的感情都奉献给了家庭——相反他们对国家的热爱就要逊色得多了。不管他们的家庭多么贫困和不幸，流刑意味着硬生生地剥夺了他们生命中的春天、生活中的阳光。

两个因素使得流刑成为对中国人严厉又有效的惩罚方法。首先，流刑剥夺了一个人对家庭的爱，同时，如果流刑犯逃跑了，政府将逮捕他家庭中的每一个成员，让他们为犯人的逃跑负责。很少有流刑犯会逃跑，因为他们知道自己的父亲或者母亲、叔伯或者阿姨、侄子或者侄女们也许会因为自己的逃跑行为而锒铛入狱。对家人的爱会让犯人乖乖地呆在流放地，尽管他们的心灵破碎了，尽管他们思乡心切，但一想到家人就会难以抑制，因此他们会觉得待在流放地就是对家人最好的关爱。

关于囚笼。对一些很细小的犯罪行为，清朝政府也会做出极为严厉和残酷的惩罚，其中一种惩罚叫做"囚笼"。一天，麦高温得知有一个盗墓贼在他犯罪的现场受到了这种特殊的惩罚，他赶紧跑过去看个究竟。一路上，他想象着这种惩罚方式的可怕之处，到了现场果然非常恐怖。在一个满是坟墓的山脚下，人们站在平整出来的空地上，拥挤着观看可怕的场面。犯人被关在和英国人装羊的差不多大小的笼子里，里面放着一些砖头，犯人踮着脚尖站在砖头上，双手被紧紧绑在背后，脑袋伸出笼子之外，而肩膀正好被交叉的木条卡住。这一日天气炎热，晴空无云，太阳像火炉一样，照在围观人群的头上。

犯人实在令人同情，成群的苍蝇在他头顶盘旋，就像是游猎在猎物上空的秃鹫一样，有几只苍蝇已经落在他的上嘴唇。太阳光的灼烧和苍蝇的侵扰一定给他带来了强烈的痛苦。但是，人们从他脸上看不出痛苦。他表情平静而坚定，仿佛在自己身上根本没有撕心裂肺的痛苦。他瞪着两只眼睛，盯着远方的群山，似乎陷入了某种冥想之中。他对生命的渴望，让人同情。他知道自己不会活着走出这个囚笼。苍蝇开始用毒牙咬他的肉，他的肉慢慢变成了黑色。只要他踢掉脚下的几块砖头，在几秒钟之内就会被吊死，结束现在的痛苦。但是他没有这么做。神圣的生命是世间最宝贵的东西，只要还有一线生的可能，他就要顽强地支撑下去。

关于钉刑。另一种恐怖的刑罚叫做"钉刑"，如今已经不常用了。显然，这不是一个现代的刑罚。用一个专门的汉字来书写这个刑罚，而不是复合词。麦高温曾经目睹过一场钉刑。因为这种刑罚将犯人钉死在十字架上，很容易让人想起基督教中十字架上的死神，所以让他印象深刻。一个犯人被钉死在路旁的一棵大榕树下，一旁的路上车来人往，川流不息，数以百计的人们围拢过来看一个人是怎么被钉死的，把刑场围得满满的。

麦高温站在这个犯人面前的时候，有关基督教中十字架钉刑的想象被粗鲁地推翻了。清朝的钉刑和钉死在十字架上的刑罚还是相当不同的。一根竖立的木头和一块横着的木头组成了一个十字形状，竖着的木头上有一块木板，既用来让犯人站立，又用来钉他的双脚。横着的木头和犯人的肩膀相齐，他的手掌被钉在木头的两端。他的手臂被紧紧捆绑在横木上，是为了防止他因为极度痛苦而身体不断下滑，同时，为了防止犯人的脑袋下垂，他的辫子被缠绕在竖立的木头上。如果没有这些措施，犯人身体下滑，手掌很可能从横木的钉子上滑落，进而身体从十字架上掉下来，扑倒在地上。犯人的胸前写着醒目的大字，表明他是一个抢劫犯。他罪行累累而且手段凶残，官府找不到其他更为严厉的刑罚，所以选择了钉刑。不过麦高温盯着犯人看，看不出他是官府所说的那种十恶不赦的暴徒。他穿着最普通的苦力们所穿的宽松的蓝布衣服，看上去就是一个随处可见的贫穷可怜的苦力。如果麦高温在大街上遇到他，完全想不到他和其他人有什么不同。受刑时，他表现出了令麦高温惊讶的忍耐力。他的脸部表情表明他正处于极度痛苦之中，但他抱定决心要安静地死去，没有露出任何怯弱的表情，也没有呼喊出一个表示痛苦的字来。两个手持长矛的士兵守卫刑场，没有更多的兵力。麦高温环视一下四周，想看看周围的人有没有被这个场景所触动，结果发现没有。因为围观的人们都相信这个犯人罪有应得，应当受到这样的惩罚。事实上，人们是抱着喜庆的态度来到刑场的，他们显得非常高兴，脸上挂着笑，开着玩笑，相互祝贺这个犯人落入法网。

关于站笼。还有一种比上述刑罚还要残酷的刑罚叫做"站笼"。刑具是一个带有盖子的大笼，盖子上有一个孔，正好可以让犯人的头探出来。笼子的底部是一层石灰和七块砖头，犯人要一直站在笼子里，双手被绑在身后，不管怎么调试身体姿态，都不会好受。犯人要在同一个地方站上整整一天一夜，得不到任何同情的目光，即便是孤独的夜晚也必须站在笼子里，这个滋味肯定非常难熬。但是这还没完，痛苦只会日益加深。第二天开始，他脚下的砖头会被抽掉一块，表明他离死亡又近了一天。同时，石灰还会被注入一些水，水和石灰作用产生的有毒气体开始熏着犯人的脸。每天都会重复这样的动作，直到脚下的砖头被全部抽走。这时候犯人的脚就浸泡在石灰水中，比遭受火烧更要难受。当最后一块砖头被撤走的时候，一切就结束了。犯人的脖子被笼子卡住，身体浸泡在灼热的石灰水中，在极度痛苦中死去。

关于斩首。斩首的整个过程只需要一两分钟，犯人立刻身首异处，似乎是最普通的惩罚，但是在中国人看来却是所有刑罚中最严厉的一种。原因很简单，就因为没了脑袋。对人们来说，斩首可能是最大的灾难了。因为讲究死后要保留全尸，所以相比身首异处，他们宁愿身体完好地死去千百次，即使死法一个比一个残酷也能接受，这是中国人的一个迷信。中国人认为死后人要到阴间去，继续像在人间一样生活。如果脑袋被砍掉了，他们就成了无头鬼，会给阴间的生活带来无穷无尽的痛苦。他的手可以拿起筷子，却没有嘴巴可以吃夹起的东西。他也许希望在阴间结婚，可会有哪个新娘愿意嫁给没有头的男人呢？在人间，他也许是最丑陋的男人，可还是有人愿意嫁给他，但被斩首后女人们都会害怕地逃走。所以，被斩首的人只能在阴间漫无目的地游荡，连在黑暗中的鬼魂都会恐惧地躲着他。如果能让罪犯在斩首和最残酷的刑罚之间做选择，他会毫不犹豫选择后者，无论是多大的痛苦他都宁愿承受。

关于凌迟。麦高温认为，最残酷的刑罚是"凌迟"，它比印第安人惩处俘虏的刑罚还要残忍。凌迟就是一点一点地把人体身上各个部位的肉给割下来，不是单纯让犯人遭受痛苦，而是一点点榨干人体对最大的痛苦的承受力。为了不让犯人死得太快，所以要害部位都留到最后才动手。比如犯人的腿从膝盖处截断，然后手臂又从肘部锯了下来，一只眼睛又被挖了出来，整个恐怖的凌迟过程会持续三天。犯人在耗尽了最后一丝精力、流干了最后一滴血之后才能得到解脱。

关于私刑。私刑并非在清朝才出现，清朝的私刑并不是在半夜，由某个蒙面男子骑着马，神秘、快速地来到某个偏僻的地方，迅速行刑，然后迅速消失在夜幕中，整个过程都不暴露自己的真实身份。恰恰相反，清朝的私刑是公开的，得到大众的承认，私刑并不仅仅局限于盗马之类的案子，这点和美国建国之初的做法相似。清朝的私刑可以惩罚除了叛国之外的所有罪恶行径，并参照政府对这些方面的做法做出调整。正常的法律途径代价高昂、程序冗杂且无法真正解决的大批案子，都求助于私刑。私刑不受任何官员的限制，过程简单，并且可以得到基本公正的判决结果。

盗窃是清朝私刑最常裁决的犯罪行为之一。人们对盗窃普遍感到愤怒，因为清朝人口众多，大多数人都在为生计而挣扎，财富在他们看来比生命还重要，所以常常为一些并不太值钱的东西失窃而采取激烈的措施。如果一个小偷作案时被抓了现行，就会遭到在场人们的拳打脚踢，他们会解恨地把小偷捆绑起来、殴打他。他好像是一袋面粉，任凭你拳打脚踢，甚至你殴打他的肋部让他弯腰倒地，看起来伤得不能动弹了，他还是会马上振作起来，装出一副若无其事的样子。但是清朝的小偷遭到殴打时，常常会鬼哭狼嚎，哭爹喊娘地找人救命。一旦他逃脱了殴打，远离了事主，就马上停止了哭泣，脸上又恢复了孩子般纯真无邪的表情。

怎么处置小偷，一般由抓住小偷的人们的情绪而定。麦高温有一天经过一座房子，看到房前人山人海，人们看上去沉浸在一片愉悦之中。也许他们是在看某场喜剧，高高兴兴的就像是在过节。他走近一看，才明白他们高兴的原因是大家在围观一个被抓住的小偷，看事主怎么处理他。这个小偷在作案时被当场抓获，双手被粗粗的绳子紧紧地反绑在背后——绳子都嵌到他的肉里去了，被吊在离地面几英尺高的树上。麦高温看到这个小偷悲惨的样子，刚才的喜悦心情很快消失了，对他的同情油然而生。小偷一定很痛苦，因为他被吊着，手臂和后背成了直角，整个身体的重量都压到了肩膀上。他一副浪子的样子，衣衫褴褛，穿着和普通人一样的单薄的蓝布衣裳，一看就是个罪犯的样子。他那鸦片色的脸上带有一种无法用语言描述的、难以名状的东西，表明他就属于那个阶层。他哭天抢地地哀求围观的人把自己放下来，说如果再不放下来就怕要骨肉分离、身躯断裂了。

他一看到麦高温这位传教士，马上使出浑身解数恳请麦高温向大家求情，请求给他松绑。麦高温内心非常同情他，很想满足他的请求，但是发现要打动围观的众人非常困难。那些中国人说："如果我们放了他，几天后他就会故态重萌，又会偷我们的东西，还不如让他现在多受苦，长个记性，以后就不会报复大家了。"最后，麦高温还是成功地说服大家放走了这个小偷。但是之后，麦高温就被一个问题困扰住了：这么做是不是对的？是不是中了一个惯犯的计，成为了他逃脱惩罚的工具，让他不用为自己的罪行接受惩罚？他个人是从中受益了，但是公共权益就受到威胁了。即便如此，他还是接受不了当日小偷的惨况。

一个小偷接受什么样的惩罚，很大程度上取决于私刑的人的情绪和权力，而与偷窃的东西的实际价值没有任何关系。如果一个小偷去一个有权有势的大户人家，他就会遭到最残酷的惩罚，远远超过那户人家失窃的财物的价值。麦高温举例作了说明。一天，麦高温去一家英国医生主持的医院办事，从各地来的病人们都来这里求诊。其中有刚刚离开土地的农民，从宁静的乡村来到开放的、嘈杂的城市，害羞得几乎说不出话来；有从附近港口来的水手；还有苦力、店铺伙计、鸦片鬼和腿上生疮的人，都出于同一个目的来到这里，一个挨着一个坐在凳子上，等着医生到来。

麦高温一个个看这些病人，最后注意力落到一个躺在地上的男人。他旁边站着一个小孩子，脸上带着一个孩子可能拥有的最悲惨的表情。我马上走过去，想看看发生了什么。那个男人的双眼似乎出了什么问题，我很迷惑这奇怪和红肿的样子，于是靠近了看一看，竟然发现他的双眼被完全挖走了。

麦高温问那个小孩："他是谁？"

"他是我父亲。"他回答说。

"他的眼睛怎么没了？"麦高温问。

"几天前，被邻居家的富翁给挖走了。"小孩说。他解释说，几天前他们家的牛在河边吃草，张着大嘴吃了几口旁边田地的水稻。事情很快传到水稻主人那里，他决定采取迅速有力的手段来解决这个问题。水牛张大嘴吃了别人家的水稻，农民没有看到，但这个信息很快就传播到了稻田的主人那里。气愤的富翁抓住这个机会要施行私刑，他召集一帮族人，满腔怒火地要来找农民报仇。农民怎么也想不到一场无妄之灾马上要发生在自己身上，还在静静地看着自己的水牛。气势汹汹的暴徒冲了过来抓住他，宣布他们已经做出了决定，要挖去农民的双眼。农民听说后害怕极了，百般哀求，可惜都没有用。他愿意按照水牛吃掉的水稻价值的一百倍来赔偿，只要不挖去双眼就可以。同时，他还愿意交出那头闯祸的水牛。但是农民落入了一群极端凶残的暴徒手中，无论怎么哀求都打动不了他们。他们不要钱，就要报仇。几分钟后，私刑就发生了。农民被挖掉了双眼，被悲惨地抛在路旁。从此，他再也看不到白天的光亮，看不到所爱的人的脸庞了。

"你来医院干什么？"麦高温问他。

他回答："我的双眼被挖掉了。我听说过英国医生的神奇，想过来看看他能否给我装上一对新眼睛。"病人一个接着一个，轮到他去看医生的时候，他可怜地哀求医生给他装上一对新眼睛。他说："我听说您医术高明，能够在您的病人身上创造奇迹。请您运用您的神奇力量，让我恢复视力吧！"医生明确告诉他，他很乐意让他恢复光明，但是没有任何人拥有那样的能力。那农民用埋怨和可怜的腔调说："哦，不是你办不到，而是你不愿意这么做。"他从诊室出来，哀号着埋怨医生不愿意帮助他，不愿意让他重见光明。

如果一个惯犯，无视法纪，不记教训，最后就会被处以最严重的私刑：死刑。死刑处罚是在光天化日之下执行的，没有一个警察会到场，也不会有任何官方的干预。麦高温举个最近发生的例子，一个农民生了个儿子，那人长大后品行极为恶劣，身上聚集了一个社会能够产生的所有恶行。他吸毒、赌博、放荡不羁、挥金如土，花销巨大，又没有收入来源，只能是一个社会的祸害。今天，东家的农妇起床发现鸡窝里的鸡都不见了，养在另一个房间的牛也消失了，连一点被盗的痕迹都没有留下。明天，西家的农民大清晨下地的时候发现地里长得正好的马铃薯在昨夜被人挖走了好几行，好好的瓜也被人偷走了。小偷还是没有留下任何蛛丝马迹。整个村子的人都知道是谁干的。大家义愤填膺，发誓要让小偷得到惩罚，但是他没有留下任何不利的证据，不能对他怎么样。在当时，人们的公正意识非常强，没有证据就不抓人。有的时候，即便是法官在证据确凿的情况下，如果没有犯罪分子的签字画押，他也不会最终结案。有时候，犯人不是自愿供认，而是屈打成招，但是即便犯人被打得血肉模糊，只要他没有把手放到认罪书上画押，行刑的人也不敢执行惩罚。

然而，时间是伟大的侦探，最终会将小偷绳之以法。一天夜里，他正在偷一头牛的时候，被还没有入睡的农民给抓住了。第二天一早，愤怒的村民们纷纷聚集起来，组成委员会。小偷被结结实实地绑在那里，即便是魔法师也没有办法挣脱出来。他明白等待自己的是死亡，但还是不愿意露出胆怯的脸色。人们说起话来像狂风来袭一般，现在这里的声音更是炸开了锅。人们控诉着小偷的一桩桩罪行，热烈讨论着如何处置的方法，最后他们将小偷拉到他父亲的田地里，要他的父亲来做执法人，将儿子活埋在自家地里的任何一个地方。

小偷的父亲听到这样的决定后，吓得直发抖，泪流满面，磕头哀求愤怒的人们能够宽恕儿子，不要采取这种可怕的惩罚。但是，愤怒的人群怎么可能被说动呢？可怜的父亲试图保全儿子的性命，苦苦哀求，但是人们需要的是报复。他们冲着小偷的父亲大声吼道，如果他不亲自活埋儿子，他们就马上放火烧掉他的房子，把他和他的家人赶出这片土地，而且还要他亲眼看着自己可耻的儿子被活活埋掉。老人家知道乡亲们不是在吓唬他，他们真的干得出来。在众人的注视下，他只好用颤抖的双手拿起一把锄头，在他儿子以前住过的房子面前挖了一个坑，在儿子的脖子上绑上一块大石头，一边嚎啕大哭着，一边将儿子推进坑里，一下下地铲土活埋了儿子。行刑结束后，村民们在小偷被活埋的地方做了一个记号，然后心满意足地各自回家去了。他们一点都没有顾及那个伤心的父亲。整个地区都会支持这样的私刑，因为他们伸张了正义，满足了大家的要求。

私刑所涉及的案子中，最重大的是杀人案。但是杀人犯们所接受的惩罚，往往只是金钱上的赔偿，很少会付出生命的代价。清朝并不认为杀人是最重的犯罪，同时法律也没有将凶杀案上升到法律的高度。杀人犯杀了人，却不会被处死。中国也许是世界上第一个对杀人凶手施行豁免的地区之一。

麦高温对清朝处理杀人案的认识不尽正确。的确，中国古代并没有对每个杀人犯都执行死刑。因为"孝""忠义"等的地位都高于"生命"，如果一个人是为父报仇或者是为民除害，或者杀人犯是九代单传、有一家子人要养活，或者干脆就是遇害者家属原谅了杀人犯，凶手都可能免于死刑。在"私了"的凶杀案件中,凶手逃脱死刑的情况可能存在,但是,这些都是特殊情况,不是普遍现象。"杀人偿命"依然是中国人根深蒂固的观念。

关于罪犯处遇。麦高温先描写英国监狱的罪犯处遇制度,然后阐述清朝对罪犯的处遇办法,两相比较的用意跃然纸上。英国为罪犯提供良好而充足的食物,给他们建造宽敞的房子,犯人生病的时候,还有医生为他们诊治,有让他们养病的医院。但是,清朝政府不这么认为,他们认为罪犯已经对社会做出了坏事,为什么还要为他们提供良好的生活条件,让社会为他们买单呢?"中国古人就说过,罪犯不应该成为社会的负担。这就成了中国人的真理。"[1]所以,清朝的罪犯必须依靠自己或者亲友的资助,如果他没有钱也没有亲友,官府会给他们提供一笔很微薄的救济,少到都不能保证人的正常生活需要。如果犯人生病或者死了,都和政府没有关系。对于那些罪恶深重的罪犯,清朝政府有独特而有趣的惩罚方式。有的时候,罪犯并没有被关在监狱里,而是被流放到遥远的省份。在流放地,罪犯只能靠乞讨为生,不停地从一个地方乞讨到另外一个地方。这样的惩罚看起来非常糟糕,但是国家不需要付出任何成本。罪犯从被流放的那一刻开始,到流放结束,都必须自食其力,依靠乞讨来养活自己。

麦高温描述了这样的罪犯。有一天,麦高温在拥挤的大街上遇到了四个上述的"游荡的罪犯"。看到他们就被那粗暴鲁莽的外貌震慑了,他们的相貌和城镇贫民窟中那些图谋不轨的坏人没有什么区别。他们很明显在外人面前装出凶恶的样子,以便能尽快敲诈到保护费。他们的头发蓬松四散,透过前额的缕缕头发放射出来的目光常常让商家们不寒而栗。他们的手腕和脚腕上系着一条又长又重的铁链,乞讨的时候故意将铁链弄得叮当作响,暗示他们的身份,提醒商家们如果不给钱他们就要拼命。"游荡的罪犯"们语气蛮横,行为跋扈,操着南方人很难听懂的北方口音。叮当作响的镣铐声响,凶狠专横的表情,让他们显得咄咄逼人,不讲道理。商家们面对这样的敲诈,只能忍气吞声地接受。而且,大家也知道得罪这些罪犯没什么好处,因为他们每个人都带有官府允许他们行乞的许可证。所以如果遇到他们,都扔给他们几个钱,让他们赶紧走开。这样看来,他们似乎不受法律的约束,给城镇带来了极大的危害。事实却并非如此,因为他们也知道,自己可以大声喧闹,可

---

〔1〕 〔英〕麦高温:《多面中国人》,张程译,黄山书社 2011 年版,第 205 页。

以把镣铐弄得叮当作响，但如果对人行凶的话马上会受到法律的严惩。当然，这不是说街头巷尾都有执法者在，一旦他们作恶的话就会将他们绳之以法。而是说他们随时处在法律的监视之下，保不准在围观的人群当中，就有某个苦力打扮、挥舞着旱烟杆的执法者，随时准备把他们投入大牢中去。

（2）西方人拍摄的刑杀影像

有关晚清时期中国的照片经制作和在世界范围内流通，使人们看到了中国的日常生活，其中就有包括拍摄的刑杀影像。1900 年 8 月，美、英、法、日、德、俄等八国联军入侵中国，成千上万的外国士兵和文官来到中国，许多人携带着小型相机。联军官兵在天安门前面聚集，紫禁城内汇集了众多外国军官，一名穿着平民服装的欧洲人像任何游客一样坐在太和殿的皇座上留影，这些宣示胜利的照片记录了西方人占领北京的情景，但没有记录他们的掳掠，摄影同时也记录下围捕和处死义和团的场景。

西方摄影师也拍摄了悬挂在柱子上示众的义和团成员的头颅，这些头颅是警告中国人的，但对享受治外法权——即外国国民受国外法律保护，不受中国法律管辖——的外国人却不属于警告。治外法权是第一次鸦片战争产生的特权，记载在 1842 年的《南京条约》里。治外法权使住在中国的西方人（有时还包括他们的中国助手和仆人）免受中国法律的处罚，因为西方人认为中国法律太残暴。为了证明治外法权这种特权的合理性，西方历史书用中国罪犯戴着颈枷（套在脖子上的方形木枷锁）的照片来解释。

"中国人残酷"的观念可以追溯到成吉思汗及蒙古游牧部族，客观地讲，这是西方人对蒙元西征的军事行动的认识和评价，因而"黄祸"的说法还属于暗示，但义和团使这种看法更加突出。这个想法在西方人的观念中根深蒂固，从来没有完全消除，虽然它们常常被一些良好的经历稍稍抚平。当然，西方人拍摄刑狱影像也有故意演戏作假的现象。例如，1890 年代有些照相馆仿制的"法庭判决"就是模仿桑德斯作品的拙劣山寨版，由威尔森摄影中心提供的这张照片是在照相馆模拟拍摄的，就连外国人斯利兹都说这些仿制品像"演哑剧，不像司法审判"[1]，显然这张"法庭照"是相馆模拟拍照的。

---

[1] ［英］何伯英：《旧日影像：西方早期摄影与明信片上的中国》，张关林译，东方出版中心 2008 年版，第 112 页。

图一：山寨版"法庭照"

1904 年晚清政府对王维勤执行死刑，凌迟处死。英国商人阿奇博尔德·立德，在前往新商埠登记途中见闻了此事，并做了现场记录。"我经过一条大街，街上挤满人群，都是来看凌迟处决的，我费劲地从人群中找条出路。这次处决比平常吸引更多的人，因为犯人是一位高官。这人在 1900 个暴动中杀害两个家族并谋取他们的财产，因而招致如此下场；不久前他被一位妇人检举，罪行定谳，因此执行处决。然而我不得不前往商埠登记，但是一位在刑场观看的欧洲人告诉我，这次情况很凄惨；处决有一定的程序，身上的肉块被一片一片剐下，向人群丢去，民众纷纷抢夺血淋淋的残骸。在中国，我们仍处于中古世纪。"[1]这些细节表明，这是某个人在现场确实看到的场景，立德承认他描述的细节是他听闻的二手资料。针对这一事件不可辩驳的照片和稍后在欧洲流传的其他几次凌迟处死的照片，之后又有评论家对这些细节详加阐述。例如，德国犯罪学学者罗伯特·海戴尔（RobertHeindl）也曾经出版过同样的处决照片，书中断言："我看见围观的人聊天、嬉笑，抽着纸烟，大啖水果！"[2]随着此类书籍的大量印刷发行，对凌迟的观察更加强化了对清朝残酷和野蛮的偏见。需要提醒的是，这些照片的注解是真的吗？

经过仔细检测调查这些照片，发现这类评论毫无事实根据。处决王维勤的照片就是这一系列照片之一，人们怀疑立德的话有假。因为这些照片中没

---

〔1〕 ［加］卜正民、［法］巩涛、［加］布鲁：《杀千刀：中西视野下的凌迟处死》，张光润、乐凌、伍洁静译，商务印书馆 2013 年版，第 234-235 页。

〔2〕 ［加］卜正民、［法］巩涛、［加］布鲁：《杀千刀：中西视野下的凌迟处死》，张光润、乐凌、伍洁静译，商务印书馆 2013 年版，第 235 页。

有一张是显示将"一块肉"扔向人群，也没有民众抢夺"血淋淋的残骸"的这些照片。至于德国犯罪学学者所言，目睹群众"嬉笑、吃水果"，没有照片为据。事实上，围观者的表情充满焦躁不安，与记录者的描述完全相反。以上现象如何理解呢？可以用角色理论来解释。角色有自然角色和人为角色两类，自然角色是自然而然非预先设定而呈现出的表现，人为角色是预先设定非自然而然呈现的表现。将被处死的人不需要给予任何角色，不被要求要表现出痛苦或忏悔，或是扮演某种镜像的角色，根据清朝律法规定，他仅仅是用以承受行刑的肉体，不会有人向他宣读些什么，大部分报道记录下的是将被处死者的沉默。有时，西方观察家们将犯人的沉默或被动归咎于鸦片，而在清朝似乎的确有一个共同的刑前程序，即对犯人使用鸦片，但是这种沉默也是由于缺少戏剧的需要。在西方文化中犯人将领衔主演，而在清朝没有这种环境需要犯人担任任何角色，因此无需遵照任何脚本。事实上，在清朝执行死刑过程中，领衔主演的是刽子手而不是被他处死的犯人，刽子手是国家最为暴力的公仆。

到 1890 年代，真实的砍头场面才被允许现场拍摄。晚清中国刑罚是西方摄影追逐的内容，摄影师觉得砍头值得被选出来拍摄记录，砍头和戴木枷的照片不仅迎合了市场需求，而且也与西方人心里早已留下的印象有关，也许它源自乔治·亨利·麦森所著《中国的刑罚》一书。该书中有中国囚犯被带到法庭接受各种酷刑的雕版图像，英国画家和雕版家戴德利把它们制成雕版，内文用英语和法语写成，图册的读者群广泛，再加上盗版翻印，这样读者就更多了。这些画不会使人厌恶，因为画家绘画的风格同绘画晚清中国日常生活的风格一样，而且并不乏魅力。以上照片不是当时流传晚清

图二：囚笼中的罪犯与观众

中国刑罚的仅有图像，因为有两个漫画式的中国人正在锯开一个人之类的平版印刷画就出现在当时欧洲和美国的杂志上。像桑德斯拍摄的这类晚清中国处决犯人的照片，从拍摄初期到以后几十年一直被复制成明信片，当然其中有的是过时的，上海本地人可以一目了然地辨别出来，但在遥远的西方人们却会以为

这是当下的真实反映，就这样，守旧不变的晚清中国形象便一直永久流传。

有些明信片属于由照相馆拍摄戴木枷囚犯的着色明信片，例如，照片中囚犯戴木枷游街示众。西方人拍摄的刑狱影像表明，清朝刑罚的惩罚严厉性与犯罪人的犯罪行为残酷性没有什么两样。清朝前后的西方人都认为中国人的残暴独一无二，义和团的行为加深了这个看法，不过这看法早就存在了，而传教士正是这个看法的传播人。西方人描绘拍摄清朝刑罚的做法，无疑激发起了晚清中国人客观反映刑罚情况的勇气和态度，中国自己人也充分认识和体会到了刑罚残酷等问题并以绘画拍摄的形式展现出来。例如，由汇丰银行提供的中国艺术家画的两副水彩画，图四题名"平民罪犯"，画面中犯了罪的平民百姓被禁锢在搭成木架子的颈手枷中动弹不得；图五题名"贵族罪犯"，画面中犯了罪的贵族被二名行刑人员用红绸子绕住脖子行刑勒死。

图三：示众的戴枷犯人

图四：平民罪犯　　　　图五：贵族罪犯

（3） 西方人流行明信片中的刑狱影像

照片复制、印刷技术、旅游业和邮政体制的长足发展，使明信片广泛流传起来。西方人不仅拍摄有关晚清中国的照片影像，而且还把它们制作成明信片。明信片是专供写信用的硬纸片，邮寄时不用信封，也指用明信片写成的信，明信片可以发挥"雁过留声"的功能作用，这样西方民众不出国门便能见到更多的晚清中国异域图像了。1900 年前的晚清中国明信片，有的是在日本、德国、法国、俄罗斯制作的，有的是在中国本地制作的，经上海、香港、天津、汉口和青岛等口岸，发往国内外。有关晚清中国题材内容的这些明信片会引发没去过清朝帝国的人们看到晚清中国的遐想。1900 年的义和团运动进一步刺激了明信片的流行，来到晚清中国的无数外国军团，纷纷把话语写在明信片上送到海外的家人手中，1904 年日俄战争的爆发刺激了明信片在日本的大量需求。

晚清中国明信片展现的内容如同晚清中国照片一样，同样是内容丰富多样，其中有些内容虽然不是晚清中国特有，但西方长期把它们同晚清中国联系起来，如行刑和砍头示众。基于砍头的照片非常流行，这类明信片更是多不胜数，而且明信片上的景象可能以一种有品位的构思而设计展示出来。例如，明信片一：囚犯被关在笼里、戴木伽和被捆绑着，但是上面却印上花鸟素描来美化装饰，用图案来增强明信片的正反效果。

明信片一：笼子里的囚犯、戴木枷的囚犯、被捆绑着的囚犯

明信片上的影像本身就是极有价值的历史事实信息资料记录，明信片上的文字更是起到了锦上添花的作用，因为它添加了更多的信息。当然，有些文字能反映出明信片寄发人的心态。明信片作为商品买卖，不仅表现了市场需求，而且也反映了西方人的观念想法。展示刑罚和砍头场面景象的明信片在社会上流行，与其说凸显了晚清中国的刑狱情况，还不如说反映了西方人的心思口味。例如，明信片二登载了多次复制的照片，题为"中国人处决海盗"，明信片二的影像中，刽子手双手把大刀举过头顶，旁边另一个人面对跪着的罪犯把该罪犯的辫子逆向拉起，以便腾出脖子让刀砍。"这是令人震惊的场面，更教人吃惊的是下面的褪色的文字：你务必不要得出这样的结论：中国人留辫子的原因是必要时方便砍头。"[1]

明信片二：中国人处决海盗

还有一张法文明信片即明信片三，影像内容展示了挂笼里的三颗人头，笼子挂在墙上，中国人则在下面行走；同一张照片并排复印两次，一张照片下面有几行法文说明云南的三重死刑，另一照片下面用粗体大写字母写着："咖啡，巧克力，阿尔弗雷德·玛利亚·凡尔赛。"这张图片展示在一个法国"历史明信片"经销商的网站上，是他的存货。显然，这是用以促销咖啡和巧克力的手段方法，但是明信片的品味和识别能力都发生了变化。2006 年在欧洲巡回明信片集市上的一位经销商说，东方死刑场面几乎和维多利亚

明信片三：枭首示众

---

〔1〕 ［英］何伯英：《旧日影像：西方早期摄影与明信片上的中国》，张关林译，东方出版中心2008 年版，第 132–133 页。

时代的袒胸妇女照片及小狗小猫等宠物照一样。

明信片四：中国死刑与戴足枷的囚犯

明信片五：示众的罪犯

明信片六：处斩犯罪人

明信片七：颈手枷的犯人

明信片八：戴枷的犯人

收集明信片的人以不同方式来使用和解释明信片，有贴在剪贴窗的，有保存在私人相册里的，有镶上相框作为礼品送人的，有放在架子上展示的，有作为纪念品收藏的。这些明信片传递着异国他乡真实生活的讯息，是没到过晚清中国的西方人接触不到的，因而具有吸引的魅力，明信片上的信息促使看到的人们浮想联翩。犯人所加戴的木枷，有的只锁住犯人的脖子，有的既锁住犯人的脖子又锁住犯人的双手，显然被锁住脖子和双手的犯人是重刑犯。即使是只锁住犯人的脖子的枷，也沉重地压得犯人只能伏地而跪，好让巨大而沉重的枷锁垫在监狱里的地上，每个人被扭曲的脖子会使看到这些图片的人意识到他们生不如死的惨状。示众的犯人，脚上加戴着木枷，双手还被绑在背后十字架的横杆上，其惨状同样令人胆战心惊。

（4）西方人照片、明信片中刑狱影像的特点

配有文字的绘画、照片和明信片都是信息综合体的一个组成部分。涉及晚清中国事物时，西方人跳不出东方主义框架，西方人思考中国的东方主义方法是有局限的，它摒弃了对东方的其他思维方式。专门拍摄晚清中国照片的用心和做法，不论是故意还是无意，客观上都助长了东方主义思维模式占据主导地位的成见，西方人士有意拍摄晚清中国刑罚和死刑的行刑场面便是无可辩驳的例证。曾居住在上海的美国商人和作家卡尔·克劳（1884 年—1945 年）在 1930 年代说过这样一句话："他们到中国来制服邪恶，带着敏锐的眼睛搜寻古老的敌人。任何人在世界任何地方寻找邪恶都能毫不费力找到，而持之以恒坚持举证邪恶的人，莫过于来中国工作的传教士，因为在那里邪恶不仅很普遍，而且以许多巧妙的掩盖形式出现。"〔1〕可见，"中国人残暴"的观念渗透进了某些人的头脑里，无疑西方人拍摄制作的刑狱影像的照片、明信片起了引导作用。

这些信息资料集中反映了西方人对中国历史和文化，尤其是刑狱文化的独特视角。照相机客观记录现实，或反照实物的模样，但也可能扭曲、理想化、美化或简单化它的拍摄对象。因此，殖民时代照相机记录的晚清中国，与其说是忠实复制了当时的晚清中国，不如说它是一种选择性的对晚清中国的诠释，因为摄影师在决定拍什么和照片会产生什么效果时会加上自己的品

---

〔1〕 ［英］何伯英：《旧日影像：西方早期摄影与明信片上的中国》，张关林译，东方出版中心2008 年版，第 144 页。

味、标准、要求、取态、偏见甚至主题。由于这些书的作者大部分是汉学家、在华外交官、旅行家、建筑师、摄影师、探险家和传教士，有的甚至是英法联军和八国联军的成员。他们眼中所看到并用笔记录、用画笔描绘的和用照片记录下来的北京风貌、庭审、行刑的场面，往往是同时代中国作者所看不到和无法记录的。这些从西方人的视角来看晚清中国历史的图片和文字具有以下几个鲜明的特点：其一，它们大多是现场的目击报道，属于第一手的原始资料；其二，它们对于历史事件的观点和看法往往与中文史料中的观点和看法相左，为我们研究历史提供了一个客观的参照物；其三，它们所报道的一些事件和晚清中国社会生活的细节往往是中文史料中的盲点，是别处找不到的珍贵史料；其四，西方人关于晚清中国报道的系统性和连续性往往也是同时期中文史料所不能企及的。

（二）近代中外战争之结果

1. 早期对外关系

中国古代各个朝代对外关系的主要内容是与周边亚洲国家的关系，以"朝贡外交"为基本特征。清朝的周边亚洲国家，主要包括东亚的朝鲜、琉球（今日本冲绳），东南亚的苏禄（今菲律宾苏禄群岛）、安南（今越南）、南掌（今老挝）、缅甸、暹罗（今泰国），中亚的浩罕（今乌孜别克斯坦费尔干州）等政权。按照传统的朝贡外交模式，清廷在"天朝"尊严得到满足的前提下，原则上不干预藩属国的内政。与前代相比，清朝对外关系的具体内容出现了很大变化，其主要表现就是交往范围扩展到欧洲诸国，与周边亚洲国家关系的重要性则正在逐渐削弱。然而，清朝统治者基本上没有明确认识到这个变化，仍然用朝贡外交的眼光看待西方国家，从而使自己在对外交往中日益被动，穷于应付，没能主动接触西方文化。不过，由于"康乾盛世"国力强大，清朝统治者对外国的侵略行为进行了坚决反击，维护了国家版图的完整。

较早对清朝版图构成威胁的西方国家是沙皇俄国。16世纪下半叶，沙俄越过乌拉尔山进入西伯利亚，到17世纪30年代时，已将势力拓展到东北亚地区。清崇德八年（明崇祯十六年，公元1643年），以俄国波雅科夫为首的远征队首次侵入黑龙江流域。此后，俄国人频繁出没于中国东北边疆，在雅克萨（今俄罗斯阿尔巴津城，在黑龙江漠河县对岸）修筑城堡，进行殖民活动；同时，也通过官方使团和商队与清朝建立了外交、贸易关系。康熙前期，清朝多次与俄国进行外交磋商，要求拆除殖民据点，停止侵扰，均未奏效。康熙二十四年（公元1685年），经过周密准备，清朝军队进围雅克萨，城中俄军投降。但是，清朝军队收复雅克萨后并未留兵镇守，而是撤回瑷珲，以至俄国军队卷土重来再次侵占了雅克萨。二十五年，清朝军队再次将雅克萨围困起来。俄国政府被迫同意清朝的要求，就边界问题进行外交谈判，于是清朝撤回军队。

康熙二十八年（公元1689年）七月，清朝政府的使团与俄国政府的使团在尼布楚（今俄罗斯涅尔琴斯克）举行谈判，最终签订《尼布楚条约》，这是清朝与外国缔结的第一个正式条约。《尼布楚条约》共分六款，其中最主要的内容是规定以额尔古纳河、格尔必齐河、外兴安岭一线作为中俄两国的东段边界线，邻海的乌第河与外兴安岭之间地区待议；还就两国互不收纳逃人、居民不得擅自越界以及贸易互市等问题作了具体规定；确认外兴安岭以南、包括雅屯萨城在内的黑龙江、乌苏里江流域大片土地为中国领土。为此，中方也作出让步，将原为清朝属下茂明安、布拉特等部游牧地的贝加尔湖以东至额尔古纳河，包括尼布楚在内的地区划归俄国。《尼布楚条约》是中俄双方在平等的基础上签订的，其效果就在于阻止了沙俄向黑龙江流域的扩张，保障了清朝东北边疆的安定。《尼布楚条约》签订后，中俄贸易关系有了很大发展，但由于中段边界未定，时常发生的纠纷影响了正常的贸易往来。以后，两国重开边界谈判，1727年签订《布连斯奇条约》。《布连斯奇条约》其中规定，以恰克图（今属俄罗斯）和鄂尔怀图山之间的第一个鄂博[1]为起点，向东至额尔古纳河、向西至沙毕纳伊岭一线，以南属中国，以北属俄国。接着双方派官员沿线勘界，树立界标，订立《阿巴哈依图界约》《色楞格界约》两个具体细则。但由于清朝上层政治斗争的影响，谈判期间更换了代表，而且清朝大臣不熟悉边界勘测工作，致使俄国在这次谈判签约过程中将强占的一些蒙古牧地明确据为己有。尽管如此，也遏制了沙俄对漠北蒙古土地的进一步侵占，较长时间内保持了中俄中段边境的安宁局面。

乾隆后期，清朝还曾挫败廓尔喀入侵西藏的企图。廓尔喀原是尼泊尔的

---

〔1〕 鄂博亦称敖包，由土石砌成冢型，是蒙古人祭祀自然神的场所，在草原上常见。

一个部落，18 世纪中叶强盛起来，统一了尼泊尔全境。1788 年，廓尔喀借口西藏地方政府征收过境商税过重，派兵进犯西藏。清朝随即调遣军队入藏应援，廓尔喀要求谈判，清朝军队将领姑息约和。1791 年，廓尔喀再度兴兵入侵西藏，偷袭日喀则，洗劫班禅所驻扎什伦布寺。乾隆皇帝派两广总督福康安指挥军队援藏。1792 年，清朝军队大举反击，收复西藏失地，并乘胜攻入廓尔喀境内，距其都城阳布（今尼泊尔加德满都）仅数十里。廓尔喀国王乞和，清朝考虑到时届深秋、喜马拉雅山区早寒，恐大雪将至，进退失据，遂允和班师。廓尔喀进贡请罪，将掳掠所得人口、财物交还，表示永不再犯。这次反击战促使清朝整顿西藏地方行政，随即颁发《钦定西藏章程》，更加强化了对西藏的管辖。

2. 不平等条约

从第一次鸦片战争以后，由于清朝政府的腐败、国力日衰，签订了一系列不平等条约。在地理位置方面，俄国与中国北部接壤，其他西方国家远在中国万里之外。在鸦片战争之前，除俄国之外的其他西方国家主要是通过海路与清朝发生联系。这些西方国家一时还不能对清朝疆土构成直接威胁，但频繁在中国东南沿海活动，要求扩大对华贸易范围，开拓中国市场，已非清朝的朝贡外交所能笼络。面对当时的形势，清朝被动应付，采取"闭关政策"作为对待西方国家的基本方针，即尽可能控制贸易、隔绝交往。从作用效果上看，清朝的闭关政策虽有一定的自卫作用，但实际上无法真正消除来自西方的潜在威胁，反而妨碍了中西方之间的正常了解和顺利对话，反而加深了隔阂和矛盾。

清朝初期，为对付台湾郑成功集团，厉行海禁，严禁民间船只私自出海，违者本人正法，货物没官；迁海令强迫海岛及沿海居民内迁数十里，设界不得逾越。因而，对外贸易和沿海经济深受影响。1685 年，康熙平定台湾后，解除海禁，指定澳门（后改广州）、漳州（后改厦门）、宁波、云台山四地为对外通商口岸。到 1757 年时，又将通商口岸缩减至广州一处，具体对外贸易事项皆由官府指定的广州十三行行商代理，充当清廷与外商的中介。1759 年，两广总督李侍尧奏请制订《防范夷商规条》，规定"防夷五事"，其中包括禁止外商在广州过冬（必须冬住者只能转往澳门）、外商到粤须由十三行行商负责管束稽查、禁止华商借贷外商资本及外商雇佣中国仆役（官府指定的通事、买办除外）、禁止外商雇人往内地送信或调查物价、在外国商船停泊处派兵弹压监视，以后又多次续颁补充条款。1809 年颁行《民夷交易章程》，1831 年制订《防范夷人章程八条》。1835 年发布《防夷新规八条》，除重申旧有限制之外，又设置了一系列新限制，如禁止外国妇女随从外商进入广州，禁止外商乘坐肩舆，禁止外国护货兵船驶入内洋等。规定这些烦琐限制的真实目的主要在于"防民""立中外之大防"，担心外国人与内地的"不法之徒"互相勾结。虽然清朝以"天朝大国"自居，所定税额很低，但税制紊乱、税则不明、附加税名目繁多，官员、吏役、行商上下其手而牟利，外商怨声重重。对华人出洋贸易同样限制甚严，对其船只形制大小、货物品种数量、商贩水手人数、往返期限等都有非常严格的规定。

到 18 世纪中期以后，葡萄牙、西班牙、荷兰等西方国家在东方的势力已经衰落，英国逐步掌握了海上霸权，成为清朝外交交涉的新对手。在对华贸易额最高的欧洲国家中，英国不甘心长期入超，力图进一步开拓中国市场，平衡贸易逆差，在 1792 年派出以孟加拉总督马戛尔尼为首的庞大使团，借为清朝乾隆皇帝祝寿之名，出使清廷。第二年，马戛尔尼使团到达热河行宫，受到隆重款待，然而在觐见乾隆皇帝礼仪的问题上与清朝官方发生分歧，拒绝按清朝传统行跪拜礼。对此，清廷称"向闻西洋人用布扎腿"，对其"跪拜不便"表示理解，但仍然劝说"叩见时暂时松解，行礼后再行扎缚，亦属甚便"[1]。最终双方达成折中意见，改行免冠屈一膝之礼。乾隆皇帝对英国使团的"妄自骄矜""无福承受恩典"十分不悦，一概拒绝英方提出的改善贸易条件、增开通商口岸的诸项要求。在回复给英国国王的国书中，清朝乾隆帝宣称"天朝物产丰盈，无所不有，原不藉外夷货物以通有无，……今尔国使臣于定例之外多有陈乞，大乖仰体天朝加惠远人、抚育四夷之道"，"念尔国僻居荒远，间隔重瀛，于天朝体制，原未谙悉，是以命大臣等，向使臣等详加开导，遣令回国"[2]。马戛尔尼使团无果而终，只好怏怏返回英国。1816 年，英国又派阿美士德率团使华。嘉庆皇帝吸取前次经验，事先谕令务必将使团的礼节"调习娴熟"，方许入觐。然而，阿美士德使团不肯就范，于

---

〔1〕 见《清高宗实录》卷一四三二乾隆五十八年七月上。
〔2〕 见《清高宗实录》卷一四三五乾隆五十八年八月下。

是觐见一事流产。嘉庆皇帝非常恼怒，敕谕英王"至尔国距中华过远，遣使远涉，良非易事。且来使于中国礼仪不能谙习，重劳唇舌，非所乐闻。天朝不宝远物，凡尔国奇巧之器，亦不视为珍异。……嗣后毋庸遣使远来，徒烦跋涉。"[1]

英国使团访华引起的两次"礼仪之争"，充分反映出中西方政治、文化观念之间存在的难以逾越的鸿沟，预示着在即将日趋频繁的接触当中双方还需要经历一个长期的艰苦的彼此碰撞并适应的过程，也反映出清朝统治者对世界局势的茫然无知和妄自尊大。对此，马克思一针见血地指出："一个人口几乎占人类三分之一的幅员广大的帝国，不顾时势，仍然安于现状，由于被强力排斥于世界联系的体系之外而孤立无依，因此竭力以天朝尽善尽美的幻想来欺骗自己，这样一个帝国终于要在这样一场殊死的决斗中死去。"[2]在18、19世纪之交，鸦片大量输入中国，逐渐改变了中西贸易的顺逆差关系，终于使中国的对外贸易由出超变为入超，白银大量外流，国家财政受到严重影响。清廷被迫采取严厉禁烟措施，与英国利益形成冲突，而早有战争准备的英国决计用炮舰打开清朝关闭的大门。1840年，鸦片战争爆发，战败的清朝政府一发不可收拾，在以后的第二次鸦片战争、甲午海战、八国联军侵华等战争中，先后与外国列强签订了一系列不平等条约。

（1）中英《南京条约》

1842年8月29日，清朝政府派遣的代表耆英和伊里布钦差大臣与英国政府代表璞鼎查在停泊于南京江面的英国"康华丽"号船上签订《南京条约》。《南京条约》是中国近代史上的第一个不平等条约，条约共分十三条，主要内容包括：第一，五口通商，清朝政府开放广州、厦门、福州、宁波、上海五处为通商口岸，准许英国人居住贸易；第二，割让香港，清朝政府将广东省宝安县的一个沿岸小岛香港割与英国；第三，赔款2100万银元，其中包括赔偿英国鸦片烟价600万银元，军费1200万银元和行商债务300万银元；第四，协定关税，英国商人"应纳进口、出口货税、饷费，均宜秉公议定则例"；第五，废除公行制度，取消过去英国商人只准与清朝政府所指定的行商进行贸

---

[1] 见《清仁宗实录》卷三二〇嘉庆二十一年七月。

[2] ［德］马克思：《鸦片贸易史》，载中共中央马克思恩格斯列宁斯大林著作编译局编：《马克思恩格斯选集》（第二卷），人民出版社1972年版，第26页。

易的限制，规定英商"勿论与何商交易，均听其便"。

1843 年 7 月和 10 月，英国政府又强迫清朝政府先后签订了中英《五口通商章程》和《虎门条约》，作为中英《南京条约》的附件。这些附件使英国人又在中国得到许多特权，其主要内容是：第一，领事裁判权，通商口岸发生中英商民纠纷，英国人"由英国议定章程、法律，发给管事官照办"，即英国人不能由清朝政府根据清朝法律处理，而要由英国领事按照英国法律处理；第二，片面最惠国待遇，《虎门条约》规定："设将来大皇帝有新恩施及各国，亦应准英人一体均沾，用示平允"，即清朝政府答应将来给予其他国家的任何权利，英国都可以同样享受；第三，低关税，英商货物的进口关税一般为值百抽五；第四，租屆，英国人可以在通商口岸租地造屋，永久居住；第五，外国军舰常驻中国港口，《虎门条约》规定"凡通商五港口，必有英国官船一只在彼湾泊"，所谓英国官船实际就是军舰，英国军舰可以常驻通商口岸。

通常把《南京条约》及其附件统一视为一个条约，打破了清朝政府的闭关政策，中国东南沿海的大门被打开，中国关税自主权被剥夺，英国商品以及鸦片能够更容易地打入中国市场，过低的关税致使中国的民族工业受到挤压。《南京条约》使中国丧失了领土和承受巨额赔款，中国的海防失去了保障，中国司法主权也遭到破坏，对中国社会形成极强烈的冲击，中国国家性质也发生了变化，从一个实行封建制度的国家逐渐转变成半殖民地半封建的国家，从而改变了中国的历史进程。

（2）中美《望厦条约》

中英《南京条约》签订的消息传到美国之后，1842 年 12 月 30 日，美国总统泰勒向国会报告了这项条约的内容，并建议与清朝政府签订同样内容的条约。1843 年初，国会两院都通过了总统的建议，决定派人出使中国，泰勒总统任命律师、国会外交委员会委员顾盛为特使。1843 年 5 月 8 日，国务卿韦伯斯特向顾盛下达了详细的指示，即"为美国船只和货物争取按照英国商人享受的同样优惠条件进入"开放的五个通商口岸，"如果可行的话，你最好能到达北京和宫廷，面见皇帝"，并争取缔结类似英国同中国缔结的那种条约。

1844 年 7 月 3 日下午，由清朝政府派遣的两江总督耆英与美国政府的代表顾盛签订《中美五口贸易章程》，即《望厦条约》。《望厦条约》是由美方议定的，共 34 款及税则，其中部分内容与中英《虎门条约》相似：广州、福州、宁波、厦门、上海等五个口岸对美国开放；美国人在华享有最惠国待遇；美国可以在这些口岸派驻领事；美国人可以携带家属在此居住，租赁民房，或租地自建房屋，并设立教堂、医院等；美国官民可以聘请中国人教授语言和办理文书工作；中国关税要作变更，须经美国方面同意；美国若有国书要交给中国朝廷，由办理外国事务的钦差大臣，或两广、闽浙、两江总督代奏；由于各个口岸情况不一，有关贸易和海面管理各款会有需要略改之处，可以在十二年后由双方派人修订等。《望厦条约》的突出之处是对领事裁判权作了更为明确的规定，分列于下述几条之中：

第二十一款，"嗣后中国民人与合众国民人有争斗、词讼、交涉事件，中国民人由中国地方官捉拿审讯，照中国例治罪；合众国民人由领事等官捉拿审讯，照本国例治罪；但须两得其平，秉公断结，不得各存偏护，致启争端。"

第二十四款，"合众国民人因有要事向中国地方官办诉，先禀明领事等官，查明禀内字句明顺、事在情理者，即为转行地方官查办。中国商民因有要事向领事等官辩诉，先禀明地方官，查明禀内字句明顺、事在情理者，即为转行领事等官查办。倘遇有中国人与合众国人因事相争不能以和平调处者，即须两国官员查明，公议察夺。"

第二十五款，"合众国民人在中国各港口，自因财产涉讼，由本国领事等官讯明办理；若合众国民人在中国与别国贸易之人因事争论者，应听两造查照各本国所立条约办理，中国官员均不得过问。"

这些规定使得在中国领土上的外国人可以不受中国法律的管辖，严重地破坏了中国主权的完整。与《南京条约》相比，《望厦条约》使中国给予了美国更多的权益，把中美两国国家关系从一开始就建立在不平等的基础上。美国获得的更多权益，没有靠军队的一枪一弹，基于这个特点，《望厦条约》成为以后法国、比利时等国同清朝政府签订条约的蓝本。回顾来看，《望厦条约》的签订过程，一方面反映了美国殖民主义者以最低代价扩大在华权益的意图，另一方面表明清朝统治者并没有从鸦片战争的失败吸取多少教训，而是怀着旧观念敝帚自珍，为了坚持旧的制度，不让外国人进京，清朝政府宁可在其他方面牺牲主权和国家利益。

(3) 中法《黄埔条约》

鸦片战争爆发后，法国就准备向中国扩张，当时法国在清朝的商业利益很小。1841年法国政府派真盛意来中国进行调查，试图扩大法国的利益。中英《南京条约》签订后，法国也想得到同样的利益。1844年8月，法国政府派遣曾任驻希腊公使的剌萼尼为专使率领军舰八艘到达澳门。剌萼尼详细地研究《南京条约》和《望厦条约》的内容，了解英国、美国与清朝政府的谈判情况，分析了清朝政府的状况，找出了清朝政府的弱点，于是大肆放出风声要清朝政府割地，要北上面见皇帝，讹诈清朝政府。1844年10月初，清朝政府不得不再次派耆英与法国代表剌萼尼开始谈判。由于有了多次谈判的经验，耆英弄明白法国的关键要求是得到商业利益，根据清朝政府一视同仁的政策，耆英很快就答应了法国代表提出订立商约的要求。

1844年10月24日，在停泊于广州黄埔的法国"阿吉默特号"军舰上，清朝政府的代表耆英与法国代表剌萼尼签订了《中法五口贸易章程》及附件《海关税则》，这就是通常所说的《黄埔条约》。《黄埔条约》共三十六款，根据这项条约，法国与英国、美国一样得到五口通商、协定关税、领事裁判权和片面最惠国待遇等项重大特权，而且还获得了其他一些新特权。例如，《黄埔条约》第二十二款规定，法国可以在通商的五个口岸建造教堂、医院和学堂，并或租赁房屋及行栈贮货，或租地自行建屋，而且占地面积多少和建屋多少都不受限制。这一条还进一步规定，若有中国人损坏法国人的教堂和墓地，"地方官照例严拘重惩"。倚仗这一条，法国天主教势力在清朝版图上得以卷土重来。

(4)《天津条约》《北京条约》

1858年6月26日、27日，清朝政府的全权代表大学士桂良、吏部尚书华沙纳分别同英国、法国代表签订了《中英天津条约》《中法天津条约》。这两份条约内容不尽相同，但由于西方列强无限制地使用以前得到的片面最惠国待遇，即"一个国家在中国获得的特权，其他国家同样享受"，这两个条约的主要内容如下：

第一，公使驻京。根据中英条约的规定，公使可以在北京"长行居住，或能随时往来"，并规定觐见皇帝时所行礼节同觐见欧洲各国君主一样。清朝政府应派一名大学士尚书负责与公使办理各种公务和文件往来条约。还规定驻在各个开放口岸的领事的地位相等于道台，副领事翻译官相等于知府。

第二，内地游历。条约规定外国人可以持照到中国内地各处游历传教。

第三，长江开放和加开口岸。中英条约规定，长江沿线开放三处口岸（后定为汉口、九江和镇江），加开牛庄〔1〕、登州〔2〕、台湾、潮州〔3〕、琼州〔4〕为通商口岸；中法条约又加开淡水和江宁两处为通商口岸。西方列强可以在各通商口岸停泊军舰。

第四，修订税则。明确认定当时的税收较高，需要重新修订。同时规定减轻商船吨税。

第五，赔款600万两。其中，赔偿英国400万两，赔偿法国200万两。

中英条约还特别规定，若双方在条约文本上出现争议，以英文本为准。《天津条约》最后规定，经缔约国双方政府批准后，于下一年在北京交换批准书。

就在中英、中法《天津条约》签订之前，俄国与美国已经分别跟清朝政府签订了新条约。1858年6月13日，中俄签订《天津条约》。《中俄天津条约》同意就东北的边界进行勘查，给予俄国在中国沿海开放口岸通商的权力、领事裁判权和片面最惠国待遇等特权。1858年6月18日，中美签署《天津条约》。中美签署《天津条约》规定，美国公使每年可以到北京暂住一次，但若中国许可别国公使常驻北京，则美国公使也一律照办；美国人有在中国沿海的贸易权；美国军舰可以在通商口岸巡查；美国享有最惠国待遇；中国保护传教士和教徒等。

中美签署《天津条约》还特别规定，中美和平友好，今后若中国同他国发生争执，"一经知照，必须相助，从中善为调处"。这条规定表明美国对华政策与他国有所不同，增加了清朝政府对美国的好感，为以后美国扩大在华影响奠定了基础。

1858年11月，清朝政府与英国、法国、美国分别签订了《通商章程善后条约：海关税则》。这份条约规定的内容主要包括：

第一，对进出口的货物一律按值百抽五征收关税，洋货运往中国内地及

---

〔1〕 今营口。
〔2〕 今烟台。
〔3〕 今汕头。
〔4〕 今海南省。

输出中国土货再一律抽 2.5% 的子口税，其他各项内地税全免。

第二，鸦片列在药材的项目下，以"洋药"的名义，可以合法进口，每百斤交进口税 30 两银。

第三，许多外国消费品，如烟酒等都免税进口，理由是这些商品都只供外侨使用。

第四，各通商口岸的税收要"划一办理"，并聘请外国人"帮办税务"，即管理海关。

《天津条约》及相关商约的签订迫使清朝政府不得不抛弃对"夷"的鄙视，承认欧洲列强与清朝具有同等的交涉地位，从而彻底打破了清朝政府的闭关政策。外国商品进入中国更加容易，外国人可以游历中国各地，外国使节常驻北京，领事裁判权等规定，使西方列强有可能进一步从政治上、经济上、文化上和司法上扩大对中国的影响，外国军舰可以随意驶入中国港口严重地威胁到中国的安全。

1860 年 10 月 24 日、25 日，清朝政府的议和代表恭亲王奕䜣代表清朝政府与英国、法国代表分别交换了《天津条约》的批准件，此外还签订了《继增条约》，即《北京条约》。实际上，清朝政府无条件地接受了英国、法国提出的全部要求，中英、中法《北京条约》的主要内容包括：

第一，对英国、法国的赔款都增加到 800 万两。

第二，增开天津为通商口岸。

第三，割让香港对岸九龙司一处给英国（即九龙半岛南端界限街以南的地区）。

第四，准许中国人与英国人、法国人订立合同，到英国、法国属地或海外其他地方做工。

第五，偿还以前没收的天主教堂财产，"并任法国传教士在各省租买天地，建造自便"。

正当 1860 年 10 月英法联军攻占北京的时候，沙俄驻华公使伊格纳切夫以调停人的身份，迫使清政府同英国、法国分别签订了《北京条约》。随后，英国、法国军队退出了北京城，伊格纳切夫就以调停有功为由，向清政府提出新条约草案，还威胁逼迫清朝代表"若不同意新条约，他将让英国、法国联军从天津返回北京"。清朝政府害怕俄国与英国、法国勾结起来成为祸患，就于 1860 年 11 月 14 日同俄国签立了《北京条约》。《中俄北京条约》的主要内容有：

第一，确认《瑷珲条约》的规定，把黑龙江以北的六十万平方公里土地划归俄国所有，还把乌苏里江以东约四十万平方公里的土地也划归俄国，唯"遇有中国人住之处及中国人所占渔猎之地，俄国均不得占，仍准由中国人照常渔猎"。

第二，确认俄方提出的中俄西段边界走向，"此后应顺山岭、大河之流及现在中国常驻长伦（哨所）等处，及一千七百二十八年即雍正六年所立沙宾达巴哈之界碑末处起，往西直至斋桑淖尔湖，自此往西南顺天山之特穆尔图淖尔（伊塞克湖），南至浩罕边界为界"。这就为俄国以后进一步占据中国西部领土制造了"条约根据"。

第三，俄国取得在库伦、张家口、喀什噶尔等地免税贸易，设立领事并享有领事裁判权。

（5）《马关条约》

甲午战争清朝战败，1895 年 4 月 17 日，清朝政府的代表与日本代表在日本马关签订《马关条约》。《马关条约》是在日本的压力下清朝政府的代表被迫签署的，其内容极为苛刻，其主要内容如下：

第一，清朝政府承认朝鲜为"完全无缺之独立自主国"，"该国向中国所修贡献典礼等，嗣后全行废绝"；

第二，清朝政府割让辽东半岛、台湾全岛及所有附属岛屿、澎湖列岛给日本；

第三，赔偿日本军费库平银二万万两，七年内分八次交清，在第一次付款后，其未付之款应按年加抽一百分之五利息，如三年内能全数还清，或免除利息；

第四，开放沙市、重庆、苏州、杭州为商埠，日本得在这些通商口岸设立领事馆；

第五，此条约经双方批准后于 5 月 8 日在烟台换约，换约后日本军从中国境内撤出，但为保证本条约各款的"认真实行"，清朝政府应"听允日本军队暂占山东省威海卫"，直至中国交清赔款、双方订立通商行船条约并批准互换为止，清朝政府还应支付日本驻军费用，每年 50 万两。

《马关条约》是继《南京条约》《北京条约》后清朝政府与外国签订的最

为屈辱的不平等条约。根据《马关条约》，1896 年 7 月中日双方签订《通商行船条约》，清朝政府给予日本领事裁判权和片面的无条件的最惠国待遇，日本从此同西方列强一样在中国享有种种特权。甲午战争之后，帝国主义列强看到清朝政府软弱无能，纷纷提出各种理由要求占据一块中国领土，从各个方面扩大其在华利益，甚至开始谋求建立势力范围。为求得表面上的和平，清朝政府就与外国签订了大量的条约协定，或用照会形式接受了列强的利益要求。

（6）《胶澳租界条约》

为便于在太平洋的扩张，德国早就想在中国沿海得到一个基地。恰在此时，山东发生了德国教案事件。德国天主教传教士在山东曹州各县唆使教徒欺压当地居民，引起公愤。1897 年 11 月 1 日，两名德国传教士在钜野县被杀，随后济宁、菏泽、单县等地也发生了群众焚毁教堂、打伤传教士的事件。于是，德国便以保护德国侨民为由命令舰队开往胶州。1897 年 11 月 14 日，德国军队逼迫清朝守军退出炮台，清朝军队奉命没有进行抵抗。1897 年 11 月 15 日，德国军队进占胶州城。1898 年 3 月 6 日，清朝政府与德国签订了《胶澳租界条约》，德国通过这个条约不仅以租借地形式占据了胶州湾，而且把山东全省变成了德国的势力范围。该条约的主要内容有：

第一，清朝政府将胶州湾一带地区租借给德国，租期 99 年，在租期内由德国管辖。离胶州湾沿岸潮平 100 里内，德国军队可以自由通过；但清朝政府在此区内发布命令，采取任何措施，派驻军队，事先都必须得到德国的同意。

第二，准许德国在山东建筑两条铁路，第一条起自胶州湾直达济南及山东边界，第二条从胶澳经沂州至济南。在铁路两旁 30 里内，准许德国人开矿。

第三，山东省内举办任何事业，如需用外国人或用外国人资本或用外国料物，须先商请德国厂商承办。

（7）《旅大租地条约》

趁清朝政府向俄国求援之际，俄国也像清朝政府提出了要求，"或请中国指定海口，俾泊俄舰，示各国中俄联盟之证，俄较易藉口，德或稍敛迹。"清朝政府竟然听信俄方，允许俄国舰艇驶入旅顺水面，1897 年 12 月 14 日，俄国舰队开进旅顺港。在俄国的压力下，1898 年 3 月 27 日，清朝政府的代表与俄国代表在北京签订了《旅大租地条约》，5 月双方又在俄国订立了《续订旅大租地条约》。这两个条约的主要内容有，把旅顺口、大连湾及其附近海面租给俄国，租期 25 年，如经双方同意还可延长；在租期内旅顺口和大连湾完全由俄国管辖；允许中东铁路公司修筑一条铁路支线，以便连结旅顺口和大连湾。这样，东北三省就成了俄国的势力范围。

《南京条约》等不平等条约没有给列强带来足够的利益，为了能够彻底打开中国门户，英国、法国等列强在修约不成的情况下，不惜找借口对清朝政府发动新的一次又一次的战争。然而，既不明白列强战争意图，又没有从前一次战争接受教训的清朝政府每每被迫应战，为维护旧的对外政策和体制，时战时和，用尽种种办法，都无法阻止用洋枪洋炮武装起来的侵略者的进攻，结果是一败再败，再次战败，甚至京城沦陷。一系列的不平等条约将更多的权益，甚至中国的大片领土，交到了侵略者手中。以上列举，不是清朝政府与外国签订的不平等条约的全部，但都有割地、租地、领事裁判权等内容。

七．租界地：外国在华设建监狱

在近代中西方文化的触碰过程中，晚清不仅在军事上暴露出了落后性，而且在法律上也暴露出了残酷性，法律残酷性就成为以后西方列强攫取领事裁判权的借口。1840年鸦片战争以后，外国侵略者凭借武力强迫清朝政府签订了一系列不平等条约，攫取了领事裁判权。在外国的租界地范围内，领事裁判权的行使和落实构成了完整的司法体系，外国不仅强行在中国设立领事法院，而且设立了巡捕房，直至设立了监狱。为了加强在华监狱的管理，有的国家还制定、实施专门的监狱管理章程，如1906年英国政府批准英国驻沪领事草拟的《上海英国监狱章程》以及《上海工部局监狱章程》，把西方国家先进的刑罚和监狱制度注射进了晚清中国的国土中。

（一）西方国家在晚清建租界

自1840年鸦片战争之后，外国侵略者从清朝政府攫取了战争赔款、割让香港、沿海自由航行、片面最惠国待遇、划定租界、领事裁判权等种种特权。过去清朝统治者为了防范、自卫而在对外贸易上采取的种种措施全部崩溃，闭关锁国的门户被侵略者用武力彻底轰开，固有的完整领土和独立主权遭到了空前未有的破坏。外国侵略者通过不平等条约，建立了一系列陷中国于半殖民地的各种制度。

最早在中国建立租界的是英国，其"契约根据"便是1842年8月与清朝政府签订的《南京条约》。《南京条约》第二款约定："自今以后，大皇帝恩准英国人民带同所属家眷，寄居大清沿海之广州、福州、厦门、宁波、上海等五处港口，贸易通商无碍；且大英国君主派设领事、管事等官住该五处城邑，专理商贾事宜，与各该地方官公文往来。"〔1〕依照这个约定，清朝政府被迫向英国侵略者开放了广州、福州、厦门、宁波、上海等五处通商口岸，允许英国人带同家眷在五处港口居住、贸易，允准英国在五处口岸派设领事、管事等官。就这样，晚清中国东南沿海的大门被打开了，开始被卷进了世界资本主义发展的行列。

1. 上海租界

五处口岸开放后，英国、美国、法国的商人、冒险家蜂拥而至。清朝政府为了防范外国人借端肇事，引起新的中外纠纷，竭力限制外国人在五处口岸的居住与通商活动范围。1843年，为了议定关税税率及其他有关问题，两广总督耆英与英国全权公使璞鼎查在广东虎门签订了《五口通商附粘善后条款》（又称《虎门条约》），其中第七款规定："在万年和约内言明，允准英人携眷赴广州、福州、厦门、宁波、上海五港口居住，不相欺侮，不加拘制。但中华地方官必须与英国管事官各就地方民情，议定于何地方，用何房屋或基地，系准英人租赁；其租价必照五港口之现在所值高低为准，务求平允。华民不许勒索，英商不许强租。英国管事官每年以英人或建屋若干间，或租屋若干所，通报地方官，转报立案……"〔2〕

以上条约的约定表明，英国人在五处口岸租屋、建屋的地点，英国领事必须与清朝地方官协商，再由清朝地方官确定；租屋、建屋的数量视贸易的兴衰而定，并需通报中国地方官，以便转报立案。清朝官员认为，这样规定就可以限制英国人居住的地域和范围，可以"羁縻"他们的行为，使他们不致到处为非作歹、惹是生非，管理上也较方便。但是，实际情况并非如清朝统治者想象的那样简单，英国侵略者依仗战胜国的余威，完全置条约规定于不顾，强迫清朝政府按照他们的意愿划定"居住与通商"的区域，并着手把它建成独立于清朝政府行政系统和法律制度的租界。英国是在中国最先划定

---

〔1〕 参见王铁崖编：《中外旧约章汇编》（第一册），生活·读书·新知三联书店1957年版，第31页。

〔2〕 参见王铁崖编：《中外旧约章汇编》（第一册），生活·读书·新知三联书店1957年版，第35-36页。

居留地，然后再把居留地变为租界的，英国在上海的居留地是近代中国最早租界的前身。居留地是指清朝政府根据与外国签订的条约划定的准许外国人在本国居住的地域和范围，而租界是指帝国主义国家强迫半殖民地国家在通商都市内租借给他们做进一步侵略的据点的地区。[1]显然，居留地与租界是根本不同的。

（1）英国选择上海

在外国列强看来，《南京条约》开放的五个通商口岸中，广州位于珠江的入海处，为华南的门户，有悠久的对外通商历史，地位重要，宜于经营成进一步侵略中国的滩头阵地。但是，广州人民赋有反侵略斗争的传统，尤其是三元里人民的抗英斗争打击了英国侵略者的嚣张气焰。而且，广州人民的反侵略英雄气概，并未因清朝政府对英国侵略者的妥协投降而减弱。英国人几次以《南京条约》为依据，要求进入广州城，都被广州人民所挫败。英国侵略者认为，既然连进入广州城的目的都达不到，又怎能以此为跳板扩大对中国的侵略，以便加强对全国的控制呢?! 于是，只得转向选择其他口岸。

福州的情况怎样呢? 英国人认为也不理想。首先，福州在1844年6月对外开放后，对外贸易并没有像他们预料的那样发展起来。英国人认为福州这个口岸没有商业价值，选中福州是失策之举，决定放弃，或者用温州来代替它;后来虽没有放弃，自然也没有花大力气去经营。其次，福州人民的反侵略斗争也使英国人深感头疼。福州人民敌视侵略者的程度"仅次于广东人"。英国人进入福州城的问题，也一直得不到解决。英国领事"被安置在城外一片泥地上用木杆架成的一个简陋的房子里"。虽然经过不断向清朝政府抗议甚至不惜武力威胁，英国领事馆勉强搬进了福州城，但是因害怕群众的"推挤和侮辱"，领事馆的人员都不敢外出，"实际上是些囚犯"[2]。在这样的情况下，英国人还能在福州有什么作为?!

厦门在1843年11月2日开放后，对外贸易有所发展。清朝地方官让首任英国驻厦门领事记里布在海关附近租用民房作领事馆，但记里布借口那里居民太多、容易失火，要求把领事馆设到鼓浪屿，获得同意，接着，许多外国

---

〔1〕 参见中国社会科学院语言研究所词典编辑室编：《现代汉语词典》（修订本），商务印书馆1996年版，第1677页。

〔2〕 参见袁继成：《近代中国租界史稿》，中国财政经济出版社1988年版，第11页。

人也来到了鼓浪屿。1844 年，英国人曾就在厦门租地的问题与清朝政府地方官员会谈，清朝政府地方官答应将曾被英军占领过的水操台、南校场两地租给英国商人居住。然而，英国人认为厦门岛附近多"荒芜不毛"之区，没有多大发展前途，又认为所划居留地"距离码头过远，于商务上诸多不便"，[1] 于是就没有去经营。

英国侵略者曾看好宁波。但是，宁波虽然对外开放了，对外贸易始终没有发展起来。因为，浙江的丝一般都运到上海去交易，集中在宁波的茶叶却主要是供江浙一带的人消费。鉴于这种情况，有英国人建议用宁波去换别的港口。[2] 最后，地处长江入海口，环抱在江浙富庶之地，堪称中国东大门的上海，就成为英国侵略者重点选择并经营的地区。

战国时期，楚国春申君的封邑在上海一带，故上海称"申"。到公元 4 世纪至 5 世纪时，松江（现苏州河）下游一带称扈渎，此为上海简称"沪"的由来。唐朝时上海属华亭县，北宋时始设上海镇，南宋咸淳年间上海已是贸易港口。1277 年（元世祖至元十四年）在上海设了市舶司，为沿海 7 个市舶司之一；1292 年（元世祖至元二十九年），正式成为县治。到明朝时，1553 年上海筑起城墙抗击倭寇，于是形成了方圆 4.5 千米的城区，城市发展步伐加快，成为全国最大的棉纺织手工业中心。清朝时，1685 年（清康熙二十四年），上海曾一度开放，设立了江海关，辟为商埠，成为贸易大港。从此，上海的航运和贸易更加发达，以"商港"闻名中外。到 1813 年，全县人口超过了 50 万，成为全国为数不多的一个大县城。[3]

英国侵略者早就垂涎上海了。早在 1756 年（清朝乾隆二十一年），英国东印度公司的毕谷就看中了上海，认为这是一个有希望的商港，立即建议英国政府图谋上海，因而，1793 年（清乾隆五十八年）和 1806 年（清嘉庆十一年）英国两次派特使到中国，都提出了上海开港的要求。鸦片战争前夕，英国间谍林特赛（Lindsay）、郭实列夫（Gutslaff）伸入到黄埔港内，专门了

---

〔1〕 See Arnold Wright, H. A. Cartwright, *Twentieth Century Impressions of Hongkong, Shanghai, and Other Treaty Ports of China: Their History, People, Commerce, Industries and Resources*, Lloyd's Greater Britain Press, 2015, p. 819.

〔2〕 参见〔美〕马士：《中华帝国对外关系史》（第一卷），张汇文等译，上海书店出版社 2000 年版，第 404-405 页。

〔3〕（清）俞樾编：《同治上海县志》（第 5 卷），上海古籍出版社 2015 年版，第 9 页。

解上海港的地理位置和上海县城小东门内外商业情况，认为上海"事实上是扬子江的海口和东亚的主要商业中心"，极力劝说英国政府把上海经营成从中国进行经济掠夺的基地。鸦片战争中，英国侵略军攻占上海，一则便于切断清朝政府漕粮北运的通道，二则充分认识到上海的重要战略地位，于是选上海作为进一步侵略中国的基地。《南京条约》签订后一年，英国驻上海第一任领事海军大佐巴尔福于1843年11月8日乘"水怪号"轮船匆匆赶到上海，11月17日正式宣布上海开埠通商，就此，上海成为全国继广州、厦门之后第3个开放的口岸。1844年，英国驻华公使兼商务监督德庇时巡视广州以外新开辟的4个口岸后，认为"凡商务成功之要素，上海、厦门两埠皆具而有之，……而以上海尤善。"〔1〕

继上海之后，在通商口岸划定外国人居留地的是福建厦门。1844年，清朝地方政府同意把厦门水操台、南校场租给英国人用作居住和贸易。但由于诸多原因，英国人仍然住在厦门对岸的鼓浪屿，而没去经营厦门。1845年3月，按照《南京条约》的规定，清朝政府最后一次付清战争赔款和将厦门辟为商埠后，占据鼓浪屿的英国军队撤走，英国商人陆续从鼓浪屿迁到厦门。从此，住在厦门的英国人逐渐增多，对华贸易也有所发展，到1851年时，英国商人在厦门开了五家商行。于是，英国驻厦门领事苏里文以"该国商人租赁本地房屋过于狭窄"为由，向厦门海防厅同知提出勘定厦门岛美路头至新路头等处海滩以供厦门的"五家英商建造栈房"的请求。由于清朝政府地方官员——闽浙总督、福建巡抚、兴泉永道、厦门同知据理力争，驳回了英国领事的扩张要求，英国领事见清朝政府的这些地方官态度强硬只得另作打算。于是，在1852年1月（咸丰二年），继上海的英国、美国、法国居留地后，厦门岛美路头至新路头海滩开辟为英国居留地。

（2）《上海英国居留地章程》

英国驻上海第一任领事巴尔福租得上海县城东西大街新衙巷顾家的一个有52间房子的大院落作为领事馆，这年在英国领事馆登记的英国商人及传教士总共只有25人，他们散居在城内外，没有一定居住范围。上海县城的人没有坚持不让外国人在城里住，没有"发生一个象在广州那样成为重大问题的

---

〔1〕［英］班思德编：《最近百年中国对外贸易史》，1931年译印，第38页。转引自袁继成：《近代中国租界史稿》，中国财政经济出版社1988年版，第13页。

'进城'问题", 也没有如广州那样对商业有种种限制, 外国人在一天往返的路程内, 还有前往四乡活动的自由。但是, 巴尔福并不满足, 一心想在上海索取一块地方建立侵略基地, 于是盯上了城郊苏州河一带。苏州河一带位于长江、黄浦江、苏州河（吴淞江）三江交汇之处, 交通方便, 位置重要, 很有发展余地。曾在广州被林则徐通缉, 以后又极力鼓吹侵华战争的大鸦片贩子颠地一马当先, 第一个租到了黄浦江边 13 亩 8 分多的一片土地, 在那里盖起了一座两层洋楼, 作为怡和洋行上海分行所在地。颠地的成功, 使其他英国人十分眼红, 都纷纷钻营, 向当地中国乡民租取土地。

有《南京条约》《虎门条约》作为法律依据, 又有英国人租地的后继事实, 巴尔福便讹诈清朝地方政府的苏松太道[1], 要求划定一块专给英人占用的居留地, 理由是"华洋分居"既可给清朝政府当局提供管理上的方便, 也可保证英国人的安全。在英国侵略者的欺诈和威胁下, 为减少所谓中外纠纷, 减少在管理上的麻烦, 误以为巴尔福要求的只是一片荒芜之地, 苏松太道宫慕久把这样的国家大事作为单纯的地方事件来处理, 与巴尔福进行谈判。1845 年（清道光二十五年）11 月 29 日, 宫慕久竟公布了以他个人名义与英国领事"依约商妥"的《上海英国居留地章程》。

《上海英国居留地章程》以道台宫慕久的"告示"为开端。"告示"明确划定了英国人居住区域的南界与北界, 东边为黄浦江, 是自然的边界, 西界第二年 9 月才划定。于是, 东到黄浦江、南临洋泾浜（今延安东路）、西至边路（今河南路）、北界李家庄（又名李家场, 今北京东路）的 837 亩土地, 便成为英国人可以租地建屋、居住贸易的地界。"告示"这样告示道：

"为晓谕事：前于大清道光二十二年（一八四二年）奉到上谕内开：'英人请求于广州、福州、厦门、宁波、上海等五处港口许其通商贸易, 并准各国商民人等挈眷居住事, 准如所请, 但租地架造, 须由地方官宪与领事官体察地方民情, 审慎议定, 以期永久相安'等因奉此。兹体察民情, 斟酌上海地方情形, 划定洋泾浜以北、李家庄以南之地, 准租与英国商人, 为建筑房舍及居住之用, 所有协议订立之章程, 兹公布如下, 其各遵照毋违。"[2]

---

〔1〕全称"监督江南海关分巡苏松太兵备道", 管辖苏州、松江、太仓三府, 驻苏州。上海开埠不久移驻上海县城, 改称上海道, 或江南关道、海关道。

〔2〕章程全文见王铁崖编：《中外旧约章汇编》（第一册）, 生活·读书·新知三联书店 1957 年版, 第 65~70 页。

"告示"后面是《上海英国居留地章程》全文，原文共 23 条，3 年后又补加了一条，规定了英国居留地的边界，规定了居留地内的租地手续、外侨应遵守的事项等内容。从文字表述看，这只是一些事务性的内容，没有明显损害中国主权。其实，英国侵略者利用清朝地方官的昏聩，在条文里埋下诸多伏笔，时常根据需要随意解释条文内容。如此一来，为以后上海租界制的形成，《上海英国居留地章程》起到了奠基石的作用。《上海英国居留地章程》主要有以下三方面的内容：

第一，规定了租地方式。在划定的区域内，英国人以极低微的代价，或者变相的地价即押手，任意租取当地乡民的土地。承租人可以在任何时候提出退租，而业主却不能任意停租。这实际上是一种"永租"制度，英国人只要支付微不足道的租金，就可以实际上永远租有划定区域里的土地了。

第二，规定了英国人的权利。在划定区域内的土地，"界内居民不得彼此租赁，亦不得建造房屋，赁给华商"，外商建筑的房屋不能租与华人或供华人占用。这样做是为了"华洋分居"，中国人不能在这块中国土地上租地建屋。还规定，他国商人在界内要"租地建房或赁屋居住、存货者，应先向英国领事馆申请，藉悉能否允准，以免误会"。中国人的土地，中国人不能租赁居住，英国人则能永租不退，其他外国人租这里的中国土地，也得英国领事馆"允准"。英国侵略者以此为据，把这块中国的土地置于自己的专管之下，剥夺了清朝政府对该区域的领土主权。

第三，规定了英国领事的管理权。"租地租屋洋商应会商修建木石桥梁，保持道路清洁，竖立路灯，设立灭火机，植树护路，挖沟排水，雇佣更夫。领事官经各租主请求，召集会议，会同商议，抓派以上各项所需经费"，"请领事官选派正直商人三名，商定应派款数。"对这样的规定，清朝地方官觉得让洋人们花钱去修桥铺路，维持居留地的公共事务，可以省去一笔开支、减少许多麻烦。他们哪里知道，这正为英国侵略者在居留地建立一个独立于清朝行政主权的行政机构，制造了"合法"依据，为他们窃取这块居留地的管理权提供了方便。以此为依据，英国领事成立了"道路码头委员会"，除了按地段摊派款项，修建界内由西向东的四条马路（即今汉口路、九江路、南京路、北京路）外，并承揽了居留地内的一些行政事务，开始夺取中国地方政府对居留地的行政管理权。

《上海英国居留地章程》是近代中国租界史上的一个重要章程，为外国侵略者勒索中国土地、建立殖民地式的租界奠定了基础，出于为外人居住贸易考虑而"划出供外人居住的地区"，即"外人居住区"，《上海英国居留地章程》的公布标志着划定上海英国居留地作为租界的起点正式出现。随着时间的推移，形势发生了变化，英国人的态度也随之改变。在小刀会起义和太平天国时期，不少中国的地主富商逃到租界，租界内的英国土地投资商为了赚取高额房租，借口租界人满为患，要求扩展租界，就默认了中国人在租界内居住的现象。而且，由于美国的强烈反对，英国领事放松了对其他外国人的限制，随之出现了各国在英国租界租地"权利均等"的局面，为英租界日后的"国际化"埋下了伏笔。

（3）上海美国、法国居留地的建立

上海的人文、地理环境便于外国人经商贸易的优势被许多国家所看好，继英国之后，美国、法国也分别于1848年（清道光二十八年）、1849年（清道光二十九年）在上海建立了居留地。美国人来上海经商的时间较晚，到1846年时，上海只有一个名叫华尔考特（Wolcott）的美国商人，不久，他被任命为美国驻上海第一任代理领事，并在英国居留地内设置了美国领事馆。这位领事由于在就任时在领事馆内升起了美国国旗，从而引起视该居留地为英国"权利独享"的专管区域的英国领事的反对，双方为此发生了争执。以后，来上海的美国人与日俱增，他们也想在上海攫取一块土地。美国圣公会主教文惠廉看中了苏州河北岸的虹口地区，随即租赁土地、建造教堂，其他美国人也相随在此租地建屋，将此处视为美国人的居留地。1848年，他们援引最惠国条例，向上海道台吴健彰提出将虹口一带划为美国人居留地的要求。上海道台只是口头答应了，但没正式协定，也没具体划定界址。因而，历任美国领事趁此怂恿美国人强租乡民土地，肆意扩展地盘。到1863年美国领事熙华德（Sewvard）迫使上海道台正式划定界址时，位于苏州河北岸虹口地带的大片土地成为美国人的居留地，面积超过英国居留地。

1848年1月，法国第一任驻沪领事敏体尼到上海后，租了一套位于上海县城与洋泾浜之间的房屋作为领事馆。当时，上海只有2名法国人，一位是商人，另一位是传教士，住在英国居留地。法国领事也想在上海划定一块土地作为法国人居留地，就借一位法国商人由广州来到上海之事，向上海道台麟桂提出划出一块土地作为由法国人专管的法国人居留地的请求，而且竟然自行占据了邻近英国居留地的洋径浜以南的一大片土地。1849 年 4 月 6 日，面对既成事实，上海道台麟桂被迫发布告示，将"南至城河，北至洋泾浜，西至关帝店、褚家桥，东至潮州会馆，沿河至洋泾浜东角"面积达 986 亩的区域作为法国人居留地。告示还答应："倘若以后地方不够，再议别地，随至随议。"〔1〕这个告示，成为外国侵略者以后不断扩展租界的依据。

随着清朝对外贸易中心由广州北移上海，上海的经济、军事、政治地位日益提升。上海县城附近水陆交通最便利、地理位置最重要的地区，尤其是苏州河汇入黄浦江的两岸，由于英国、美国、法国蓄谋已久、软硬兼施的租地活动，都成了外国侵略者的居留地。然而，这些外国侵略者并没有善罢甘休，而是竭力把这些居留地变成殖民地式的租界，以便扩大对中国的政治、经济、军事和文化等方面的侵略。

（4）上海租界制度的形成

《南京条约》仅仅准许英国人寄居广州、福州、厦门、宁波、上海五口，通商贸易；《虎门条约》只是允许英国人在一定范围内租地建屋，不得任意逾越界限，"以期永久相安"。但实际上，外国侵略者根本就没有打算"以期永久相安"，从在上海建立起第一个居留地开始，就竭力把居留地经营为独立于清朝统治权力的殖民地，以作为进一步侵略中国的前哨阵地。为此，外国侵略者采取了一系列措施：

第一，公布《上海英法美租界租地章程》。曾任英国驻沪领事和驻华公使的阿利国（Alcock）在一封致上海英商的信中，不打自招地说："吾人在中国的地位，系由赤裸与强盗的武力所创造。如欲改良或保持此地位，仍需使用某种武力——潜伏武力或显著武力——方能成功。"〔2〕外国侵略者在中国建立租界的过程中，软硬兼施，有时是公开的军事行动，有时是以武力为后盾大耍阴谋诡计。1854 年（清咸丰四年）7 月 5 日，英国、美国、法国侵略者自行公布《上海英法美租界租地章程》。与 1845 年的《上海英国居留地章程》相比较，《上海英法美租界租地章程》有以下几点重要内容：

其一，没有在中国设置领事官的国家也可买地。1854 年《上海英法美租

---

〔1〕 上海通社编：《上海研究资料》，上海书店 1984 年版，第 145-146 页。

〔2〕 《东方杂志》第 25 卷，第 21 号。转引自袁继成：《近代中国租界史稿》，中国财政经济出版社 1988 年版，第 22 页。

界租地章程》第二条规定，外侨欲向界内中国人购买土地，须禀报本国领事官，若该国未派领事官，应向该国委托的别国领事官请求。这就直接取消了1845 年《上海英国居留地章程》由英国一国独占居留地的条文，有利于各侵略国家彼此"利益均沾"，便于它们一致地对付中国人民对居留地的任何威胁。基于"利益均沾"的精神，从此英国、法国、美国三国居留地合并为一个统一的租界。到 1862 年 5 月时，由于与英国、美国产生矛盾，法国退出并自立上海法租界。1863 年（清同治二年）9 月 21 日，英国、美国两国租界正式合并为"英美公共租界"，在 1899 年（清光绪二十五年）改名为"国际公共租界"，正式名称为上海公共租界。这样就形成了法国租界与公共租界并存的局面。

其二，容许中国人入住租界。《上海英法美租界租地章程》的附件《上海华民居住租界内条例》明确规定，中国人只要有"地方官盖印凭据，并经有和约之三国领事官允准"，便可在"界内赁屋、租地基、建造宅舍居住"。这个变化是由太平军占领南京，小刀会占领上海县城后，人们到租界避难的事件引起的。租界地处市郊，原居民不多，虽然没有驱逐租界内华人的规定，但在洋商的高价租赁下，多数居民放弃了田产，只留下了少数拒不卖地的农民。1853 年初，居住在租界内的华人仅为 500 人。由于战乱，上海和江浙一带的数万难民纷纷逃入外国居留地避难。"华洋杂居"的情况使主张"华洋分居，避免纠纷"的外国居留地的某些人感到不安，他们担心这样会使清朝政府把居留地收回，还"设法驱逐一部分华人出境，并拆毁其房屋"[1]。然而，他们发现清朝地方官根本就没有收回外国居留地的想法，而且大部分洋商、租地人所关心的是如何不失时机地发财致富，他们认为，资金如果没有更有利的使用途径，就只能将地皮再租给中国人，或建造房屋出租，以获取利润。

总之，中国人进入租界，与外国人彼此间接触和往来日趋频繁，对外国人来说肯定是利大于弊。首先，从居留地独立于清朝统治权力的地位来看，居留地由三国领事共同管理，中国人进入居留地租地建屋须经外国领事官"允准"，这样做是"合理合法"的。其次，外国人可以居留地人满为患作为理由要求扩大地界，以"华洋杂居"需要维持治安为借口，组建警察队伍、设立法庭，攫取中国在外国居留地的司法权。再者，同意中国人进入租界租

---

〔1〕 袁继成：《近代中国租界史稿》，中国财政经济出版社 1988 年版，第 25 页。

房、租地，可以赚取高额房租。到 1854 年 7 月，洋商建造出租给华人居住的房屋约 800 所，英租界内华籍居民总数达 2 万以上。[1]

其三，规定外国人对居留地的管理权。《上海英法美租界租地章程》第十条规定："起造、修整道路、码头、沟渠、桥梁，随时扫洗净洁，并点路灯，设派更夫各费，每年初间，三国领事官传集各租主会商，或按地输税，或由码头纳饷，选派三名或多名经收，即用为以上各项支销。不肯纳税者，即禀明领事饬追。倘该人无领事官，即由三国领事官转移道台追缴，给经收人具领。其进出银项，随时登簿，每年一次，与各租主阅准。凡有田地之事，领事官于先十天上将缘由预行转知各租主届期会商，但须租主五人签名，始能传集，视众论如何，仍须三国领事允准，方可办理。"根据这个规定，居留地当局取得了对居留地内中外人等征税的权力，取得了对居留地进行治安管理的权力，取得了在居留地设警察的权力。这一条经过以后几年的补充，奠定了上海租界制度的基础。

第二，设立租界政府——工部局。1853 年小刀会占领上海县城后，起义军与清朝军队在上海县城附近一带激战。在上海的各国侵略者急调海军登陆、组织居留民义勇队，宣布"武装中立"。与此同时，随着《上海英法美租界租地章程》的公布，英国、法国、美国三个居留地合并。1854 年 7 月 11 日，英国领事阿利国在英国领事召集的租地人会上，在英国居留地道路码头委员会的基础上，正式建立居留地的政权机关——工部局，这个工部局拥有一般政府的最高法权——征税、设警，俨然成为一个"国中之国"的政府。这个工部局的英文原名为"Executive Committee"，意为行政委员会。到 1869 年（清同治八年）的第三次《上海租地章程》里，改为"Municipal Council"，意为市议会，为了掩盖真相他们没有直译其名，而是仿照清朝政府六部之一的"工部"之名，用了工部局这个字面意义明确但用意深刻的中文译名。

1854 年 7 月 17 日，工部局召开第一次董事会，给这个非法政府的成立寻找理论和法律依据，指出之所以要成立工部局是因为只有该局才有请求外国水兵登岸保护租界侨民之权。"议案即为该局产生之由之租界治安问题，谓是中国政府纷乱，时局紧张，为界内人民之安全及秩序计，岸上及水面，皆须

---

〔1〕《上海租界志》编纂委员会编：《上海租界志》，上海社会科学院出版社 2001 年版，第 139 页。

备有武装兵士之必要，故工部局正式请求英法美三国海军，派遣水兵登岸，防守租界西陲，三国乃如请派兵。"英国驻华海军司令附和说："保护租界内人民之治安，乃中国政府之专责，及界内人民之己任，……由工部局请求派兵登岸，方为合法，否则恐有干涉他邦内乱之嫌。"[1]而实际上，工部局成立之前，英法美三国海军便已登陆，已经干涉了晚清中国的内政。更荒谬的是，既承认保护外国侨民的安全"乃清朝政府之专责"，却又要在清朝政府之外另立名为工部局的政府，这不正是干涉内政、侵犯中国主权吗？

上海公共居留地的这个非法政府组织，不仅引起中国人民的愤怒，就连英国政府也觉得理亏并表态"英国政府不赞助该种自动组织"。成立工部局的"会议报告经由英国驻华公使呈递外交部，并由外务大臣提交于皇家法律顾问由彼等经过深刻之督察，认为从未见有如工部局者得设立于他国领土之内，故会议经过实完全错误。"并且，"工部局设立之问题，……为英国政府所不悦。"当时积极参与设立工部局的英国领事阿利国等数月后即闻，该国政府主张"上海市政府（即工部局）应当取消"[2]。但是，英国政府并没有采取什么行动，冠冕堂皇的外交辞令无非掩人耳目、推卸责任。奇怪并可悲的是，对于外国人在晚清中国土地上组织工部局的行为，晚清中央政府和地方政府竟不闻不问、听之任之，他们不敢得罪外国侵略者，惟恐洋大人会支持与自己不共戴天的起义军。这样的情况下，上海道台吴健彰个人能有什么举措呢？早在1853年9月7日上海小刀会占领上海县城时就捕获了道台吴健彰，吴被囚在上海县城衙门的一间小屋里，后被美国传教士和英国义勇队营救，匿居于美商旗昌洋行里。外国侵略者对他有救命之恩，现又流亡在租界里，寄身于外国侵略者的庇护之下，当然就默认了这个非法政府组织机构的存在。

然而，外国侵略者的野心并不限于工部局的存在运行。1862年，工部局中的一伙人又抛出了"上海自由市"计划，要求把上海县城、城郊及四周各地从清朝领土中分割出来，建立一个所谓的"自由市"。这个"自由市"由英国、法国、美国、俄国四国保护，"市"内的各国侵略者自行选举执政人员，建立一个强有力的政府，"举办税收，维持治安"。侵略者的野心暴露无遗，这个计划是要把上海及其郊外地区从清朝政府统治下独立出来，建立一

---

[1] 夏晋麟编著：《上海租界问题》，上海三联书店2014年版，第12—13页。

[2] 袁继成：《近代中国租界史稿》，中国财政经济出版社1988年版，第29页。

个由英国、法国、美国、俄国四国控制的独立共和国。由于中国人民的强烈反对，美国、英国等国政府没有赞同这个计划，以致有些外国侵略者认为这是"上海之不幸"。但是，他们并没就此罢手。

1862 年 5 月法国自立法租界后，1863 年英国租界与美国租界合并，而且都采取片面修改租地章程的办法，把租地事务和建立殖民体系的立法合并在一起，竭力经营租界，意在扩大租界工部局的权力。他们撇开清朝政府，不断修改租地章程，每改一次，工部局的权力就增加一次。1898 年（清光绪二十四年）9 月 1 日，经北京外交团核准而公布的《增订上海洋泾浜北首租界章程》（以下简称 1898 年《章程》），虽然没有获得清朝政府认可，却长期成为上海租界的"宪章"，并被推广到其他租界。根据 1898 年《章程》，上海公共租界实际上成为帝国主义国家"公共"管理的殖民地。租界的最高权力机关为董事会，1854 年 7 月 11 日选出第一任董事 5 人，总董 1 人，董事人数以后增加到 7 人、9 人、12 人，1930 年以后达到 14 人。董事会的董事，按 1898 年《章程》规定，由"经税外人会"选举。在董事会的总办事处下，又设置有商团、警务处、火政处、卫生处、工务处、学务处、财务处、情报处、华文处等办事机关和音乐队、图书馆等机构。租界的最高政权机关是工部局，工部局逐步发展成名副其实的政府，拥有军队、警察、监狱和法庭等专政工具，又有征税、管理市政设施、教育卫生等各项权力，组成工部局的人员是混迹在上海的各国富豪。可见，租界工部局作为一个独立的政府，其设置的机构可谓应有尽有，相当完备。

第三，拥有租界武装——义勇队和派遣军。1853 年 3 月，太平军占领南京、镇江，江浙震动。为了抵挡中国人民的革命斗争，也为了乘机扩大侵略势力，上海英国领事、美国领事连续召开会议，确定了"武装中立"原则，并成立了由驻沪英国、美国巨商组成的协防委员会，组织英国、美国居留地的居留民武装组织，即上海义勇队，再加上停泊在上海港口的各国舰队，显然要以武力保卫居留地的安全。对此，英国驻上海领事阿利国毫不隐讳，竟然大言不惭地说："如此立场，实为国际法所不容；其所根据乃本乎自卫律下之迫切需要而已。……当此歧途，似只有凭快刀，斩乱结，法理已不能解决，惟凭需要而已。其辩护租界之继续保持武装中立者，亦惟需要而已。"[1]义勇

---

[1] 转引自袁继成：《近代中国租界史稿》，中国财政经济出版社 1988 年版，第 46 页。

队不断扩充改组，逐渐发展壮大，名称也改为万国义勇队（或称上海万国商团）。到 1930 年 12 月底，上海公共租界义勇队发展为拥有步兵、工兵、骑兵、炮兵、铁甲车队等兵种，现役和后备役总兵力约 2000 人的一支正规军事力量。

上海公共租界义勇队对中国人民犯下了累累罪行。装备着当时最先进的来福枪的公共租界义勇队，先从上海县城劫走了被小刀会起义军俘获的上海道台吴健彰，接着配合清朝军对占领上海县城的小刀会起义军实行包围和封锁，迫使起义军退出上海县城。太平军进攻上海时，公共租界义勇队除原有的英国甲队外，又增加了英国乙队和轻骑队。它们与各国舰队以及美国华尔的洋枪队一起，配合清朝政府军队抵御太平军并绞杀了太平天国运动。从 1862 年起，上海公共租界义勇队逐渐成为一支常备武装，在 1870 年（清朝同治九年）正式纳入上海公共租界工部局管辖。

后来，在中国发生的"义和团运动"、辛亥革命、"五卅"运动和北伐战争时期，上海公共租界的义勇队总是以确保租界"中立"为名，加入到中国的反动势力中镇压中国人民的正义斗争。如果说上海公共租界义勇队还不是一支"正规的职业性武装队伍"，那是因为上海港口还驻扎着外国的正规建制的海军和陆军。每当晚清中国国内爆发人民起义和革命斗争时，帝国主义国家都借维护租界"中立"、保护租界商业和生命财产之名，向租界派遣正规军队。

按照国际公法，一个独立国家的领土，除非有双边条约规定，否则是不能容许外国驻军的。即使是清朝政府签订的《南京条约》、《虎门条约》和《上海租地章程》等，都没有允许外国在其商人居住和贸易地区保有武装的条款。然而，外国侵略者根本无视国际公法以及与清朝政府签订的条约等，只按自己的需要行事。他们借口保护通商口岸的商业贸易，维护租界的"中立"，除掌握租界的警察权外，还在租界组织义勇队，向租界派驻正规军。实际上，是在中立的幌子下，确保租界"国中之国的地位"，意在以租界为桥头堡扩大对中国的侵略。

从 1854 年英国、美国、法国侵略者自行公布《上海英法美租界租地章程》之后，他们逐渐在居留地里建立了一整套殖民地式的国家机构，把仅供"居住贸易"的居留地变为"国中之国"的租界。之所以把租界称为"国中之国"，是因为外国人在租界内建立起了一系列完整的制度：土地制度、法律制度、行政制度，租界这块中国领土而由外国人统治是"国中之国"最重要的特征。上海形成的租界制度，很快就扩展到晚清中国的其他通商口岸城市，外国在晚清中国建立了更多的"国中之国"。

2. 其他地方的租借地

上海租界的建立，加强了外国对晚清中国的侵略扩张。外国侵略者深刻地认识到，中国地大物博、人口众多，要控制中国、统治中国人民，仅有一个侵略据点是远远不够的。他们还需要更多的侵略据点，要侵入到中国内地。第一次鸦片战争使西方列强得以在五口通商，在上海、厦门率先建立了租界；第二次鸦片战争则使11个口岸对西方列强开放，并且把在上海形成的租界制度延伸到这些口岸。在每次大规模的侵略战争结束后，西方列强总要强迫清政府加开一些商埠，紧接着便把这些地方强划租界或租借。租界或称租借地，是指中国政府将界内某一部分的土地租给外国政府，再由外国政府将该地区租给该国侨商，租借地的行政管理权则属于租借国家。

（1）广州沙面租界

广州曾是中国最早的对外通商口岸，又是《南京条约》开放的五个通商口岸之一。第一次鸦片战争结束后，由于广州人民不屈不挠的斗争，英国侵略者几次要求进入广州城的愿望和行动都未能实现，他们在广州珠江以南租地的企图也未得逞。五口通商后，广州的对外贸易虽有所发展，但地位和重要性却不断减弱，很快落到了上海的后面。英国侵略者念念不忘在广州取得一块立足之地。第二次鸦片战争期间，1857年12月29日，英、法联军攻占广州，英法联军扶持了以柏贵为首的一个地方傀儡政权，并在广州进行了为时3年多的军事统治。

根据英国军事占领广州的事实，《中英天津条约》专条规定，广东督抚必须赔偿英国军费和商欠各200万两，英国才将广州交出，在款项未交清以前，英国、法国联军一直驻扎广州。在英国军队占领广州期间，英国、法国商人和传教士大量涌进广州，在广州建立租界就顺理成章地被提出来了，这样做便于外国商人和传教士在联军退走后仍能控制广州，英国最后选定夷馆以西的沙面作为租界。沙面位于东、西、北三江的交汇处，有自然生成的停泊地，稍加建设，即可停泊大小船只；接近中国富商大贾所住的西关，贸易交往方便；夏季凉风习习，纳凉、眺望甚佳。[1]

1861 年 9 月 3 日，在英国、法国联军撤出广州以前，英国强迫清朝政府地方官签订了《交换沙面英租界协定》。根据《交换沙面英租界协定》，英国人不仅以每年几百两象征性的租银永久掌握了这块土地，而且剥夺了清朝政府对这块土地的一切管理权力。《交换沙面英租界协定》签订当年，英国人便把沙面英租界的土地分除留作领事馆、给教会外，其余都卖给了外国人，获取了巨额利润。法国人紧跟英国人，与清朝政府地方官签署沙面法租界协定后，也将法租界地段分区出售获得巨额利润。

（2）天津租界

在地理位置上，天津紧靠清朝政府的首都北京，是中国北方的门户和连接华北与东北的枢纽，而且商业繁盛、市场广阔，在政治、军事、经济上占据重要地位。既然天津如此重要，虽然 1858 年《天津条约》增辟了众多的通商口岸，而"天津独不在内"，故而英国、法国侵略者认为这是一大失策。因此，1860 年 6 月大沽口事件发生后，英国、法国联军再次出兵，在当年 8 月占领天津。随后，英国、法国联军攻陷北京、火烧圆明园，强迫清朝政府在 1860 年 10 月 24 日、25 日签订中英、中法《续增条约》（即《北京条约》），并在条约里专门提出了增开天津为商埠的要求。

1860 年 12 月，英、法两国向清朝直隶总督恒福、三口通商大臣崇厚等提出划天津城东南海河右岸一带为租界的事项。不等清朝地方官答复，英国和法国便自行划定天津城南紫竹林沿海河右岸长 6 里有余的地方作为英国、法国和美国的租界。他们把这块土地看做是清朝政府无期永让之地，对界内的官有土地则不给价而收用，对民有土地则由各国领事统一出价承租。根据后来签署的相关规定，清朝政府仅能收取象征性的钱粮，却丧失了对这块土地的管辖权，天津紫竹林租界的土地完全成了英国、法国、美国三国的财产，租界成为他们进一步侵略中国的基地。

1895 年（清光绪二十一年）9 月，德国驻华公使绅珂以干涉日本把依据《马关条约》割让的辽东半岛归还给清朝政府有功为由，正式向清朝总理衙门提出在天津等地划定租界的要求，以享受英、法两国在中国通商口岸的特殊

---

〔1〕 转引自《英夷强括沙面的痛史》，引自《沙面特别区署成立纪念特辑》1942 年版，第 22 页。

待遇；同时，德国外交大臣也向清朝政府驻德公使许景澄提出了"租界节略"。对此，清朝政府不但不拒绝，还急令湖广总督和直隶总督与当地德国领事商谈划定天津等地德国租界的具体事宜。1895 年 10 月 30 日，清朝地方政府天津道和津海关道与德国驻天津领事在天津签订了《天津租界合同》，划定了天津的德国租界。

德国是一个后起的帝国主义国家，在天津开埠以前便有德国人去天津做生意，他们一般住在城内和东门外一带。天津开埠以及英国、法国、美国三国在紫竹林一带设立租界后，德国侨民才陆续迁入长期无人管理的美国租界居住，德国洋行则开设在比较繁华的英国租界内。当美国政府声明愿"退还"美国在天津的租界给清朝政府后，清朝政府有意将美国租界委托德国代管，由于美国驻津领事反对，就打消了原来的念头。中德《天津租界合同》第一次明确规定租界工部局为租界行政机构，可见，《天津租界合同》侵犯中国领土主权的程度超过了以往订立的其他租界合同，天津德租界的建立使后起的德国在中国的北部沿海取得了牢固的侵略基地。

日本也认识到了，天津地理位置的重要性，天津不仅是北京和中国北方的门户，也是日本以后从东北进入华北的咽喉要地。早在 1875 年（清光绪元年），日本就派池田宽治在天津筹设领事馆。1895 年，日本趁甲午战争获胜之威，提出在天津建立租界的要求。1898 年 8 月 29 日，日本驻天津领事郑永昌与清朝政府直隶海关道李珉琛签订了《天津日本租界条款》和《另立文凭》，确定在天津设立日本专管租界。天津的日本专管租界，距英国租界 150 丈，面积达 1667 亩。而《另立文凭》确定了预备租界，实际上扩大了日本租界的面积。但日本野心太大，还不满足，就于 1898 年 11 月 4 日第三次强迫清朝政府地方官订立《天津日本租界续立条款》和《续立文凭》。《天津日本租界续立条款》规定，允许日本在现定租界内设立巡捕房，管理界内一切警察事宜，在预备租界内设会缉捕局，负责缉拿现定租界之犯人；华官应将预备租界内居民的户口、姓名，造册送日本领事官存核。《续立文凭》规定，预备租界内买卖民间房地，应知会日本领事官，如日本愿买就"应照时值公平议价收买"，照此来看，实际上预备租界与现定租界没有什么区别，日本随时可将预备租界正式纳入租界之内。

（3）胶州德国租借地

1895 年中日战争之后，外国列强都以各种理由要求占据一块晚清中国领土，首先是德国进占胶州湾。德国为了能在太平洋扩张，早就想在中国沿海获得一个基地，因而积极参加俄国创议的"三国干涉日本还辽"的调停活动。1896 年 12 月，德国公使海靖向清朝政府总理衙门正式提出"用租赁 50 年的方式在大清沿海得到一个储煤站"的要求，并指明要胶州，清朝政府以担忧各国援例为由婉言拒绝。1897 年 8 月，德国向俄国提出要派军舰在大清胶州湾停泊的问题，得到了俄国的认可。于是，德国伺机而动。

1898 年 11 月 1 日，因德国天主教传教士在山东曹州各县唆使教徒欺压当地百姓引起公愤，两名德国传教士在钜野县被杀，随后济宁、菏泽、单县等地也发生了群众焚毁教堂、打伤传教士的事件。于是，以保护德国侨民为由，德国命令舰队开往胶州湾。曹州教案发生后，清朝政府担心德国以此为借口进行挑衅和讹诈，就立即要求当地政府破案，但还是发生了德国蓄谋已久的派兵占领胶州湾的事件。1898 年 11 月 14 日，德军逼迫清朝守军退出炮台，清军奉命没有进行抵抗；11 月 14 日，德军进占胶州城。11 月 16 日，德国公使海靖向清朝政府总理衙门提出六项要求：山东巡抚李秉衡撤职；在钜野县等三地建立教堂，并赔偿传教士的损失；在钜野、菏泽、郓城、单县等多处地方为传教士建立住房；保证今后不发生类似事件；由中德两国出资设立德华公司，修建山东全省的铁路及开采铁路附近的矿产；清朝政府负担德国办理此案的全部费用。

1898 年 11 月 20 日，清朝政府同意就德国的要求进行谈判，但要求德国先撤兵。为尽快解决这个问题，清朝政府根据中俄盟约请求俄国出面干预。俄国不愿看到德国占领胶州湾的局面，就劝告德国撤军，并建议德国在上海以南取得一个出海口，但遭到德国拒绝。清朝政府不得不与德国进行谈判。1898 年 12 月 4 日，清朝政府总理衙门与德国公使达成初步协议，接受德国的前三项要求。而德国趁机提出租借胶州湾作为迫使日本还回辽东半岛的报酬，清朝政府只好同意。1898 年 3 月 6 日，清朝帝国与德国签署《胶澳租借条约》。《胶澳租借条约》的主要内容如下：

第一，清朝把胶州湾一带地区租借给德国，期限 99 年，租期内胶州湾由德国管辖。距离胶州湾沿岸潮平 100 里内，德国军队可以自由通过，清朝政府在此区域内发布命令、采取任何措施、派驻军队，事先都必须得到德国的同意。

第二，准许德国在山东建筑两条铁路，一条自胶州湾直达济南及山东边界，另一条自胶澳经沂州至济南。在铁路两旁 30 里内，准许德国人开矿。

第三，山东省内举办任何事业，如需用外国人或用外国人资本或用外国料物，须先商德国厂商承办。

通过这个条约，德国不仅以租借地形式占据了胶州湾，而且把山东全省变成了它自己的势力范围。这样德国正式在胶州湾建立起了租界。

（4）旅大俄国租借地

趁晚清政府有求于己之际，俄国也提出了自己的要求，"请大清帝国指定海口，摆泊俄舰，示各国中俄联盟之证，俄较易借口，德或稍敛迹。"清朝政府听信俄国的甜言蜜语，就允许俄国舰艇驶入旅顺水面，并命令旅顺守将："俄船在旅所有应用物件，随时接济，勿听将弃诋言，致启衅端。"1897 年 12 月 14 日，俄国舰队开进旅顺港，俄国对外称这是暂驻待命，然而俄国并没采取实际措施来帮助清朝对付德国。清朝政府意识到俄国的意图，1897 年 12 月 29 日，总理衙门要求俄国代办巴布罗福作出俄国无意取得旅顺口的书面保证。巴布罗福称，一旦政治形势允许，俄舰就撤离，同时要求清朝政府拨给地方，建立煤栈。清朝政府认为事态严重，立即派许景澄为特使到俄国进行交涉。

1898 年 2 月 17 日，沙皇尼古拉接见许景澄时称："俄船借泊，一是为胶事，二为度冬，三为助华，防护他国占据。"在许景澄的一再追问下，沙皇终于表示春天后撤离。此时，俄国还没有提出租借该地，因为还需得到英日两国认可。在俄国与英国、日本交涉取得进展后，1898 年 3 月 3 日，俄国代办巴布罗福正式照会清朝政府总理衙门，提出租借旅顺和大连、建筑中东铁路南满支线的要求，并限五日内答复。3 月 12 日，巴布罗福又到总理衙门进行威胁。3 月 15 日，沙皇接见许景澄。许景澄要求俄国信守诺言，沙皇尼占拉称形势已发生变化，"俄国在东方不能没有一驻足之地"，坚持要清朝接受俄国的要求，俄国还采用了用金钱收买中方代表的手段。清朝政府曾先后请日本和英国调解，但都遭到拒绝。

1898 年 3 月 27 日，在俄国的压力下，清朝政府代表与俄国政府代表在北京签订了《旅大租地条约》，5 月，双方在俄国又订立了《续订旅大租地条约》。这两个条约的主要内容包括：把旅顺口、大连湾及其附近海面租给俄国，租期 25 年，如经双方同意还可延长；在租期内，旅顺口和大连湾完全由俄国管辖；允许中东铁路公司修筑一条支线，用以连结旅顺口和大连湾。就这样，旅大租给了俄国，东北三省成了俄国的势力范围，俄国名正言顺地在旅大建起了租界。

（5）威海英国租借地

中日甲午战争后，清朝政府与日本明治政府在 1895 年 4 月 17 日签署《马关条约》，割让辽东半岛与日本。六日后，俄罗斯、德国与法国以提供"友善劝告"为借口，迫使日本把辽东还给中国。在干涉还辽事件中保持中立的英国，为遏制和平衡俄国、德国势力，1898 年 3 月 25 日，在中俄《旅大租地条约》签订前两天，英国内阁会议决定，犯不着为了把俄国赶出旅顺口而同俄国进行战争，但要强租威海卫。英国先与日本、德国达成谅解，清政府"以夷制夷"的策略失去用武之地。1898 年 3 月 28 日，英国驻华公使窦纳乐根据英国政府的指令，以"俄以旅顺为军港，则对于中国异常危险，威海卫租与英国庶足以制俄之跋扈"为由，向清政府正式提出租借威海卫的要求。经过双方反复谈判，在英国政府的恐吓利诱下，清政府同意英国租借威海。

日本于 1898 年 5 月 7 日前收到中国交付的战争赔款后，开始进行撤军行动，同时照会英国其行动模式及日期。5 月 21 日，中国自日军手中接收刘公岛，5 月 22 日接收威海卫，5 月 23 日完成交接。5 月 24 日，英国军舰驶进威海卫，从清政府手中接收了威海卫，并先将其划归海军部管辖。此后，英国军队登上刘公岛，发布《公告》与《声明》：大不列颠政府经中国同意，已租借威海卫，每个人对这一占领都须同以前一样平静与和平，并遵守纪律，破坏和平者将受到惩罚。

1898 年 7 月 1 日，庆亲王奕劻、刑部尚书廖寿恒代表清政府，窦纳乐代表英国政府，在北京正式签订了中英《租威海卫专条》，威海卫正式被英国租借。《租威海卫专条》约定，清政府将山东省威海卫及附近海面租与英国政府，以为英国在华北得有水师合宜之处，并为多能保护英商在北洋之贸易，租期应按照俄国驻守旅顺之期相同。

第一，所租之地系刘公岛，并在威海湾之群岛，及威海全湾沿岸以内之十英里地方，以上所租之地专归英国管辖。

第二，在格林尼址东经一百二十一度四十分之东沿海暨附近沿海地方，均可择地建筑炮台、驻扎兵丁，或另设应行防护之法。

第三，在该界内，均可以公平价值择用地段，凿井开泉、修筑道路、建设医院，以期适用。以上界内，所有中国管辖治理此地，英国并不干预，惟除中、英两国兵丁之外，不准他国兵丁擅入。

第四，现在威海城内驻扎之中国官员，仍可在城内各司其事，惟不得与保卫租地之武备有所妨碍。

第五，所租与英国之水面，中国兵船无论在局内局外，仍可享用。又议定，在以上所提地方内，不可将居民迫令迁移、产业入官，若应修建衙署、筑造炮台等，官工须用地段，皆应从公给价。

（二）西方国家在租界建监狱

在西方列强在中国建立并运作租界的这一期间，清朝的监狱亦打上半殖民地半封建的印记。清朝一方面保留此前腐旧狱制不变，另一方面屈从外国侵略者的压力，任其攫取领事裁判权，并强行在华设立司法机关及其附属监狱。其中，最突出的变化就是在租界内和侵占地区设立外国司法机关的附属物——监狱，并实行外国侵略者制定颁布的监狱章程和监狱管理制度，这是中国监狱遭受帝国主义侵犯、晚清监狱制度半殖民地化的主要标志。在中国领土上出现的各种形式的外国监狱，自成体系，日益扩大，成为外国侵略势力迫害中国人民、侵扰中国狱政的工具，这是中国司法制度和监狱制度史上从未有过的现象，是晚清狱制具有深刻的封建性、落后性和浓厚的买办性的具体表现。

1. 租界的立法制度

基于当时入居租界的外国商民仍须遵守其本国法律的情况，这些国家已经颁布施行了民法、刑法、诉讼法等各种法律，因而，外国人无需对租界另行制定民法、刑法等各种基本法律，结果人们时常忽略租界的立法制度，但这并不能否认租界立法制度的客观存在，正是租界的立法制度才滋生了租界的司法制度、监狱制度等。由于外国商民仍须遵守其本国的民法、刑法、诉讼法等各种法律，外国需为租界制订的法律种类不多。需要给租界制订的法律大体可分为三个方面，其一，有关租界开辟的法令，其二，租界的基本法，其三，租界的行政法规。可以把外国获得的租界立法权的行使机构分为五个层次，其一，租界开辟国的政府及立法机构，其二，该国驻华公使，其三，该国租界所在口岸的领事，其四，租界的纳税外国团体之类的立法机构，其五，租界工部局董事会或居留民团的行政委员会等。[1]租界是中国领土的一部分，对它们的立法权本应属于中国。然而，外国列强利用晚清官员的昏聩无知，很快侵夺了对租界的立法主权。

第一步攫取租界的会同订立有关开辟租界的法令之权。鸦片战争后，清朝与英、美、法等国订立的一系列不平等条约规定，各通商口岸的清朝政府地方官需与外国领事官商议择定租地地点之事。在中国的通商口岸开辟外国人居留、贸易区域的事宜，完全是清朝政府的内政，有关这些事宜的法令纯属中国的国内法。因此，在制订这些开辟外国人租地的法令时，清朝政府官员可以征询外国人的意见，考虑他们的要求，顾及他们的利益。但是，这些法令的立法权属于中国，外国无权插手。那么，外国是如何攫取到租界立法权的呢？清朝官员大多不知晓国际时势、不知道国际法，而且其对外态度在鸦片战争前后发生戏剧性极端变化，从战前盲目自大、歧视外国人的极端，跳跃到对任何涉及外国人的事宜都不敢自主决定的极端，以致将开辟外国人居留区域的立法权也拱手让外国人分享。就这样，外国人取得了有关开辟租界的会同订立法令之权。

1844年至1845年，上海道宫慕久与英国领事巴尔福"会同酌议"有关在上海开辟英国租地的一系列法令，并专门规定："将来如有更正，应须另行商议，或意思不明，以及须用新立字样，均应随时会同酌定"，明确把会同修订、解释这些法令之权交给了英国官员。特别是到第二次鸦片战争后，绝大多数租界的开辟都以清朝政府与租界开辟国的双边条约为法律依据，即以国际条约取代了本应由清朝政府独自订立的法令。即使厦门、天津的英国租界的开辟没有订立条约，但也采用了中英官员互换照会的形式。较为特殊的只有上海的法国租界、天津的美国租界等少数租界。上海的法国租界的前身是上海的法国人租地，这是继英国人在上海租地后最早开辟的外国人租地之一，当时由中外订立条约来开辟外国人居留区的做法还没有形成，因而以上海道的告示来宣告上海法国人租地的问世。而在天津的美国租界的开辟，则是清朝政府主动给予美国的一项优遇，因而只以清朝官府送交美国代表的一份公

---

[1] 参见费成康：《中国租界史》，上海社会科学院出版社1991年版，第115页。

文作为依据。总之，除极少数租界外，对于大多数租界来说，清朝政府官员、外国官员都参与了有关开辟租界的立法。实质上，就是外国攫取了开辟租界的会同订立法令之权。

第二步攫取租界的独自订立法令之权。从 1861 年起，外国进一步获得了对租界的独自立法权。1861 年订立的开辟汉口、九江等地英租界的中英约章均明确规定，租界内一切行政事务全归当地英国领事专管，"随时定章办理"，即制定章程，也就是订立各种行政法律、法规。就这样，英国领事等人率先获得独自对英国租界内各种行政事务的立法权。以后，其他租界开辟国依据片面最惠国待遇，也对本国的专管租界独自订立了各种行政法律。清朝政府丧失了对租界内一切事务的立法权。

外国人独自订立的租界方面的法律中，最重要的是有关租界根本制度的"基本法"[1]，如外国人称上海公共租界的《土地章程》为"小宪法"。这些租界基本法的立法权几乎都由租界开辟国的政府直接行使，如法国租界的《市政组织章程》，意大利租界的《租界章程》，天津、汉口日本租界的《居留民团法》，等等，都由其外国政府直接制订、颁行。苏州、杭州、重庆等地的日本租界的情况与其他租界不同，《居留民会规则》由当地日本领事订立并以当地日本领事馆附馆令的形式颁行。各地租界基本法的修订、解释权也大多由开辟国政府直接掌握，也有些国家则把租界基本法的修订权赋予当地的领事，意大利就是其中之一。英国由于实行君主立宪政体，情况较为特殊，首先以枢密院令的形式授权英国驻华公使制订、修改各个英国租界的《土地章程》，然后再呈请英国国王批准。在上海、鼓浪屿的两个公共租界中，或是因沿袭了最初《土地章程》的规定，或是因该租界系由清朝政府主动开辟，清朝官员尚能与外国领事分享《土地章程》的修订、解释权。但事实上，在英国人修订上海公共租界的《土地章程》时，上海地方官员始终被撇在一旁，英国人只是在事后把既成事实通知清朝官府而已。1898 年，该租界纳税人特别会议在通过又一次修订的《土地章程》后，征询了两江总督刘坤一的意见。而刘坤一自动弃权，表示"本大臣从未顾及此事，故现亦不欲过问"。外国人也曾将新订章程送请清朝政府总理衙门批准，总理衙门也不置可否。可见，实际上上海公共租界《土地章程》的修订、解释权由英国独自掌控。

---

〔1〕 费成康：《中国租界史》，上海社会科学院出版社 1991 年版，第 118 页。

各个租界的基本法名称不尽相同，大体上可分为四种。第一种取名公共租界《土地章程》，各地英国租界正式开辟后，全订有本租界的基本法《土地章程》。第二种取名《市政组织章程》，各地法国租界正式开辟后都把基本法叫作此名，有的在机构名称上稍有不同，如上海的法国租界基本法称为《公董局组织章程》，但《组织章程》是法国租界基本法的通名。第三种取名《租界章程》，这是一些开辟较晚、不发达的租界对其基本法所起的名称，如天津的俄国、意大利租界的基本法取名即《租界章程》。第四种取名《居留民××》，这是日本租界基本法所取冠以居留民开头的名称，例如，在天津、汉口"十分发达"的日本租界实施的是《居留民团法》，在苏州、杭州、重庆"未发达"的日本租界实施的是《居留民会规则》。

这些不同类型的租界基本法不仅仅是名称不同，而且内容也有差异，但确实起到了这些"国中之国"的根本大法的作用。英国租界的《土地章程》包括租界的土地制度、立法制度及行政制度等多方面的内容，法国租界的《市政组织章程》主要是有关租界的行政制度、行政组织的内容，天津俄租界的《租界章程》包括土地制度、立法制度、行政制度和涉及查办刑事案和违警案的司法制度，日本租界的《居留民团法》和《居留民会规则》主要是有关租界行政制度及行政机构的法规。在各个租界中，外国人大量订立的是附则，其中大部分是行政法规。在这些法规中，最重要的是建筑章程。同时，各租界当局几乎为每项行政措施都订有行政法规，在一些较大的租界中各种行政法规多如牛毛。例如，上海法租界当局曾订立过有关电话、电报、私立电台、摊贩、妓院、娱乐场所、广告牌、学校、学校学制、公路建筑、整理公路、取缔拾荒、活体解剖、染病家畜、征收房捐、征收地捐等数以百计的行政法规。这些法规都十分细致、具体。例如，对于车辆，就分别订有关于出租汽车、自备汽车、送货车、三轮车、搬场车、脚踏黄包车、公用人力车及拉车等的专门章程。对于医药行业，就分别订有关于西医、牙医、助产士、兽医、中医、医院、疗养院、药房、救护车等的专门章程。

2. 租界的司法制度

从整体上看，租界的司法制度与租界以外地区的司法制度不尽一致，最大的区别是租界的领事裁判权。从 1840 年鸦片战争开始，西方资本主义国家用坚船利炮打开了清朝封闭的国门，中西交汇演绎出了晚清中国大地上的"三千年未有之变局"。在司法制度方面，随着外国在华租界的建立及发展，出现了前所未有的租界领事裁判权，成为租界司法制度的本质内容。领事裁判权是一种国际政治特权，[1]是一个国家的人民在他国领土内居住而不受居住国法律管辖，而由租界开辟国领事对这些侨民行使裁判权。在近代，西方各国在中国享有的领事裁判权是伴随着一系列不平等条约而取得的，是中国半殖民地化程度不断加深的反映，是外国侵略者单方面享有的一种极端不平等的司法特权。

(1) 领事裁判权在中国的缘起

鸦片战争前，尽管清朝实行闭关锁国的政策，对外交往不是很频繁，但是外国人来华贸易却从未中断过，只是规模不大而已。在外国人来华贸易、居住、生活的过程中，必然要与当地中国人交往，因而不免发生各种各样的纠纷案件。领事裁判权在中国的缘起，决不是空穴来风，中外交往中发生的涉外案件起到了事实基础的作用，而清朝的法律规定及其处理结果与外国的法律规定及其处理结果不尽一致、甚至相去甚远，起到了主观要求的作用，外国有所图谋则是促发动机，清朝政府国力衰弱则是客观前提。

从唐朝到清朝鸦片战争之前，各个朝代的中国政府把处理涉外案件的原则明确规定为"诸化外人，同类自相犯者，各依本俗法；异类相犯者，以法律论"[2]，严格维护并践行独立的司法主权。在鸦片战争前的历史时期，清朝虽然以天朝大国自居，但处理涉外案件能够做到坚持独立的司法原则，一方面根据清朝法律行使审判权，另一方面也注重公正与平等。对内，清朝1777年（乾隆四十二年）曾明谕地方大吏："遇有交涉词讼之争，断不可徇民人以抑外夷。"对外，乾隆在致英王的信中说："凡遇该国等贸易之事，无不照其周备"。尽管如此，中国和西方在法律价值、观念与适用上仍有区别。

早在1689年，英国"防卫号"商船上的水手杀死一名清朝属民，为此"防卫号"商船"留下一位大班，七个水手在中国人手下做囚犯，另外还有一

---

〔1〕 参见张晋藩主编：《中国司法制度史》，人民法院出版社2004年版，第465页。

〔2〕 （唐）长孙无忌等撰：《唐律疏议》，中华书局1983年版，第133页。

位垂死或已死的医生"〔1〕。1749 年，一些清朝犯人逃到澳门葡萄牙的安巴罗修道院避难，在清朝政府官员的交涉下，葡萄牙人将逃犯交了出来并承认清朝政府官员"承皇帝之旨管理该城"〔2〕。对于本国人侵害外国人的案件，特别是本国人杀害外国人的要案，清朝官府同样严肃公正地处理，一般都让被害人所在国的代表到场观听审判，并在代表和被害人亲属临场之下对犯罪人执行死刑。当时，东印度公司的日志曾记载："清朝政府在对这些罪犯进行惩罚的过程中所表现出的积极性和热情，引起了极大的震惊，并受到高度称赞，清朝政府希望使外国人非常满意的愿望已表现在诉讼过程中的每一个阶段，皇帝的命令，允许我们自由地进入正在进行审判的法庭，证明了清朝政府希望在这个案件的审判过程中给予极大的公开性……就目前的案件说，无论困难多大，他常将对犯罪的本国人行使审判权。"〔3〕

尽管清政府在司法实践中针对涉外案件力求做到中外一体、公正不倚，但是英国对清朝法律存有藐视之心，一则是清朝法律的制裁措施可谓严酷至极，有"笞、杖、徒、流、死"五刑，二则是耳闻目睹清朝行刑场面的西方人士以图画或文字的形式反馈回西方世界，从而形成了清朝法律严酷的印象，因而极力使涉案英国人逃避清朝法律的制裁。在 1784 年（乾隆四十九年十月），英国"休斯夫人号"船在黄埔下碇，因放礼炮误毙清朝民船水手吴亚科、王运发二人，炮手被清朝官厅依据《大清律例》审判处决。就此，1785年英国对清朝法律做了这样的评价："顺从屈服这种观念，对我们来说，似乎是与欧洲人所相信的人道或公正相违背的；假如我们自动屈服，结果就是我们把全部有关道德上及人性上的原则抛弃——我们相信董事部即使冒丧失他们的贸易的危险，也必然赞助我们尽我们的权力来避免这样做。"〔4〕英国人不满意这样的审判结果，决定"不再服从清朝的（刑事）法律管辖权"〔5〕，从此拒绝将英籍被告送交清朝官厅审判，而是送回本国按照英国法律审判处理。

---

〔1〕 ［美］马士：《东印度公司对华贸易编年史》（第一、二卷），区宗华译，中山大学出版社1991 年版，第 83 页。

〔2〕 周景濂编著：《中葡外交史》，商务印书馆 1991 年版，第 154 页。

〔3〕 张晋藩：《中国法律的传统与近代转型》，法律出版社 2005 年版，第 299 页。

〔4〕 ［美］马士：《东印度公司对华贸易编年史》（第一、二卷），区宗华译，中山大学出版社1991 年版，第 427 页。

〔5〕 ［美］爱德华：《清朝对外国人的司法管辖》，李明德译，载高道蕴等编：《美国学者论中国法律传统》，中国政法大学出版社 1994 年版，第 481 页。

这是英国对清朝政府以不配合的消极方式，作出的事实上的法权要求反应，以实际案件的单方处理要求"勾画了治外法权的轮廓"〔1〕。当时，清朝尚处于强盛时期，因而还能坚持维护清朝司法权的一统实施。

再来看看其他国家当时的态度。1821年（道光元年），美国"恩美雷号"船美籍船员因抛掷瓦罐误中邻船一位妇女头部，致使该妇女坠海溺水身亡。于是，"恩美雷号"船上的该美籍船员被清朝官厅判处死刑以抵命销案。美国人对此虽然不满，但也公开表示船既然在大清朝领海，理当服从清朝法律的制裁。像美国这样的态度，在当时算是公正的了，公正的背后则是美国在当时对清朝政府没有什么图谋，所以就没有必要寻找种种借口作为挑起事端的导火索。

而英国就不同了，在类似事件上都显示出咄咄逼人的强硬无理态度，这是因为对清朝政府有所图谋，所以需要寻找借口。随着在清朝贩卖鸦片活动日益猖獗，英国要从清朝谋求治外法权的目的越来越明显。1833年（道光十三年），英国东印度公司董事兼英国众议院议员斯当东爵士向众议院提出一项议案，要求英国政府在清朝设立法院，以便审理清朝属民与英国居民之间发生的各类案件，但该议案没有获得通过。英国取消东印度公司对清朝的垄断贸易权后，英国驻华商务监督查理·义律在给英国外交大臣帕麦斯顿的报告中明确提出：英国人如在清朝境内犯罪，决不将他"送由任何其他审判制度去审判"〔2〕。同样，帕麦斯顿也多次向英国下议院提出法案，主张"在清朝建立民刑法院和一个海军法院"，以保证英国人不受清朝官民"损害"。

鸦片战争爆发前夕，1839年5月27日，五名英国水手在香港北侧小岛上的尖沙嘴村酗酒行凶，打伤村民多人，村民林维喜身受重伤，于第二天死亡。林则徐一再要求英方交出凶手，而义律抗拒不交。清朝政府钦差大臣林则徐随即派员到澳门，谕令义律交出凶犯，由清朝官府审办。但义律"抗不收阅"，还声称英国没有把本国人交他国审判的法律，而且非法宣布在清朝领海上设立一个"具有刑事与海上管理权的法庭"，并拟于7月12日在一艘英国船上开庭审讯此案。对于义律的所作所为，林则徐认为："人命至重，若因英

---

〔1〕［美］马士：《东印度公司对华贸易编年史》（第一、二卷），区宗华译，中山大学出版社1991年版，第428页。

〔2〕 张晋藩主编：《中国司法制度史》，人民法院出版社2004年版，第466页。

夷而废法律，则不但无以驭他国，更何以治华民?"〔1〕。林则徐据理力争，并援引 1808 年（嘉庆十三年）清朝政府处理英军强占澳门事件予以批驳，下令停止供应停泊在香港的英国船只柴米食物，限期撤回澳门英商雇用的中国员工，并下令驱逐英船撤离澳门和黄埔。但英方无视清朝政府的主权，不但拒不交出凶手，还对清朝水师发炮攻击，以挑起战争事端——由此，鸦片战争爆发了。

西方人对清朝法律的蔑视，目的在于摆脱清朝法律的束缚，谋求领事裁判权，因而以不平等作为攻击的借口。西方国家在清朝获得领事裁判权的图谋由来已久，而这是清朝政府所不能接受的。但是，客观上来看，清朝的腐败在司法方面尤为突出，皇权凌驾于法律之上，皇帝可以任意改法、毁法，皇帝掌握最高司法权，生杀予夺全凭圣意；执掌司法的官员，虽然大都缺乏律例学的基本知识，但却精通敲索敛财之道，他们只重贿赂的轻重，不管案情的是非；而刑名幕吏更是助纣为虐，枉法行私，操纵狱讼，造成了大量冤狱。西方人批评"清朝法律，不仅是极为专断的和极为腐败地实施的"，而且大肆指责"清朝法律体系在许多方面与欧洲人公平或正义的观念不相容"，〔2〕隐藏在背后的动机却是如何逃避清朝的法律制裁，实质上是为图谋领事裁判权制造舆论。他们曾企图在华设立法院，攫取领事裁判权，但这种图谋在鸦片战争前未能得逞。

（2）领事裁判权在晚清中国的确立

在鸦片战争后，英国凭借坚船利炮打开了清朝政府的门户，摧毁了清朝皇帝的权威；接着，英国等西方资本主义国家，通过一系列不平等条约，先后攫取了领事裁判权，从而践踏了清朝的司法主权，使清朝和西方各国之间在实力不等的基础上结出了司法不平等的果实。领事裁判制度"指的是外国人进入他国，无论是发生民事还是刑事案件，都不受所在国的司法裁判，而由其本国驻所在国领事审判。"〔3〕近代中国，司法主权受到列强各国的侵凌，表现形式之一就是西方国家获取在晚清中国的领事裁判权，具体内容是：在

---

〔1〕 林则徐：《拟谕英吉利国王檄》，载《鸦片战争》（第二册），第 171 页。

〔2〕 参见 [美]艾德华：《清朝对外国人的司法管辖》，李明德译，载高道蕴等编：《美国学者论中国法律传统》，中国政法大学出版社 1994 年版，第 450 页。

〔3〕 朱勇主编：《中国法制史》，法律出版社 2006 年版。

中国享有领事裁判权国家的公民，如果在中国境内成为诉讼案件被告人时，由其本国领事依据其本国法律进行审理，不受中国司法机构的管辖。

在从清朝政府取得领事裁判权方面，英国充当了急先锋。1843 年 10 月，清朝政府与英国签订《中英五口通商章程》，英国取得了领事裁判权。《中英五口通商章程》第十三条约定："英人华民交涉词讼一款……倘遇有交涉词讼，管事官不能劝息，又不能将就，即移请华官公同查明其事，既得实情，即为秉公定断，免滋讼端。其英人如何科罪，由英国议定章程、法律发给管事官照办。华民如何科罪，应治以中国之法，均应照前在江南原定善后条款办理。"[1]"原定善后条款"是指 1843 年（道光二十三年）10 月签订的《虎门条约》，又称《五口通商附粘善后条款》，其第六条规定："凡系水手及船上人等，俟管事官与地方官先行立定禁约之后，方准上岸。倘有英人违背此条禁约，擅到内地远游者，不论系何品级，即听该地方民人捉拿，交英国管事官依情处罪，但该民人等不得擅自殴打伤害，致伤和好。"[2]根据条约规定，英国人在清帝国领土上犯罪，清朝政府无权根据自己的法律来制裁，而由英国领事根据英国法律来定罪处刑。以上规定标志着在中国正式确立了领事裁判权制度，也标志着清朝司法主权开始丧失。

1844 年（道光二十四年）7 月，美国强迫清政府签订了《中美五口贸易章程》，通称《望厦条约》，美国攫取了领事裁判权。《望厦条约》第二十一款规定："嗣后中国民人与合众国民人有争斗、词讼、交涉事件，中国民人由中国地方官捉拿审讯，照中国例治罪；合众国民人由领事等官捉拿审讯，照本国例治罪；但须两得其平，秉公断结，不得各存偏护，致启争端。"[3]第二十五款规定："合众国民在中国各港口，自因财产涉讼，由本国领事等官讯明办理；若合众国民人在中国与别国贸易之人因事争论者，应听两造查明各本国所立条约办理，中国官员均不得过问。"[4]这些条款，对审判机构和适用法

〔1〕 王铁崖编：《中外旧约章汇编》（第一册），生活·读书·新知三联书店 1957 年版，第 42 页。

〔2〕 王铁崖编：《中外旧约章汇编》（第一册），生活·读书·新知三联书店 1957 年版，第 35 页。

〔3〕 王铁崖编：《中外旧约章汇编》（第一册），生活·读书·新知三联书店 1957 年版，第 54 页。

〔4〕 王铁崖编：《中外旧约章汇编》（第一册），生活·读书·新知三联书店 1957 年版，第 55 页。

律做了明确的规定，清朝自此丧失了对外国侨民的法律管辖权。而且领事裁判权的范围也从《中英五口通商章程》中所规定的"五口"扩大到各港口，把领事裁判权进一步具体化和扩大化。

1844 年 9 月，法国也强迫清政府签订了《中法五口贸易章程》，即《黄埔条约》，法国也取得领事裁判权。《黄埔条约》第二十八款规定："佛兰西人在五口地方，如有不协争执事件，均归佛兰西官办理。遇有佛兰西人与外国人有争执情事，中国官不必过问。至佛兰西船在五口地方，中国官亦不为经理，均归法佛西官及该船主自行料理。"[1]

1858 年 6 月 13 日，清朝政府与沙皇俄国签订《中俄天津条约》，俄国取得领事裁判权。《中俄天津条约》第七条规定："通商处所俄国与中国所属之人若有事故，中国官员须与俄国领事官员，或与代办俄国事务之人会同办理。"[2]1858 年 6 月 18 日，清朝政府与美国签订《中美天津条约》。《中美天津条约》第十一款规定："……倘华民与大合众国人有争斗、词讼等案，华民归中国官按律治罪；大合众国人，无论在岸上、海面，与华民欺侮骚扰、毁坏物件、殴伤损害一切非礼不合情事，应归领事等官按本国例惩办……"[3]

1858 年 6 月 26 日，清朝政府与英国签订《中英天津条约》。《中英天津条约》第十五款、第十六款、第十七款分别规定："英国属民相涉案件，不论人、产，皆归英官查办。""英国民人有犯事者，皆由英国惩办。中国人欺凌扰害英民，皆由中国地方官自行惩办。两国交涉事件，彼此均须会同公平审断，以昭允当。""凡英国民人控告中国民人事件，应先赴领事官衙门投禀。领事馆即当查明根由，先业劝息，使不成讼。中国民人有赴领事官告英国民人者，领事官亦应一体劝息。间有不能劝息者，即由中国地方官与领事官会同审办，公平讯断。"[4]

1858 年 6 月 27 日，清朝政府与法国签订《中法天津条约》。《中法天津

〔1〕 王铁崖编：《中外旧约章汇编》（第一册），生活·读书·新知三联书店 1957 年版，第 63 页。

〔2〕 王铁崖编：《中外旧约章汇编》（第一册），生活·读书·新知三联书店 1957 年版，第 88 页。

〔3〕 王铁崖编：《中外旧约章汇编》（第一册），生活·读书·新知三联书店 1957 年版，第 91 页。

〔4〕 王铁崖编：《中外旧约章汇编》（第一册），生活·读书·新知三联书店 1957 年版，第 98 页。

条约》第三十八款规定："凡有大法国人与中国人争闹事件，或遇有争斗中，或一、二人及多人不等，被火器及别器殴伤致毙者，系中国人，由中国官严拿审明，照中国例治罪，系大法国人，由领事馆设法拘拿，迅速讯明，照大法国例治罪，其应如何治罪之处，将来大法国议定例款。如有别样情形在本款未经分晰者，俱照此办理，因所定之例，大法国人在各口地方如有犯大小等罪，均照大法国办理。"第三十九款规定："大法国人在通商各口地方，如有不协争执事件，均归大法国官办理。遇有大法国人与外国人有争执情事，中国官不必过问。至大法国船在通商各口地方，中国官亦不为经理，均归大法国官及该船主自行料理"〔1〕。其后，德国通过《中德通商条约》第三十八、三十九款规定，葡萄牙通过《中葡和好通商条约》第十五、十六款规定，意大利通过《中意通商条约》第十五款规定等，也先后在中国取得了领事裁判权。

1895 年 4 月 17 日，清朝政府与日本签订了《马关条约》，日本在中国取得了领事裁判权。《马关条约》规定："在日本国军队驻守之地，凡有犯关涉军务之罪，均归日本军务官审判办理。"〔2〕1896 年签订的《中日通商行船条约》第二十款规定："日本在中国之人民及其所有财产物件，当归日本派官吏管辖。凡日本人控告日本人或被别国人控告，均归日本妥派官吏讯断，与中国官吏无涉。"第二十二款规定："凡日本臣民被控在中国犯法，归日本官员审理，如审出真罪，依日本法律惩办。中国臣民被日本人在中国控告犯法，归中国官员审理，如果审出真罪，依照中国法律惩办。"〔3〕

在近代中国，从英国一国取得领事裁判权开始，先后有法国、美国、俄国、日本、德国、葡萄牙、意大利、日本、比利时、挪威、瑞典、丹麦、荷兰等国也取得了领事裁判权，最后享有领事裁判权的国家多达 19 个，这在世界上都是绝无仅有的，仅清朝政府一家。随着时间的推移，领事裁判权的范围、内容等均有所扩大。开始时领事裁判权的范围仅限于通商口岸，逐渐地扩展到了所有港口，最后推广到了全国范围。最初领事裁判权的适用对象仅限于条约国公民，后来逐渐扩大到所有外国人，到最后竟然也适用于在租界里的中国人。

---

〔1〕 王铁崖编：《中外旧约章汇编》（第一册），生活·读书·新知三联书店 1957 年版，第 111-112 页。

〔2〕《光绪朝东华录》，光绪二十一年六月。

〔3〕《光绪朝东华录》，光绪二十一年六月。

外国列强不仅通过签订条约的方式取得了在中国的领事裁判权，而且还对条约的具体规定作出有利于自己的解释性规定。例如，对1858年《中英天津条约》中"皆由英国惩办"的规定，1876年的《中英烟台条约》特别加以明确规定为："由英国领事官或他项奉派干员惩办"。对《中英天津条约》中"彼此均须会同公平审断"之"会同"，明确规定为："两国各口交涉案件，两国法律既有不同，只能视被告者为何国之人，即赴何国官员处控告；原告为何国之人，其本国官员只可赴承审官员处观审。倘观审之员以为办理末妥，可以逐细辩论，庶保各无所隅，各按本国法律审断。"〔1〕这样的解释性规定，使外国又取得了案件的观审权。随着清朝政府的实力日渐衰微，领事裁判权的内容也越来越多，外国领事取得了观审权、会审权和会审公廨中的司法审判权，以致出现了"外人不受中国之刑章，而华人反就外国之裁判"的反常现象。领事裁判权中最重要的规定是：凡与中国缔约的外国人与中国人发生争讼，无论是刑事案件还是民事案件，均归控告所属国家的法庭处理，适用法律也是被告人本国的法律。由此，清朝失去了对外国侨民的法律管辖和制裁。

（3）租界巡捕房

租界完全脱离和排斥晚清中国政府的行政管辖，实行独立的税收、警务、市政等综合管理。在租界里，领事裁判权的实践操作运行、对案件的适用，尤其是刑事案件，首先是由租界巡捕来操作运行的。虽然各个租界的面积大小不等、规模大小不同、发达程度有所区别，但都设置有较为完整的管理体制。在规模较大的租界，日常行政机构都设置有警务部门，警务部门下辖巡捕房；在规模较小的租界，日常行政机构直接下辖巡捕房，如厦门英国租界。其中，比较典型的是上海租界巡捕房。〔2〕

1845年11月上海的英国租界设立时面积为2820亩〔3〕，1848年开辟的上海美国租界到1893年时面积增加到7856亩，1849年开辟的上海法国租界

---

〔1〕 王彦威撰辑、王亮编：《清季外交史料：全10册》（第7册），湖南师范大学出版社2015年版，第7-14页。

〔2〕 参见《上海租界志》编纂委员会编：《上海租界志》，上海社会科学院出版社2001年版，第224-257页。

〔3〕 1848年上海道台麟桂允许英国临时阿扎里扩张租界的要求，重订界址时的面积。

面积有 986 亩，1863 年上海的英国租界与美国租界合并成公共租界。经过多次扩张，到 1914 年时，法国租界控制区面积达到 15 150 亩，为初辟时的 15 倍，公共租界实际控制区达到 4.7 万亩。在上海租界里，人口数与日俱增，到 1936 年，公共租界人口已超过 118 万，其中华人超过 114 万；法国租界人口总数则接近 50 万，其中外国人为 23 398 人。公共租界内的外国人来自英、美、法、德、俄等 18 个国家，在上海的外国侨民国籍最多时曾达 56 个国家。随着租界面积的不断扩大和租界内人口的不断增多，租界的治安管理就必然要提到议事日程上了。

1854 年 7 月 17 日，上海公共租界工部局第一次董事会会议决定"为了维护租界的治安与清洁"成立警备委员会。随后第二天，工部局就刊登广告，公开招聘督察员 1 人，副督察员 1 人，巡捕 30 人；一个月之后，就招聘 1 名督察、1 名副督察、29 名巡捕，并且租赁一座民房作为督察员及巡捕用房，开始组建上海公共租界工部局警察队伍或称巡捕队伍和建置捕房。

1854 年 12 月，工部局制订了共 17 条的《捕房督察员职责》。《捕房督察员职责》内容包括：按照巡捕房人员服役要求训练部下并监督巡捕在服役中的行为，指挥警力，防止抢劫，禁止行乞，阻止打架斗殴，逮捕可疑分子，捉拿罪犯，并查处租界内军火的贩卖和储存等。督察员对巡捕房逮捕的罪犯无权施加刑罚，必须在 24 小时内向董事会当值董事报告有关逮捕犯人的情况，在必要时，督察员或其代理人须向中国地方官或领事依法提起诉讼。

1865 年，工部局修改了督察员职责。新的督察员职责规定，督察员应确切了解其本身职责及警备委员会的命令，在必要时出席警备委员会的会议，督察员归警备委员会管辖；督察员负责管理巡捕房的日常工作，要求巡捕的行为完全符合现行捕房章程。1884 年，工部局颁布了《巡捕房章程》，其中巡捕职责 62 条，译员职责 6 条，户外执勤职责 9 条，巡长职责 19 条，捕房审事间警官职责 32 条，巡官职责 65 条，巡捕服务条件 21 条，另外还有各区巡捕房规章 10 条及有关巡捕住宿、膳食、请假的具体规定。以后，工部局又多次修改巡捕章程，1923 年的《巡捕章程》内容达到几百条，除正文外附有《土地章程》及附律、执照颁发条件、有关在会审公廨提起诉讼的方法等，规定巡捕应该遵守的事项包括巡逻、使用警械以及传唤、拘捕疑犯的情形等。租界的警察或称巡捕负责维持租界内的秩序，搜捕杀人、放火、抢劫、偷窃等严重破坏租界治安的刑事犯。公共租界当局不断地加强警务管理建设，公共租界内先后共建起了 15 个巡捕房，形成了一个完整的巡捕房体系。

其一，中央捕房。1855 年工部局得到上海道台资助，兴建公共租界的第一所捕房，即中央捕房，经多次扩建，包括办公用房、巡捕宿舍、阅览室、弹子房、卖品部及生活设施、10 间牢房。1893 年又建起新的中央捕房，建筑设施包括西籍巡官、巡长、探长及巡捕用房，印籍巡长和巡捕住房，华籍巡长、探员、华捕用房，可容纳 140 人左右，另设关押 70 人的牢房 18 间，关押乞丐的牢房 3 间。1935 年再次建起新的中央捕房，新建捕房设计为 4 幢高层建筑，北边一幢为办公大楼，底层至六层为管理处办公室，七至八层为俱乐部和游艺室，九层为无线电及电话室，南边一幢底层至二层为羁押室和办公室，三层为宿舍、餐厅，四至八层供有眷属之西籍警员使用，西面一幢底层至七层为华捕宿舍。经过多次扩建，中央捕房的规模一次比一次大，牢房一次比一次多。

其二，老闸捕房。1860 年 10 月，工部局在老闸地区建立第一个分捕房，驻有副巡官 1 人、巡长 1 人、巡捕 16 人。1889 年 12 月又建起新捕房并投入使用，新捕房包括 19 名西人巡官、巡长及巡捕用房，31 名印捕和 80 名华捕用房（不供华捕住宿），30 名华犯和 10 名西犯所用牢房，关押 20 名乞丐的用房，另有马厩、一草料房、马夫用房等。1905 年 12 月 18 日发生的"大闹会审公廨"事件中，该捕房底层和一楼的大结构建筑被愤怒的市民烧毁，1906 年工部局在捕房周围筑起 10 英尺高墙，以防范冲击捕房事件的再次发生。

其三，虹口捕房。1861 年 2 月工部局在位于美国租界的虹口地区建立了第二个分巡捕房，该捕房设于临时租借的民房内，警员有副巡官 1 人、巡长 1 人、巡捕 12 人，主要负责美国租界地区的治安。1863 年 12 月，董事会租用了百老汇路底的一些房子，经装修后作临时捕房。1878 年 8 月 1 日，新虹口捕房正式建成，新捕房可为 20 名西籍巡捕和 40 名华籍巡捕提供住宿，另设 8 间牢房。1890 年该捕房又在牢房上面增建了可供 20 名印捕和 46 名华捕住宿的宿舍，1908 年在主楼东面建了一幢 3 层楼房，1912 年又在这 3 层楼房的东北角进行了扩建。

其四，静安寺捕房。1863 年工部局就派巡捕到租界外静安寺路巡逻，1882 年由于静安寺路上行驶的马车数量大增，应该处居民要求，工部局又增派巡捕巡逻。1884 年中法战争期间，工部局以上海形势不稳定为由，在卡德路租房，正式成立了卡德路捕房。1895 年该捕房的房地产由工部局买下，改称为静安寺路捕房。1898 年 10 月新的静安寺捕房竣工，新捕房为 2 层楼，底层为预审间、拘留间、西捕厨房，2 楼为 12 名印捕宿舍。1903 年 6 月 19 日，工部局再次建筑新的静安寺捕房，新静安寺捕房主楼高 2 层，为办公用房和西捕用房，底层为审讯室、部分探员及 4 名西捕卧室，2 楼有巡官及佣人用房，另有 2 间可容 20 名印捕的印捕宿舍，1 套印籍巡长用房，1 套华捕宿舍及马厩、马夫住房，草料间及 3 间牢房。

其五，新闸路捕房。1899 年，工部局在新闸路借用一间房子作为该地区的临时捕房，1905 年正式建成新闸路捕房，该捕房由西捕、印捕和华捕宿舍及马厩、牢房 5 部分组成。1907 年 12 月，原捕房拆除，沿东边地界朝西重建。

其六，杨树浦路捕房。基于杨树浦路一带人口增多、车流量大增，工部局捕房督察长建议在该处建一小型分捕房以维持该地区治安，居住在该区的欧籍侨民也向工部局提出增派巡捕的要求。1890 年 6 月建成启用该区捕房（又称周家嘴捕房），捕房为 1 幢 2 层楼房。1933 年 9 月建成该区新的捕房，新捕房共有带眷属的中、西巡捕住房 12 间，西捕单人卧室 13 间，另有 1 幢华捕宿舍、1 幢印捕宿舍，并配有马厩、车库、牢房等。

其七，汇司捕房。1893 年，西虹口地区租地人要求在该区设立一小型捕房，1898 年，工部局购置土地建起了该区捕房，当时称西虹日捕房，后改称汇司捕房，又称西虹口捕房。该捕房为前后 2 幢 2 层楼房，前楼底层为审讯间等办公用房和牢房，2 楼为西籍巡捕宿舍，后楼底层为马厩等附属设施，上面为印捕用房。1907 年，由于租界扩展及捕房人员增加，工部局扩建该捕房，将原来的 2 幢 2 层楼扩建为 5 幢各自独立的楼房，分西捕及办公用房、印捕用房、华捕用房、马厩附加设施和牢房，还设有车库等。

其八，汇山捕房。工部局根据警务处督察长提出的在汇山地区建一捕房的建议，1900 年 6 月建成了汇山捕房。该捕房分主楼和后楼 2 幢，主楼为 3 层，后楼为 2 层，主楼为西籍巡捕用房和办公用房，后楼为印、华籍巡捕用房、牢房和马厩等。1932 年，榆林路捕房建成后，汇山捕房部分辖区划给了榆林路捕房。

公共租界的其他捕房主要有：嘉兴路捕房，戈登路捕房，狄思威路捕房，榆林路捕房，成都路捕房，普陀路捕房。嘉兴路捕房，建于 1907 年 7 月，时称哈尔滨路捕房，1931 年更名为嘉兴路捕房。戈登路捕房建于 1909 年 11 月。狄思威路捕房，应纳税人的要求，1912 年，工部局在北四川路租赁房屋作为北四川路捕房，1927 年 2 月则在狄思威路租赁房子作捕房之用，同时将捕房名称改为狄思威路捕房。榆林路捕房，1925 年，工部局购置地皮建造了韬朋路捕房，1926 年又购置地皮建起了新捕房，并将韬朋路捕房改作威妥玛捕房，1930 年扩建后的捕房改称榆林路捕房。成都路捕房建于 1934 年 1 月，普陀路捕房建于 1929 年。

在上海法国租界，1856 年 6 月在小东门黄浦滩路建起了第一个巡捕房，1862 年，法国租界又在东南部新桥街建立了一个分区捕房。1864 年公董局大楼建成，中央捕房迁入其中。1867 年新桥街分区捕房撤销，重建小东门捕房。1877 年，法国租界在公馆马路西端四明公所附近购地，建起分捕房，1887 年在宝昌路重建西区捕房。1901 年，公董局在斜桥建立卢家湾捕房。1902 年位于卢家湾薛华立路的警务处大楼建成，中央捕房及监狱迁入。1903 年决定在法军顾家宅营房设立一个新的捕房。1905 年，位于马思南路可容纳 1000 余名犯人的新监狱建成，同年在宝建路新建徐家汇捕房。到 1939 年时，法国租界的捕房体系包括中央捕房、麦兰捕房、霞飞捕房、小东门捕房、福煦路捕房和贝当路捕房。

租界是中外多方杂处之地，中外民情交汇在一起，复杂多样。各个租界虽然都有强大的警察队伍作为治安力量，但租界内仍不断发生杀人、抢劫、绑票、诈骗等恶性案件，刑事案件发案率很高。但是，由于当时华界的秩序更为混乱，兵患匪患接踵而至，而晚清中国地方官府在维持社会治安方面表现出了无以复加的无能，因而租界尚属当时中国土地上治安状况较好的区域。在面积最大的上海公共租界中，当地警方于 1930 年就破获谋杀、绑票、抢劫、纵火、盗窃等大小刑事案件共 15 664 起。在公共租界中，对于现行的刑事犯，不论他是华人还是其他国家的侨民，租界警察一般不需逮捕证，即有权将其逮捕。对于非现行的罪犯，租界警察也有会同逮捕之权。在专管租界中，为了避免与其他强国发生外交纠纷，租界警察通常只逮捕犯罪的华民。

（4）租界法庭

通过一系列不平等条约，西方国家获取了在中国的领事裁判权。在中国享有领事裁判权国家的公民，如果在中国境内成为诉讼案件被告人，由其本国领事依据其本国法律进行审理，不受中国司法机构的管辖。领事裁判权的进一步落实就形成了领事裁判制度，具体实施领事裁判制度的是租界的领事法庭。随着租界的扩展与发展，由于多方面的因素，租界内原先的"华洋分居"格局被打破，取而代之的是不可逆转的"华洋杂居"的格局。租界内"华洋杂居"的格局，成为华人与洋人之间、华人之间、洋人之间发生民刑纠纷案件的土壤。华人与洋人之间、洋人之间发生的民刑纠纷案件，一般由领事法庭审理，自不待言。而对于租界内华人之间的民刑纠纷案件，租界当局与清朝政府组建了会审公廨专门审理此类案件。可见，租界法庭有两类：一类是领事法庭，另一类是会审公廨。

第一，领事法庭。根据西方列强与清朝政府签订的相关条约来看，西方列强在中国的领事裁判权主要包含以下内容。对于中国人与有约国外国人之间的案件，依"被告主义原则"实施司法管辖，由被告所属国家驻华领事等官员审理。对于有约国外国人与无约国外国人之间的案件，若前者为被告，由其本国领事实施司法管辖；若后者为被告，则由中国的司法机构实施司法管辖。对于同一有约国国民之间的案件，由该国领事实施司法管辖。对于不同有约国国民之间的案件，一般也适用被告主义原则，由被告所属国家的领事实施管辖。总之，以享有领事裁判权的外国商民即有约国外国人为被告的案件，均由该国的领事法庭或其他法庭受理，并按照该国的法律判决，而不适用清朝政府的法律。在西方列强的眼里，清朝政府的法律落后、野蛮，与西方国家法律的基本精神及主要制度不相吻合，这是它们要求在晚清中国取得领事裁判权的理由之一。

相比较而言，多数租界的市政、经济等都较为发达，租界开辟国的领事馆包括领事法庭基本上都设在本国租界以内，如在上海公共租界、法国租界，天津英国、法国租界，汉口英国、俄国、法国租界，广州英国租界等租界内。而没有专管租界的其他国家也多把领事馆设在别国租界之内，天津英国、法国租界，汉口英国、俄国、法国租界，广州英国租界等租界内，都设立过别国的领事法庭。而上海、鼓浪屿两个公共租界，竟有 10 来个外国设立了领事法庭，可谓法庭林立。当然也有另外一种情况，因位置偏僻、经济萧条及其他一些原因，少数租界始终没有领事馆和领事法庭，如天津比租界、厦门英租界。总之，英国、美国、法国、德国、俄国、比利时、丹麦、意大利、日本、巴西、荷兰、挪威、西班牙、葡萄牙、瑞典、瑞士、秘鲁、奥地利、匈牙利、墨西哥共 20 个国家先后设立了领事法庭。附设在领事馆内的领事法庭多以领事官为庭长或审判官，并设有政府任命的或民选的会审员等。通过不平等条约先后在中国取得领事裁判权的英、美、法、俄、德、日等 20 国的侨民无论在租界内外成为民事或刑事案件的被告，都不受当地中国法庭的管辖，一般都受本国领事法庭的审判。

各国对领事法庭的管辖权限都有明文规定。除美国外，各国领事法庭一般有权审判所有以本国侨民为被告的民事案件，但都无权审判重大的刑事案件。具体而言，领事法庭审理的案件包括这样几类：第一，同一国籍外国人的案件。第二，不同国籍外国人的案件，且双方均为有约国公民的民刑案件，一般由原告到被告国籍的领事法庭提起诉讼，如各该国间另有条约规定，则按照条约办理。第三，华洋混合案件，即华人为原告，有约国侨民为被告的案件，无论民刑案件，均须由华人到该侨民国的领事法庭控告。第四，在中国政府工作的外国人之间的民刑案件，如果是因公引起，必须由该国领事法庭审理。第五，被保护人的案件，即受某有约国永久或暂时保护的侨民发生案件，即在该保护国领事法庭审理。领事法庭审理的具体案件包括离婚、抗捐、欠租、商业纠纷和破产等民、刑案件。

在刑事案件方面，英国领事法庭不能审判主刑在徒刑 1 年以上或罚金 100 镑以上的刑事案件；法国、日本的领事法庭都不能审判涉及重罪的刑事案件；美国司法委员法院则只能管辖罚金不满 100 美元、监禁不超过 60 天的刑事案件。除英国、美国两国侨民外，有约国人在租界内犯下重大刑事案件，大多不能就地结案，必须解送到海外的本国法院接受审判。1865 年之前，英国人在中国犯有重罪，要被移送到香港刑司衙门审处。1865 年，英国在公共租界内设立英国高等法院，审判在华英国人为被告的一切案件，原上海领事法庭随之取消，并在界内设立英国上诉法院，受理各种上诉案件。美国于 1906 年在公共租界设立在华法院，审判各地美国领事法庭、司法委员法院有权审判及无权审判的一切案件，并作为这些法庭的上诉法院，后另设相当于领事法庭的美国司法委员法院。英美两国侨民在上海租界内无论成为何种案件的被告，都能就地受到审判。第一次世界大战期间，德国、俄国领事法庭取消。1934 年 1 月，德国、奥地利、匈牙利、俄国、墨西哥 5 国废除领事裁判权，保留领事裁判权的还剩 15 个国家。

第二，会审公廨。中国司法主权受到外国列强侵凌的又一表现形式是会审公廨的建立，在上海公共租界有会审公廨，法国租界也有会审公廨。外国列强不满足于领事裁判权的范围，一直图谋获得对租界内的所有案件的裁判权。上海的英国租界开辟之初，界内华人案件仍受中国审判机构管辖。1853年小刀会起义后，随着英国租界内华人骤然增多，华人违警案也就增多了。在英国租界内违犯法律的华人，都先被押解到英国领事法庭预审，轻者判处拘役、苦工等刑罚，只有犯罪程度较重的才移送清朝政府地方官处置。据英国《外交公报》记载，仅1855年由英国领事署审处的华人案件就达500余起。可见，英国租界事实上攫取了对租界内华人轻罪的审判权。

1856年，驻沪领事团规定，在租界中被捕、在英美领事法庭或法国违警罪裁判所预审时查有确切证据的华人，均须送交上海地方官府审判。由于上海官府没有力量翻译租界警方附送的案卷，做不到明详案情，因而审判时不是听信口供就是进行逼供，许多罪犯由此逃避处罚。英国领事对此表示不满，认为清政府地方官常对移送的华籍犯人草率处置、从轻发落，以致有不少罪犯再次进入租界犯罪，遂屡次提出要在租界内全权审处全部华籍犯人。1863年，上海道台与英国驻沪领事订立章程，明确规定在租界内拘捕华人的拘票，须先经英国领事加签，无约国人犯罪均应受英国领事处置。1863年，英美租界合并后，英美俄葡法五国领事致函上海道台，要求将裁判无约国人之权授予工部局，上海道台签书同意。这样，上海公共租界当局又取得了对租界内无国籍人的审判权，取得了对华人案犯的拘押程序签署权。

其一，上海公共租界的会审公廨。1864年5月1日，上海地方政府与英国领事组成一混合法庭，称为洋泾浜北首理事衙门，专门审理租界内发生的以英、美等国侨民为原告、华人为被告的民刑案件。洋泾浜北首理事衙门，是租界内实行中外会审的混合法院，内设违警庭、刑庭，以后加设民庭。违警庭审理租界内所有违警案件，凡纯粹华人违警案件，由工部局捕房拘解，清政府所派理事单独审理。刑庭审理以外国人为原告、华人为被告及无约国人为被告的刑事案件，由中国理事主审，1名外国陪审官陪审。洋泾浜北首理事衙门的诉讼程序无明文规定，实际上采用西方诉讼程序。就刑事案件而言，理事衙门判决权限为判处100天以内监禁、苦役，或30天以下枷锁，100以下杖笞，100元以下罚金的刑事案件。刑罚判决，超出了清朝"笞、杖、徒、流、死"五刑范围，混合了西方监禁、苦役等刑罚种类，为以后租界监狱的正式大规模设立奠定了刑罚基础。1869 年公共租界会审公廨设立，洋泾浜北首理事衙门撤销。

1867 年，上海道台和英国驻沪领事商讨组织正式法庭。1869 年 4 月 20 日，英国领事全文公布了上海道台拟定的《洋泾浜设官会审章程》。《洋泾浜设官会审章程》共 10 款，规定在公共租界内设立一司法机关（即会审公廨，又称会审公堂），由上海道委派同知官员担任谳员，与外国领事会同审理租界内发生的不属领事裁判权范围的案件。根据规定，上海公共租界会审公廨诉讼管辖权限以租界范围内民事钱债交易及刑事窃盗斗殴等为限，徒、流以上罪名由上海县审断。命案归上海县检验，陪审官不得干涉。谳员享有对租界内以华人为被告的所有民事、刑事案件的审理权，其中华人之间的民事和商务案件由谳员独自审理。外国人所雇用或延请的华人为被告的案件，由领事派员听讼。任何以外国人为原告的案件，须由原告所属国领事或代表出席会审。如果在同一案件中涉及许多不同国籍的外国人，那么每个相关国家可以有陪审官出席会审。

会审公廨设楼上公堂、楼下公堂及特别公堂三个法庭。一般刑事案件在每天上午在上、下两个公堂审理，称为"早堂"；以外国人为原告、华人为被告的民事案件，都在下午或夜间审理，称为"晚堂"；以外国人为被害人的刑事案件，由特别公堂审理。会审公廨一般用汉语庭讯，遇中外诉讼时，外国侨民可用其本国语言。会审公廨规定适用西方律师辩护制度，无论民事、刑事审判程序，华人都可以聘请律师辩护。在租界内凡是华人或外国人控告华人，无论民事、商业案件，都按照中国法律审理，将华人刑讯关押，会审公廨的刑讯措施有打手心、打板子、上枷等。华人犯案重大，根据中国法律可判至死罪或流刑的，由上海道台复审再转督抚，由督抚交刑部。

《洋泾浜设官会审章程》对会审公廨的管辖权和陪审官的审理权作了明文规定，但是外国领事常撇开章程，擅自扩大会审公廨的权力，包括判处徒、流以上的案件、传提界外被告、对重大案件实行预审程序。同时，擅自扩大陪审官权力，陪审范围扩大至捕房解讯的所有人犯，逐渐操纵公廨的审判权。自从纯粹华人刑事案犯经工部局捕房拘提以后，外国领事对于纯粹华人案件，不仅强行陪审，而且时常擅自讯断，以致谳员和外国领事时有冲突。外国领事还擅自干涉谳员的任命，干涉罪犯的传提和判决执行。会审公廨判决监禁的人犯原送县监狱执行，但在 1885 年以前已有不少被巡捕带回捕房关押，工部局为此特地建造了一座新捕房。1898 年，工部局又租下英国领事馆监狱的一部分，供监禁长期徒刑犯人之用。1904 年 3 月，工部局提出在会审公廨看押的刑事和民事犯人应受工部局监督的要求。1905 年 4 月 9 日，工部局派出印捕到公廨巡逻，检查人犯的发落情形，将公廨置于工部局的监视之下，这是对公廨司法行政权的一种侵犯。

1902 年 6 月，为解决上海公共租界与法国租界诉讼案件的地域管辖问题，驻沪领事团与上海道台订立了《上海租界权限章程》。《上海租界权限章程》共 4 款，规定纯粹华人民事案件采取以原告就被告的原则，原告应在被告居住的租界内起诉；华人违反租界章程，在犯事的租界内受审；原告为法国人的华洋案件，归法国租界会审公廨管辖；原告为其他外国人的华洋案件，则均归公共租界会审公廨管辖。公廨差役在租界内拘人必须得到领事同意。

为了使侵夺的租界司法权合法化，驻沪领事团提出了修订会审公廨法规的要求。1906 年，清朝政府为会审公廨审理案件适用刑律问题专门制定章程。1908 年，开始实施工部局警备委员会拟订的《续增上海洋泾浜设官会审章程》。《续增上海洋泾浜设官会审章程》共 18 条，主要内容包括把会审公廨的审判权扩大到可判处 5 年徒刑，最终获得了清朝政府的同意。这就为上海租界大肆扩建监狱提供了前提条件，量刑权的扩大意味着刑事案源增多，犯罪人的增加和刑罚期限的增长使得捕房中的监牢不够使用，因而建造大监狱势在必行。辛亥革命期间，驻沪领事团趁机攫夺会审公廨，1914 年参照英国高等法院的诉讼程序法，订立公廨诉讼程序法，适用于纯粹华人民事案件；纯粹华人刑事案件由英美日意四国会审领事轮日会审，适用中国新刑律。至此，在刑事案件方面，公廨不受只审理 5 年以下刑事案件的限制，而且有权判处死刑。

其二，上海法国租界的会审公廨。1859 年 3 月 31 日，法国驻沪领事组织的违警罪裁判所正式成立。违警罪裁判所在法国驻沪领事馆内开庭，审判由巡捕房移送的包括华人在内的违警案件。凡华人所犯违警、抗捐等罪以及民事案件均由法国领事独审，华人与法国人因商业贸易发生的诉讼案件由中法两国官员在法国领事馆中会审，情节轻微的案件一般由巡捕房总巡审明罪情后予以释放或罚款，犯罪情节严重的送交清政府官厅处理。1869 年法国租界会审公廨设立后，就取消了违警罪裁判所。

上海公共租界会审公廨筹设初期原定管辖范围包括法国租界，而法国领事则以《会审公廨章程》第一条和第五条的规定与法国租界的司法习惯不相符合为由拒绝参加公共租界会审公廨。于是在 1869 年 4 月，法国领事与上海道台签署协议，在法国租界另行建立一个定期会审的常设法院，即法国租界会审公廨。法国租界会审公廨设中国刑事初审庭、中国刑事上诉庭、中国民事初审庭、中国民事上诉庭、刑事初审会审庭、刑事上诉会审庭、民事初审会审庭及民事上诉会审庭，前四庭由一名中国官员单独审理华人民刑案件，后四庭由一名中国官员和一名法国陪审官会审华洋案件，上诉案件由道台会同法国总领事审处。

法国租界的会审公廨主要参照《洋泾浜设官会审章程》并结合法国的司法习惯，审判不属于领事裁判权管辖范围内的在法国租界发生的案件及以法国人为原告的所有华人案件。具体受理案件种类包括：第一，违反法国租界市政章程的案件；第二，华人刑事案件；第三，法国人和华人之间的商务案件；第四，华人商务案件；第五，法国人与华人之间的民事案件。法国租界会审公廨与公共租界会审公廨不同，无论华洋诉讼以及华人民刑诉讼，均由谳员会同领事审讯。而且，华人之间的案件不涉及法国方面的利益时，由谳员主持审判，陪审官不发表意见；涉及法国方面利益的民刑案件由法国陪审官主审，中国官员陪席，陪审官根据中国法律作出判决后再征求谳员意见。

对于第一类案件及华人偷窃、诈骗、暴力、有伤风化等轻微刑事案件，法国租界会审公廨既是初审又是终审法庭；对于华人凶杀或其他严重刑事案件足以判处死刑或流刑的，被告由法国租界捕房拘捕，经会审公廨审理后移解给上海知县。对于刑事案件，法国租界的会审公廨可判处的刑罚种类主要有笞刑、杖刑、枷号、监禁和罚款，杖是用竹板打臀部，对女犯用笞刑或用鞋垫掌嘴，监禁一般不超过 3 年。1905 年 11 月，上海道台致函法国总领事，转发清朝政府外务部《关于在刑事案件中废止脊杖、竹板、笞刑及枷刑的通知》。1906 年后，法国会审公廨审理案件，凡判处肉体刑的都改成罚款或监禁，并按照新的规定量刑，但枷号仍相习沿用。1914 年 4 月后，枷号和刑事犯跪审也一并禁用。华人之间的诉讼禁止律师出庭，华洋诉讼、刑事案件不准聘请律师辩护，判决后当事人均不准上诉。

1911 年 10 月武昌爆发辛亥革命，1912 年晚清皇帝宣告退位，清朝政府终结，法国驻沪总领事乘机接管了上海法国租界的会审公廨。相应地，纯粹华人民事、刑事案件全由法国会审官判决，一切以华人为被告的案件都在租界内结案，不再移送中国司法机构审判；法国租界会审公廨还判处华人死刑，取消了向上海地方官上诉的制度。1927 年上海公共租界会审公廨被收回后，法国租界当局只是将纯粹华人民事案件改归华人审判人员独自审理。1930 年8 月 1 日，中国政府在法国租界设立了上海第二特区地方法院，正式取消了法国租界会审公廨。

3. 租界监狱

1840 年鸦片战争以后，外国侵略者凭借武力强迫晚清政府签订了一系列不平等条约，割占香港，攫取了领事裁判权，践踏了晚清中国的司法制度。外国不仅强行在晚清中国设立形形色色的外国领事法院，而且外国所设司法机关的附属监狱也在晚清中国境内相继出现。1844 年英国在香港设置的"维多利亚监狱"，就是英国在晚清中国领土上最早建造的一所监狱。后来，因为犯人激增，维多利亚监狱拥挤不堪，英国在赤柱另建一新监狱。接着，又在对海九龙荔枝角建一女犯监狱。关押在这些监狱里的犯人都要罚做苦工，如有违抗，就被关入地牢。

西方列强在晚清中国开辟租界初期，在租界虽设有领事法庭，但大多数没有监狱，被法庭判处徒刑的罪犯基本上要送往该国设在远东或本土的监狱中服刑。只有英国、美国、法国分别在公共租界和法国租界内设立监狱，日本在领事馆内附设监狱，丹麦在法国租界西牢中特设监房，监禁判决短期徒刑的罪犯。罪犯被判处长期徒刑，仍需将他们押往这些国家设在东亚或本土的监狱中去服刑。随着西方列强在晚清中国领事裁判权的扩张，根本不属于领事裁判权管辖范围的华人之间的犯罪等也被纳入到了领事裁判权的范围之内，这样被判处刑罚的人数大增，导致了原有的临时关押人犯的巡捕房的牢房不堪重负，只得专门修建监狱用以关押服刑罪犯。1900 年 7 月，八国联军侵占天津后，各国又在天津的租界内设置监狱，关押大批义和团志士。租界修建监狱以上海、青岛、大连、威海最为典型。此外，俄国强占东北后又修建了中东铁路监狱。

（1）上海租界监狱

上海的公共租界工部局成立后不久，即在最早建立的中央捕房中附设拘留所，拘押犯违警罪的外国人，华人则交由清朝政府上海地方衙门处理；以后，华人也由租界当局拘押了；到最后，租界当局也对华人罪犯执行刑罚了。在归属管辖方面，上海租界监狱，从领事馆管辖领事监狱、工部局警务处管辖监狱的双轨制，最后发展到了工部局警务处统一管辖监狱的单轨制。在关押罪犯方面，上海租界监狱，从最初的只关押外国人罪犯，最后发展到了既关押外国人罪犯又关押华人罪犯的监管行刑一体制。

在租界监狱设置上，上海租界有领事馆监狱、工部局监狱、租界法院监狱三种。领事馆监狱包括英国领事馆监狱、美国领事馆监狱、日本领事馆监狱和法国领事馆监狱，租界工部局监狱包括公共租界工部局监狱、法国租界工董局监狱，租界法院监狱包括英国在华高等法院监狱、公共租界会审公廨监狱、法国租界会审公廨监狱、法国租界会审公廨押所。这三种监狱中，前两种监狱较为复杂，租界领事馆监狱直接归领事馆管辖，英国租界领事馆监狱直接归英国领事馆管辖，日本领事馆监狱直接归日本领事馆管辖，法国领事馆监狱直接归法国领事馆管辖，公共租界工部局监狱是直接归公共租界工部局管辖的监狱，宏观上英国租界领事馆监狱和公共租界工部局监狱都归于公共租界工部局警务处的管理之下；相对而言，法国租界工董局监狱的管理就简单了，它始终归法国租界工董局警务处直接管理。

英国租界领事馆监狱是归属英国领事馆管辖的监狱。1856年，英国在上海外滩中山东一路33号建造一所英国领事署监狱，是专门监禁刑期较短的外籍犯人的监狱，这是帝国主义国家在上海租界内设置的第一所监狱。英国领事馆的监狱开始附设在英国领事馆内，关押英国领事审判的犯人。随着租界内外国侨民人数剧增、犯罪率上升，监狱已不能满足关押众多犯人的需要了，于是1857年英国领事馆扩建了监狱。经英国政府批准，1868年英国领事馆在新购置的一块地皮上重新建了领事馆监狱，因位于厦门路故称为厦门路监狱，专门关押英国领事法庭审判的外国籍轻罪犯人，"专充收容西人之用"，俗称"英界西人西牢"。厦门路监狱共有监房72间，整个建筑呈十字形。

早在1882年，公共租界工部局捕房收押的犯人爆满，工部局致函英国领事，希望购买或租用英国领事馆监狱，遭到拒绝。到1889年初时，工部局租下厦门路监狱的北侧，将原来的监所分隔成 42 间单人牢房，用来关押捕房拘押的长刑期华人。犯人在狱中从事编席、木工、缝纫、监所保洁等强制性劳役；在巡捕的看押下，华人罪犯出监为工务处从事敲石铺路等劳役。1903 年工部局华德路监狱建成，随之厦门路监狱内的华籍囚犯全部转押至华德路监狱，厦门路监狱只关押俄国及犹太犯人。

1925 年，工部局从英国领事馆买断了厦门路监狱的全部财产。从此，厦门路监狱成为工部局专门关押外籍犯人的场所，原在华德路监狱关押的英国领事馆短刑期犯人及未被各国驻沪领事确认身份的外籍犯人也移至该监所关押。由于当时监狱牢房还有剩余，工部局将部分监所租给驻沪英军作为军事监狱使用。1933 年，根据美国在华法院与工部局达成的协议，凡该法院及美国领事拘押或判处徒刑应在上海执行的犯人，也交厦门路监狱看押。随着上海外国人尤其是白俄人犯罪增多，厦门路监狱囚满为患、不敷使用。1935 年，工部局在华德路监狱建成新的外国人牢房，将厦门路监狱的全部犯人迁至华德路，厦门路监狱被移交给工部局工务处，正式退出了上海租界监狱的历史舞台。

公共租界监狱因建在华德路故取名为华德路监狱。华德路监狱建于 1903 年，是归属公共租界工部局管辖的监狱，既关押外国籍罪犯，也关押华人罪犯。监狱有 2 幢 4 层监所，共 480 间双人牢房，并设有工场、医院等。监狱专门分隔出 30 间牢房作为感化院，关押未满 19 岁的少年犯。监狱把少年犯与其他罪犯分开看押，对他们进行劳动技能培训和文化知识教育，并由中华基督教青年会对少年犯进行宗教教诲。1905 年，华德路监狱女犯监舍落成，开始关押女性犯人。1908 年扩建了容纳 500 名犯人的新监舍。

到 1909 年时，由于监狱内囚犯增多，监狱开始实行记分减刑制度，对表现好的囚犯酌情减刑，以减轻监狱超负荷运行的负担，当年就有 137 名犯人根据这项规定提前出狱。同年，囚犯在监狱内建起了新工场。1912 年，由于会审公廨最高能判处罪犯 5 年徒刑的规定被取消，大批长刑期乃至死刑犯被关入监狱，监狱当局将这些犯人视为严重威胁，把他们与其他罪犯分开关押。由于关押的犯人不断增加，监狱进行了多次扩建，设施也在不断增加，有监舍、工厂、医院、食堂等。

华德路监狱属公共租界工部局警务处管理，正副典狱长（1936 年后改称正、副狱务监督）等高级管理人员全都由英国人担任。看守绝大部分是印籍，只有感化院由华籍看守负责。1936 年华人严景耀被任命为狱务监督帮办，负责管理感化院。监狱工作人员待遇，基本也与警务处对应级别的人员相同，另加监狱津贴。华德路监狱基本沿袭厦门路监狱管理囚犯的方法。对于在狱外从事碎石、割草、筑路等重体力劳作的犯人，用粗链条将数人拴在一起，俗称"大链条"，对于在狱内从事油漆、木工、送饭等轻体力工作的犯人，用细链条将几个犯人拴在一起，俗称"小链条"。监狱规定只有经监狱医生许可，才能对违规犯人施以鞭刑，看守体罚打骂中国犯人乃是常事。看守的野蛮行径终于激起了中国服刑人的反抗，两家报纸作了报道，一家是《北洋官报》，1906 年（第 1005 期）《北洋官报》先在新闻录要栏目以《上海西牢监犯滋事纪闻》为题目作了报道、后又在 1906 年（第 1023 期）《北洋官报》各省新闻栏目中以《查覆西牢冲突案》为题作了第二次报道，另一家是《中华报》，1906 年（第 496 期）《中华报》在时事要闻栏目中以《上海西牢罪犯越狱》为题目作了报道，可见其影响之大，但是两家的报道内容却大相径庭。《中华报》声称，上海公共租界工部局牢狱所有囚徒私通声气约同脱狱，各持器具，群起逞凶，击毙印度狱吏一名，伤二名，又有外国人一名亦受伤。于是，狱吏执枪弹压，毙囚徒二名，伤十二名，始行平静。按照《中华报》的说法，犯人私下密谋越狱并付诸行动，主动攻击狱吏，杀死印度狱吏一名，伤印度狱吏二名，还有一名外国人受伤。于是，狱吏执开枪弹压，击毙囚徒二名，伤十二名，才得以平静下来。而《北洋官报》通过二次调查并报道，才还原了事实真相。上海公共租界提篮桥西牢所押华犯约五十名，于本月十一日午后不知因何事故与印度狱卒大起冲突，当时狱卒即发警号，由管狱西官飞集各捕并分派枪械子弹立于大门之侧以防逃逸。监犯仍各持做工器械与各捕格斗，击伤狱官及狱卒二人。各捕随即开枪，当场毙犯三名，重伤二名旋亦毙命，其余亦有十余人受伤，事后检查并无一人逸出。事发后，英澳员飞禀上海道请示核办。经上海道札饬上海县汪令带领仵作会同西医将轰毙及受伤各犯逐一验视，会同会审委员禀覆略谓查得，西捕印捕实有三名受伤，前供失实。据西医说，受伤最重之捕三礼拜可痊愈，则其伤可知。而押犯则枪毙四名、受伤七名，肇事情节实由印捕殴犯而起，并非各犯蓄意图逃，乃竟擅放枪轰毙夺命，未便置而不问。在各押犯见同押一人受殴，群起还殴，固属咎有应得。惟枪毙之人未必尽是拒殴之人，拟俟，该捕犯医痊，讯明实情核办。《北洋官报》通过全面细致的报道，披露了这起事件起因于"印捕殴犯"的真相。

美国领事馆监狱。1846 年（道光二十六年），美国在旧迁道（今九江路）设立美国驻沪领事署，1853 年（咸丰三年），在领事署内设立领事法庭，1906 年（光绪三十二年）改为美国在华法院，附设简易押所，关押法庭所判轻刑美籍侨民罪犯。1907 年 2 月，美国领事馆迁到今天的黄埔路 36 号，由于监所简陋，就把犯人寄押在英国领事馆监狱。后来，领事馆的二楼改为"上海美国监狱"，用于关押被判刑 3 个月以下的罪犯。1916 年（民国五年），美国领事馆迁到黄埔路 13—14 号，新领事馆仍附设领事馆监狱。1933 年（民国二十二年），领事馆迁到今江西中路 248—250 号，美国领事馆与公共租界工部局协商，从 7 月 1 日起，美国在华法院所判处短刑期的罪犯由华德路监狱代为关押，美国领事馆监狱撤销。

日本领事馆监狱。1872 年（同治十一年），日本设立驻沪领事馆。日本驻沪领事馆位于扬子路 1 号（今中山东一路），后迁到西摩路（今陕西北路）。1934 年（民国二十三年），迁往黄埔路 25 号甲，领事馆内设有小型监狱，关押犯罪的日本籍侨民。

法国租界监狱。因建在马思南路故取名为马思南路监狱。马思南路监狱建于 1905 年，归属于法国租界公董局警务处管辖。监狱可容纳 1000 余名犯人，监狱内分男犯人区和女犯人区，女犯区设缝纫工场。监狱关押的犯人分未决犯与已决犯两种，实行分隔关押，一般情况下对未决犯的监管比已决犯宽和。监狱设有诊疗所、病房、药房、图书馆等辅助设施，并设有工场，犯人可以在狱中从事编织棉手套、餐饮、印刷、缝纫、监所保洁等强制性劳役，并在巡捕的看押下到狱外从事敲石铺路等工务劳动，累犯往往要加上铁镣。监狱卫生状况不理想，病犯和死亡人数时有增加。除了星期天，犯人每天有半小时的放风时间。1938 年 7 月，在诊疗所治病的病人从 1937 年 12 月 14 日统计的 18 人上升到 60 人。犯人常犯胃病、流行性感冒、皮肤病、肺病、传染病等，诊疗所负责对犯人进行防霍乱注射和对吸毒者进行戒毒。为了消灭虱子，收押入监的囚犯必须淋浴换上清洁的囚衣、理发，出狱犯人换下囚衣进行消毒。从 20 世纪 30 年代开始，马思南路监狱的犯人人数逐年增加，到 1940 年底未决犯区有 108 间囚室，已决犯区有 224 间囚室，每间囚室分别关押 2—3 名囚犯，有的犯人睡在地板上。从 1935 年开始，犯人判决前的关押时间可以充抵刑期，由此许多未决犯总是争取延缓判决，由于上诉案件审理缓慢，未决犯区更显拥挤。

（2）青岛租界监狱

清光绪二十三年（公元 1897 年），德国派军队占据胶州湾，强迫晚清政府缔结了《胶澳租界条约》（公元 1898 年），青岛（当时称胶澳）沦为德国的租借地。为了适应殖民统治的需要，德国在青岛设立了第一审法院，称胶州湾德国法院，后来又设立了胶州湾上级法院。德国殖民当局为了维护当地社会秩序，更好地奴役中国人民、镇压中国人民的反抗，保护殖民者的特权和利益，颁布了一系列维护其殖民统治的法令法规。随着殖民统治的日益加深，德国殖民当局当时在青岛修建了两所监狱。

青岛的两所德国监狱，一所于 1900 年建在青岛市区（市南区常州路 23 号），是胶澳帝国法院所属的专门关押德国和其他欧美国家犯人的"欧人监狱"，占地面积 78 000 平方米，建筑面积 8297.5 平方米，包括各种建筑 26 栋。"欧人监狱"主楼的清水墙面精致古朴，拥有纯德国古堡式的尖顶塔楼，雕有德式花纹的厚币铁门，典型的欧洲中世纪哥特式建筑的壁炉。[1]监舍都是单人羁押，水泥地面，舍内安装有壁炉，犯人有可以休息的床铺。"欧人监狱"是一片以古堡式建筑为主体的建筑群，现在共有各式建筑二十余栋，其中德国、日伪建筑共 10 栋，其余为后期增建。保存较好的为建于 1900 年的德国建筑 1 号楼（又称西监室），该建筑为典型的德国古堡式建筑风格，砖木石结构，地下一层，地上三层（含阁楼），急促的旋转楼梯通道建成圆锥形城堡尖顶样式。看守可在塔顶监视整座监狱，监狱的整体造型像中世纪的古堡，墙体为红色砖墙，所有窗规格一样——小且装有铁栅。墙体厚重、窗户窄小是"欧人监狱"的主要特征，厨房、浴室等附属房屋也是德国建筑风格。"监狱建筑由'仁、义、礼、智、信'……添建。"

另一所于 1903 年建在青岛的李村区，专门关押中国人，时称"李村华人监狱"。监狱长由德国海军军官担任，看守长及看守由德国宪兵担任，另雇有华籍人员数名。主要关押被拘留三个月以上的刑事犯，年均押犯 75 人，这是山东半岛第一所由殖民者建立的专门关押中国人的近代监狱。"李村华人监狱"的建筑为德式风格，为"回"字形长廊式平房结构，红砖、红瓦、红房

---

〔1〕 仿原貌重建。

顶、带木质廊柱、圆拱门，设有监房、教诲室、医务所、浴室、储藏室、工厂、行刑室、瞭望台、厕所等，同时还建有办公场所，各项功能比较齐全。1939 年前后曾按原貌进行过较大规模的修缮。解放后，原建筑大部分被拆毁，仅保留"E"字形二层楼房建筑一座。

(3) 东北中东路监狱

沙皇俄国经过《瑷珲条约》《中俄天津条约》《北京条约》等一系列不平等条约的签订，占据了东北大片领土，继而修建铁路，并以铁路干线为中心分别在哈尔滨、满洲里、海拉尔、博克图、横道河子设置监狱，不仅关押犯罪的俄国人，也关押当地犯罪的中国人；除监禁已决犯外，还关押未决犯。其中，以哈尔滨监狱规模最大，能容纳 500 人。该狱关押的俄国人多为未决犯，一经判决即遭送到西伯利亚的赤塔、伊尔库斯克和汤姆斯克等监狱。典狱长由沙俄地方审判厅委任。除以上五处监狱外，沙俄还在铁路沿线大站的警察署设有暂时羁押人犯的拘押所，如扎兰屯、昂昂溪、安达、一面坡、穆棱、绥芬河等地。

(4) 大连租界地旅顺监狱

旅顺日俄监狱始建于 1902 年沙俄统治旅顺时期，到 1904 年前，已建有牢房 87 间和 1 幢办公楼。1904 年日俄战争爆发，这里变成了沙俄军队的野战医院和马队兵营。1905 年日俄战争结束，获胜的日本接管了沙俄设置在旅顺的监狱，并加以修缮和扩建。监狱的组织机构中，设典狱长，以下分三系，即狱务系、经理系、警守系。监狱的构造分两部分，经理系及狱务系居北，警守系居南。监房分上下两层，上层两翼，下层三翼，每层 17 间监房。1906 年 7 月 31 日，日本政府敕令 196 号公布了关东都督府官制，在关东都督府内设置长官官房、军政部、民政部。在民政部内设监狱署，于旅顺设本署，大连设分署。1907 年日本殖民统治者开始正式启用并扩建这所监狱。1908 年，殖民当局颁布关东都督署官制，将过去隶属于都督府民政部的监狱署改为独立机构，直接归关东都督府管辖。旅顺监狱被命名为"关东都督府监狱署"。

旅顺监狱的建筑既有古典俄罗斯风格，又有东方日本简约的特点。监狱正面为一转混结构的二层办公楼，呈西南走向，长 34 米，宽 14.92 米，建筑面积 938 平方米。办公楼的整体风格为典型的俄罗斯古典风格。办公楼与后面的牢房形成两个相对独立的建筑单元。牢房走向为南、东、北三面呈放射状分布。这种牢房分布格局，反映了 19 世纪初英国人杰米里·边沁的辐射式监狱建设构想理念，其基本的核心理念是：便于监控管理。日本殖民统治时期，旅顺监狱得到逐步的扩大，至 1935 年基本上形成现在人们所见到的规模，即监狱围墙高约 4 米，总长度为 725 米，围墙内的占地面积为 2.6 万平方米。牢房的排列结构也极具特色，一楼中间为廊道，左右两侧为牢房，两侧的牢门互不相对，交错分布。楼上廊道中间铺设铁栅栏，其作用一是便于空气的流通及采光，二是便于看守的巡视观察。旅顺监狱共建有牢房 275 间，其中南面牢房分为上、中、下三层，有牢房 87 间；东、北两侧牢房均是二层，各有牢房 84、82 间，狱中还设有 18 间病牢，4 间暗牢。除了上述牢房以外，还设有三处检身室、一处刑讯室、一处绞刑室及强迫被关押者服苦役的 15 座工场。当年在监狱周围还建有窑场、菜地、果园、林场及监狱职员住宅区。这座监狱，是两个帝国主义国家在中国共同修建的，其规模之大在国际上是罕见的。关押在这里的，有中国人、朝鲜人，反战的日本人，以及在大连地区从事反法西斯工作的俄国人、埃及人、美国人。监狱实行种族歧视，被关押的人，待遇是不一样的。

监狱中每间牢房的墙上均贴有一张中、朝、日三国文字的狱规，共计 11 条，内容包括不准说话、不准倚墙、不准向外张望、只准跪坐于牢房的中间、对看守须表现出顺从和谨守礼仪的态度，等等。1907 年，当局还颁布《关东州罚款及笞刑处分令》，规定"被处以三个月以下强劳处分时，对于中国人的犯罪，可按情况处以罚款或笞刑"。所谓的"笞刑"，就是用特制的夹有铅条的竹条对被关押者的臀部进行抽打。这一残酷的刑罚，当局以法律条文的形式明确规定只对中国人，不得对其他国家的被关押者使用该刑罚。这既有种族的歧视，也表现出该刑罚的残酷。除此以外，狱中还有灌凉水，调刑，压杠子，过电，用棕绳头、皮鞭子、胶皮管子抽打，用竹板子、镐把、桌子腿硬打，用铁筷子、香烟头、香火烧肌肤，用猪鬃探马眼（尿道），等等刑罚。可谓是无所不用其极。

殖民当局在狱中设有 15 座工场，监狱墙外周围又设有窑场、菜地等，强迫被关押者每天要做十几个小时的苦工，他们从这种非常廉价的劳动力身上榨取丰厚的剩余价值。据 1936 年日本殖民当局编辑出版的《刑务要览》记载，当年监狱作业获取的利润达 8.6 万日元，这在当时可以购买到 4 万袋面粉。到 1940 年监狱作业获取的利润提高到 20 余万日元，1944 年至 1945 年解放前夕的一年中，监狱作业获取的利润猛增到 53 万日元。

（5）威海租界地监狱[1]

英国租借威海后，按照三权分立的原则，建立起了相应的管理制度，其中刑事司法制度中设立了监狱作为刑罚执行机关。一座监狱位于刘公岛上，面积约 1000 平方米，分前后两院，由高墙环绕。监狱内设杂居监、工场、看守室、瞭望台、宿舍、坎场、洗涤场等，有男监房 18 间、女监房 3 间，总共可容纳犯人 100 多人，囚犯的刑期都在 2 个月以上，2 年或 2 年以上监禁刑的罪犯押送至香港执行。刘公岛监狱设典狱长 1 名，督促全监事务，下设三科、二所，各科设看守长 1 人、各所设主任 1 人。第一科负责会计、名籍、印信、保管、文书、任免、收发、统计等事务；第二科负责戒护、纪律、训练、作业督饬、消防、检束、异别、赏罚施行等事务；第三科负责作业、作业费、材料、成品、雇佣、工程施行、食粮支配、物品财产出纳等事务。教务所负责犯人的教诲及教育，医务所负责犯人的卫生、治疗和药剂等事务。另一座监狱位于陆上四乡区，监狱设管狱员，在巡官的指挥下掌管监狱事务，下设医士、主任看守、男女看守、所丁长及男女所丁，教诲事务由管狱员兼理。

租界当局非常重视威海卫监狱的建设和管理，在每年向英国殖民部提交的年度报告中，监狱管理都是其中不可缺少的一个内容。英国殖民当部非常重视威海卫监狱制度和监狱管理，因而监狱制度的建立、机构的设置和各项规章的实行基本上满足了殖民者统治管理的需要。在监狱的日常管理过程中，实施了一系列行之有效和较为文明的管理措施，注重对犯人权利的保护，这些都体现了英国教育刑思想的先进性。但同时，监狱作为一种社会统治管理工具，具有维护英国殖民者殖民统治和维持当时社会治安的双重性质，这是必须要肯定的。

此外，威海租界地在码头区和四乡区设置了两个看守所，较为典型的是码头区北仓看守所。北仓看守所，设看守长 1 人、看守员 6 人，均由巡捕充任。其规模较小，男女分监，总共能容纳三四十名人犯，主要关押未决犯，也关押 2 个月以监禁刑的已决犯。由于监狱囚犯增多，许多已决犯人也只好长期关押在看守所内，看守所实际上也成了监狱。由于当时威海卫城与租界

---

[1] 参见邵宗日：《英国租借时期威海卫法律制度研究》，法律出版社 2011 年版，第 266-273 页。

地的交界处治安环境恶劣，暗娼、赌徒猖獗，为此租界当局设立了"感化院"以惩治教育暗娼、赌徒。"感化院"设男女看守长各1人，看守人员若干，男女医官各1人。"感化院"独立设置建造，通过宣读儒家经典，宣扬传统伦理道德，在思想上感化、教诲他（她）们，不准其接触普通犯人。

八．相接纳：外国刑狱文化的传入

五口通商，外国人把上海作为首选，因而上海的租界开辟最早、面积最大。租界的存在，对近代上海城市的发展，乃至对于晚清中国社会的发展产生了深刻影响。外国人把国家的先进文化带到了租界，其中就包括了刑狱文化，使租界发挥了缝隙效应、孤岛效应、集散效应、示范效应，直接影响了上海，进而影响了晚清统治下的整个社会。从刑狱的层面上看，实际上就是租界传播了外国刑狱文化，标志着中西刑狱文化的融合。

（一）租界效应与文化传播

1. 租界效应

了解研究晚清中国，必以了解研究近代上海为钥匙；了解研究近代上海，必以了解研究租界为钥匙。更进一步讲，了解研究晚清中国的刑狱或监狱改良，必以了解研究外国监狱文化的注入为钥匙；了解研究外国监狱文化的注入，必以了解研究外国在上海的租界为钥匙。在晚清政府统治下的中国，租界是鸦片战争后外国列强按照不平等条约肆意侵犯中国主权并扩大在华特权利益的产物，是列强在通商口岸辟设外商居留地基础上建立的独立于中国政权体系管辖的行政区划和管理机构，制订并实施了一系列管理规章制度。在近代中国的领土上，外国先后设立的租界总共有二十六个之多，这些租界中尤以上海租界最具有代表性。上海租界开辟最早、存在时间最长、面积最大、管理机构最齐全、发展最为充分，因而其作用影响也最为深远。当然，必须指出的是，晚清中国所有的租界都是对清朝主权的侵犯，都歧视华人，这是毋庸置疑的。同时，也不排除租界的中性或积极效应。上海租界几经发展，成为"国中之国"，直接采取西方国家城市管理模式，全面管理公共环境、城市交通、工厂生产经营、城市房地产、文化教育、公共治安等领域的事务，发挥了缝隙效应、孤岛效应、集散效应、示范效应。[1]

（1）缝隙效应

上海租界具有缝隙效应，与其他租界一样，上海租界虽然设在晚清统治下的中国领土上，却不受清朝中央政府和地方政府的管辖，这就使得清朝大一统的权力管辖政治局面出现了一道缝隙。租界这道缝隙虽然微小但是影响深刻，在晚清政府的权力统治系统中，成为一条权力管辖力量薄弱地带，成为反对清政府的政治力量得以生存并且利用的政治空间。上海租界导致的清政府对上海地区的社会控制缝隙，不仅存在于租界与华界之间，而且存在于租界与租界之间。华界归清朝上海地方政府管理，公共租界归英国租界当局管理，法国租界归法国租界当局管理，基于管理主体的不同、事权不一，形成了三家分治、各行其是的局面。

由于有这个缝隙，因而中外形形色色的人们自然流入其中，鱼龙混杂，良莠不齐。例如，对于发生在其中一个区域里的犯罪，另两个区域可以不闻不问，不采取任何行动措施，由此一来这个区域里的犯罪人就可以到其他区域里逍遥法外，于是走私、贩毒等经济型违法犯罪行为易于得逞，流氓、帮会组织等黑社会违法犯罪行为极为猖獗。对此，上海道台丁日昌曾慨叹租界"五方杂处，藏匿中国匪徒最多"，则是晚清政府官方眼中的租界形象。当然，租界也不完全是违法犯罪丛生之地，如果人人的生命财产安全得不到保障，对租界唯恐避之而不及，更不会趋之若鹜，那么租界也不会发展起来了。

（2）孤岛效应

上海租界具有孤岛效应，从地理上的自然形态来讲，上海当然不是岛屿，就连半岛都算不上，但从政治环境空间上讲，有租界存在的情况下，上海就是一个孤岛。清朝政府的命令，可以畅行东西南北、天涯海角，但在上海租界却不能通行。当时，晚清政府对内残酷压迫剥削、对外割地赔款，其他地方战乱不断，上海租界却可以歌舞升平。从第一次鸦片战争以来，清朝政府

---

〔1〕 参见齐齐文库，2019-03-10 上传，"近代上海权力控制边缘地带的'四大效应'"。

统治下的中国是在接踵而至、连绵不断的外国入侵、百姓暴动、天灾人祸中步履蹒跚颠簸过来的，而上海这个孤岛却维持着相对稳定的状况，其影响和意义重大。

相对稳定的局面，给上海的经济、社会、人口的发展带来了独一无二的天机，对上海的繁荣发展产生了根基性的重大影响。上海租界这个相对平安的孤岛吸引了心怀各种目的的人，有的人想发大财，有的人想躲避战乱，有的人想躲避政治迫害，有的人想安稳度日，孤岛效应也成为上海城市畸形发展的原因之一。

（3）集散效应

上海租界具有集散效应，与其他被开辟租界的城市相比较，上海租界的集散效应尤为突出。最先割让给英国的香港是移民城市，但香港人主要来自华南地区。较晚的天津也是移民城市，但天津人主要来自华北地区。上海则不同，到上海的人来自五湖四海、四面八方，由于人们的原住地不同，人们的口音区别极大，因而形成的上海话也不是本地话，而是在综合各地语言的基础上逐渐产生的。上海不仅与全国各地有着千丝万缕的天然联系，而且与世界各地的关系也很紧密，许多国家的人云集上海。

因此，来到上海的人，除了国内各地的人之外，还有大量的外国人，主要有英国人、法国人、俄国人、犹太人、日本人、韩国人、印度人、越南人、葡萄牙人、德国人、奥地利人、意大利人、丹麦人、荷兰人等，最多时曾达到五十八个国家的人。大批欧美侨民的入居，引起东西方文化的直接碰撞、交流、冲突和融合，同时也使租界内西方文明比中国其他地方得到更快的传播，租界由此成为最早开始近代化的地区，并对近代上海城市的形成和发展产生重大影响。

（4）示范效应

上海租界具有示范效应，外国人将西方国家的高度物质文明、生活方式、市政管理都带到了租界，使租界成为晚清统治下中国文化世界中的一块西方文化"飞地"。通过租界全面体现的西方文化，无所阻挡、毫无避讳、毫无遮拦地展现并扩散开来，使上海的华人乃至全国的华人逐渐看到、领悟到了西方国家的先进文化，不仅仅是"船坚炮利"，而且是全方位的，体现在军事、政治、经济、教育、法制、文化、交通、医疗卫生等社会管理的诸多方面。

不论清朝官方对租界的看法如何，无疑租界发挥着客观的示范效应，租界与华界的天壤之别，极大地刺激着上海人，推动着上海人乃至中国人学习西方的步伐。

在认同并学习西方先进文化方面，上海捷足先登，这源于上海人的亲身感受。当然，这丝毫抹杀不了上海人所感受到的洋人对华人的欺凌，例如，洋人的"红头阿三"，对付中国人用脚踢，上海话叫作"吃外国火腿"。上海对租界带来的物质文明的感受是直接的，对洋人的傲慢也是直接领教了的，因而为改变落后、受欺压凌辱的局面，必须学习西方的先进文化。上海的租界不仅在中国的国土上最先开始了现代化进程，在租界的示范效应影响下，上海的华界也最先开始了现代化进程，前者是外部注入的现代化，后者是内部土生土长的现代化。

2. 文化传播

从传播学的角度来看，外国列强在中国建立的租界无疑发挥了文化传播的作用，租界文化传播是指西方国家通过在晚清中国所建立的租界把西方国家的文化横向地传播到中国。租界的文化传播在中国社会中所起的作用非常重要，具有许多社会功能，使中国人获取了信息。租界不是建立在真空之中，租界的一切活动都与周围的世界有着不可分割的联系，信息的沟通与交流是中西方文化融合的必然条件。租界对外国文化的传播是综合性的，具有新闻传播、政治传播、经济传播、教育传播、艺术传播、文化传播的基本形态成分，就当时的情况而言，可归结为人际传播、组织传播、大众传播。

（1）传播方式

租界文化传播可分为三种类型，即人际传播、组织传播、大众传播，当然三种类型之间的界限并非泾渭分明。在租界背景下，人际传播得以实现，要求有人与人之间的吸引，时空的接近，对人的认识，角色认知，自我认知。人际传播是专指中国个人与西方个人之间互通信息、交流思想感情的社会行为，有直接传播和间接传播两种途径。直接传播无须借助传播媒体，如交谈、讨论等，双方是面对面的，面对面的传播又包括语言即对话传播和非语言符号即体语传播。间接传播必须借助信件、电话、电报等传播媒体，拓展了人际传播的范围，远隔千里的两个人之间，通过信件、电话或明信片等，可以像面对面一样交流信息。

人际传播可以是面对面的，也可以是非面对面的，面对面的传播是人际传播最主要的方式，还可使用各种非语言符号，如表情、姿势、语调等，全部的感官都可能接受到刺激。而且，信息的交流性强，信息反馈直接、快速，能够满足受众个体化需要，"与君一席谈，胜读十年书"就是最好的注解，但是人际传播的覆盖面有限。人际传播是租界内外最广泛、最重要和最复杂的社会行为之一，在维系和形成租界人文环境、孕育和延续文化方面起着举足轻重的作用，具有发展人与人的良好关系、解决人际冲突、增强人与人的相互理解等积极作用，能给个人生活的意义带来光明和希望。其价值在于个人间心灵的交往，认知自我、他人与社会，建立和谐关系。

把租界看成是一个组织，那么租界的文化传播可以理解为组织传播，组织传播是指作为组织的租界有组织、有领导、有一定规模的信息交流活动。租界作为组织是有序化的人群，租界里的人群，有既定的共同目标，有协调统一的系统，有具有普遍约束力的行为规范，这些都离不开信息的沟通和联系，而组织传播活动又必须凭借组织的系统才能进行。租界意义下，组织传播可分为多种，其中组织外部传播主要是指组织与其外部公众之间的信息交流，这是租界文化传播的本意。租界组织传播，信息大多具有指令性、教导性和劝服性，传播范围总是有限的和有界的，传播活动具有一定的规模。租界作为组织，其可信度、传播层级的多少，会影响组织传播的效果。

大众传播是指租界通过大众传播媒介即报纸、杂志、书籍等对广大受众所进行的信息传播。这里所说的"大众"是指受租界影响的分布广泛、互不相识的广大受众，"传播"除了有信息共享的基本含义外，还包括受众参与和介入传播活动的意思。大众传播需要借助特定的传播媒介，这是传播者与受众之间必备的沟通桥梁，只有通过大众传播媒介，才能把信息传递给受众。传播对象是广泛而分散的，面对的是不确定多数的一般社会成员，包括租界内及其附近的上海人，甚至全国人，准确人数难以计算。传播内容是公开的，面向社会，受众大量，大众传播没有保密性质，传递的信息为大众分享，甚至被辗转相传、不胫而走。但是，缺乏及时而广泛的信息反馈，大众传播基本上是信息的单向流动。

（2）传播作用

租界传播的内容，包括新闻传播、政治传播、法律传播、文化传播、艺术传播、经济传播、教育传播、医疗传播、科技传播，等等。租界传播的信息对中国社会的思想和行为产生了积极影响，获得的信息越是丰富、质量越高，就越是能够减少盲目性，扩大选择的余地，提高预见、预测能力，也就越有可能制定明确的、切实可行的计划，跟上时代的步伐。以租界为集散地，疏通和利用了各种可能的传播通道，使文化信息、科学经济信息在中国广阔的范围传播和扩散，促进了国家之间、各国人民之间的相互沟通。租界的文化传播促进了中国的国际化。国家、民族、地区，如同人的社会化一样，国家要学习参与国际社会以适应国际社会的需要，国家发展成为国际社会一员的过程就是国际化的过程，国际化的过程实际上是认知、同化国际社会价值观念、行为准则、先进文化的过程。因此，国际化对一个清朝政府统治下的中国的稳定与发展是必要且重要的。一个国家，不能离群索居，孤立于国家群体之外，否则就难以获得信息以及其他国际先进文化，更无法应付世界的各种变化，自然也就无法生存下去。

租界的文化传播除了信息之外，还有大量的生活方式的展现，承载着西方先进的物质文明、文化和社会价值观念。人们生活在租界中及其周围，直接或间接与租界相接触，租界对不同行为予以奖励或责罚，实际上就对人们灌输了价值观和标准模式。租界作为文化传播的媒介塑造阅看听闻人的社会化过程，更具有渐进性和累积性，使人们在无形中不能不遵循社会与文化所约定的风俗和具体法则。这归因于租界的知识教育，租界的文化传播活动本身就是一个开阔人们视野、丰富人们阅历的过程，知识的汲取离不开传播活动，从租界获得大量的信息无形中是在接受着教育。在客观认识租界文化传播的积极作用的同时，必须深刻认识并且批判租界传播文化中的负作用。

任何事物都有两面性，租界的文化传播更不例外，这是一柄"双刃剑"。在看到租界传播文化促进了 20 世纪初期中国社会发展和文化进步的同时，决不能否认它的诸多负面影响，给中国人造成的许多创痛。基于中国人在本国的现实，接触到的租界文化具有情境非真实化的事实基础，必然接触不到西方文化的全貌，无疑可能会接触到一些信息污染，不可避免地具有文化传播的负作用，这些负作用主要有信息庸俗化、文化殖民化、思维行为惰性化等。西方人在租界追求灯红酒绿、纸醉金迷的腐朽生活，对财富强取豪夺，几乎每天都在发散庸俗色情以致野蛮行为的信息。鸦片战争后，西方文化在中外文化交流中占据了支配地位，因而文化殖民化明显，他们习惯于将自己的价值观念和政治制度强加于其势力所及的清政府并要求加以采用，而清朝的政治文化背景以及社会经济条件与西方国家相差甚远。

西方国家对清朝的宣传报道常常是歪曲的，尤其不愿意看到出现与西方价值观不符的发展方向。外国人在中国创办的报刊，刊登的文章如《耶稣主义之大要》《全知与遍在》《异教徒反对基督教之回答》等带有浓厚的宗教色彩。外文报刊攻击清政府的禁烟政策，狡辩本国商人的贩毒罪行，强词夺理地说："英国之人未免得罪中国，但中国人之所行比我等所犯之罪更甚，我等于今若用强法亦算是公议不为过分。"[1]有些外文报刊的办报人还负有刺探情报的间谍任务。租界地作为传播媒介对中国人的影响和渗透是内在的、深层的，利弊交织在一起，具有思维行为惰性化的负作用。报刊文字媒介深化了中国人的逻辑思维能力，但也有线性思维的局限；视听兼备的现实现象拓展了图像性思维，但容易形成只满足于浅层表象思维、耽于耳目之娱而疏于深入思考、只接受而不判断的惰性。

（二）西方刑狱文化的传入

1. "西风东进" 西方文化的输入

在鸦片战争以后，晚清中国开始沦为半殖民地。在这样的背景下，输入西方文化的阻力已远较过去为小，输入的载体也由过去单纯的传教士扩大为多层次的复杂群体，输入的途径也打破了教会的独断局面形成了多种渠道的格局。在传播西方文化、把西方文化输入中国方面，西方传教士起了领头羊的作用。早在明末清初，一些传教士就把西方文明输入中国，取得了一定效果。例如，西方先进的历法取代了清朝落后的回回历、大统历而通行中国。1840 年鸦片战争以后，西方传教士大量涌进中国。到 1876 年（光绪二年）时，在中国的新教传教士达四百七十三人，1889 年（光绪十五年）时十二年间增至一千一二百一十六人，到 1910 年（宣统二年）时超过了五千人。[2]以西方国家的雄厚实力为强大后盾，在不平等条约的庇护下，由于行动上不再

---

〔1〕 方汉奇：《中国近代报刊史》（上册），山西教育出版社 2012 年版，第 14 页。

〔2〕 参见［英］迪莉亚·达文：《帝国主义和自由思想的传播——英国对中国教育的影响》，李天纲译，载［加］许美德等：《中外比较教育史》，上海出版社 1990 年版，第 65 页。

受限制了，这时的传教士趾高气扬、踌躇满志。传教士伯驾在来中国的轮船上，咏吟了这样的诗句："天堂轻风欢畅，伴君横渡大洋，肩负上帝重托，志在中国解放。"〔1〕从某种角度讲，传教士是西方文化的代表者与传播者。为了以西方文化影响中国社会和政权，他们在中国传播宗教，发展中国信徒，积极创办报刊，翻译西方人文科学著作，以广学会最具代表性。广学会是于1887年由英国苏格兰长老会教士创立于上海的最具有代表性的文化出版机构，它的规模最大、出书最多、影响最广，翻译出版的世俗著作中人文科学的内容较多。传教士们自称要"把中国人的思想开放起来"，认为"他们所带来的信息，不仅可以解决中国道德和精神方面的问题，还能解决政治和经济方面的问题"。〔2〕在中国的传教中，传教士扮演了东西方文化交流的中介角色。

1850年丁韪良〔3〕被派到中国宁波一带传教，因其熟谙汉语，在1858年中美谈判签订《天津条约》时承担了文件起草与翻译工作，有感于清朝官员在谈判过程中对国际事务与国际法几乎一无所知，分文不取地将美国学者惠顿所著的《万国公法》翻译成中文，以便清朝官员了解国际法则。帮助清朝官员了解西方法律并不都是外国人的心愿，《万国公法》在中国印行后，一些外国人大骂丁韪良，说他将这么重要的秘密，都告诉中国人了！法国临时代办克士可士吉得扬言："这个家伙是谁？竟想让中国人对我们欧洲的国际法了如指掌？杀了他！掐死他！他会给我们招来无尽麻烦的。"一年后，德国在中国领海捕获丹麦船而引发国际纠纷，总理衙门的官员按照丁韪良所翻译《万国公法》书中的先例加以交涉，维护了中国的主权并使丹麦船只获释。以后，他把"奇妙的发明"电报介绍到中国来，为此曾在费城学习了整个课程并自费购买了两套电报设施带到中国。对于不感兴趣的清朝官员，丁韪良叹息说：

---

〔1〕 [美]乔纳森·斯潘塞：《改变中国》，曹德骏等译，三联书店1990年版，第39页。

〔2〕 参见《同文书会章程》，《出版史料》，1988年第二期（北京）。

〔3〕 丁韪良：1827年—1916年，出身于美国印第安纳州的一个牧师家庭，父及兄弟皆为牧师。道光三十年（公元1850年），丁韪良在长老派神学校毕业后，被派来中国，在宁波传教，为美国政府提供太平天国情报。同治元年（公元1862年）一度回国，不久又来华，在北京建立教会。1865年为同文馆教习，1869—1894年为该馆总教习，并曾担任清政府国际法方面的顾问。光绪十一年（公元1885年），得三品官衔。1898年又得二品官衔。1898—1900年，任京师大学堂总教习。丁韪良憎恶义和团的暴行，主张推翻腐朽的清王朝，罢黜慈禧太后。继返美国，寻复来华，协助湖广总督张之洞在武昌筹建大学堂，未成，随又去北京。创立北京崇实中学（现北京二十一中学），是崇实中学第一任校长。

"在文学上，他们是成人；在科学上，他们却仍然是孩子!" 丁韪良的一生著述颇丰，其中 1907 出版的《中国觉醒》，重点记述了晚清新政并热切期盼取得成功。

　　1870 年 1 月，英国传教士李提摩太[1]来到中国并且生活了 45 年。为更好地接近中国人，李提摩太换上了当地人的服饰、剃去前额的头发并安上了一条人工辫子，在服饰上融入了当时的中国，这一招果然灵验，当天下午他就被邀请到一户人家去喝茶。1875 年山东青州有很多人患上热病，李提摩太便源源不断地将奎宁丸免费发放给病人并且取得了良好效果，他感悟到给人治病是获得中国人好感的最好办法。1876 年之后，华北地区连续出现旱情，从山东蔓延至山西、河北等省，史称"丁戊奇荒"，山西最为严重，李提摩太用日记记载了当年的惨状。他从太原出发后一人南行，第一天就看到一个快要饿死的人。第二天，看到四个躺在路边的死人，还有一个人四肢着地在爬行，已没有力气站立。第三天，路过两个显然刚刚断气的人，一个衣服鲜亮，却死于饥饿。一个大约 40 岁的男人走在前面，摇摇晃晃像是喝醉了酒，被一阵风吹倒后，再也没有爬起来。第四天，路边躺着 4 具尸体，其中一个只穿着抹子，看来已没什么分量，一只狗正拖着尸体移动。另 3 具尸体成了一群乌鸦和喜鹊的盛宴。第五天，半天内就看见了 6 具尸体，一具浸在水里，由于野狗的拖曳，半身暴露在冰面上；一具半身穿着破破烂烂的衣裳，躺在路边的一个洞口旁；还有一具已被食肉的鸟兽撕碎，吃掉了一半……

　　李提摩太还看到，"有人磨一种软的石块，有些像做石笔的那种材料，磨成细粉后出卖，每斤两到三文钱。掺上点儿杂粮、草种和树根，可以做成饼。我尝了一点这种干粮，味道像土，事实上这也是它的主要成分。吃了这种东西之后，许多人死于便秘"。这就是中国史书中经常被提及的观音土。一路上的景象是如此可怕，"路两边的树皮自 10-12 尺以下都被剥去吃掉了，漫漫长路一片惨白……每天都能碰到载满妇女去外地贩卖的大车。也有步行的人，

───────────

〔1〕 李提摩太：1845 年 10 月 10 日—1919 年 4 月 17 日，出身于南威尔士的农民家庭，字菩岳，先后就学于斯旺西师范学校和哈佛福韦斯特学院，英国传教士。1869 年 11 月 17 日离开英国，在 1870 年 12 月抵达上海，随后去山东烟台、青州等地传教，并同时学习佛教、儒家和伊斯兰教著作。1886 年，李提摩太来到北京，发表了《七国新学备要》，介绍西方各国的教育情况，并建议清朝政府每年拿出 100 万两白银作为教育改革的经费。在戊戌变法运动中，他与梁启超、康有为建立了较好的个人关系。李提摩太以西方文化吸引知识分子和社会上层人士。他和许多政府官员，如李鸿章、张之洞都有较深的交往，因而对中国的维新运动有很大影响。

都带着武器自卫……在旅馆里，我听到了父母易子而食的故事，因他们无法吃自己的孩子；也听到人们议论，现在没有人敢到煤窑运煤，因运煤者的骡子、驴子甚至他们本人，都有可能被杀死吃掉"。

目睹了这些人间惨剧后，自带银两不多的李提摩太通过各种方式向海外通报灾情，以尽可能展开募捐。据统计，经李提摩太等西方施赈者从饥馑线上挽救过来的家庭多达 10 万户，获得救济约 25 万人，海外赈款 20 余万两中他与助手负责发放了 12 万两。中国百姓记住了他，好人总有好报。李提摩太有一次在山东遇到土匪抢劫，曾得到他救济的村民闻讯，"有的手持棍棒，有的扛着草叉，有的带着更危险的武器，还有人骑着骡子，提着灯笼"前来营救他；村民们看到他安然无恙，就坚持让他骑上骡子，队伍原路返回，"途中又遇到了另外一些前来接我的人，他们同样掉转头，参加了我的护卫队。这样，当我们到达姚沟时，便形成了一支各色人等混杂在一起的巨大队伍"。1878 年 10 月，李提摩太离开山西时，曾国荃给他写了一封赞美感谢信，李提摩太不无感慨地说，"他不仅以个人的名义，而且代表我曾帮助他们摆脱饥饿的千千万万民众，对我表示了感谢"。

他把西方国家的赈灾做法投身在中国的实践中，并且提出了完善有关道路交通和通信的建议。庚子国变时，在山西巡抚毓贤排外命令下，山西传教士和教民受祸最深，最后山西省承担的赔款也极重。《辛丑条约》谈判过程中，李提摩太向各方提议，从山西教案赔款中提取 50 万两白银用于创办山西大学堂，这就是后来的山西大学。当时的山西巡抚岑春煊聘请李提摩太为山西大学堂西学书斋总理，为表彰其贡献，清廷还曾赐他头品顶戴、二等双龙宝星，并诰封三代。其实，早在 20 年前李提摩太就向李鸿章建议，清政府应每年投入 100 万两白银进行教育改革，李鸿章的回答说："中国政府承担不了这么大一笔开销。"李提摩太回应说，"那是种子钱，将来会带来百倍的收益"。李鸿章问他何时能见成效，李提摩太说："需要 20 年，才能看到实施现代教育带来的好处。"李鸿章回答说："我们等不了那么长的时间！"李提摩太曾说，中华民族的改变就意味着世界的改变，而教育是拯救一个民族唯一的方法和出路。他认为庚子年中之所以会出现义和团的排外行为，是因为现代教育的缺失，如果教育普及，类似这样的仇外事件本不应该发生。李提摩太主张，与其使用暴力与罚金，不如用教育来改变愚昧和无知。在他的辛勤工作和不懈努力下，山西大学堂成为晚清政府仅有的三所大学之一。

除了传教士之外，西方商人、洋幕宾和洋雇员、国外归来的游历者、留学生、驻外使节等也成为东西方文化交流的中介主体，把所涉及的西方文化传入了中国。鸦片战争后，中国近代的商业活动和对外贸易进入了一个新的发展时期，西方国家的商品大潮般涌进中国。在频繁的近代商业活动中，西方近代民商法文化以及新的商业观念伴随外国商品一起输入到中国。西方商人在传播近代民商法学方面起到了重要的媒体作用，中国的一般商人也从经商实践中形成了近代私法观念。鸦片战争后，应对涉外关系的需要催生了一批洋幕宾，他们利用清朝官僚对于国际法律知识的缺乏，以权臣的私人雇员身份，进入中国的官场，参与并帮助实施新政，向雇用他们的大员传递和灌输法律知识。其中尤以英国人罗伯特·赫德（Robert Hart）[1]为典型，他曾担任晚清海关总税务司达半个世纪之久，是中国海关、邮政的早期创建者。晚清在政治、外交、军事、教育、文化等多个方面都深受其影响，这位被写入中国史书的英国人受到了李鸿章及咸丰、同治、光绪、宣统四位皇帝的一致好评，获得了"赫德久总税务，兼司邮政，颇与闻交涉，号曰客卿，皆能不负所事"的盖棺定论，尤其是恭亲王奕䜣称赞说"如果我们有 100 个赫德，我们的事情就好办了"。由于他在中国亲身见证了太平天国起义、第二次鸦片战争、甲午海战、戊戌变法、义和团运动、庚子事变等一系列重大事件，他为了在大清帝国施展抱负、实现自我价值，在大清帝国龙旗下自愿作了一位换位思考的沉思者。1863 年 11 月 15 日，赫德被恭亲王奕䜣任命为总税务司，激动得彻夜难眠，在日记中给自己列出了八项计划：一是要使海关进入良好工作状态；二是劝清廷建立一个小型舰队；三是劝说总理衙门在北京保留四个营的兵力，接受西洋军队训练；四是促使清廷向欧洲派遣使臣；五是发展中国的采矿与通讯业；六是促使中国商人摒弃木船，采用轮船和汽船贸易；七是将极为实用的有益的著作译成中文；八是从海关内部开始，给所有中国官吏以较高薪俸，以终止其敲诈贪污，保持政府的清廉。这八项计划都得到一定程度的实施与实现，表明大清帝国接纳了西方的近现代先进文化，使得清朝出现了昙花一现的"中兴"迹象。

---

〔1〕 罗伯特·赫德：1835 年—1911 年，出身于北爱尔兰阿尔玛郡的波踏当镇，1854 年来到中国香港，1863 年被清政府任命为总税务司，直到 1908 年离任。

2. 西方刑狱文化的注入

西方刑狱文化的注入，是伴随人文科学知识，尤其是法律学说，而进入中国的。在西方文化输入中国的过程中，传教士、西方商人、洋幕宾和洋雇员、国外归来的游历者、留学生、驻外使节发挥了中介主体的作用，报纸、刊物和书籍发挥了中介客体载体的作用，尤其是租界的设立直接把刑狱文化的实务落实操作制度注入到了中国。据统计，《泰西新史揽要》大约有一百万册盗印本在中国流传，翻译出版的书籍介绍了伏尔泰、卢梭、孟德斯鸠、狄德罗等人的学说以及法律改革的思想，宣传了人权观念、平等观念、法制观念，在中国要求进步、向西方寻求救国真理的知识界，产生了很大的共鸣，起到了思想启蒙的作用，也为中国的变法维新运动、监狱改良运动提供了理论先导。同时，西方国家领事裁判权在中国租界的实际运行，不仅给清朝的官员和百姓提供了见识观摩西方刑狱的见证机会，而且更表明了清朝对西方刑狱运行的接纳，给以后刑狱改良埋下了种子。

（1）见识西方的法律文化

鸦片战争之后，清朝统治下的中国人见识西方国家的法律文化，不仅有书本知识，也有法律理念及其实践，通过个案实践检验并彰显一般理念，较为典型的有"戈登反对李鸿章杀降事件"。1863 年春，李鸿章率淮军和常胜军围攻苏州，由于屡攻不下，伤亡不小，决定通过策反太平军守将来智取。守卫苏州城的太平军主将是慕王谭绍光，部下有"四王"即纳王郜永宽、康王汪安钧、宁王周文嘉、比王伍贵文，以及"四大天将"即张大洲、汪花班、汪有为、范起发，他们控制着苏州城内四分之三的兵力和六个城门中的四个，却与主帅谭绍光一直不和。经过戈登联络谋划，双方约定：郜谋杀谭绍光，取其首级并献苏州城以降清，而戈登承诺保证郜及其部下性命，并给副将以上的降将一定官职，赏赐郜本人二品武职，戈登做担保人。郜永宽等八人如约刺杀了谭绍光并割下谭的首级献上，并大开城门迎接清军入城；清军诱降成功，兵不血刃，拿下苏州。可李鸿章却设计杀害了这八名降将，同时清军在城内大开杀戒，城内数万太平军守军在毫无戒备中被诛杀。

听到李鸿章杀降的消息，作为降将保人的戈登勃然大怒，认为这是最无耻的背信弃义，于是提着洋枪去找李鸿章算账。吓得李鸿章赶忙躲了起来，以后几天戈登一直在提枪找李，而李则躲避不见。戈登只能愤然留下最后通牒，要求李鸿章下台，不然他就率常胜军进攻淮军，将所攻占的城池再交还给太平军。然后，他率常胜军返回昆山，同时给英国驻华公使布鲁斯写信，要求英国政府干预，迫使李鸿章下台。英国驻华陆军司令伯郎也从上海赶到昆山，与戈登商定常胜军由其节制，不再受李鸿章及中国政府调遣的问题，借此从中方手中夺回常胜军的控制权，同时对李鸿章大发雷霆，指其背信弃义，要李鸿章备文认错，方有办法。李鸿章认为这是中国内政，外国人无权指责干涉，拒不认错。伯郎无奈只能一怒而去，上海的外国领事馆官员代表列强及所有外国侨民签署了一项严厉谴责李鸿章的决议，指其杀降是对人性的彻底背叛，并警告说此事很可能使列强不会再帮助清政府，并可能撤回帮清军打仗的洋兵洋将。

戈登作为英国的一名军人，而且是要钱不要命的雇佣军头目，却不接受"雇主"的杀降行为。这不是李、戈二人的个人品性区别，而是当时中西方法律文化价值观念的区别。戈登坚决反对杀降说明遵守契约的公平、公正，人权的价值观念在西方此时已较为普遍，为红十字会组织的成立奠定了理论基础。就在李、戈为杀降而产生矛盾冲突的 1863 年，瑞士慈善家亨利·杜南召开了首倡创立红十字会的国际会议。次年国际红十字会正式成立，瑞士、法国、比利时、荷兰、葡萄牙等十二国在日内瓦签订《改善战地武装部队伤者病者境遇之日内瓦公约》，规定军队医院和医务人员的中立地位以及伤病军人不论国籍应受到接待和照顾等。该公约曾于 1906 年、1929 年两次修订和补充，形成了《关于改善战时伤者病者待遇的日内瓦公约》和《关于战俘待遇的日内瓦公约》，规定不仅不能"杀降"，而且不能"杀俘"，甚至不能"虐俘"。1904 年 3 月，清朝政府先后成立了东三省红十字普济善会和上海万国红十字会；6 月末，清政府命驻英使臣张德彝在瑞士日内瓦按照 1864 年《日内瓦红十字会公约》补签画押，以政府名义加入国际红十字协会，成为会员国，取得了正式创办红十字会的资格。可见，在李、戈冲突 40 年后的 1904 年，国际红十字会的精神和西方法律文化价值观念已开始被清朝政府和民间接受。

1877 年 12 月 24 日的《纽约时报》上，专门刊载了一篇美国人在中国上海的游记《1877 年的上海：火轮信使——一个美国人的游记》。此篇游记除记述美景、都市和经济情况外，更记述了在中国的一些困惑。比如，当他们看到扬子江上的船只时，这样写道："在许多小划子和平底帆船的船首，画有人的眼睛，它们就像肯塔基州大钟乳石洞里那些著名的鱼一样。据说，如果有这样的图案，船只就能看清前途。清国人会用严肃的口吻解释道，如果没有这些眼睛，一定会发生许多的事故。为表示对清国人习惯的尊重，许多在扬子江和其他清国水域航行的外国蒸汽船上也画上了眼睛，这消除了当地人对蒸汽船许多反对的意见。但清国人也不像先前那样看重这个水上人家的习俗了，现在的许多小划子和平底帆船上就找不到眼睛了。"[1]对于上海酒店的结账方式，美国人的困惑并不亚于看到船上的眼睛："今天的上海，从世界各地拥来了无数的观光客。酒店为他们敞开迎宾的大门，但上海人也改变了先前免费的惯例。这里有十几家服务层次不等的酒店。其中，以礼查饭店最受欢迎，其服务水准与它在纽约的姐妹店相差不远。这里的结账方式简单，这是对酒店而言，对于入住的客人来说，则很复杂。如果客人是头天中午入住酒店的，于次日傍晚离开，他会惊讶地发现，自己被索要了两天的房费。他抗议道，自己只在房间住了 30 个小时，至多也只需支付一天半的钱。"但酒店经理会打断他的话说："根据惯例，我们把不足一天当作一天计算。你住了两个不足一天的时间，所以你需要支付两天的房费。"[2]这是十足的霸王惯例，根本不考虑对方当事人的意愿。

有这种感受的不只是美国人，英国退役海军少将贝思福爵士在他的报告《细述中国》中，谈到了他在 1898 年 9 月 30 日到 1899 年 1 月 9 日访问中国时的印象："中国政府极其腐败、贫弱，朝令无常，不遵守条约税则。各地税务繁杂，内地关卡林立，关税、子口税、厘金等等，名目繁多，无章可循，外国商人尽受其累。"[3]外国人有这种体验和看法，中国人自己同样如此。郭嵩焘出使英国一年后，曾在日记中写道："三代以前，独中国有教化耳，故有要服、荒服之名，一皆远之于中国而名曰夷狄。自汉以来，中国教化日益微灭，而政教风俗，欧洲各国乃独擅其胜，其视中国，亦犹三代盛时之夷狄也。中国士大夫知此义者尚无其人，伤哉！" 1861 年，有感于近 20 年来夷务工作一再出现的怪现象，郭嵩焘又说："吾尝谓中国之于夷人，可以明目张胆与之划

---

〔1〕　路卫兵编著：《大开眼界：1644–1912 清朝现场》，江苏文艺出版社 2012 年版，第 100 页。

〔2〕　路卫兵编著：《大开眼界：1644–1912 清朝现场》，江苏文艺出版社 2012 年版，第 100 页。

〔3〕　路卫兵编著：《大开眼界：1644–1912 清朝现场》，江苏文艺出版社 2012 年版，第 253 页。

定章程，而中国一味怕。夷人断不可欺，而中国一味诈。中国尽多事，夷人尽强，一切以理自处，杜其横逆之萌，而不可稍撄其怒，而中国一味蛮。彼有情可以揣度，有理可以制伏，而中国一味蠢。真乃无可如何。夷患至今已成，无论中国处之何如，总之为祸而已。然能揣其情，以柔相制，其祸迟而小。不能知其情，而欲以刚相胜，以急撄其怒，其祸速而大。"[1]郭嵩焘以清朝驻洋大使的身份，在英国亲身生活，了解了英国等西方国家的情况，亲身体验相互对比之下，说出了清朝的真实情况即"怕、诈、蛮、蠢"。

一心想如何引进西方近代教育制度进而改造中国的容闳[2]，曾两次与欺辱他的洋人较量，不仅在上海滩传为美谈，而且得到了中外人士的好评，更重要的是得到了西方法律的公正对待。一天晚上，容闳与仆人从基督堂祈祷归来，碰到一群醉酒的洋人东倒西歪、狂呼乱叫地迎面而来，没想到其中一人想夺走容闳仆人的灯笼，还有一人甚至想踢容闳，由于酒醉站立不稳，没有踢到。容闳认为他们醉了，不与他们计较，仍旧往前走。但是，他突然发现其中几个人醉了，反而在后面笑看那两人胡闹欺负中国人。容闳顿时大怒，走上前去，要他们把那两个想抢仆人灯笼和想踢自己的洋人的姓名告诉自己，凑巧其中一人正是容闳1855年回国时所乘"尤里克"号轮船的大副。容闳认识该船的船长，而且此船现在正由他所在的商行管理，第二天早晨他就给船长写信抗议并要求船长将此信转交给那位大副。船长收到信后，对大副的行为非常气愤，怒气冲冲地把信交给大副。大副立即上岸，来到容闳的住处，向容闳道歉。

容闳参加一个拍卖会，他身后站着一个身材高大健壮的苏格兰人。哪料到此人把棉花搓成一串小球，系在容闳的辫子上，以此取乐。容闳发现后，强压自己的愤怒，和颜悦色地要他把棉花球解下来，但他流露出蔑视和嘲笑的神情。于是，容闳正颜厉色地再次要他摘下棉花球。没想到他却趁容闳不备，一拳打在容闳脸上。容闳怒不可遏，虽然比壮汉矮小许多，但用最大力气回敬一拳，打得这个壮汉鼻口流血不止，两人厮打起来。被人拉开后，这个

---

[1] 路卫兵编著：《大开眼界：1644—1912清朝现场》，江苏文艺出版社2012年版，第88—89页。

[2] 容闳（1828年11月17日—1912年4月21日），原名光照，族名达萌，号纯甫，广东香山县（今中山市）南屏村（今珠海市南屏镇）人，中国近代著名的教育家、外交家和社会活动家。容闳是第一个毕业于美国耶鲁大学的中国留学生，是中国留学生事业的先驱，被誉为"中国留学生之父"，一生为中国的强盛而奔波海内外。

苏格兰壮汉感到大失颜面，立即挤进人群溜走了。后来，一个朋友告诉容闳，当时英国驻上海领事恰在现场，他说这个中国少年血气太盛了点，如果他不报复的话，可以到领事法庭对这个苏格兰人进行控告，现在既然他已报复痛打了别人一番，并且当众让这个苏格兰人大丢脸面，就无控告此人的优势了。事发后一个星期该苏格兰壮汉都不好意思在公众场合露脸，说是为了养伤，实际上是因为在众人面前被一个身材矮小的中国人打败而感到羞愧。此事在租界引起相当大的轰动，一时间成为租界内外国人的谈资。而在中国人中间也一时传为佳话，容闳因此备受敬重。事后容闳说，"自从外国人在上海建立享有治外法权的租界以来，经常有中国人受外国人欺负的事情发生，但还没有听说过有中国人敢在外国人管辖的区域内毫无畏惧地赤手空拳进行反抗，捍卫自己的权利。之所以会是这样，是因为中国人的温良和逆来顺受的性情，能容忍种种人身侮辱和冒犯，既不怨恨也不抗争。这种情况，恰恰养成了一些无知的外国人的骄横心态，助长了他们不能平等对待中国人的横蛮嚣张气焰。然而，我认为他日中国教育普及，人人了解公权、私权之意义，尔时无论何人，有敢侵害其权利者，必有胆力起而自卫矣。中国人懂得维护和捍卫自己权利的这一天很快就会到来。"那时，"中国人不再忍受任何形式的侵犯权利的行径，也更加不能容忍外国的侵略和扩张。中国国民的无知、自负和保守，顽固成性，是今日受人侮辱之结果"。

（2）接纳西方的庭审

清朝的衙门建筑形态和布局给老百姓以神秘和阴森的感觉，问案过程及其方法更令百姓胆战心惊。衙门的中心是大堂，处理的公务行政与司法不分。官吏升堂问案，背面墙上头顶上方高悬横匾上面书写着"明镜高悬"几个醒目的大字，以标榜官吏为官清正廉洁、问案明察秋毫，而百姓评价为"衙门口朝八字开，有理无钱莫进来"；"肃静""回避"牌分树两边，十八般兵器排列有序，衙役分两边站立；大堂的地面上有两块石头以供涉讼人跪在上面陈述，分称作原告石和被告石；青旗、皮槊、桐棍、蓝扇、官衔牌、堂鼓都是公堂的必备设施。县官也常称为太爷，升堂前由堂役击鼓三声，两列衙役齐声叫喊"威……武"，穿戴整齐的县太爷隆重出场，退堂时也要先击堂鼓三声，以壮威严。桌案上摆着红签和绿签，下令动刑时用的红签为刑签，下令捕人时用的绿签为捕签。桌案上摆放着一块长方形的惊堂木，县官用惊堂木拍桌案时总伴有"大胆刁民，还不从实招来"一类的口头禅。二堂左右罗列着各式刑具，最为常见的是"笞""杖"俗称"板子"，展示着清朝司法文化中以酷刑威民的刑讯及重刑主义。司法内容不分刑事民事案件，原告被告双方都要跪在大堂的地面上，不准抬头观望。审案过程中，官吏可随意用刑逼供，重刑之下何求而不得？由于清朝的衙门实行行政、侦查、审判与执行一体制的诉讼模式，办案的重点集中在侦查上，愚笨的审判人员，遇到刁钻奸猾的被告人，或者为了图省事，就只能靠刑讯让被告人开口了。

遇到精明强干的审判人员，则靠的是与当事人周旋的智慧和计谋，如上元县令袁枚设计为当事人讨回了遗产。有一家外县兄弟前来告状，这家兄弟的父亲以前是个富户，死时留下数万两银子，因为当时弟弟尚小，其父便当着弟弟的面对哥哥说："等你弟弟长大成家了，要分一半银子给他。"结果直到弟弟成家立户，哥哥只分给了他一些田宅，银子的事却只字不提，弟弟向哥哥索要银子，哥哥不认账，于是便起诉了哥哥。而他们本县的历任县令，都以没有书面凭据为由，判弟弟败诉。弟弟听说上元县的县令袁枚善断官司，于是特来越境告状。袁枚听完弟弟的讲述，命人将其逐出公堂，说跨界的案子本县令不予受理，之后又偷偷派人把他找回来，藏在衙门里。就在此时，上元县刚破获一起盗窃案，袁枚于是密授狱官，让他暗示盗贼供出哥哥，之后便命人前去搜家，查获金银若干。审讯时，哥哥申辩说："这都是先父留下来的，并不是偷窃所得。而且这么多银子也不都是我一人的，有我弟弟一半，还没给他。"袁枚说："既是这样，那么就应该找你弟弟来对证。"于是从衙内唤出弟弟，对他说："你哥哥已经承认有一半银子还没分给你，我今天就主持个公道，为你们平分了它吧。"哥哥听后，有苦难言，只得将银子还给了弟弟。

如果案件涉及皇权，就要迎合皇帝、上司了，那结果就不同了，也严重多了，"君王好高髻，城中高一尺"。帝王集军权、政权、司法权于一身，喜怒哀乐都关系到他人的生死，晚清的慈禧太后更是变本加厉。慈禧太后垂帘听政，大权在握，顺我者昌，逆我者亡。1880年中秋前夕，慈禧派太监李三顺给她的胞妹、醇亲王福晋送八盒食品。按清廷规定，太监出宫不许走午门，而且也无人事先通知，所以把守午门的护军玉林等照例不许李三顺通过。李三顺倚仗太后之势，强行闯门，双方发生争执推搡，李三顺丢弃食盒跑回宫向慈禧告状。慈禧听诉后大怒，当即命令总管内务大臣会同刑部严惩玉林等护军，"首犯"要办成死罪，其他人也要流放，但朝野不服这样的处理。经各方运作，几个月下来，慈禧才同意将玉林等人或发配黑龙江充当苦差且"遇赦不赦"，或监禁五年，护军统领岳林则交刑部严加议处。一天中午，慈禧在体元宫西暖阁正准备吃饭时，听到外面有连续的咳声，忙问是谁，回答说是"内监"。但放眼一看，却是一平民老汉，一边持烟杆吸烟，一边咳嗽吐痰不止，慈禧大怒并命人将其捉拿审讯后才知到实情。原来此人名叫刘振生，住在北京西城，因认识一位太监，就请他将自己带进皇宫开开眼界。这位太监将他经神武门带入宫内，守门护军不敢拦阻，进宫后太监有事离开，刘竟一人走进深宫。最后，刘振生被处死，那位太监、神武门当值护军及其他有关者都受到诸如充军、流放、革职等处罚。清朝的中央机关办案尚且如此，地方衙门就更不必多说了。

清朝衙门问案审理与在中国租界的领事法庭明显区别，更不用说西方国家本土的法庭。以会审公廨为例，上海租界中最早的法庭是法国租界在1859年设立的违警罪裁判所，主要负责轻微刑事案件的审理，1869年上海公共租界会审公廨成立后，法国租界也成立了会审公廨。会审公廨是个混合法庭，法官分属于不同的国家。会审公廨的运行均有章法可循，对于涉及华人的民事、刑事案件均由领事与上海道台派一人会审，按照章程会审公廨的组织办法和管辖权限如下。其一公廨组织，原理事衙门改为会审公廨，又称"会审公堂"，由上海道遴选委托同知一名主持。其二诉讼管辖范围，华人与无约国侨民为被告的民、刑案件；审判权限，"限于钱债、斗殴、窃盗、词讼"等案件，刑事案件限于发落枷杖以下的罪名，但最后权限不断扩大，囊括了有期徒刑和永远监禁。其三审判办法，涉及洋人的案件由领事或领事派陪审官会审，凡为外国服役及洋人延请之华民涉讼也由陪审官会审；如案件不涉及洋人，陪审官不得干预纯粹华人之间的案件，领事不得干涉。其四提传办法，租界内的中国人犯，由谳员派差人提审，不必经用巡捕；受雇于外人的中国人，由领事传达到堂，为领事服务的华人，须经领事同意才能拿捕。其五上诉程序，华洋互控案件，如不服公廨判决，可向上海道和外国领事控告复审。这几幅由外国人拍摄制成的明信片和照片，真实反映了当时的现状。

图片一：北京通州某衙门官吏坐堂问案情形，摄于1891年。

图片二：衙门审案

图片三：1880年设在南京路（今南京东路第一食品商店）的会审公廨。

图片四：搬到洋泾浜边上的会审公廨，由通和洋行设计，为中西融合的建筑样式。

图片五：1902 年上海租界会审公廨的中外法官审理案子的合影。

"不管你是律师或是对法律一窍不通的外行，恐怕都很难想象，在文明世界里竟然还存在着这样一种刑事法庭，在没有陪审团的情况下，法官便可自行审案，当堂发落，有权判处嫌犯有期徒刑甚至死刑。当你环绕地球半周到达上海，就可以亲眼目睹这个奇怪的现象。这种审判制度通行清国各地。法庭书记员分别由一名英国人和一名清国人担任，他们坐在法庭的相应位置。芬顿先生和一名西洋巡捕也在庭上，他是一位标准的英国文官，负责监督法庭依照法定程序审理案件。正面的条凳上，端坐着一位名叫斯蒂芬·巴戴的美籍督办（通常是英美驻上海总领事馆的一名副领事）和一名清国法官。会审公廨由两名清国法官轮流坐堂，地位同等，但年长的被尊称为法官，而年轻那位被称为助理法官（会审公廨的中方法官称"谳员"，助理法官称"襄谳员"）。今天出庭的主审法官是位年轻人，名叫孙乃洛。他赋予我额外的殊荣，特别邀请我坐在他和巴戴先生的旁边。巴戴先生是会审公廨的洋人监审，汉语讲得非常流利。除了上面提到的官员，法庭上其他人等都不许就坐。法庭根本就没给嫌犯、证人和旁听观众设置座位。巴戴先生说，前不久他们还按照清国习俗，要求出庭人一律下跪，直到最近这个要求才被废止，因为它不符合西方社会的司法习惯。庭审中，辩护律师一直都没出现。主审法官神色庄重地告诉我，律师极少出庭辩护，在上海也没有律师协会。会审公廨实行当堂发落，审案很快，时间紧迫，也不容法官耐心倾听律师冗长的申诉。"〔1〕

　　以上是1906年11月18日《纽约时报》刊登的题为《1906年的上海：会审公廨：一个美国律师的观察》的一篇时事报道文章对清朝审判制度的简介。会审公廨庭审中，顶戴花翎官服朝珠的中国官员和西装革履的西方审案官员并排坐在堂上，多名法官坐堂问案，而不是由县太爷一人说了算，法官每人只有一票；外方当事人不用跪着回话，还有律师替他辩护；证人必须到庭接受双方交叉询问；对被告人不能当庭杖击，也不能用刑讯方式获取口供。法庭的一切与清朝政府的"纠问式"审案模式有天壤之别，如图片五1902年上海租界会审公廨的中外法官审理案子的合影，中方人员一侧中，案桌前有一人跪在地上则是中方的当事人，西方人员一侧中，案桌前站立的一名中国人则是外方当事人。可以想到代表着中国官府立场的谳员以及所有经历或旁听诉讼的人们，虽然映入的是他们的眼睛，但是震撼是他们的心灵，更加冲击的是他们的价值体系，亲身经历清朝"纠问式"审案模式的外国人同样感同身受。孰是孰非，哪个先进、合理、科学，事实胜于雄辩。

　　上海会审公廨的存在与运行是一个平台，清朝时的中国人无需出国就可观摩了解西方国家的审判制度与司法理念。会审公廨的存在与运行是一扇窗户，中国人浸润了西方国家的法庭文化氛围。会审公廨的存在与运行是一面镜子，映照折射出了清朝司法制度野蛮落后的面目。会审公廨的存在与运行是一个教练场，诸多案件的审判，使中国人学会如何通过法律途径维护自身权益。会审公廨的存在与运行对中国人深刻认识清律及其实践并对其改造有着不可替代的功效。许多旁听或耳闻会审公廨审理案件的中国人仰慕于西方的法治，认为中国社会的出路在于公正文明的司法制度的建立，因此在出洋留学时选择了法科，以致后来成为近代中国开先河的宝贵法律人才。

　　由于受到会审公廨的影响，面对跪在地上受审的中方刑事被告，看着站

---

〔1〕　路卫兵编著：《大开眼界：1644-1912清朝现场》，江苏文艺出版社2012年版，第271页。

立受审的外方刑事被告，清朝上海地方政府官员也感觉区别太大确实不妥，于是上奏刑部声称，"惟刑名案向华官经跪审，但犯者尚未审实已罹熬审之刑，殊觉不合。如近日黎黄氏以官眷孀妇诬为拐带，深堪悯恻。窃以为洋员陪审，无论何犯到堂俱植立听审，俟罪名判定饬其跪听判词，似较尤当。"[1]在洋员陪审的情况下，无论何犯到堂都站立听审，等到罪名判定时就命令其跪下听判词，这样比较合适。针对中方审理刑事案件与西方审理刑事案件的区别，刑部觉得上海地方政府官员的建议仍有改进之处，在《刑部奏重定上海会审公堂刑章折》中指出，"惟既经准免长跪听审，则定案判词亦应免其跪听，以归一律。"[2]总的情况来看，上海为通商大埠，西方国家设立会审公堂已有多年了，西方法庭审案模式，尤其是不论民刑案件原被告均不下跪听审的做法，与上海地方政府审理案件令原被告下跪听审的做法形成了鲜明对比。由于凸显出了人道公正公平的司法理念，西方的模式更被人们所接受，因而作出了"无论华洋案件，总须持平办理"的请示和批复，既然免除长跪听审，那么宣读判决也应免除跪听，比上海地方政府的建议更先进、更人道。由于受上海租界领事裁判权下西方法庭审案模式的影响，清朝的上海地方政府率先接纳了西方法庭审案模式，并且在会审公廨中率先对清朝的庭审模式做了有限的改革，即把被告人跪地听审改为站立听审。当然，西方国家在中国租界地的领事法庭也有被清朝衙门问案方式同化的，如以下明信片所示。

明信片一：厦门鼓浪屿工部局公审会堂审案场景

---

[1]《刑部奏重定上海会审公堂刑章折》，载《中华报》1906 年第 437 期。
[2]《刑部奏重定上海会审公堂刑章折》，载《中华报》1906 年第 437 期。

明信片二：厦门鼓浪屿租界的印度警察，给中国人上手铐脚枷，与清朝衙门用刑一样。

（2） 刑狱文化的接纳

1860 年 12 月 10 日的《纽约时报》刊登了一篇新闻专稿，记述了外国记者在广州看到的审判犯人和犯人行刑的情况。"在府衙里，有一位法官模样的官员掌管着这个审判庭，大批的罪犯受到审讯……罪犯必须首先在这位官员面前下跪，而且他的手脚都带着镣铐，很吃力地跪在石地板上。罪犯如果拒绝回答法官提出的任何问题，他就会立即被旁边的衙役用木板掌嘴，衙役就站在他身边专门负责此类事情，态度十分凶狠、严肃。如果这样都还不够的话，就会有人把他的辫子和大拇指、大脚趾捆在一起，然后吊起来，或者让他的膝盖直接跪在铁链子上，并命令他一直保持这个姿势，直到开口为止。而这时候，他的手脚早已经伤痕累累、血迹斑斑了。死刑犯的双手被反绑在身后，头向前伸，直挺挺地站立着，这样刽子手刚好能一刀把他的头砍掉。雪亮的钢刀闪过之后，罪犯的头会被刽子手踢到一个角落里，而躯体则被抛到另一个角落，鲜血同时从两个地方喷出来。我们到的时候，已经处决了 20 名罪犯，他们的血在人们的脚下流淌，流成一片可淹到人脚踝深的血坑，血坑里还夹杂着死者的头发。据说一天处决 300 人的情况多的是。这种场面真让人心碎，但当你看过一会儿之后，也就习惯了，而且最初那种令人作呕的感觉也会完全消失。刑场上的每个清国人都在东张西望，仿佛这个时候并没有发生什么大不了的事。当轮到他们自己时，好像还是很高兴的样子。他们

就这样死了，人的生命被看得一文不值。"〔1〕

　　第二次鸦片战争之后，清朝政府并没有认识到自己的无能，仍以"天朝大国"自居，在西方的"船坚炮利"下，只是觉得自己"器不如人"。在西方国家领事裁判权下的刑罚参照之下，清朝的刑罚更显残酷，但是清朝政府依旧我行我素，甚至在"改弦更张"的改制氛围下，1904 年参加世博会展出了刑具，这与领事裁判权带来的西方刑罚形成了鲜明对照。1906 年 11 月 18 日《纽约时报》，有一篇题为《一个美国律师的观察》的文章，其中介绍了清朝的法律："《大清律法》十分独特，处罚相当重，非同寻常。几个月前，上海郊区一名清国抢劫犯被裁决'站笼处死'，即把他关进站笼中，头伸出笼外，卡在一个洞中，不能动弹。然后，每天从其站立的石头堆中取走一枚石子，直到其颈项被笼口勒紧，窒息而死。此外，还有一种死刑叫'凌迟'，将犯人身上的肉一片一片割下，令他痛不欲生。处决强盗的方法一般是斩首。"〔2〕

　　由于许多西方国家已废除了肉体刑、刑讯，所以上海租界会审公廨中不少外国陪审官慎用笞杖之法。从 1878 年 4 月 1 日至 1880 年 7 月 31 日的 28 个月中，外国陪审官仅同意清朝谳员在 47 个案件中责打人犯，其中最多的被打了 100 板，最少的被打了 20 记手心。在外国陪审官的影响下，会审公廨变通了某些刑讯方法，例如，减轻木枷重量，将示众地点选在可避风雨之处，并允许受刑者回家吃饭、睡觉，第二天早饭后再重新枷号。1905 年 10 月，会审公廨废弃了鞭打刑责。1906 年，清朝政府为会审公廨审理案件适用刑律问题专门制定章程。同年，会审公廨依照规定，重定惩犯章程，停止刑讯，并仿外国刑律处以罚金。规定笞 50 以下改为罚 5 钱，以上罚 2 两 5 钱，杖 60 以下者改为罚 5 两，每一等加 2 两 5 钱，以次递加到杖 100 改为罚 15 两为止。如果无力交纳罚银则折作劳工，应罚 1 两折作 4 日，依次递加到 15 两折作劳工 60 日而止。此后，会审公廨审理的任何案件，凡判处体罚的都改成罚款或关押，并按照新的规定量刑。领事裁判权下，刑罚判决，超出了清朝"笞、杖、徒、流、死"五刑范围，混合了西方监禁、苦役等刑罚种类，不仅为以后租界监狱的正式大规模设立奠定了刑罚基础，而且也为中国所接受认同。西方

---

〔1〕 路卫兵编著：《大开眼界：1644–1912 清朝现场》，江苏文艺出版社 2012 年版，第 58 页。

〔2〕 路卫兵编著：《大开眼界：1644–1912 清朝现场》，江苏文艺出版社 2012 年版，第 121 页。

国家的刑罚，首先在上海租界的会审公廨被上海地方政府所采用。

对于外国人在中国针对中国人的犯罪，领事裁判权同样给以定罪量刑。天津租界一位十三岁幼童在英界小便，被印度巡捕发现，该幼童不服阻止，印度巡捕怒将该童扭入捕房，私用竹板笞臀千余下，以致血肉横飞，多次昏绝。"童之亲属赴洋务会审公所喊控吴大令恺当将该童照相以便于英领事直接交涉，因伤势甚重恐有性命之虞也。"[1]清朝刑罚残酷，是以西方国家的刑罚为参照的，尤其是以上海租界领事裁判权而牵引出的西方国家刑罚为现实感观参照，而且还以报刊介绍为媒介，使国人耳目一新，逐渐接纳了西方国家的刑罚。但同时，西方国家在中国租界地的领事法庭适用刑罚也有被清朝衙门适用刑罚所同化的，如以下明信片所示。

明信片三：清朝衙门的行刑官

3. 西方监狱文化的注入

满族入关建立清朝以来，监狱状况究竟如何呢？曾经有些人做过记载，这些记载可以分为两类，一类是作为刑部监狱的主管官员所作记载，另一类是作为犯罪人被刑部监狱关押者的记载。这两类记载很具有代表性，主题事情一样，但是内容可谓大相径庭，对比鲜明，该相信谁呢？每个人都会自己下结论的。鸦片战争后，西方监狱文化传入清朝统治下的中国，甚至传进了清朝的监狱里。

---

〔1〕《印捕竟私用笞刑》，载《中华报》1906 年第 549 期。

（1）对于清朝的监狱，刑部官员做过专门记述

例如，李文安[1]的《贯垣纪事诗附提牢琐记》，赵舒翘[2]的《提牢备考》，白曾焜[3]的《庚辛提牢笔记》。李文安《贯垣纪事诗附提牢琐记》于1876年刊印（石印）。在"贯垣纪事"中李文安写道，方今法制详明，提牢一官职有攸司递年更换，新者或有未谙旧者必以牍告。予任事将满，一切事宜境况均所亲历，思在官言官之义，公余之暇缉为四字题各缀以七绝一首，尚主纪事不计诗之工拙也。《贯垣纪事诗附提牢琐记》，以诗文的形式，用五十二首诗记载了监狱事务，其中包括提牢事务、狱吏事务、囚犯状况等，宣扬清朝的慎狱思想。作者在后记中指出，清朝劝告官员为慎为勤，对提牢的警告尤为突出，众多的狱案最后归结在竹子做成的牍片上而易于落实，明确清楚则利于杜绝奸猾役员作威作福、监守自盗的行为。慎则要求制度讲求宏观微观的道理细致入微，轻慢、渎职、厌烦是不勤劳的表现。慎、清、勤三者之中，清、慎是心中的理念，勤则是巧思妙用，凡是所有种类事务的记载，只有勤有功效，一旦不亲身经历就属于虚文，即使有记录也是没有必要的。赵舒翘的《提牢备考》于1876年以《贯垣纪事诗附提牢琐记》刊印（石

---

[1] 李文安，1801—1855年，安徽合肥人，字式和，晚号愚荃，任提牢官时著有《纪事诗》若干首。在李文安看来，提牢作为古代的狱吏，地位低卑而责任重大，容易犯下罪孽，也容易造福他人。国家哀叹、怜悯受刑的百姓不遗漏一人，绝不会容忍贪腐、卑贱、空谈来损害国家的这个行业利益。

[2] 赵舒翘，1848—1901年，陕西长安人，字展如，同治进士并授刑部主事。到光绪年间，历任员外郎、郎中、安徽凤阳知府、浙江按察使、浙江布政使、江苏巡抚。晚清光绪五年（公元1879年）八月间，同治进士、刑部主事赵舒翘被派任代理提牢，次年督理提牢厅主事。在任职期间，他悉心收集、考校与提牢工作的规则、条例、章程、制度及其兴废流变，力图为刑部及全国监狱管理兴利除弊，编纂了一部《提牢备考》。光绪二十三年（公元1897年）官至刑部左侍郎、次年升刑部尚书，1899年升任总理各国事务衙门大臣，继任军机大臣兼管顺天府府尹。光绪二十六年（公元1900年），义和团占据涿州，他奉命抚谕近畿，继则附和刚毅，主张"抚而用之"。1901年，清政府与八国联军议和，赵舒翘被作为不利和议的"罪魁"之一遭致加重惩办，经过西安士民数百人联合为其请命，后被赐"自尽"。

[3] 白曾焜，生卒年月不详，字少植，古潞县即今通州人，1900年冬担任提牢主事官职，时值京师已开始动乱、义和团运动被镇压，而中央刑部衙门因在美国占据的地界内，已呈现"喧宾"夺主之势，侵权与保守的斗争以唇枪舌剑的形式展开，在这种局势下白曾焜受知于刑部尚书薛允升，以"整饬刑政必自监狱始"的重任临危受命。他深知面临这种时局纵有再高的才智也是难以应对的，曾有人讽劝他讬病婉辞此职，但他认为官"秩虽卑，致身之义则同"，所以出于献身国家的责任或义务，他不敢因职事艰难而"阻谢"。在他接受提牢主事的一年任期内，与各国官兵译员往返的文牍（文件）很多，竟然厚达一尺多高，亟需整理。他竭尽蒙昧之思，将笔舌交往、诸事万端加以回忆整理，以废寝忘食的辛劳把"奸狱之沧桑"汇集始终，在1900—1901年间写了《庚辛提牢笔记》，并用"庚辛"为年代标记概括当时事变的特征。

印），由序和正文两部分组成，序包括其老友雷瀛仙所作之序和自序，正文包括《囚粮考》《条例考》《章程考》《杂事考》四卷。

（2）作为犯罪人被刑部监狱关押者的记载

白曾焯的《庚辛提牢笔记》正式出版于 1908 年（清朝光绪三十四年），主要记录了有关刑部监狱的修缮、扩增及筹款，对人犯的接收及管理，与当朝有关部门官员及外国官弁翻译交涉来往的报告公文等。《庚辛提牢笔记》的体裁、体例和内容体现的特点鲜明，作者遇事记述，但并非每日必记，凡记之日有记一事或数事，均为作者根据亲身经历触时感事的手笔杂记，是"以纪事括之"的笔记体，所述的事有多有少，有长有短。

以上记述均由刑部官员所作，主要介绍了刑部监狱的建筑构成、人事制度、囚犯的各项监管制度等，并没有反映囚犯的实际情况，当然主管官员对自己所掌事务的描述不可能、也不敢自揭家丑，而作为囚犯所记载的就完全不同了。如康熙五十年（公元 1711 年）《南山集》案发，方苞[1]因给《南山集》作序，被株连下了江宁县监狱，不久被解到京城关押在刑部监狱、定为死刑。被赦免后，方苞把他自己所亲身经历和耳闻目睹的狱中之事写下了《狱中杂记》，客观地展现了监狱里的真实情况。康熙五十一年（公元 1712年）三月间，方苞被关押在刑部监狱里，看见死了的犯人被从墙洞里拖出去的每天有三四个，监狱中有个原洪洞县的知县杜某站起来说，这是瘟疫发作

---

〔1〕 方苞，1668 年 5 月 25 日—1749 年 9 月 29 日，汉族，安徽安庆府桐城县（辖域含今桐城市、枞阳县及杨桥、罗岭地区）人，字灵皋，亦字凤九，生于江南府（今南京六合留稼村），祖居在桐城市区凤仪里附近，晚年号望溪，亦号南山牧叟。16 岁随父回安徽桐城参加科举考试，24 岁至京城，入国子监，以文会友，名声大振，被称为"江南第一"。大学士李光地称赞方苞文章是"韩欧复出，北宋后无此作也"。方苞 32 岁考取江南乡试第一名，康熙四十五年（公元 1706 年）考取进士第四名，时母病回乡未应殿试。以后，方苞官至礼部右侍郎。康熙五十年（公元 1711 年），《南山集》案发，方苞因给《南山集》作序，被株连下了江宁县监狱，不久被解到京城关押在刑部监狱、定为死刑。在监狱的两年中，方苞仍坚持著作，著成《礼记析疑》和《丧礼或问》。康熙五十二年（公元 1713 年），因重臣李光地极力营救，始得清圣祖亲笔批示"方苞学问天下莫不闻"，遂免死出狱，以平民身份入南书房作清圣祖的文学侍从，后来又移到养蒙斋编修《乐律》、《算法》等书。康熙六十一年（公元 1721 年），充武英殿修书总裁。雍正九年（公元 1731 年）解除旗籍，授詹事府左春坊左中允，次年迁翰林院侍讲学士。雍正十一年（公元 1733 年），提升为内阁学士，任礼部侍郎，充《一统志》总裁。雍正十三年（公元 1735 年），充《皇清文颖》副总裁。清乾隆元年（公元 1736 年），再次入南书房，担任《三礼义疏》副总裁。乾隆四年（公元 1740 年），被遣革职，仍留三礼馆修书。乾隆七年（公元 1743 年），因病告老还乡，清高宗赐翰林院侍讲衔。从此，他在家闭门谢客著书，乾隆十四年八月十八日（公元 1749 年 9 月 29 日）病逝，终年 82 岁，葬于江苏六合。

了啊。现在气候正常，死的人还不多，往年这时候多到每天十多人。这种疾病很容易传染，得这种传染病的人，即使是他的亲属也不敢同他一起居住。而监狱中有老监四座，每座老监有五间房子，看守们住在当中一间里，在房屋前墙上开有窗户用来通光，屋顶也开有天窗用来透气；旁边的四间牢房却没有开窗户，关在里面的犯人经常有二百多人。每到傍晚便上了锁，犯人大小便也都封闭在牢房里，同食物的气味混在一起，再加上严冬时节贫穷的犯人在地上睡觉，等到春天地气上升，很少有不生病的。监狱里有个老规矩，天亮了才开锁，当深更半夜的时候，活人跟死人脚靠脚、头靠头地躺着，没有办法避开，这就是传染上疾病的人多的原因。更令人奇怪的是，那些大强盗和犯案多次的贼、杀过人、案情重大的囚犯，精气特别旺盛，染上这种病症的十个当中没有一两个，有的即使染上了，随即也就好了。那些接连死去的，都是因为罪轻被关押以及被牵连的，被当作人证而不该受法律制裁的人。

监狱里大小官吏都以关押的人越多越能谋利。近年来的诉讼案件，只要案情稍微重一些，顺天府、五城兵马、御史衙门就不敢专擅判决；再加上掌管京城九门守卫工作的步兵统领访查、缉捕、检举、盘查出来的犯人，统统都归刑部监狱关押；而十四司的郎史、员外郎当中那些喜欢多事的，以及官署内管文书的小吏、典狱官、看守们，都以关押的人越多越能谋利，所以稍有牵连必千方百计地捉来。如果进了监狱，不管有罪无罪，一定给戴上脚镣手铐，关在老监里，使他们痛苦得无法忍受了，然后就劝导他们去找保人，放他们出狱住在老监的外边，估计他们家里拥有的财产作为勒索的标准，而得来的钱就由官和小吏瓜分了。中产以上的人家，都竭尽自己的资财来找保人，家产少一点的，要求去掉脚镣手铐住到老监外面的板屋里，费用也要好几十两银子。只有那些非常贫穷无依无靠的犯人，才戴上刑具关押，一点也不宽容，还把他们当作标本警告其余犯人。有的同案被囚禁的人，犯罪情节严重的反而出来住在外面，而罪轻的、无罪的却遭受那披枷戴锁的痛苦。他们心里积聚着忧愁愤恨，睡眠饭食又违背常规，等到生了病，又没有药物治疗，所以常常导致死亡。

凡是判了死罪的案件上奏以后，刽子手就先等在牢房外面，支使他的同伙进去勒索财物，这叫做"斯罗"。对于家中富有的犯人，同伙就找他的亲属谈；对于贫穷的犯人，就当面告诉他。对其中受凌迟碎剐的，就说："要是顺从我，就先刺心脏；不然四肢砍完了，心还不会死。"对其中受绞刑的，就说："要是顺从我，开始一绞就能断气；不然绞三次还要加用别的刑具，然后才能死去。"只有对那些砍头的，没有什么好要挟的，但是还要留下他的脑袋做抵押品。因此，有钱的贿赂往往要花几十两甚至上百两银子；没有钱的也要把自己的衣服卖光；一点财物没有的，就按照说过的那样来惩处他。负责捆绑犯人的也是这样，犯人不能顺从他的心意，捆绑时就先折断他的筋骨。每年秋天集中处决犯人时，勾决姓名立即执行的占判死罪囚犯的十分之三四，留着暂不执行的占十分之六七，他们都被捆绑到行刑的西市去等待命令。那些在捆绑时受了伤的，即使侥幸保留了性命，也要病上好几个月才能痊愈，有的人竟然成了残废。

方苞曾经找一个管文书的老年小官询问道："他们跟那些被处决、被捆绑的人，不是有什么仇恨，只不过希望得到一点财物而已；果真没有，最后也就宽容他们，这难道不是一种善行吗？"小吏却回答说："这是为了立下规矩以警告其余的犯人，而且也用来惩戒后来的人；不这样，那就人人都会有侥幸的心理。"专管给犯人戴手铐、打板子的人也是这样。跟方苞同案被捕用木制刑具拷打审问的三个人中，一个人给了三十两银子，结果骨头受了点轻伤，病了一个多月；一个人给了比他多了一倍的银子，就只被打伤了皮肤，二十天就伤愈了；一个人给的是他六倍的银子，当天晚上走起路来就跟平时一样。有人问他们道："犯罪的人贫富不一样，你们已经从各个犯人身上都得了钱财，又何必还要按出钱多少来分别对待呢？"他们回答说："没有差别，哪个肯多出钱呢？"孟子说过："术不可不慎。"这句话真对啊！

对于恤刑悯囚。方苞理解皇上有爱惜生灵的品德，现任皇帝和以往那些好皇帝一样，每次审察判决书，必然能在被判死刑的犯人中寻求出一些可以放生的人，而如今无辜者竟然到了这个样子。假使仁人君子向皇上直言：除死刑犯以及发配到边远地充军的重刑犯外，那些罪行较轻以及受牵连还没有结案定罪的犯人，可以另外关押在一座监狱里，手脚不得上刑具，这样所保全而活下来的人就能数得清啊！有人说："监狱原有的五个牢房，名为临时拘留所，让那些正在打官司而没有结案定罪的人住。如果实行过去的规章制度，也可以稍有补益。"杜君说："皇上开恩，凡犯罪官员住板屋；如今贫困犯人转到老监关押，而大盗中却有住板屋的人，这里面是可以仔细查究的啊！不如安置在另一所监狱里，这才是解决根本塞住源头的办法。"与方苞同案被关押的朱老先生、余姓书生，以及早在狱中的同官县的僧某人，先后传染上瘟疫死去，他们都是不应该受到重罚的。还有个不知道姓什么的用不孝的罪名控告他的儿子，他的左右邻居受牵连被戴上刑具关进老监，整夜大哭大叫直到天亮。

监狱官吏弄虚作假。刑部里有个管文书的老年小官，家里藏着伪造的印章，公文下发给各省，往往偷偷地更换掉，增加或删节那些重要的语句，奉命执行的人没有谁能分辨真假。那些上奏给皇帝和送各部的公文，还不敢这样做。清朝律令规定：大盗没有杀人，以及另外的共同参与作案而人数多的案犯，只有主谋的一二人立即处决，其余的案犯经过秋审，都减刑遣发到边远地方去服役。案文送上去，其中有立即处决的，刽子手就预先等候在牢房门外。命令一下去，就把死罪案犯绑上押出来，一点时间也不拖延。有某姓兄弟二人，因为犯了把持公仓的大罪，依照法律应该立即处决。罪案已经判决了，管文书的某人告诉他们说："给我一千两银子，我使你们活下去。"他们问他有什么办法，他说："这没有什么困难，另外准备一份奏章，判决词不用改动，只不过拿两个列在同案名单后面的单身汉而又没有亲戚的从犯替换你们的名字，等到案文加封上奏的时候偷偷地换一下罢了。"他的一个同事说："这可以欺骗死去的犯人，却不能欺骗主审官，如果他发现错误再上奏章请示，我们就活不成了。"管文书的某人笑着说："他重新上奏请示，我们这些人固然活不成，但是主审官也要一个个罢官离开，他们不能拿这两个人的性命来换掉他自己的官职，那么我们这些人也就最终没有死的道理了。"他居然这样办了，同案名单中后面的两名从犯马上被处了死刑。主审官惊吓得口张舌翘，但到底不敢追究。方苞在监狱里，还见过某姓兄弟俩，牢房中的犯人都指着说："这两个人就是用某人、某人换来他们的脑袋的。"管文书的某人一天夜里猝死，众人都说他是因为这件事受到冥界的惩罚。

凡是杀人的罪犯，如果审判书中没有预谋、故意杀人罪名的，经过秋审归入情有可怜、其罪可疑一类，就可以免除死刑，官吏就借这个规定来钻律令的空子。有个叫郭四的人，总共杀过四次人，一次次归入情有可怜、其罪可疑的一类，接着碰到了大赦。他即将出狱了，天天跟他的一伙人摆设酒席，尽情高歌到天亮。有人问他以往的事情，他就一桩桩一件件地详细叙说，神情面色是那样洋洋自得，好像是在自我夸耀。唉！贪官污吏忍心于贪赃枉法，是不值得责备的；可是不明白治狱之道，好官也多把使犯人免去一死当作功德，却不去追究那些案件的真相，他们使好人蒙受冤枉，也厉害得很哪！有些奸狡的人长期关在监狱里，同狱卒内外勾结，很捞了些钱。山阴县有个姓李的，因杀人被关在监狱里，每年能够弄到几百两银子。康熙四十八年（公元1709年），因为大赦被释放出来。在外面过了几个月，他感到寂寞无聊没有什么事可干，他的同乡中有一个杀了人的，于是他就代替那个同乡承担杀人的罪名。原来按法律规定不是故意杀人就一定长期关押，终久没有死罪。康熙五十一年（公元1712年），又遇大赦，又根据赦令减刑等待发配到边外去戍守。他叹息说："我没有机会再到这里来啦！"按照旧例，发配充军的犯人要转到顺天府监狱关押，等候遣送。那时正好是冬天，停止遣送。姓李的写呈文请求留在刑部监狱等到来年春天遣送，请求了好几次，都没有得到批准，他只好失望地离开这里。

看管监狱的狱吏无恶不作，清朝皇帝对刑部监狱囚犯又怎样呢？回疆霍集占即小和卓木被剿灭后，霍集占夫妇被打入刑部大狱。一日夜半，牢房值班的狱卒正要睡觉，忽有两个太监传来乾隆的谕旨，说皇上有令，要提走叛妇霍氏亲自审讯。狱卒惊慌失措，对太监说："我们这么低下的人从来没直接接到过皇上的谕旨，况且现在已是深夜，万一发生了变故，谁来承担责任呢？"两个太监气得哇哇大叫，直骂狱卒狗胆包天。这时牢头过来劝解说："两位公公不用着急，咱们请示一下满尚书就可以了，只要满尚书有话，我们这好交代，也不耽误你们回去交差。"两个太监无奈，只得依从。牢头于是派人飞马去满尚书家里报信，满尚书不敢耽误，从床上爬起来，跟着狱卒便来到了大牢。满尚书检验谕诏，核实无误后，这才下令开锁提出霍妻。牢外太监早已备好车马，一队士兵全副武装护卫着，拉着霍妻，急匆匆便奔皇宫而去。满尚书狐疑一夜，第二天上朝，刚要说话问个明白，乾隆皇帝马上制止他并正色说道："我知道你要说什么，霍集占与我大清对抗，耗费了我们许多物力，损折了我们许多兵马，实在是罪大恶极，现在我已经将他的老婆糟蹋了，总算是出了一口气。"言毕哈哈大笑。原来，乾隆皇帝听说霍集占的妻子美艳绝伦，早就垂涎三尺，因而才有昨夜之事，后来霍集占的妻子被乾隆封了妃子。

（3）西方监狱文化进入中国

鸦片战争后，西方国家的人来到清朝统治下的中国耳闻目睹了清朝的刑狱情况，有的甚至进入到清朝衙门的牢狱中了解实情。英国《泰晤士报》的记者柯克在《中国》（1858年）一书中，写到了当时清朝监狱的恐怖情状。

"监狱内的恶臭，几乎让人无法忍受，而那情状也无法让人再看第二眼。屋子中央躺着一具尸体，上面唯一新鲜的部位是乳房，已被老鼠吃掉。尸体周围上下是一群腐烂的人，他们居然还活着……那惨状令人终生难忘。他们是骷髅，不是人。"[1]枷刑是清朝衙门对犯人最常用的一种刑罚方式，枷是用木板挖孔后套住犯人脖子、手和脚部，再上锁的一种刑具，号称五眼木。这样犯人不仅有肉体上的痛苦，而且也有精神上的摧残。犯人晚上在监牢里，白天则由狱官押着带到城门或街市示众。西方列强凭借攫取的在华领事裁判权，在租界地建立监狱，这就等于把它们自己国家的监狱文化直接注入到了清朝统治下的中国领域。1887年上海公共租界工部局的英国鉴定人在向英国政府的报告中指出：工部局对监狱的控制是"有益于文明，以便中国了解这种不动用野蛮方法的惩罚也是有效果的，而野蛮的惩罚盛行于中华帝国"[2]。正是在这样的思想观念认识指导下，西方国家纷纷在中国建起了奉行教育刑思想的监狱。西方国家用一百多年时间改良监狱，已经建立起了在当时先进的监狱文化，并且推广到在中国的租界地。在中国租界地的外国监狱，实施的制度与清朝政府的监狱截然不同，租界地的外国监狱，强调以立法规定并实施各项制度，奉行教育刑理论，突出选择地址、建筑模式，把西方先进的监狱文化注入到了中国。

明信片四：凶神恶煞似的狱吏与戴枷的犯人

---

〔1〕 ［美］约·罗伯茨编著：《十九世纪西方人眼中的中国》，蒋重跃、刘林海译，中华书局2006年版，第28-29页。

〔2〕 《监狱的视察和改善》，上海档案馆藏，案卷号：U1-4-2789，第48页。

明信片五：晚清监狱里狱吏点数戴枷囚犯的情形

第一，关于监狱立法。18 世纪英国在约翰·霍华德倡导下率先改良监狱，1791 年颁布《感化法》，这是世界上第一部监狱立法。1822 年罗伯特·皮尔勋爵担任英国内务部国务大臣，考虑到犯罪案件数量上升、罪犯增多，他认为必须调整刑法、整顿监狱管理，于是向议会提交了"监狱法草案"，1823 年由英国议会通过，故称为《皮尔监狱法》，这是世界上第一部以"监狱"命名的监狱立法。监狱执行刑罚逐渐把监禁与劳动结合起来，形成了自由刑。19 世纪中期后，在英国大多数犯人要留在国内服刑，自由刑成为处遇犯罪人的主要刑罚措施，1853 年英国颁布《劳役监禁法》正式确认了自由刑。

随着监狱改良运动席卷欧美诸国，许多国家颁布了监狱法。西方国家在中国上海等地建立租界，实施领事裁判权，为执行刑罚建造起了监狱，颁布了规范租界监狱的监狱法规。在旧中国，规范和调整租界等监狱的监狱法规主要有三部，即 1903 年上海公共租界《提篮桥监狱规则》、1903 年英国租界《威海监狱条例》和 1923 年日本在大连旅顺监狱的一系列法规，前两者是在清朝末期，后者则是在北洋政府时期。这些监狱法规，虽然是外来移植的，不是中国土生土长的，但是实行于中国的领土上，发出了"依法治监"的法治精神理念信号，是不容置疑的。英租威海卫监狱立法以 1903 年《威海监狱条例》为主干，包括根据该条例同年制定的《威海监狱条例》和 1910 年制定的《威海监狱条例》。

第二，关于监狱建筑。根据领事裁判权，西方国家在中国租界地的审判机关建筑内附设押所，这可以说是西方国家在中国租界内建造的最初的监狱建筑。以后，随着犯罪案件增多，服刑人越来越多，押所爆满拥挤，租界当局不得不专门建造监狱。西方国家在中国专门建造的独立监狱，主要有上海法国租界监狱、上海公共租界监狱、青岛德国租界监狱、威海卫英国租界监狱、旅顺日本租界监狱、中东路沿线俄国监狱等，其中，较为著名、影响较大的有上海公共租界监狱、青岛德国租界监狱、旅顺日本租界监狱。

综合起来看，西方国家在中国租界地的监狱，有建筑选址和建筑种类及其布局方面的事项。按照西方人的理念，监狱选址非常重要，既不能选在城市的商业区、行政办公区、居民区、交通便利区等地方，也不能选在偏远、边远、荒芜、交通不便利的地方等，而应选在既不发达又不荒芜且交通较为便利的地方。建造监狱也得考虑当地的水文、地质、风向等情况，监狱不宜建在低洼、潮湿、土质松软、下风口的地方，而应建在地势较高、干燥、土质合适、上风口的地方。监狱建筑必须有监狱围墙、监狱大门，必须有监狱工作人员办公用房、监狱囚犯监舍，必须有监狱工厂、监狱伙房、监狱浴池、监狱医院、监狱仓库等。监狱内的任何建筑，尤其是监狱囚舍必须符合通风、透光、防逃、防火、防潮等要求。

第三，关于监狱制度。根据实际情况来看，西方国家设在中国租界地的监狱，以立法的形式，规定了监狱的各项制度，这些制度囊括了监狱的方方面面，为监狱的运行奠定了规范基础。在监狱建造构成方面，主要有选址制度、勘察制度、建造施工制度、构造型式制度，以确保监狱建造构成的质量。在监狱本体方面，主要有监狱内部组成机构组成制度、各机构的权限职责划分制度，以确保监狱内部各机构分工负责、各尽其职。在监狱工作人员方面，主要有招聘制度、待遇制度、作息制度，以确保监狱工作人员忠于职守。对于服刑囚犯，则有收押入监制度、生活卫生制度、减刑假释制度、劳动制度、教育教诲制度、释放制度，而且还实施女犯、未成年犯分类制度，以维护监狱的警戒安全，教育矫正服刑人。

监狱制度不仅仅规定下来，更重要的是要落实操作的，在内容上具有先进性，尤其是把制度性的感化教育制度、生活卫生制度、减刑假释制度引进到了晚清中国，使国人耳目一新，当然租界监狱制度毫无疑问带有殖民色彩。1900 年，英殖民当局决定在威海卫划区埋界，抓住清朝官员恐外的特点，在划界时任意将租借区向外扩张，遭到威海民众的强烈反抗。这些反抗者全部被英殖民当局关进监狱，本来仅能容纳百余人的刘公岛监狱，结果关押了 200 余人。

对于西方国家在华监狱实行教育感化的理论与实践，在 1901 年清政府处理山西教案过程中，英国传教士李提摩太以清政府赔款创办山西大学堂的方式作出了全新的现实诠释。1900 年，义和团在山西省对传教士以及几千本地基督教徒展开大屠杀。1901 年，全权大臣庆亲王奕劻和直隶总督李鸿章邀请李提摩太协助处理义和团在山西的事件，这是因为他已经在山西生活多年且分发过赈灾物质而为当地的大多数官员所熟悉。李提摩太表示，"我们传教士协会是不会为了谋取钱财而枉害他们性命的。但是，如此恶劣的罪行已经犯下，对此，任何一个政府都不可能视而不见。就此，我提议，省政府须强制拿出五十万两白银，以每年分期支付五万两的方式，致力于在太原建立一所与西方同一水平的大学，旨在教育人们消除可怕的无知和迷信，而这就是导致此次外国人被屠杀的主要原因。"[1] 1900 年，义和团运动爆发，支持义和团的山西巡抚毓贤下令烧死四十多名外国人，其中有妇女和孩子。义和团运动成为八国联军侵华的借口，由此导致晚清丧权辱国的《辛丑条约》签订，赔款多达四亿五千万两白银。山西的这起惨案，各国全权委托李提摩太出面与李鸿章商议处理。李鸿章主张赔款了事，而李提摩太提出了他一生中最真善美的建议："传教士的生命不能拿金钱来计算，而罪行又必须得到惩罚，那我们就来建一个学校，用教育来惩罚迷信和无知。"[2]

---

〔1〕〔英〕李提摩太：《李提摩太在华回忆录》，陈义海译，江苏凤凰文艺出版社 2018 年版，第 200 页。

〔2〕〔英〕李提摩太：《李提摩太在华回忆录》，陈义海译，江苏凤凰文艺出版社 2018 年版，序言，第 5 页。

九．相交流：中外报刊报道刑狱

鸦片战争后来到晚清中国的外国人纷纷办报刊，打破了清朝政府邸报一言堂的局面。受外国人办报刊热潮的影响，一些觉悟了的中国人也为国人办起了报刊。经过洋务运动、维新变法、晚清新政的推动，外国人办的报刊、中国民间办的报刊、清政府官方办的报刊汇集于社会，给国人展示了国内外的社会百态图卷，尤其是关于国内外刑狱的报道，中外关于刑狱方面的信息交流，促进了国人对刑狱的科学认识，激发了国人对刑狱轻缓的期盼、对刑狱文明的追求，为刑狱改革奠定了统一的认知和知识基础。

（一）报刊的影响和作用

1. 报刊在晚清的兴起

报刊是报纸和期刊杂志的合称，作为近现代社会非常重要的信息载体和传播手段，与人类社会的发展、人们日常工作和生活的许多方面都有重要关联。清朝的《京报》属于定期出版的政府公报，只是在清朝衙门内部发行，主要阅读对象是各级官吏，可见《京报》仅在各级衙门之间起下传上达的作用，而不面向公众发行。1815 年英国传教士威廉·米怜在南洋创办的《察世俗每月统记传》是最早由外国传教士创办的中文刊物，随着鸦片战争后国门洞开，在西方报刊传入的刺激引领下，清朝统治下的中国出现了近代报刊。据统计，道光二十年（公元 1840 年）以前南洋和华南沿海一带的教会报刊仅十几家，到咸丰十年（公元 1860 年）外国教会和外籍传教士在中国出版的报刊达到 32 家，光绪十六年（公元 1890 年）则发展到 76 家。为什么外国传教士这么热衷在中国办报刊呢？英国传教士李提摩太解释了这个时期传教士办报高潮的内因："别的方法可以使成千的人改变头脑，而文字宣传则可以使成百万的人改变头脑"，只要控制住在中国出版的"主要的报纸"和"主要的杂志"，"我们就控制了这个国家的头和背脊骨"。[1]鸦片战争后，教会报刊不再热衷于宗教宣传，而转为关注中国的政治了。虽然外国传教士在中国办报刊的动机复杂甚至动机不纯，但对中国的影响却是深远的，不仅开了中国民间办报刊的先河，而且传播了时事新闻和知识，在极大程度上开启了中国民间对国外情况的了解和比较意识和政治意识。

晚清报刊业是在模仿和学习西方人在中国办报的基础上发展起来的。尽管西方人在中国办报刊有各种各样的目的，有的是政治目的，有的为了传教，有的为传播文化，有的为经济目的，更有的为侵略刺探情报，是列强侵略的重要工具和手段之一。新闻学家戈公振总结说："外报之目的，为传教与通商而宣传，其为一己谋便利，夫待何言。当时教士与官吏，深入内地，调查风土人情，探刺机密，以供其国人之参考。故彼等之言，足以左右外人舆论与其政府之外交方策，而彼等直接间接与报纸均有关系。"[2]不论西方人办报刊的具体内容如何，报刊本身是一种近现代的信息传播新媒体，是先进科技和理念的表现，对晚清政治、经济、文化等方面都产生了重要影响，无疑对晚清国人办报刊起到了示范作用。在西方人所办报刊的影响下，从19世纪70年代起，晚清国人开始自己创办近代报刊。

晚清国人开始自己创办近代报刊是以香港华人为先导的。《中外新报》是国人在香港创办的最早报纸，由黄胜、伍廷芳主持编务，其前身是1857年11月创刊的《香港船头货价纸》，大约在1865年初改名《中外新报》。1872年4月，陈蔼亭创办的《华字日报》是香港华人办的又一份报纸。1874年2月4日，王韬在香港创办的《循环日报》，在早期中国人创办的报纸中最为著名，对后来的国内改良派产生了巨大影响，王韬曾被林语堂誉为"中国新闻报纸之父"。除香港外，国人在内地也办了一批近代报刊，1872年在上海创办的《瀛寰琐纪》开创了国人办期刊的先河，1872年在广州创刊《羊城采新实录》，这是内地华人办的第一份报纸，1873年在汉口创刊《昭文新报》，1874

---

〔1〕 方汉奇：《中国近代报刊史》，山西教育出版社1991年版，第19页。
〔2〕 戈公振：《中国报学史》，中国文史出版社2015年版，第105-106页。

年 6 月 16 日容闳在上海创办《汇报》。后来的维新运动中，办报刊成为热潮，最具代表性的有《中外纪闻》《强学报》《时务报》等。

维新志士从日本明治维新的成功经验中，认识到重视国民教育、提高国民整体素质是实现国家富强的重要前提，晚清改革单靠朝廷之力远远不够，必须辅之以广开民智，于是出现了白话报刊。三四百种白话报刊，以《大公报》为代表的 50 余种文言报刊辟有白话栏目或出过白话附张，另有 300 种以上用语浅显易懂的蒙学报、浅说报、女报、通俗画报面世，加上几十种以刊载白话小说为主的文艺杂志，以及大量行世的白话教科书、新小说、改良戏曲、通俗歌诗和成为时代风尚的白话演说潮流，形成了一场规模空前、声势浩大的白话文运动。梁启超办《清议报》时曾引用西人的话说，报刊是"国家之耳目也、喉舌也，人群之镜也，文坛之王也，将来之灯也，现在之粮也"。[1]《万国公报》向中国民众着力鼓吹新式报刊的作用，一是"扩见闻"，即增长民众的见识；二是"通上下"，即上情下达和下情上呈方便快捷。实践证明，对报刊的这些比喻毫不夸张，晚清时期报刊事业的发展，客观上积极宣传了新思想、推动了社会的发展、改变了民众落后的生活方式，对于人们了解世界、增长知识和推动社会进步、改良刑狱起到了重要的推动作用。

2. 《苏报》及 "《苏报》案" 的影响

《苏报》由租界内的胡璋创刊于 1896 年 6 月，以日籍妻子生驹悦的名义在上海日本领事馆注册，因而挂"日商"牌子。最初这份小报销路不佳，不得不于 1900 年转手给陈范，从此《苏报》从以"思以清议救天下"为宗旨转为倾向激进和宣扬革命。1903 年 5 月 1 日，《苏报》刊载了邹容的《革命军》自序和章炳麟所著的《客帝篇》，公开倡导革命；5 月 14 日，在新书介绍栏目中宣传邹容的《革命军》，指出《革命军》宗旨专在驱除满族、光复中国。清廷震怒，下令两江总督魏光焘严加查办，通过外交手段照会租界领事要求捉拿革命党人，经过一个多月的交涉，租界当局作了有条件的让步，随后清朝捕快与租界巡捕联合搜捕，6 月底逮捕了章炳麟，不久邹容自动投案，报馆主的儿子及另外三位职员也同时被捕。12 月 7 日，代表清廷参加会审的上海

---

〔1〕 梁启超：《本馆第一百册祝辞并论报馆之责任及本馆之经历》，载《清议报》1901 年 12 月 21 日。

知县汪瑶庭单方面拟定判决章太炎、邹容"永远监禁";但英美领事对此很不满,因为他们不能开此先例,否则在之后的华人案件中,领事裁判权或将不保。经过六次审理,会审公廨于 1904 年 5 月 21 日作出判决:章太炎监禁三年、邹容监禁两年,罚做苦工,期满驱逐出境,不准逗留租界。最后的结果,不仅另外四人被当庭宣告无罪开释,两主要被告人也只是被判处了短期徒刑而已,即章太炎被判处监禁三年、邹容被判处监禁两年(后病死狱中)。

事实上,章太炎与邹容的轻判与当时另一起案件有密切关系,报刊发挥了积极作用。"苏报案"交涉期间,1903 年 7 月 31 日,《天津日日新闻》职员沈荩因揭发中俄交涉秘密事项而遭逮捕,因逢慈禧寿庆而不宜公开杀人,遂改判"立毙杖下"。行刑时,"特造一大木板,而行杖之法又素不诸习,故不至二百条下,血肉飞裂,犹未至死,后不得已始用绳紧系其颈,勒之而死"。不久上海的英文报纸《字林西报》刊登《北京的野蛮官方谋杀》和《真实的慈禧太后》两篇文章,绘声绘色描述了沈荩被杖毙的细节,令人毛骨悚然。"圣旨最终下发,不是将沈荩处决,甚至也不是凌迟处死,而是在狱中杖毙。没有哪种生灵会被如此严惩,但在刑部却并不缺少这样的惩罚。可怕的刑罚在四点钟开始执行,在此后的两个小时里,钝竹条像雨点一样落在可怜的犯人的四肢和背上,直至鲜血淋漓,但是犯人还没有死。他痛苦万分,请求行刑者速将其勒死,最终采取了类似的办法。直到夜幕降临,血肉模糊的身体才停止了颤动。"作者得出结论,中国的最高统治者慈禧是一个暴君,她是野蛮文明的化身,"这没有什么不正常的——在中国,什么样的事情都会发生"。[1]事件被披露后,社会舆论一片哗然,沈荩的死,成了西方国家拒绝将在押的《苏报》馆诸人引渡给清廷最有说服力的理由,因为清政府想以"大逆不道,煽惑人心,谋为不轨"罪名将章、邹"引渡"解至南京并处以极刑。英国首相就此向驻华公使直接发出训令:"现在《苏报》馆之人,不能交与华官审判。"因而,租界当局拒绝引渡"苏报案"人犯,并决议从轻发落。"苏报案"与沈荩案两相对比或许说明,在租界里尽可以乱骂,但出了租界的地面,就恐怕死罪难逃了。从某种意义上说,租界是近代中国的自由滋生地,特别是对报刊舆论的培育作用更是不可替代。在晚清租界内的舆论堪称自由乃至放纵,多数报纸开了封、封了再开,换个名字即可,如章太炎等

---

〔1〕 参见《真实的慈禧太后》,载《字林西报》1903 年 8 月 14 日。

人被抓后，章士钊不仅没有逃离上海，反而在几个月后又创办了号称《苏报》第二的《国民日日报》。

（二）中外报刊报道刑狱

1. 《万国公报》[1]对刑狱的报道

《万国公报》原名《教会新报》，1868 年 9 月 5 日由美国监理会传教士林乐知在上海创刊，起初为宗教性质的周刊。更名《万国公报》后，登载的内容侧重政治时事，成为在中国发行最久、影响最大的一份杂志，被时人称作"西学新知之总荟"，当时的知识分子想要了解西方的知识学问，一定要看《万国公报》。《万国公报》登载的有关刑狱方面的时事新闻，成为近代中国人了解世界刑狱的一个重要窗口，对于开化当时中国人的头脑，促进中西文化交流起了重要作用。

（1）对外国刑狱的报道

《万国公报》比较全面地介绍了外国尤其是西方国家的刑狱，在内容上既有用刑理念、刑法修订，也有刑罚和行刑，客观上起到了使中国人不出国门就可了解西方刑狱的桥梁窗口作用。1877 年《万国公报》登载曹子渔撰文《发隐寓言：泰西慎用刑》，其中写到："泰西列邦，慎以用刑，严以洗冤，期成信谳，庶无愧怍，审核古人所谓与其杀不辜宁失不经之旨。"[2]近代中国人看到西方国家不仅有慎刑这样的思想，而且也有这样的立法和司法实践。1877 年《万国公报》报道《意大利公议堂派官整理刑法》，意大利议会修改刑法，取消杀人罪的死刑，并评价为"但减轻斩律亦仁德之政也"[3]。1880年英国议会审核海军废除鞭刑，《万国公报》以《大英国议裁鞭刑》为标题作了报道，"英廷欲废军中鞭扑之刑已非一日矣，兹阅西报得悉，其事与公议堂核议现由水兵明年西正月起即将此刑除去"[4]。英国不仅在其本土禁止私刑

---

[1] 《万国公报》，1907 年因林乐知病逝而停刊。

[2] 曹子渔：《发隐寓言》，载《万国公报》1877 年第 427 期。

[3] 《大意大利国事：公议堂派官整理刑法》，载《万国公报》1877 年第 428 期。

[4] 《大英国议裁鞭刑》，载《万国公报》1880 年第 598 期。

即刑讯逼供，同样也在中国的租界地内禁止。1879 年《万国公报》登载了《禁止私刑车夫示》一则新闻，"东洋手车与江北小车曾因日渐增置有碍行路，工部局议定限额不给凭照。迩来，车夫时有将照卖与他人，在车主前捏称遗失者固属不合。然其间亦有实在失落以致不能辩白，兼有车夫欠租人车俱避，一经车主寻见，而该车主并不将车夫送案，辄敢私刑吊打殊属藐妄，屡经巡捕查悉将车主解案究罚，乃敢乃蹈故辙，情形极为可恶。昨据巡捕房将私刑吊打车夫江川川、蔡洪川解送到案，讯验属实，除再从宽罚缴养伤洋钱给领外，合亟出示严禁。为此示仰该车主人等知悉，自示之后如有车夫将照盗卖以及被欠租钱，不能自理者，应即指交巡捕解案讯究，不准私刑吊打情事，如敢故违，一经巡捕获送或被告发，定于从重就办，决不姑宽"〔1〕。面对中国人、日本人，上海租界当局一视同仁，把西方国家"法律面前人人平等"的法律原则引进到了中国。

使人万分感慨的是，1877 年《万国公报》刊登了一则《临刑得救》的新闻。"古巴一埠，各国皆有领事官驻扎。现今古巴乱事未靖，新近有一英人自美国至古巴，忽被古巴之领兵将军所获，认为是奸细，严讯供词不听，一定定为细作之罪。经英美两国领事官行文带辩，其将军置之不理，拟其人之罪以军法从事。其军法乃将有罪之人绑于数步之远，用兵丁十二人持枪向击，其十二枪中有一枪内装弹丸一齐开放，有罪者应弹而死。其古巴将军乃于某日行刑，届时亦请英美两国领事到场且两领事各以本国之旗立于古巴坚定此罪者之旁。时至两领事用旗遮覆其人，乃言曰请向此旗开枪可也，而该将军不敢令放枪兵丁向国旗开放，只得以作罢，论盖向国旗开枪即系打国度也。斯人于此时方能得救，缘先两国领事行文代辩，而该将军置之不理，故两领事只好临时而行此事也。险哉，斯人一命也，国度失和二也。古巴将军何先拘执而后无可，如何至此也。"〔2〕外国刑法不仅轻缓，而且行刑也要维护本国公民的利益，看到这样的刑场"枪下救人"的壮举，动辄以刑杀本国百姓为能事以取悦洋人的大清官员能不汗颜吗？

1871 年第 130 期《中国教会新报》以《上海之英国新狱》为标题，报道了英国在上海租界建立的新监狱。五年前英国按察司名哈尔庇驻上海理诉讼

---

〔1〕《禁止私刑车夫示》，载《万国公报》1879 年第 554 期。

〔2〕《大日斯巴尼亚国事：临刑得救》，载《万国公报》1877 年第 461 期。

案，因监狱容量不大，被关押者挤在一起容易受病，于是画了一幅监狱图示，呈交英皇请求按照图示在上海建造监狱。经英皇批准后，即在上海大马路之西北隅建监狱一所。"其中，西犯人应禁者共房五十六间，每间计深一丈宽七尺八寸高一丈三尺；又十六间，为他人案而应禁者，共房十六间，每间深一丈宽一丈高一丈三尺；又六间，为犯大案及收禁不遵约束者，移入之狱。此狱系照外国极大、极洁净之狱而建，也多用铁石为之，其犯人所住之屋，行动自如，每门俱用铁柱为栏，另加木门，送饮食及送各物进去，俱由铁栏出入，即或夏天炎热开门自然风凉，可免暑疫。然门皆坚厚，锁亦紧严，人犯欲逃不能也，即窗门亦有铁条为栏不能逃越。房内桌凳俱全，卧床亦有，其床长七尺宽二尺二寸，以高板为枕，皆以日本好木为之，不致生虫。其犯大罪所坐之狱，既无地板又复幽暗，窗门小而无大光矣。外国狱内，凡遇冬必烧火炉，以铁管曲折盘旋令热气四通八达，犯人不得受寒。而上海地方此节难以照办，惟用大火炉六个，设法排列，令火气熏蒸，亦可不冷。狱中所用之水由河用铁管接来，管口用砂煤等物令水经过去其污秽，饮者无碍也。狱外四面另盖小房，巡捕居住，其木料俱坚固，房中视狱无所不见。地基共有一万七千一百丈，约有二十六亩之大，其建屋之地基有二千五百丈，此外地基为巡捕梭巡之地。"〔1〕该报叙述了新监狱的审批程序，介绍了监狱中牢房的体积、分类、建筑材料、门窗特点以及监牢内的布置，尤其是阐述了根据上海的气候情况而设置的取暖、用水设施，使人了解了西方监狱建筑应具备的基本条件。

1878 年《万国公报》第 513 期、第 514 期连续两期的"游览随笔"栏目登载了李圭参观美国宾夕法尼亚州监狱后写下的《轻犯监狱》《喷夕省有重犯监狱二所》两篇文章，"轻犯监狱在特一尔拉洼河东岸，其地名喷的配距费城约二十里，为各项轻犯悔罪作工之所。凡饮酒滋事拿解到官者，定罪后每七日解往一次，初犯监禁六月，再犯九月，始释放。六月十五日，其总管泰君偕游其处，先一日泰君告知费城梅尔以中国有公干人员欲往游览。"〔2〕李圭参观费城轻犯监狱，该监狱的监狱长泰某陪同，前一天泰某就告知费城市长，中国公务人员想参观监狱。市长非常高兴，命令准备轮船、马车接待，指派

---

〔1〕《上海之英国新狱》，载《中国教会新报》1871 年年第 130 期。
〔2〕李圭：《游览随笔：轻犯监狱》，载《万国公报》1878 年年第 513 期。

警察局沿途照料，尽地主之谊中午宴请李圭等中国客人。李圭较为详细地介绍了该监狱的建筑布局，监狱门外竖着清朝的龙旗，以彰显两国关系和好。轻犯监狱，在特—尔拉洼河东岸的喷的配，监狱的收押制度，囚犯生活卫生制度，囚犯劳动制度，监狱囚犯探视制度。这是首次介绍中国人接触外国监狱的情况，使国人大开眼界，李圭认为外国监狱不同于晚清的监狱，监狱必须保持洁净、饮食调匀、作息有节、可习技艺和体贴人情。

1879 年第 540 期《万国公报》刊登《泰西司狱新法》一文，阐述了西方国家的司狱新法。首先，指出了各国刑罚的不当之处，其一，用刑罚尤其是死刑惩罚犯罪不免有失当处。设置法律机关，以国家法律规定刑罚，对犯罪人施加刑具，可以治其外，不可以治其内，能及罪人之身，不能及罪人之心。即使狱吏常理解犯罪人的悛悔之志、自新之心，但是刑罚森严、有犯必惩且绝无宽待，实行以杖还杖、以刃还刃的法制，终难启其羞愧之心绝不以身试法，此过严之失。其二，监狱执行刑罚宽容，供给饮食和衣服，贫困之家纵不能食其所食、衣其所衣，而无主见乏学问者欣羡爱慕，于是敢于犯罪，把坐监狱作为乐事，这样监狱里的服刑人日增其数，这是过宽之失。慎刑狱者以防此二失为上策。接着，在分析监狱囚犯的基础上，提出了处遇囚犯的新方法。对于监狱囚犯，应该使他们深思而感到羞愧和畏惧，犯罪有愧于自己、有愧于国家、有愧于家人，辜负了邻里乡亲，无颜立于人世间。只有辛勤劳作，获取应得收入，才能赎罪。因此，牢禁中应准备多种劳动事项，使囚犯日夜辛勤劳动创造价值以偿付罪恶。"复有一万不可缺者，即读书学礼修德修身与一切奉公守法安分守己之事。于其被拘之日使其知之务悉也，盖甘为宵小之流，多因幼失训教、不明礼义，凡百所为毫无忌惮及被执监禁，应令彼诵读书籍以明。夫孝悌忠信礼义廉耻，览读既久，当深悔非义之不宜为矣。"[1]最不能缺少的是，让囚犯读书学习、修德修身、奉公守法、安分守己。孝悌忠信礼义廉耻，览读既久，就会深深悔悟所犯下的罪过。犯罪人有所悔悟，就应得到从宽处遇，以使他们知守礼义务正业。因而治狱之法宜量度尽善，断不可流入轻纵。要宽猛相济，由仁心发为善政，俾未犯者知怀刑终身畏法，曾犯者知懊悔而后此不罹于法。该文以结合中国伦理道德阐述治狱新法为特点，这可以说是最早在晚清阐述了当时西方国家监狱的教育感化思想与实践，

---

[1] 《泰西司狱新法》，载《万国公报》1879 年年第 540 期。

把近代教育感化刑思想传播到了晚清中国。

对于日本明治维新后的政刑情况，1880 年《万国公报》刊登的《论日本政刑得失》一文作了阐述，"日本自步武泰西，国中政治为之一变，其君大权独揽，朝号维新，以视向之，因陋就简，其气象故已不侔矣。然以近日所闻，刑曹则加增，官吏监牢则满，系囚徒而作奸犯科与及越狱之事且层见叠出。几若酷法严刑亦穷于术也，岂世风之日沦、民俗之日坏欤！抑法纲当密罗织周内，民不能堪破而出此欤！夫有道之世，政简刑清，而民知尊君亲上，耻于为非，故有画地为牢，势不可入，削木为吏，议不可对，民气和乐于以长治久安，而国家隐受其福也。日本政刑为张为弛、亦宽亦严，非深谙其民情，究难以意窥测，而谓克协于中。然就其外观之，则人心不靖，有足压忧矣。日本囚犯所以如是之多且如是之悍者，盖亦有故，是因崇尚西法以仁慈为本，牢狱之中不复过于拘束，所有刑章亦务从宽大，即犯罪到官，按律科罚要不过定以监禁而已。前曾见派人员遍历欧洲各国察其牢狱之制，习其律例之条，又聘请西人参酌损益定为新章，故民无畏心、易触法纲，既入狱中又可自如遂聚谋而肆为不法也。"〔1〕面对西方国家的领事裁判权以及本国牢狱的种种流弊，清政府想必不会没有一丝触动。

关注世界刑罚的最新发展，1907 年《万国公报》刊登《法国已除断腘之刑》的消息。"此诚事理之，无可如何也。先是殖民与土民相对敌，劫掠之祸时有所闻，惟以断腘之刑威之。始略觉畏惧，有可悯者。彼所以畏惧之，故因其为回教人，一经断腘，不能戴头，以入回教之天堂耳。否则，紧闭之于牢狱中，如禁监之罪非彼所苦也。传有之，刑乱国，用重典，其此之谓欤。虽然人民之程度至于不能省刑，是亦秉钧衡执教育权者之过也。人民何有焉？传又有之曰，哀矜勿喜，曰有耻且格，其三复斯言。"〔2〕法国近日已将古时断腘之刑除去，此诚文明世界之进步，或者曰惜乎，此事仅可行于法国之本土，若移于各殖民地，如非洲阿尔奇斯之类，则其人之程度未至似为不可也。

（2） 对清朝刑狱的报道

针对清朝政府的刑狱，《万国公报》作了系列报道，不仅披露曝光牢狱的真实情况，使人们了解清朝刑狱的黑暗，认清存在的问题，而且通过介绍外

---

〔1〕《论日本政刑得失》，载《万国公报》1880 年第 613 期。

〔2〕《法国已除断腘之刑》，载《万国公报》1907 年第 218 期。

国先进国家的刑狱情况，不能不使国人启发灵动。1878 年《万国公报》刊登了《越狱受刑》一则消息，"各郡邑牢狱中例有禁子牢头，凡遇新犯人入监，无论情罪轻重，均索贿赏，俗呼为烧纸钱。恶习相沿，牢不可破矣。昨有至自粤肇者言，四会县牢狱中于正月十五日适有新犯收禁，牢子需索钱文，犯人以白金六两贿之，于是多市酒肴，围坐大嚼，尽醉各睡了，不关心。各犯人均以醉卧疏防，会议乘间越狱，遂有胆大者扭锁破棚而出，闯至头门，欲夺差馆军械，且斗且走中，有一犯知其事干国法，登即走报差馆，各役闻警四集，分头追捕。文武官纷纷出缉，闭城搜捉。幸而未脱一囚，当将为首者讯明就地正法，余党不问。捕差受伤者已不少矣，想牢头禁子必有谴责，不能置身事外也。"[1]牢子贪索，犯人狡诈凶狠，跃然纸上。

1878 年第 489 期《万国公报》大清国事栏目刊登《狱囚宜恤》一文，以一狱卒的亲身经历为证，揭露了监狱的黑暗。林某曾经是充南署狱卒，后改业为人耕作，数年来更加贫穷，朝夕不给、短褐不完。人有问其何以不操故业？林感叹说，昔为狱卒时，掌管囚犯的饮食，监狱每天给每个囚犯米若干、薪若干、鱼菜若干，晨有粥，昼有茶，朝夕有饭，雇佣我们的工钱无几，所以不能不染指，于是欲短其薪，则茶粥二者和以冷水，欲短其鱼菜，则取各厨之食余杂黄菜叶投之。每次梆子一敲响，如同饲养狗猪一样。加上牢房内潮湿熏蒸致使囚犯中疾病经常发生，所以很多囚犯得病而死，其中不死的也疾病缠身皮肤黄肿没有人样。当时月得十余金，颇以为荣。一天晚上睡觉作梦数十名囚纠缠告状，官府一名官员气愤地责骂，杖五十后把我轰逐出去，我猛然惊醒非常害怕，于是辞职回家。作者怆然说到，"一县之狱卒若此，则天下之为狱卒者可知，彼狱囚何复有生望也。虽人不幸而至身陷重囚，则榜掠之间备尝痛苦，案详待报不过须臾，区区饮食非其所较。吾独怪为之官者，己之所食皆民粟也，己之所衣皆民帛也，食民之粟、衣民之帛，而仆仆于上司之门，皇皇于专营之术，于民之诉狱略不关心，其何以无愧于民乎？夫犯罪而囚民不敢怨也，入囚而死则谁之过乎？且毙于狱者，其为有罪之民乎？不明典刑，则为恶者，何以戒其为无罪之民乎？则冤惨之气足召沴旱之灾。吾愿为民父母者之少留意也，至如林某者以肥己之故，足以害己，熟谓天道

---

[1]《西征捷音：越狱受刑》，载《万国公报》1878 年第 482 期。

无知哉?"〔1〕作者愿意为犯罪入狱的人呼吁，提出了"狱囚宜恤"的建议，这可以说是建议晚清改良监狱的潜台词，出自狱卒之口，可谓这位狱卒良心未泯。

1881年《万国公报》发表了德国传教士花之安的文章《国政要论仁字第七则：省刑罚》，花之安认为应给受刑人留有改过自新的途径并且应该废除酷刑、禁止滥刑。"一有犯民，皆轻用国家所定之刑且有私制非刑，有如《律例》所载鹦哥架、失魂排、荡湖船、天平架者，真是视民命如草芥矣。监牢狱卒，凡有新犯人入狱未经贿赂者，亦即动用非刑，尤为弊端百出，或打烧纸、戴铁帽、屈烧猪盆、猴子吹箫，名目不一以强取钱财。"〔2〕他一一指出了清朝刑罚的酷烈，尤以凌迟最酷，缘坐尤为冤抑，进一步指出了中西方审理犯罪案件的不同，认为以廉恤礼义为尚，国家亦可冀刑措。

1881年第645期《万国公报》发表的《国政要论仁字第八："体恤狱囚"》，阐述了晚清监狱的实际状况，并与西方国家监狱做了对比。"监狱而论，则高墙密禁风气不通，窟室严扃日光无睹。固已，惨难言状，且地势潮淫，多聚蚊虫，土内藏骸时形秽气兼之，犯人赭衣黑索，手足亦为拘挛，须发垢颜，身衣无从浣濯，以至污恶渐积，疠疫繁生，竟不免有奄奄一息者。况狱官禁卒刻薄，犯囚，尤为可恶。试思，糇粮减消，粗粝亦残餐，费用渔侵，蔬菜无非腐烂，饘粥动和，以溲水茶汤当杂夫冷泉，甚至有终岁之长莫得一饱者吁！虐待如是，其不瘐死狱中者几希，然犹不特此也。其更可虑者，牢头索诈不遂而凌虐肆行，或仇家贿赂而奸谋陷害，或夥盗通同冀望以其灭口，或强霸放债妄自逞凶欤！夫衙派无钱孝敬不到者，同出一辙。其不至，饮食断而不周，疾病匿而不报，以死于非命者鲜矣。"〔3〕可见，诚以囚之在狱也，百般苦况。而泰西治狱官吏皆奉公守法、体恤为怀，犯人在监狱里或缝衣作鞋或攻金攻木，或灌园、种茶或刈草浇花，或由巡捕押出以作修路开荒及诸般力役之事。至于监狱则高广阔大地方处洁干爽，每犯一室，室内床桌具备，日食三餐并无坏物，且无手钮，只有脚镣，以防走脱耳。医生每日巡视监狱，见染病者，则给药饵以调治。教士间时逐入犯室，与之悟谈，善言

---

〔1〕《狱囚宜恤》，载《万国公报》1878年年第489期。

〔2〕［德］花之安：《国政要论仁字第七则：省刑罚》，载《万国公报》1881年第642期。

〔3〕［德］花之安：《国政要论仁字第八：体恤狱囚》，载《万国公报》1881年年第645期。

劝慰，导其悔改。最后，做出了"以牢狱为福堂也"的评价，暗含着清政府应改良监狱的建议，为以后社会舆论倡导监狱改良埋下了伏笔。

除了实事报道之外，1882年《万国公报》专门登载了系列政论文《慎刑说》，有理有据地全面论述了慎刑。按照先后顺序，首先追述了清朝雍正皇帝的"慎刑"观念，"上谕刑部，朕披览奏章，其中人命案件如故杀、谋杀者尚少，而以斗殴伤人者甚多，或因口角相争，或因微物起衅，挥拳操戈，一时殒命及至抵罪。虽悔何追？此皆由于愚贱乡民不知法律因一朝之忿贻身命之忧，言之可谓怜恻，古有月吉读法之典。圣祖皇帝上谕内，又有讲法律以儆愚顽之条，盖欲使民知法之不可犯，律之无可宽，畏惧猛醒，迁善而远过也。"〔1〕接着阐述了嘉庆皇帝的"慎刑"观念，慎用刑是说，道德齐礼，圣王垂教之本意也；齐之以刑，圣王不得已之苦心也。犯法者甘心认罪，受害者了无嗔怨，此明之功效也。慎者胞兴为怀，岂可人其残贼？哀矜勿喜，一死不能复生。慎刑是说，天道好生，然不能专一春暖而成岁，必有秋收以济之，圣王之德。然不能专用宽柔以治世，必设刑律以齐之，得情无喜，原属不得已之苦。"慎之一字为用刑之大纲，岂可玩视人命、逞一时之喜怒，以致宽严失当，则民无所措手足，冤抑不得伸矣。从严固宜慎，从宽亦宜慎也，生者虽可矜，死者尤可悯也。"〔2〕除了正面论述"慎刑"之外，1882年《万国公报》还以《黔刑惨毒》的时事报道举出了反证，以昭示其实践价值意义。"客有自黔归者谈及黔中私刑之多且酷，其名目不一，有所谓'睡冰床者、紧箍咒者、倒栽葱者、五马分尸者、扎子床者。'全省皆然，而石阡为甚，扎子较诸刑有为甚焉，百姓怨入骨髓，大吏全然不知云云。闻之令人酸鼻，特此飞请登报，代乞言官奏请。恩旨严饬疆吏永远革除，并乞直省官僚查所属如有似此私刑概行奏禁，阴德无涯矣。"〔3〕

《万国公报》没有停留在仅仅报道事实的步伐上，而是进一步刊发了引导或倡导清政府改革刑狱方面的政论性文章。1900年《万国公报》发表了淮阴西学室主尹彦和的文稿《论刑律》，全文分三章。第一章"中外律法"介绍了清朝和外国的刑罚，尤其较为详细地阐述了日本明治维新后的刑罚，重罪

---

〔1〕《慎刑说》，载《万国公报》1882年第685期。
〔2〕《慎刑说》，载《万国公报》1882年第685期。
〔3〕《黔刑惨毒》，载《万国公报》1882年第712期。

主刑九种即死刑、无期徒刑、有期徒刑、无期流刑、有期流刑、重惩役、轻惩役、重禁役、轻惩役，轻罪主刑三种即重禁锢、轻禁锢、罚金；通过比较指出，中国不欲自强以持国体，则已如欲持国体，则变通律法，不可缓矣。第二章"论变通律法关系"，从目前与将来的对外关系论述了变律法的必要性，即变律法、冀列入万国公会而收治外法权也。第三章"订治外新律兼采泰西良法"，不仅阐述了变通律法的策略方法，而且指出了变通律法的具体内容，曰立状师、曰添陪审、曰集见证、曰废斩决、曰洁监狱，"西人监狱之善，亘古以来所未有者也，中国各星使所纪伦敦、巴黎、纽约、香港等处之狱以观之，真觉可师可法。"〔1〕这实际上是学者最先提出的改良法制呼声，内容涵盖了律师辩护制度、陪审制度、证据制度、死刑制度和监狱制度。

不仅建议清政府变通律法，而且直接指出了应当速废的具体事项，如1906 年《万国公报》发表了英国季理斐著东吴范译述的《论酷刑之当速废》一文。该文指出，狱吏听讼，往往因犯案人不肯自吐情实，而用酷刑以相强逼，古代欧洲及日本概莫能外。现在，西方各国已无酷刑，都认为酷刑不合理，日本亦一样。"酷刑之当速废，其故有五。一案情之虚实，非此法所能研求；二无罪而被冤诬者，已先受酷刑之榜掠；三案情所凭在口供，不必使人苦难而后得，用酷刑者，懈惰之官吏，所自方便也；四最近之善法许用法律士代为辨护，以重人之自主，中国所当仿行者，法律士乃由国家准其考取者，非中国旧时讼师之比也；五用酷刑不合于中国古圣贤之经典，亦不合于基督当爱仇敌之大道。"〔2〕明确提出了清政府应当速废酷刑的五点理由，无疑启蒙、促进了国人的法律意识。

2. 《点石斋画报》〔3〕对刑狱的图文并茂展示

顺应西学东渐和海派文化兴起的时代潮流，1884 年 5 月 8 日，《申报》老板美查在上海创办了我国近代史上第一份石印时事画报——《点石斋画报》，以图文并茂的方式记述时事，传播新知，描绘异域景观，引领市井时尚潮流，

---

〔1〕 尹彦和：《论刑律》，载《万国公报》1900 年第 139 期。
〔2〕 [英] 季理斐：《论酷刑之当速废》，范译述，载《万国公报》1906 年第 206 期。
〔3〕 《点石斋画报》由美查在上海创办于 1884 年创办，是近代中国最早的一份新闻画报，也是影响最大的画报，1919 年停刊。

内容涉及政治、经济、文化、社会等各领域，形象地反映了 19 世纪末期中国社会现代化进程中的诸多面相。《点石斋画报》发行时定位于大众化，在选材上独具匠心，选取内容时注意选择市民们喜闻乐见的事物，报道的范围十分广泛，内容新颖而又贴近生活，题材紧扣"奇闻""新知""时事"，对清廷的腐败、列强的侵略、平民的疾苦与抗争、民间的奇闻与习俗，都有所反映。《点石斋画报》以图文并茂的形式、中西融合的方法在中国传媒的近代化过程中占有重要的地位，填补了《申报》在图像新闻记录上的空白，真实地描述了 19 世纪末社会上的各种图像景观，具有独特的传播意义，社会影响深远。随着晚清西学知识的涌入和传播媒介的增加，《点石斋画报》担负起了开启民智和寓教于乐的责任，在新知传播、思想启蒙上扮演了重要角色，引领了时事新闻画、画报插图、照相布景画等文化时尚，以"改变中国没有画报的历史、是向人们提供茶余饭后的谈话资料、盈利"为创办宗旨的《点石斋画报》，通过一张张时事新闻画，拼接出了晚清中国的充满新鲜事物与急剧变化的社会画卷，丰富了当时人们的信息渠道和知识来源，进而影响了近代城市民众的生活与思维方式。

1895 年《点石斋画报》的一幅"请观刑具"使人了解了中西方的刑罚差异。中西律例不同由来已久，西人说本国的刑罚除监禁外最重的是用枪击毙，而其余的无刑具。上海英法租界虽设有会审公廨，都不用重刑，故法国钦差某君欲观各项刑具，当求诸上海县署。"黄爱棠大令知其来意，即命禁卒将夹棍、天平架等排列花厅，导之阅视。某君察览一周与辞而别，西人与中国刑政加意讲求，不于此见一斑哉，或谓官刑不为私刑之惨，他不具论。即如英法两界各包探皆有种种私刑，苟令法钦差见之，吾不知其伤心惨目何如也。"[1]面对县属官吏指着摆开的刑具眉飞色舞地描述其功用，会令人眼前浮现什么样的景象呢？不寒而栗，自此就更多地有了外国人常常深入县衙往观牢房并指责吾国刑狱惨毒的实证。

《点石斋画报》不仅报道法国人参观刑具的新闻，也揭露租界巡捕的私刑，"沪上包探动用私刑，不论是贼非贼，一经扎入茶会，便百般凌虐，惨无人理。自通商开埠以来，受其害者指不逊屈，皆慑于捕房威势，含冤负痛饮恨吞声。直至人人侧目视包探如虎狼，而不敢一瞥其，覆者以为此其事捕房

---

〔1〕 金桂:《请观刑具》，载《点石斋画报》1895 年第 432 期。

未必不知之，故皆付之无可如何。而若辈之胆遂因此愈大，虹口包探韦阿尤、任桂生、付阿金等，其尤著者也。前日，因华顺昌船局伙陈元奎所接客人张礼堂失洋九十二元，报由该包探等查缉。韦等滋无头绪，即疑陈系窃贼，拘至万阳楼茶会处闭置一室，用钢钳轧其手指。复将其两腿放在凳上，将木棍毒打，抱其头、塞其口，不许声张。自夜间十点起至十一点，逼令招供，肆行惨酷。陈因受刑不过，遂诬指赃存周子祥处，始获松放，韦等遂自为得计。次日，又将周拘获刑逼如前。"〔1〕不仅指出了刑讯的结果，致二人手足受伤不能行动，于是韦等于心大快，彼如陈周者不知凡几，于陈周，又何惜哉；而且更道出了刑讯的功效，以为垂楚之下何求不得，吾挟此技以获破案之功多矣。而且还以"私刑定谳"为标题作了后续报道，"岂知捕房用人向例不准擅自殴人，况私刑拷打乎？此次韦等罪恶贯盈，天夺其魄，恣其毒。正以厚其亡，陈周自遭此痛苦，抱屈难伸，经人诉知有力者立即投告捕房。麦总巡查验既确，即将韦等解廨并要英工部局商董某君到廨观审，众供凿凿，韦等无可抵赖。于是，萨副领事大怒，以该包探仗势妄为胆敢擅用私刑将无脏无证之人凭空威逼，不知平日陷害多少良民，殊闻工部局定章，此案既经凿觉不得不严行惩办。张直刺亦奉道宪查办之谕，遂判韦阿尤、傅阿金每人各押三年，每押半年另加枷三月，期满侯示；任桂生押两年，每年内各枷一月；尚有助虐之探伙陈阿土、桂文标、王雪飞，则各押一年，再行递籍；其容留包探私刑之万阳楼主赵菱茂等从宽分别惩儆有差。"〔2〕

3. 其他报刊对刑狱的报道

鸦片战争后来华的外国人数骤增，因而引起了以在华外人为对象的外文报刊的极大发展，报刊地逐渐由澳门、香港、广州扩展到上海、青岛、天津、北京、汉口等城市，报刊增加到120多种，文种由葡文、英文增加到日、德、法、俄文。其中，以日文报刊数量最多，以英文报刊的影响和势力最大，以《字林西报》最具代表性，其报头下的口号"公正而不中立"蕴意深邃，既有表象也有真相还有假象。受到外人在中国办报刊影响，一批最早受到西方文化影响的知识分子办起了一批最早的国人自办的报刊，最早问世的国人自

---

〔1〕 周权：《包探私刑》，载《点石斋画报》1898 年第 512 期。
〔2〕 《私刑定谳》，载《点石斋画报》1898 年第 512 期。

办报刊是 1857 年在香港创刊的《中外新报》。各国刑狱是社会的重要时事新闻，除了以上所列具体刊物的报道之外，其他报刊也大量登载，如《中国丛报》《伦敦中国报》《集成报》《新民丛报》等。通过报刊，世界各国的人们可以了解彼此之间的刑狱情况，尤其是给清政府统治下的人们开了眼界。

（1）对外国刑狱的报道

西报 1876 年 8 月 26 日—9 月 1 日，登载"西士咸谓尚治之国其刑必清"[1]，国人了解到了意大利的刑狱情况。1874 年《瀛寰琐纪》登载了赋雪草堂主人偶笔《骂刑》一则消息，"有西人控一不听使令之人于官，官为之呵责数语。西人情尤忿忿，力求严办。官却之曰：'罪无可加'，曰大人骂他一顿即所以严办也。官一笑而罢，吾不知西国五刑之中固有骂刑否耶，有之则中国市井无赖之徒出口便骂者皆西国之能吏也。"[2]虽然被冠之以"骂刑"，但是反映了西方国家适用刑罚以罪刑相应为原则之一。罪刑相应为原则之一要求，罪重重罚，罪轻轻罚，有罪必罚，无罪不罚，能用口头训诫的则不用起其他处罚方法。

1888 年 9 月《画图新报》以《拟改刑章》的标题，转载了《字林西报》对日本修改刑法的报道。"日廷近拟将刑律中斩决罪犯一法改用电气处死，说见日本报。"[3]1897 年《集成报》报道了日本的刑罚情况，"日本报纪，本年三月中，在狱囚徒计五万四千八百零三名口，因事被控者计一万零九百零五名口，谳定惩治者计一百五十九名口，羁收外狱者计一千六百九十三名口，婴儿为其母所携带者及三百四十口，发往北海道狱终身监禁者五千三百零八名口。较之本年二月，增多囚徒三千八百五十一名口；分而计之，羁收外狱者增多四百五十七名口，携带婴儿者减去十一名口。更上而溯，去年三月所查，计囚徒六万六千四百八十人，较本年少一万三千六百八十四名口，因事被控者亦少六百六十九名口。"[4]评价说日本一岛国也而囚徒竟多至数万人，做出了"日本刑轻"的结论，如果刑罚重即判为死刑，岂能有这么多犯人活着？刑罚太轻了。

〔1〕[美] 金楷理口述，蔡锡龄笔译：《意大利曹录囚》，载《西国近事汇编》1876 年第 3 期。

〔2〕《骂刑》，载《瀛寰琐纪》1874 年第 20 期。

〔3〕《新皇不豫、学堂招考、拟改刑章》，载《画图新报》1888 年第 9 卷第 1 期。

〔4〕《日本刑轻》，载《集成报》1897 年第 8 期。

1892 年第 17 卷第 10 期《月报》登载了署名为印的《狱弊风清》一文，较为详细介绍了约翰·霍华德的情况。百余年前，英国牢狱中也有污秽情形，以致英国不能显示其繁荣文明。现在英国的监狱，"较异从前，窗明几净，犯人无愁苦之态、有安乐之色，其故惟何？是有一大英雄、大手假（能人），出而改正之，故得弊绝风清。"〔1〕这位大英雄，名叫约翰·霍华德，英国伦敦人，生于 1726 年，亲身经历监狱惨毒的英国慈善家率先倡导英国改良监狱。为推进英国改良监狱，霍华德自费考察英国国内外监狱，获得监狱的第一手信息材料，提出了符合实践需要的改良建议，有力地推动了英国的监狱改良，英国的监狱改良也波及到了国外。在英国霍华德倡导改良监狱运动的影响下，欧洲国家先后也进行了监狱改良。鉴于霍华德对改良监狱和对监狱实践与理论发展所做出的卓越贡献，他被世界公认为监狱改良的鼻祖，他提出的观点现在均已成为现实。这篇文章首次在中国向国人较为全面介绍了英国慈善家约翰·霍华德率先倡导并实践英国改良监狱的情况，无疑对晚清监狱改良运动的兴起发挥了"它山之石可以攻玉"的文化传播借鉴作用。

1897 年 1 月 24 日至 30 日，光绪二十二年十二月二十二日至二十八日，《西国近事汇编》〔2〕登载了《婚礼后行刑》的新闻。"小吕宋乱党内有西医来沙者经有司定以死罪，当临刑前点半钟时，先举行新婚之礼，是亦奇矣。先是 1892 年香港救火会西人兜花充管理机器之役抚，勿力根为义女。嗣患目疾不良，于视往小吕宋就来沙处求医，而义女勿力根亦偕往焉。时小吕宋有司已疑，来沙欲谋不轨，贬至打卑丹禁于炮台之内。兜花父女亦往炮台附近税屋而居，如是者年余目疾渐痊，复回小吕宋。未及兜花病死，然当其居打卑丹时女与来沙往来情意相投。兜花死后，女即复回打卑丹，与来沙订婚议。甫定来沙即由国家发往西班牙都城，未及复解回，定以死罪。来沙略不惧死，惟以婚礼未成为毕生之憾，因请于有司求于毕姻后行刑，有司允之。"〔3〕报刊把国外的行刑情况介绍到了中国，使国人了解了外国的"刑场上的婚礼"，了解了外国还有刑罚人道主义精神的贯彻。

---

〔1〕《狱弊风清》，载《月报》1892 年第 17 卷第 10 期。

〔2〕《西国近事》于清同治十二年（公元 1873 年）三月创办，由江南制造总局美籍翻译金楷理口译，印送清廷在上海的有关官绅阅看，1875 年 2 月扩大发行范围，1876 年可公开订阅，1899 年停刊。

〔3〕《婚礼后行刑》，载《西国近事汇编》1896 年第 4 卷。

1897 年《集成报》[1]介绍了美国对强奸犯的审判和处罚，"凡土著犯强奸案情，经官判定罪名后，绅民竟敢中途劫夺犯人，群行殴毙。官亦莫能禁止，甚有逮案之犯，经谳员审讯时，绅民纠众持械等候于公门外，如犯带下，即动手杀毙，然此往往施诸男子者多。乃近有两女犯，因伤毙一白面男子，绅民等亦将该犯私相吊杀。去年美属凶犯，杀人者一万六百五十二起，其中仅有一百二十二名明正典刑，而私刑者致毙者一百三十名，较之死于法者尚多数名。"[2]对此，评价说，美国立国迄今三百余年，政治礼乐具有可观，惟有一种恶俗，即"美刑积弊"。美国不仅官方有死刑，民间也有死刑处死罪犯的恶习。与国内发对酷刑的呼声遥相呼应，1902 年《新民丛报》[3]刊登"美国反对酷刑"的新闻。据十六日路透电，美国内阁大臣，现在询问菲律宾美国官员滥用酷刑一事，美国社会舆论反映强烈，要求必须杜绝酷刑，追究相关人员的责任。

1905 年《中华报》[4]以"惨惨惨荷兰人以炮烙刑我同胞"的标题，披露了荷兰人对华工适用酷刑的野蛮行径。荷兰在南洋的殖民地，近日因开矿招工，贿嘱汉奸至汕头厦门各口岸，贩卖人口千余从事开矿职业，种种虐待惨不忍言。听说最残忍的是，凡是华工到厂，荷兰人则把铁印烧红盖在华工手手腕上以烫烙烧造成的皮肤痕迹作为识别记号，以防止华工逃走。听说由此受伤导致死亡的华工很多，这就是炮烙之刑啊，现在东西洋各国施诸囚犯尚不忍用此等残酷刑罚，而荷兰人竟用以虐待华工，可谓野蛮绝顶啊。《中华报》最后无奈地哀叹，"哀哉，无生计之同胞，痛哉，弱国之国民。"[5]清政府对本国人犯罪实行酷刑，而荷兰对清朝百姓实行近似酷刑的待遇，不能说一点关系也没有，因而发生了"哀哉，无生计之同胞，痛哉，弱国之国民"的叹息。

对比清朝的"笞杖徒流死"五刑，1903 年《新民丛报》介绍了德国的一

---

〔1〕《集成报》由陈念萱于 1897 年 5 月 6 日在上海创办，是以采录中外各报为主的文摘报纸，1902 年停刊。

〔2〕《美刑积弊》，载《集成报》1897 年第 13 期。

〔3〕《新民丛报》由梁启超 1902 年 2 月在日本横滨创办，是梁启超主办的持续时间最长、影响最大的刊物，1907 年 8 月停刊。

〔4〕《中华报》是晚清积极倡导新政的人士彭翼仲在北京 1904 年 12 月创刊的一份报纸，是以"开官智"为宗旨的文言体裁时政报纸，后改名为《中华日报》。

〔5〕《惨惨惨荷兰人以炮烙刑我同胞》，载于《中华报》1905 年第 374 期。

种刑罚："德国处殴妻者之刑，颇为奇妙。其禁锢之法，礼拜六之夕，则捕彼
入狱，礼拜一之朝，则放还之，使谋生计。下一礼拜，亦复如是，以满其刑
期为止。"1903 年的《智群白话报》则把德国的这个新刑罚取名为"新奇刑
罚"[1]，报道给了国人。德国有一个人对妻子一言不合，动手就打。德国认
为这种野蛮行为是妨碍文明的，就定了一条新规定，清朝人觉得这个新刑罚
最稀奇、最有效。遇到有人违反规定适用新刑罚——拘留，恰逢礼拜六就关
在警察局看守所里，待一天两夜到礼拜一，仍旧放出来做工，必定要期限满
了才准回家。德国设了这个刑罚，不到一年，打妻子的案子竟少了一大半。
这对于清朝的人们来说，的确是新奇的刑罚。《智群白话报》用白话文写作新
闻和评论，更加利于广开民智，使更多的民众了解外国刑罚的情况，其意义
并不仅在于文体的变化，更重要的是向陈腐的刑罚文化的一种挑战。

　　1906 年《中华报》刊登了《客言高丽官吏用刑极酷》的文章，栩栩如生
地描写了高丽官吏用刑极酷的情景。高丽官吏用刑极酷，不论被告人是否犯
罪，到案审问时必须先笞打数百下而且竹板厚数寸，杖打完毕然后再判定其
是非曲直、是否构成犯罪。"官升堂不设椅，差役伏于地，官出则跨其背上
坐，久则轮替，习以为常，毫不知耻，是奴性之一斑。"[2]紧接着该文介绍了
一件过河的小事，高丽河道极其狭小，因而就不架设桥梁，只放置一块罗板
用以渡河。一天，一位日本人在河道边看见一位高丽官员峨然头顶纱帽缓步
而来，就强迫命令他把木板搭在小河的两岸，这位高丽官员唯唯诺诺手足无
措愚笨至极半天也没有摆好。日本人对他的愚拙极为气愤，就只好自己动手
搭放木板渡河，并且打掉了高丽官员的帽子，又用力厮打，把他打得趴在了
地上。这个时候中国人见此情景心中暗想高丽人肯定会奋起反击，哪料到高
丽官员忍气吞声仍不敢稍有难色，从容地拾起帽子又戴在头上并用手指着帽
球和鼻梁摆弄正了，然后走开了。对于此情此景，文章深为感触，呜呼，是
可忍孰不可忍。高丽被灭亡的原因不是一个所致，就此二件小事来看，绝对
没有可以避免灭亡的办法啊。现在，晚清政府渐醒渐悟，已经知道了狱讼腐
败并且发布命令停止刑讯，而顽固者还断然争辩。虽然下令停止刑讯了，但
没有听到设有了改良诉讼裁判的设施，如果审问官员在公堂上没有办案规程

---

〔1〕《新奇刑罚》，载《智群白话报》1903 年第 3 期。
〔2〕《客言高丽官吏用刑极酷》，载《中华报》1906 年第 437 期。

就会手足无措，还会故态复萌违犯命令。以二则事件寓意，晚清必须改革刑狱并且应有替代措施。1906 年《中华报》刊登了"英陆军废鞭挞刑"的消息，英国兵部大臣海尔丹称陆军从此废除全部鞭挞，这与晚清和高丽形成了鲜明对照。

报刊不仅介绍外国的刑狱，也报道外国的刑事诉讼法，有的更向国人进行分析对比。1905 年的《醒狮》[1]登载了署名庸弃的文章《刑事诉讼法之于中国》，分析了中国没有刑事诉讼法的原因。"中国无刑事诉讼法的原因有四：（一）政体之关系。专制国之传统，有无限制权力，而司法官之权不独立，故不当有检事起诉等种种之组织。（二）学术之关系。西国学者以刑事之结果能剥夺人之生命、自由、财产，故不得不求其适用之方。（三）主体之关系。中国刑法在纯正、实理、折中三个主义中采用纯正主义，专据因果报施之理为原则。（四）目的之关系。中国刑法采用威吓主义，牺牲犯人而与他之一般良民施威吓之手段。"[2]留学日本的清朝学生，亲身感受日本学习西方国家的法律变革，总结出了本国没有刑事诉讼法的原因，使国人耳目一新。

1906 年《中华报》刊登了《刑部奏重定上海会审公堂刑章折》，该奏折明确规定，笞杖罪仿照外国罚金办法，如无力完纳，折为作工等处理办法。"又钱债案原被告皆不跪审，惟刑名案向华官跪审，但犯者尚未审实已罹熬审之刑，殊觉不合。如近日黄氏以官眷孀妇诬为拐带，深堪悯恻。窃以为洋员陪审，无论何犯到堂俱植立听审，俟罪名判定饬其跪听判词，似较尤当。"[3]晚清上海地方官员，不仅在实际操作上仿行外国的罚金刑，而且建议效仿西方审案办法即让原被告站立听审，因为上海华洋杂处，讼词繁多，凡缉捕拘禁审理稍或失宜，皆足以贻口实而滋流弊。在上海的外国租界，虽然设在晚清的地盘上，但按照西方风格运行，西方的庭审模式影响很大，的确给晚清衙门审案起了榜样示范作用。但是，有的地方的租界巡捕却也滥用私刑，1906 年《中华报》报道了《印捕竟私用笞刑》一则新闻。在天津租界，年仅十三岁的某幼童在英界小便，被印度巡捕发现且遭制止，但该幼童不服阻止。印度巡捕大怒遂将该幼童扭入捕房，擅自用竹板笞打其臀部千余下，以致血

---

[1]《醒狮》是由留日学生高旭编辑〔署李崀主编〕1905 年 9 月在日本创刊的期刊。

[2] 庸弃：《刑事诉讼法之于中国》，载《醒狮》1905 年第 1 期。

[3]《刑部奏重定上海会审公堂刑章折》，载《中华报》1906 年第 437 期。

肉横飞，结果该幼童几次昏绝。"现童之亲属赴洋务会审公所喊控，吴大令恺当将该童照相，以便于英领事直接交涉，因伤势甚重恐有性命之虞也。"〔1〕进入 20 世纪初，晚清实行新政，在法制方面废除刑讯，深得人心，人们的维权意识有所萌芽，因而该案受害人的亲属提出了指控，并且向英国领事进行交涉，实乃文明的进步、法治的进步、法律意识的进步。

（2）对晚清刑狱的报道

《中国丛报》〔2〕以"地狱般的监狱"为标题，绘声绘色地这样介绍了晚清的监狱。"有钱的犯人可以享有单间，可以娱乐，可以有仆人照顾，可以享受任何奢华的生活，链子和脚镣从他们身上取下，搭在墙上，过堂的时候再戴上，这个形式过去之后，这些刑具还会从他们身上取下来。但是穷人没有钱向看守行贿，他们的处境就非常不幸。不仅不会减轻所受的惩罚，而且要遭受更多的惩罚。犯人要出钱买烧纸，按通常的说法称为"燔祭"，即向监狱之神献祭，这是看守榨取犯人的手段。为达到此目的，犯人可能被捆起来或吊起来鞭打。晚上，他们被绑在板子上，脖子、手腕和脚腕浸在污秽之中，老鼠啃食他们的躯体。"知道世上有这样的监狱，会有何感想呢？只有一个感受——地狱，只有一个念头——改革。

1897 年《伦敦中国报》以"西藏酷刑"为标题报道了英国人进入中国西藏因受怀疑而受到的罪人待遇，英人蓝屯由西藏布达拉归印，大有愠色，具述在彼遇险事。"初发时偕行三十人，数日入西藏境，散者二十八人，惟遣二仆人耳。乃步行五六十里，资粮尽罄。藏人以形迹可疑，尽收入狱，系以铁索，将置诸死地，于从者鞭挞甚猛。蓝屯则拽至东市，锻铁炙其肤，或曰'当斩之'。则一人捽其发，一人执刀近其颈，左右掉舞。俄一喇嘛大声呼曰，'止止'。止当以木架刑之，乃置诸木架并脊骨臂腿束缚其上，备极楚毒。刑已，乃复监禁八日而释之。其二仆人皆银铛桎梏，监禁十八日，然后得释。顷蓝屯已归印度，身有伤痕二十二处。闻其痊愈后急于返意大利弗老蓝痕城云。"〔3〕

〔1〕《印捕竟私用笞刑》，载《中华报》1906 年第 549 期。
〔2〕《中国丛报》（The Chinese Repository）由美国传教士于 1832 年 5 月在广州创办的向西方读者介绍中国的第一份英文月刊，1851 年 12 月停刊，共发行 20 卷 232 期，在 20 多年的时间里，详细记录了第一次鸦片战争前后清朝的政治、经济、宗教、文化和社会生活多方面的内容。
〔3〕《西藏酷刑》《伦敦中国报》公元十一月八号，沈晋熙译，载《译书公会报》1897 年第 5 期。

因被怀疑就遭如此酷刑，可想而知，真的犯了罪，会受到什么样的待遇！

针对清朝的重刑，1901 年《集成报》登载"改订刑章"的一则消息。"《北京公报》云，两湖督帅张香涛以中国向用刑律过于残酷有失保民命文明之政体，因现在正当奉旨改订刑章的时候，乃电达钦派订律之昌盛二大臣，商议将向用的笞杖各刑改为罚锾苦工，一面札饬谳局及所属各州县不准过用酷刑云云。"[1]两湖总督张之洞以官方的身份，都承认清政府的刑律太残酷了，以至于有失保护百姓生命的政体文明，因此在奉旨修订刑律之际，建议将笞杖各刑改为罚锾苦工，并要求各级衙门不能适用酷刑。1905 年第 3 卷第 20 期《新民丛报》以"死刑多数"为标题，肯定了清朝政府执行死刑人数在全世界位居榜首。"全世界中死刑之多，莫如中国，尽人而知之。每年必有一万二千人以上云。然自今日观之，恐不止此数，刑法之苛，良可慨哉。"[2]晚清时，每年必有一万二千多人被执行死刑，但是，从实际情况来看，恐怕不止这个数。言外之意，其中一个因素，有可能还有刑讯逼供致死的，可见清朝刑罚之苛、刑讯之酷。

1906 年第 4 卷第 2 期《新民丛报》刊登了标题为"刑律：谕永远删除戮尸枭首凌迟三项宽免连坐各条革除刺字等项"的文章，宣传改革刑狱的举措。《刑律》一文中总体指出了改革的具体内容，其一谕永远删除戮尸枭首凌迟三项、宽免连坐各条、革除刺字等项，其二谕免刑讯拖累变通笞杖办法，其三通饬豁免掌颊等刑，"两江督宪以刑部饬行通行概免刑讯章程已通行各属遵照，应将原奏及部议摘要刊刻简明，例本颁发各属，一体实行。所有掌嘴等刑嗣后亦应一并革除，以示宽恤。现已札行苏州臬司及各巡道一体饬属遵办。"[3]为了体现并贯彻清朝皇帝的宽恤精神，永远删除戮尸枭首凌迟三项、宽免连坐各条、革除刺字等项，免刑讯拖累变通笞杖办法，通饬豁免掌颊等刑，两江的苏州各级司法机关一体遵照执行。对于刑讯逼供，由于积习难改，一些地方官员仍旧我行我素，就是上海租界地的巡捕也时有刑讯逼供，1906 年《卫生学报》刊登了"议改非刑"的一则消息。上海租界工部局公布《办理讯案判则》后，由于对巡捕没有进行培训教育，有的巡捕擅自刑讯，致使

---

〔1〕《政事缘要》，载《集成报》1901 年第 42 期。

〔2〕《锁锁录》，载《新民丛报》1905 年第 3 卷第 20 期。

〔3〕《刑律谕永远删除戮尸枭首凌迟三项宽免连坐各条革除刺字等项》，载《新民丛报》1906 年第 4 卷第 2 期。

上月三铺天灯匠小徽州受到刑责，误伤脉络，不久中毒而死。对此，工部局通告裁判所命令巡捕不得刑讯，并且开会讨论以杜绝流弊。晚清起初盛行刑讯，不可能对租界巡捕擅自刑讯华人没有一丝影响，如果当时一直禁止刑讯，租界巡捕会这样做吗？值得肯定的是，租界的工部局持反对刑讯的态度。

晚清新政时期，清政府中央和地方倡行刑狱改革，诸多报刊作了及时报道、积极宣传，起到了舆论支持的推动作用。1906 年第 1 期《祖国文明报》登载《伍侍朗改订刑律一百条将次入奏》，报道了修改刑律的情况。"伍侍郎自入刑部后，整顿部务，不遗余力，参改东西各国律法，改订刑律一百条，业已告竣，闻本月内即须缮折入奏。"〔1〕伍廷芳入职刑部担任侍郎后，整顿刑部内的工作事务，认真负责、尽心尽力，参考西方国家、东方日本的法律，修改制定《刑律》一百条，现在业已完成，听说本月内就必须缮写上交皇帝。晚清在新政中，独立《刑律》打破了传统诸法合体民刑不分杂混一体的格局，是法制改良的标志性举措。1906 年第 57 期《北京五日报》以 "直督袁奏新纂刑事民事诉讼各法尊旨体察情形据实具陈折" 为标题，报道了《新纂刑事民事诉讼法》的有关情况。法律大臣沈家本等奏 "刑事民事诉讼各法拟请先行试办" 一折，法律关系重要，该大臣所纂各条究竟于现在民情风俗能否遵行，请各省将军督抚都统等体察情形悉心研究其中有无不合适之处，即行逐条分析，根据实际情况书面上报。晚清尝试制定《刑事诉讼法》《民事诉讼法》，意义重大，彻底打破了诸法合体民刑不分、实体程序不分的传统杂混一体立法格局；同时，也披露了实施的难度，"第十五条凡审讯原告被告及诉讼关系人均准其站立陈述不得逼令跪供，有损承审官之威信。"〔2〕彰显法律面前人人平等精神的原告被告及诉讼关系人均准其站立陈述不得逼令跪供的规定，却遭到了官员的反对，因为他们认为这样有损承审官的威信。

晚清新政中颁布了诸多法律，其中就有《新刑律》《刑事诉讼律》和《民事诉讼律》等，能否实行呢？报刊也做了如实报道。1906 年第 62 期《北京日报》在《缓行刑事民事诉讼法》一文中，指出 "军机大臣面奏，谕旨谓前沈家本等所订刑事民事诉讼各法，各省督抚既多谓扦格难行，应著即暂缓

---

〔1〕《伍侍朗改订刑律一百条将次入奏》，载《祖国文明报》1906 年第 1 期。

〔2〕《直督袁奏新纂刑事民事诉讼各法尊旨体察情形据实具陈折》载《北京五日报》1906 年第 57 期。

办理，并应如何重订之处仍著沈家本悉心妥议。"[1]1906 第 51 期《北京五日报》刊登的《奏议桂抚林奏新纂刑事民事诉讼各法尚难通行折》写道，去年修律大臣奏定徒、流以下罪名不准刑讯，由于死罪不肯供认仍准刑讯等因素，州县官吏遇到种种障碍而能以遵行，现在说一切案件不准用刑具或语言威吓等等。"广西现当办匪，牧令之刑威不废，而奸恶之纵漏已多，若并刑讯而去之，恐乱狱滋丰靡所底止。"[2]还举了两个例子加以佐证，在光绪六年（公元 1880 年）中国架设了电线，到十八年就开始出现了毁窃电线的事件；在光绪二十一年（公元 1895 年）开创邮政，到三十二年就开始出现了沉匿邮信的事件。如果说《北京日报》刊载《缓行》一文表明了官员的"缓行"态度，那么《北京五日报》刊载《难通行》一文则表明了广西官员的"难行"态度。

晚清新政中，有的官员积极倡行刑狱改革，有的积极落实刑狱改革，也有一些官员仍旧我行我素，纷纷被报刊揭露。1906 年第 10 期《北京画报》有"春阿氏在刑部的形状"，1906 年第 17 期《北京画报》有《四川百姓受刑惨状》的报道，1906 年第 419 期《中华报》以《慎刑司留有退步》一文作了较为详细的报道，"去秋直督袁慰帅片陈内务司番役免赴各州县差提人犯已奉……恐将来遇有讯办案件诸多棘手，限三个月，如限满该州县未能讯结，仍准本府饬役差提……番役唐称不良人其程度与隶卒为伍，惟内务府番役时有进内差使，故身披官服未免趾高气扬。考之旧制，若辈应服元青褂，现充该府番役头目某出入公门，所披官服与司官无异，遇有出京提人差使，欺压平民，讹诈勒索，声势如虎，曾赴青县提案，被该县令阻止。"[3]值得宽慰的是，遇有出北京提人差使欺压平民、讹诈勒索，曾赴青县提案，被该县令制止。实际情况表明，晚清刑狱改革步履艰难，1906 年第 543 期《中华报》刊登的《刑部陋规之难革》一则新闻就是明证。历来五城提督衙门等要把破获的盗案奏交刑部，按照旧规定每破获盗案均有劳绩保举，这项费用出自被保举人，所以尚不为难。近日，巡警部尚未确定破获盗案的保案部费，所以无从开支。故而，内外城讯定罪犯，非不得已者不送刑部，而巡警又无羁押的监狱，没有办法，只能解送天津。结果，外界传闻说巡警乃天津集权之风，而不知其

---

〔1〕《缓行刑事民事诉讼法》，载《北京日报》1906 年第 62 期。

〔2〕《奏议桂抚林奏纂刑事民事诉讼各法尚难通行折》，载《北京五日报》1906 年第 51 期。

〔3〕《慎刑司留有退步》，载《中华报》1906 年第 419 期。

中实有难言之隐啊，"亦可谓变法变甲而不变乙之决不可行矣。"[1]新政修律变法、刑狱改革，不是仅仅立几部律、设立几个机关的简单事情，而是综合性的大事，必须联动改革，制度成龙配套。

4. 晚清官方报刊对刑狱改革的报道

晚清的近代报刊有官办与民办之分，近代报刊是先有民办而后有官办，先有地方而后有中央。除了传统的清代"邸钞"这个原始的"官报"外，晚清最早的近代官办报刊是 1873 年上海江南制造局出版的《西国近事汇编》，而名正言顺的最早以政府机构名义出版的"官报"是 1896 年在北京出版的《官书局报》；1898 年 7 月康有为曾上书光绪帝，建议将《时务报》改为《时务官报》，但后因变法失败而未能如愿。在晚清的最后 10 年里，清王朝陷于内外交困，为了挽救其行将覆灭的命运，不得不推行"新政"以缓和国内危机，原来的邸报根本无法应付局面，清政府感到应公开发行官报以宣传倡导"新政"，从 1902 年至 1911 年清政府各级部门共创办了各类官报 60 余种。

1902 年 12 月 25 日，直隶总督兼北洋大臣袁世凯首先创办《北洋官报》，作为直隶地方当局的政府官报。紧接着《江西官报》、山西《晋报》创刊，以后几年各省也陆续出版了地方官报，如《南洋官报》《湖北官报》《四川官报》《安徽官报》《黑龙江官报》《江西日日官报》《豫省中外官报》等。清朝中央政府各部门也陆续创办了一些机关报，如有 1906 年创刊的《商务官报》《学部官报》，1907 年由考察政治馆主办的《政治官报》是作为中央政府公布法律、命令的机关报，后由内阁接办并改名《内阁官报》。各省政府部门也纷纷出版自己的机关报，如很多省都办有教育官报、警务官报、实业官报等。到辛亥革命前，除新疆、西藏外，各类官报已遍布全国。晚清这些公开发行的官报都以大量篇幅刊登皇帝的谕旨，大臣们的奏章等官方文件，尽管其官话套话连篇，但也有不少刑狱及其改革方面的内容，客观上起到了鼓动宣传改革刑狱方面的促进作用。

（1）对外国刑狱的报道

晚清倡行新政、进行法制改革，放下了天朝上国的虚架子，以客观的态

---

[1]《刑部陋规之难革》，载《中华报》1906 年年第 543 期。

度看待外国的各项制度，其中包括外国的刑狱，从中央到地方各级官方报刊登载了一些介绍外国刑狱的文章和新闻，使国人通过自己国家的官方报刊了解外国的刑狱。1903 年第 122-123 期《北洋官报》登载《论印度刑律所言原心之要旨》一文，介绍了印度《刑律》对犯罪区分故意过失的做法。"夫恶缘心造，举心为善，则生平行为无不善，举心为恶则生平行为无不恶。水必导其源，树必培其根，原其心者即导源培根之一法也。呜呼！若嘉领事者可谓明于律矣。"[1] 人犯罪的情况不一样，或由无知而妄为，或由有故而偶犯，这都是智识不足、思想不足，受物欲所诱而误导覆辙。倘不原谅其存心所在而遽加以重罪，则终身废弃，无复望矣，此奚可哉。夫设刑律者欲阻人之为恶也。人误导于恶，不能开导其诚心使改恶而近于善，又安用刑律为故？印律于明知故犯者不得已而惩之，于偶然过误未有不纵而轻恕之也。有原心之一法，则国民能谨守心，不至陷于缧线之辱。夫政府执教华人也，须使人知何者为善、何者为恶，何事可为、何事不可为。善恶既明，自能识其程途，而定所指归，不至误人于歧路也，既绝其为恶之心，又使之日近于善，则印律一书乃大有利益于国民。日本仿行西法，出版西国法律的研究书籍，处理日本与泰西发生的各种案件，必须明确相关国家的法律规定和理论观念。所以，日本法融入了万国公法的行列。把印度《刑律》翻译成汉文刊登，希望中国士人及律师能深考其用意所在，择其条例有合中国者，采而用之，以补中律所未备；近有益于内治，远有裨于外交。

1905 年第 800 期《北洋官报》登出了《札发德国刑书》一则新闻，介绍了山东地方官把中译本《德意志刑法》一书分发下属的事情。考虑到来山东省旅游经商居住的德国人日益增多、交往更加繁杂，往往因私家细故酿成国际交涉，由于中外风俗不同、律法畸轻畸重，各执所宜，办理交涉的官员不能洞悉外国情况，"非巽懦以失国权，即粗率以召外衅。"[2] 东抚杨莲帅特将京师法律馆所译《德意志刑法》一书札发各级衙门。《德意志刑法》一书分为二十九章共三百七十条，地方官吏平日如果能用心阅读，遇有交涉事件，必然不致茫然无所措，这对于保护国权、联合邦交是非常有好处的。

1906 年《北洋官报》连续刊载二则新闻，报道日本建议韩国修改刑律。

---

〔1〕《论印度刑律所言原心之要旨》，载《北洋官报》1903 年第 122-123 期。

〔2〕《札发德国刑书》，载《北洋官报》1905 年第 800 期。

据驻韩国官员说，日本官员庆尚北道视察韩国府监狱，说到三十六名犯罪人均系犯窃盗人命重案者，已于日前绞毙。诸如此类的死刑之下死者的悲惨样子看到了实在难以忍受，只是犯人死后容许其家族中的人收尸。"由此观之，韩国有此野蛮刑法，不独韩国之缺点，实有关于我日本之体面，且今伊藤侯已为驻韩统监，又有梅博士为韩廷顾问，改革韩国司法制度自应以文明国之刑章，力劝韩国速为改革最为今日之急务云。"[1]韩国自大邱定罪行刑后，了解到实情的日本官员报告了日本驻韩统监伊藤博文。伊藤博文马上对韩国法部大臣提出忠告，劝说韩国全部改革历来实行的绞斩刑。"想今后执行新法断无从前残酷之刑矣。"[2]日本明治维新，脱亚入欧，成为亚洲强国，发动甲午战争打败清朝政府后，取得了韩国保护国的地位。在韩国的日本官员看到韩国执行死刑的残酷方式后，感到这不仅是韩国自己的事，也关系到日本的大事，引起了日本驻韩国官方的关注。日本驻韩统监伊藤博文立刻要求韩国改良刑律，希望以后韩国没有酷刑。

（2）对本国刑狱的报道

晚清官方报刊不仅登载外国刑狱的文章和新闻，也报道本国的刑狱新闻，使国人通过自己国家的官方报刊也能了解本国的刑狱。光绪二十九年十二月，即公元1904年，原两江总督刘坤一、湖广总督张之洞《会奏变法》第二折恤刑狱一条与现在修改刑律足资考证。恤刑狱共九项内容，一禁讼累，二省文法，三省刑责，四重众证，五修监羁，六教工艺，七恤相验，八改刑鍰，九派专官，刘坤一与张之洞联袂以官员个人名义最先提出了改革刑狱的建议。1904年第294期《北洋官报》刊登了《刑部恤囚》一则新闻，刑部堂官于本月朔日开会，打算将南北监所洒扫、裱糊，各窗户一律安配玻璃以通空气。"闻所费不逾百金，从此污秽不积疫疠潜消矜恤罪人是曰仁政。"[3]刑部官员开会，决定整修所属南北监所，清扫、裱糊，把所有窗户都安装玻璃，以便畅通空气。所花费用不多，从此刑部监所卫生清洁，体恤犯人，真是仁政啊。然而，紧接着"刑部监犯越狱未成"。1905年第839期《北洋官报》披露了一起越狱未遂案。"上月二十七夜十二点钟，刑部北监要犯六名起意越狱，已

[1]《东报劝改韩国刑章》，载《北洋官报》1906年第1109期。
[2]《主张改良韩国刑法》，载《北洋官报》1906年第1123期。
[3]《刑部恤囚》，载于《北洋官报》1904年第294期。

将锁铐解脱。幸被提牢察出，由左翼枪兵当场获住，旋经刑部卒皂将各犯全钉木肘，由二十八日起南北所各添派枪兵十名在监内看守，衙门以外仍加派巡兵上紧环绕。当时刑部各堂左右翼、总兵翼尉等均到，随定刑部警部提督衙门三处会衔于二十九日具奏。"[1]

1905 年第 13 期《四川官报》发布了《录修订法律大臣沈伍奏覆复恤刑狱折》，详细介绍了恤刑狱的内容。"是欲固民心，非恤刑狱不可。"[2] 狱为生民之大命，结民心御强敌，其端皆结于此。州县有司，实心爱民者不多，于是滥刑株累之酷，囹圄凌虐之弊，往往而有。外国人来华者，亲入州县之监狱，旁观州县之问案，疾首蹙额，讥为贱视人类，驱民入教，这都是事实啊。清政府接受了诸大臣所提出的新政建议后，在官方媒体上发布公告宣布永远删除凌迟、枭首和戮尸三项，斩监候各条都改为绞监候。1905 年《西川官报》登载了《减刑致贺》的新闻，"今日外部晤回各公使皆称贺中国减刑善政，佥谓此足见中国文明进步自降。"[3] 晚清新政改良刑狱，得到了西方国家的赞许，西方国家认为这是中国文明进步的开端。

但是，实际情况绝对没有像宣布废除那样简单，有些地方官员遵办，有的则出于种种理由或阻挠或延缓或不推行，使得刑狱改良的实效大打折扣。例如，《中华报》1905 年第 364 期介绍了奉省的情况，"人犯仍入于秋审，分别实缓办理等。又因奉天地方匪徒纠伙执持鸟枪抢夺之案从前均照响马强盗办理。"[4] 虽然晚清政府宣布废除酷刑，但是奉天对于"匪徒纠伙执持鸟枪抢夺之案从前均照响马强盗办理"，即实行就地正法。1905 年第 750 期、第 751 期《北洋官报》，二次报道了广东的一起刑讯致死人命案。疑犯患重病瘹本属酷刑，而且刑讯者两人不足加至四人，四人不足加至六人。身体强壮者也极难忍受，何况患病羸弱的人犯怎能经受住如此荼毒，实属带病受刑而致毙。"窃维刑狱为生民之大命，实生死出入所攸关。现在钦奉谕旨，禁止刑讯，力除壅蔽仰见。"[5] 原来，当日刘宗瀚奉臬司程仪洛面饬严讯，因麦亚兆

〔1〕《刑部监犯越狱未成》，载《北洋官报》1905 年第 839 期。

〔2〕《录修订法律大臣沈伍奏议覆恤刑狱折》，载《四川官报》1905 年第 13 期。

〔3〕《减刑致贺》，载《西川官报》1905 年第 17 期。

〔4〕《奉省通饬减刑札》，载《中华报》1905 年第 364 期。

〔5〕《粤府张奏参委员滥用酷刑臬司故纵徇隐请旨分别惩处折》，载《北洋官报》1905 年第 751 期。

供词翻异，程仪洛必令取回原供，是以饬皂役将木棍压腿，令人用力踩踏，麦亚兆赴审之际，系用竹箩扛至，皮色黄瘦、面带病容，委员刘宗瀚先令两人踩踏他，因其不认，继用四人踩踏，加至六人，迨松刑时该犯业已昏晕。"将前任广东按察使调补山西按察使程伊洛交部议处，俾昭惩戒。"〔1〕奏请处罚刑讯逼供的相关官员，是值得肯定的，表明晚清不乏开明讲求法治的官员且他们身体力行。

1906 年第 1001 期《北洋官报》登载了《通饬豁免掌颊等刑》的新闻，"两江督宪以《刑部咨行通行概免刑讯章程》业已通行，各署遵照应将原奏及部议摘要刊刻简明例本颁发各署一体实行，所有掌嘴等刑嗣后亦应一并革除，以示宽恤。现已札行苏州臬司及各巡道一体饬属遵办矣。"〔2〕在全国上下形成的要求改良刑狱的主旋律积极倡导下，晚清政府改良刑狱有了积极的进步，取消了掌嘴这个肉体刑。1906 年第 1111 期《北洋官报》登载了《警厅实行裁撤刑皂》一则新闻，内城总厅日前通饬各分厅内开前内城分局各有刑皂数名，以前往往由刑部招募到警察局以供差遣，"自上年停止刑讯，此项刑役即应裁撤。现值改厅伊始，自宜实力奉行以杜流弊，而节虚糜等因。闻目下各分局所有刑皂已一律裁撤矣。"〔3〕从上年清廷废止刑讯后，执掌刑讯的人员立即应该辞退。现在，正值改设警察厅之际，自然应该以实际行动遵照执行以杜绝流弊，听说现在各局所有刑讯人员已经全都辞退了。停止刑讯、废除肉体刑，辞退刑讯人员，这不仅是改革刑狱的实质措施，更是刑狱文明的标志。

1907 年第 30 期《四川官报》刊登《调查刑律》一文，介绍了西藏刑律的情况。日前驻西藏张大臣来电声称，西藏邻近接英国领地印度，交涉事情不断发生，仅仅由于英国与西藏的刑律不同的缘故，每当遇到需要审理判决的事情时，致使英国公民、清朝西藏居民不能享受平等权利。"拟请蠲除西藏旧日刑章，参用中西法律，以保主权。政府接电后，当即电告驻藏大臣迅将该处现行刑律详细情形，克日调查电复，以便与法律大臣会商变通改良之策。"〔4〕晚清新政中，清政府终于认识到了自己刑狱的残酷，而且也认识到了

---

〔1〕《粤抚张奏参委员滥用酷刑臬司故纵徇隐请旨分别惩处折》，载《北洋官报》1905 年第 750 期。

〔2〕《通饬豁免掌颊等刑》，载《北洋官报》1906 年第 1001 期。

〔3〕《警厅实行裁撤刑皂》，载《北洋官报》1906 年第 1111 期。

〔4〕《调查刑律》，载《四川官报》1907 年第 30 期。

版图内西北边陲西藏刑律的残酷。在处理与英国人的纠纷案件中，为确保西藏居民能享有平等权利，打算废除西藏地区过去的刑律，参考适用中西法律，以便维护国家主权。1907 年第 1292 期《北洋官报》登载的《调查蒙旗现行刑律》新闻，进一步明确了晚清政府改革边疆各省刑律的态度。晚清政府理藩部先前已经"通饬边疆蒙古各省饬将蒙旗土司等处现行刑律详细情形确切查明速复本部，以便妥定章程渐次实行民事刑事各等诉讼新法。"[1] 晚清政府吸取教训，主动调查边疆各省的现行刑律以便实行新法律，表明了全面改革刑狱的态度。

《北洋官报》1907 年第 1376 期《江苏督练公所详苏抚陈请通饬禁止擅用刑責文》，介绍了晚清陆军禁止肉刑的情况。晚清陆军惩罚制度节约，在国内开创了军营贵在崇尚气节的良好风气，将士宜养廉耻，应酌量案情轻重，或罚扣薪饷或分记大过小过，或罚令充当苦工，一律免除对其按军律治罪的旧办法，那么人人知道自爱，而不以身试法。皇帝发布永远废除笞杖等刑的命令，应一体遵守。欧美各国对于军士都有特别优待的规定，如果不开除军籍就绝对不施加凌辱的惩罚等。先前经过详细呈送《暂行营规》，除所犯系私罪者销其军籍送县惩办外，其余分为三等办法，最重者罚坐营仓，其次罚作苦工，轻者禁假记过。如果该将校等平时能够诚诚恳恳，向善改过，以身作则，那么此种轻微惩罚办法就足够了，使兵士有耻且格。"若平日教育管理多不合宜，而以武健严酷为事适，足起反抗之风潮……旧军沿用之军棍耳箭批颊责掌一切肉体之刑本非功令所应有，拟恳宪台札行各该标营恪遵定章，无论官长兵丁所犯何事，或罚或革总不得辄施敲扑有悖奏章尚节养耻之意。"[2] 晚清废除肉刑，不仅要废除衙门审案对当事人施加的刑讯，而且要废除军队中对违纪官长兵丁施加的肉体刑，可见废除肉体刑涉及的层面较为广泛。

---

〔1〕《调查蒙旗现行刑律》，载《北洋官报》1907 年第 1292 期。

〔2〕《江苏督练公所详苏抚陈请通饬禁止擅用刑責文》，载《北洋官报》1907 年第 1376 期。

参考文献

1. ［美］特拉维斯·黑尼斯三世、弗兰克·萨奈罗：《鸦片战争：一个帝国的沉迷和另一个帝国的堕落》，周辉荣译，生活·读书·新知三联书店 2005 年版。

2. 沈弘编著：《晚清映像：西方人眼中的近代中国》，中国社会科学出版社 2005 年版。

3. ［意］马可·波罗口述：《马可波罗游记》，鲁思梯谦笔录，陈开俊等译，福建科学技术出版社 1981 年版。

4. 袁行霈等主编：《中华文明史》（第一、二、三、四卷），北京大学出版社 2006 年版。

5. 田涛、李祝环：《接触与碰撞：16 世纪以来西方人眼中的中国法律》，北京大学出版社 2007 年版。

6. ［荷］冯客：《近代中国的犯罪、惩罚与监狱》，徐有威等译，江苏人民出版社 2008 年版。

7. 伊永文：《到古代中国去旅行：古代中国风情图记》，中华书局 2005 年版。

8. ［美］菲利浦·李·拉尔夫等：《世界文明史》（上卷、下卷），赵丰等译，商务印书馆 2006 年版。

9. ［英］斯当东：《英使谒见乾隆纪实》，叶笃义译，上海书店出版社 2005 年版。

10. ［英］托马斯·阿罗姆绘图，李天纲编著：《大清帝国城市印象——19 世纪英国铜版画》，上海古籍出版社、上海科学技术文献出版社 2002 年版。

11. 朱勇主编：《中国法制史》，法律出版社 2006 年版。

12. 熊志勇、苏浩：《中国近现代外交史》，世界知识出版社 2005 年版。

13. ［法］老尼克：《开放的中华：一个番鬼在大清国》，钱林森、蔡宏宁译，山东画报出版社 2004 年版。

14. 叶孝信、郭建主编：《中国法律史研究》，学林出版社 2003 年版。

15. 林明、马建红主编：《中国历史上的法律制度变迁与社会进步》，山东大学出版社 2004 年版。

16. 戈公振：《中国报学史》，中国文史出版社 2015 年版。

17. 方汉奇：《中国近代报刊史》，山西教育出版社 1991 年版。

18. 李凤鸣：《清代州县官吏的司法责任》，复旦大学出版社 2007 年版。

19. 中国社会科学院近代史研究所编：《近代中国与世界：第二届近代中国与世界学术讨论会论文集》（第一卷），社会科学文献出版社 2005 年版。

20. 潘华仿主编：《外国监狱史》，社会科学文献出版社 1994 年版。

21. ［美］劳伦·本顿著：《法律与殖民文化：世界历史的法律体系（1400-1900）》，吕亚萍、周威译，清华大学出版社 2005 年版。

22. 李贵连：《沈家本与中国法律现代化》，光明日报出版社 1989 年版。

23. 郭建：《獬豸的投影：中国的法文化》，上海三联书店 2006 年版。

24. 史广全：《中国古代立法文化研究》，法律出版社 2006 年版。

25. 汤唯：《法社会学在中国——西方文化与本土资源》，科学出版社 2007 年版。

26. 张晋藩：《中国法律的传统与近代转型》，法律出版社 2005 年版。

27. 张晋藩：《中国近代社会与法制文明》，中国政法大学出版社 2003 年版。

28. 张晋藩主编：《中国司法制度史》，人民法院出版社 2004 年版。

29. 赵泉编著：《中华王朝的刑网》，中国检察出版社 1996 年版。

30. 张晋藩等主编：《中国法制通史》（全十册），法律出版社 1999 年版。

31. 《上海租界志》编纂委员会编：《上海租界志》，上海社会科学院出版社 2001 年版。

32. 北京市地方志编纂委员会：《北京志·政法卷·监狱·劳教志》，北京出版社 2006 年版。

33. 河北省地方志编纂委员会编：《河北省志第 29 卷·监狱志》，中国对外翻译出版公司 2002 年版。

34. 袁继成：《近代中国租界史稿》，中国财政经济出版社 1988 年版。

35. 费成康：《中国租界史》，上海社会科学院出版社 1991 年版。

36. 王铁崖：《中外旧约章汇编》（第一册），生活·读书·新知三联书店 1957 年版。

37. ［美］马士：《东印度公司对华贸易编年史》（第一、二卷），区宗华译，中山大学出版社 1991 年版。

38. 周景濂编著：《中葡外交史》，商务印书馆 1991 年版。

39. 中国近现代史纲要编写组：《中国近现代史纲要》，高等教育出版社 2008 年版。

40. 尤志安：《清末刑事司法改革研究——以中国刑事诉讼制度近代化为视角》，中国人民公安大学出版社 2004 年版。

41. 侯强：《社会转型与近代中国法制现代化：1840—1928》，中国社会科学出版社 2005 年版。

42. 李贵连：《近代中国法制与法学》，北京大学出版社 2002 年版。

43. 王健：《沟通两个世界的法律意义——晚清西方法的输入与法律新词初探》，中国政法大学出版社 2001 年版。

44. 王健编：《西法东渐——外国人与中国法的近代变革》，中国政法大学出版社 2001 年版。

45. 沈国琴：《中国传统司法的现代转型》，中国政法大学出版社 2007 年版。

46. 张培田：《中西近代法文化冲突》，中国广播电视出版社 1994 年版。

47. 曹德本主编：《中国政治思想史》，高等教育出版社 2008 年版。

48. 故宫博物院明清档案部编：《清末筹备立宪档案史料》，中华书局 1979 年版。

49. 王晓山编著：《图说中国监狱建筑》，法律出版社 2008 年版。

50. 钟叔河主编：《走向世界丛书——刘锡鸿：英轺私记、张德彝：随使英俄记》，岳麓书社 1986 年版。

51. 钟叔河主编：《走向世界丛书——蔡尔康等：李鸿章历聘欧美记、戴鸿慈：出使九国日记、载泽：考察政治日记》，岳麓书社 1986 年版。

52. 钟叔河主编：《走向世界丛书——薛福成：出使英法义比四国日记》，岳麓书社 1985 年版。

53. ［英］雷穆森 O. D. Rasmuseen：《天津租界史》（插图本），许逸凡、赵地译，天津人民出版社 2009 年版。

54. 黄遵宪：《日本杂事诗广注》，湖南人民出版社 1981 年版。

55. 钟叔河主编：《走向世界丛书——康有为：欧洲十一国游记二种、梁启超：新大陆游记及其他、钱单士厘：癸卯旅行记·归潜记》，岳麓书社 1985 年版。

56. 钟叔河主编：《走向世界丛书——郭嵩焘：伦敦与巴黎日记》，岳麓书社 1984 年版。

57. 钟叔河主编：《走向世界丛书——林铖西海纪游草、斌椿：乘槎笔记·诗二种、志刚：初使秦西记、张德彝：航海述奇·欧美环游记》，岳麓书社 1985 年版。

58. 郑彭年：《京津喋血——义和团运动与八国联军侵华》，中国社会科学出版社 2000 年版。

59. 张宪文等：《中华民国史》（第一卷），南京大学出版社 2006 年版。

60. ［德］瓦德西：《瓦德西拳乱笔记》，王光祈译，上海书店出版社 2000 年版。

61. ［法］罗蒂：《在帝都——八国联军罪行记实》，李金发译，人民日报出版社 1990 年版。

62. 王健：《中国近代的法律教育》，中国政法大学出版社 2001 年版。

63. 刘雨珍、孙雪梅编：《日本政法考察记》，上海古籍出版社 2002 年版。

64. 王继平：《近代中国与近代文化》，中国社会科学出版社 2003 年版。

65. 李路阳、畏冬：《中国清代习俗史》，人民出版社 1994 年版。

66. 徐凯等：《中国清代政治史》，人民出版社 1994 年版。

67. 中国人民政治协商会议全国委员会文史资料研究委员会编：《文史资料选辑》（第二十二册），中国文史出版社 2000 年版。

68. 《上海监狱志》编纂委员会编：《上海监狱志》，上海社会科学院出版社 2003 年版。

69. 江苏省监狱局史志办公室编：《江苏省监狱工作史料汇编》，1994 年。

70. 河南省劳改局编：《民国监狱资料选》（上、下册），河南省劳改局 1987 年版。

71. 薛梅卿等编：《清末民初改良监狱专辑》，中国监狱学会 1997 年版。

72. 王素芬：《明暗之间：近代中国狱制转型研究——理念更新与制度重构》，中国方正出版社 2009 年版。

73. 肖世杰：《清末监狱改良：思想与体制的重塑》，法律出版社 2009 年版。

74. 陈亚兰：《沟通中西方天文学的汤若望》，科学出版社 2000 年版。

75. ［德］魏特：《汤若望传》（第一册），杨丙辰译，知识产权出版社 2015 年版。

76. 王冰：《勤敏之士——南怀仁》，科学出版社 2000 年版。

77. （清）梁廷枏：《海国四说》，中华书局 1993 年版。

78. （清）魏源撰：《海国图志》，岳麓书社 2000 年版。

79. ［西班牙］门多萨撰：《中华大帝国史》，何高济译，中华书局 2013 年版。

80. ［英］何伯英：《旧日影像：西方早期摄影与明信片上的中国》，张关林译，东方出版中心 2008 年版。

81. ［俄罗斯］图尔莫夫：《百年前邮政明信片上的中国》，张艳玲译，哈尔滨工业大学出版社 2006 年版。

82. 方汉奇：《中国近代报刊史》（上册），山西教育出版社 2012 年版。

83. 邵宗日：《英国租借时期威海卫法律制度研究》，法律出版社 2011 年版。

84. ［英］克拉克·阿裨尔：《中国旅行记（1816-1817 年）——阿美士德使团医官笔下的清代中国》，刘海岩译，上海古籍出版社 2012 年版。

85. 路卫兵编著：《大开眼界：1644-1912 清朝现场》，江苏文艺出版社 2012 年版。

86. 金满楼：《晚清原来是这样》，现代出版社 2017 年版。

87. 王立民、练育强主编：《上海租界法制研究》，法律出版社 2011 年版。

88. 王东全编著：《中国近代的报刊》，北京科学技术出版社 2013 年版。

89. 李焱胜：《中国报刊图史》，湖北人民出版社 2005 年版。

90. 李九华：《晚清报刊与小说传播研究》，中国社会科学出版社 2014 年版。

91. 任云仙：《清末报刊评论与中国外交观念近代化》，人民出版社 2010 年版。

92. 胡全章：《清末民初白话报刊研究》，中国社会科学出版社 2011 年版。

93. 陈煜：《清末新政中的修订法律馆——中国法律近代化的一段往事》，中国政法大学出版社 2009 年版。

94. 吴义雄：《在华英文报刊与近代早期的中西关系》，社会科学文献出版社 2012 年版。

95. ［美］亨特：《广州番鬼录：旧中国杂记》，冯树铁、沈正邦译，广东人民出版社 2009 年版。

96. ［英］麦高温：《多面中国人》，张程译，黄山书社 2011 年版。